唐代高句麗百濟新羅移民
石刻整理與研究

王連龍 著

中西書局

本書獲"古文字與中華文明傳承發展工程"資助

國家社科基金重大項目"中國古代石刻文獻著録總目"（19ZDA288）階段性成果

"十四五"國家重點出版規劃項目

目録

上編·整理編

中編·研究編

下編·索引編

前　言

　　有唐之初，數以十萬計的高句麗、百濟及新羅移民進入遼東、遼西、山東、河南、關中、隴西、江淮等地區定居，形成中國古代史上一次重要的移民潮。自二十世紀二十年代以來，這些移民相關之墓誌、碑銘、造像記等石刻陸續發現及出土，在彌補傳世文獻記載不足的同時，也爲唐代海東移民研究提供了新思路和新視角，具有重要學術價值。

　　本書是關於唐代高句麗、百濟、新羅移民石刻的整理與研究，有必要先對書中涉及的相關概念進行説明。

　　唐代，作爲朝代名詞，兼具時間性與空間性。隋義寧二年（618），李淵在長安稱帝，國號爲唐，年號武德，建立唐朝。唐天祐四年（907），朱温逼唐昭宣帝退位，唐朝至此滅亡，共歷二十一帝，享國二百八十九年。唐朝强盛之時，疆域一度北自貝加爾湖，南至北部灣，東到日本海，西極咸海。

　　高句麗、百濟、新羅，爲海東三國，接受唐朝册封，遣使朝貢。顯慶五年（660）及總章元年（668），唐廷遞滅百濟、高句麗，徙其人散處内地，分置都督府、都護府以治之。百濟、高句麗兩個政權滅亡後，新羅蠶食二國舊地，逐漸統一浿江以南地區。

　　移民，參考前賢研究，[①] 義指具有一定數量、跨越一定距離、定居一定時間，以遷離原居住地和定居遷入地爲目的之遷移人口。就海東移民而言：在“一定數量”上，高句麗移民近三十萬，百濟移民數量約一萬餘，新羅移民人數不詳，數量最少；就“一定距離”而言，高句麗、百濟、新羅移民大致相同，均遷離海東故地，遷入唐朝内地；以“一定時間”觀之，移民又可細分爲第一代移民、第二代移民、第三代移民及移民後裔。從移民性質來看，高句麗、百濟移民屬於戰争强迫移民，新羅移民多爲開發性、志願性、職業性移民。此外，還有部分海東僑民，在僑居過程中定居唐朝，進而成爲移民。

---

① 王雲五：《雲五社會科學大辭典》，臺北：商務印書館，1974 年。葛劍雄、曹樹基、吴松弟：《簡明中國移民史》，福州：福建人民出版社，1984 年。《辭海》編輯委員會：《辭海》，上海：上海辭書出版社，1989 年。《中國大百科全書》總編輯委員會《地理學》編輯委員會：《中國大百科全書·地理學》，北京：中國大百科全書出版社，1990 年。陸谷孫：《英漢大辭典》，上海：上海譯文出版社，1993 年。葛劍雄、吴松弟、曹樹基：《中國移民史》第一卷，福州：福建人民出版社，1997 年。斯蒂芬·卡斯爾斯撰，鳳兮譯：《21 世紀初的國際移民：全球性的趨勢和問題》，《國際社會科學雜誌》（中文版）2001 年第 3 期。包智明：《關於生態移民的定義、分類及若干問題》，《中央民族大學學報》（哲社版）2006 年第 1 期。

石刻，兼具物質屬性與信息屬性，狹義的石刻是指以石質材料爲載體，書寫和刊刻在石質材料上的文字等信息資料的總稱，具體涵蓋摩崖、碑碣、畫像石、地莂、石闕、墓誌、造像記、塔銘、刻經、題記等種類。

綜覽以往唐代高句麗、百濟、新羅移民石刻相關學術成果，可以從整理與研究兩個維度進行梳理。

關於海東移民石刻整理，可追溯至唐。今傳世高句麗移民高延福《唐故高内侍碑》，係張説所撰，見載於《張燕公集》，① 《新唐書·藝文志》有著目，《文苑英華》② 《全唐文》③ 等亦録其文。此外，新羅移民薛瑶的墓誌出自陳子昂之手，全文見《陳拾遺集》④ 《文苑英華》等。元明時期，金石學衰落，海東移民石刻偶有著録，如顧炎武《金石文字記》⑤ 録目《大唐勿部將軍功德記》等數種。至清代金石學復興，情況逐漸改觀，王昶《金石萃編》⑥ 并録《高延福墓誌》《大唐勿部將軍功德記》，釋文且作題跋，後又有陸增祥《八瓊室金石補正》⑦ 增補高句麗移民李仁德的墓誌。相比之下，海東移民石刻大規模整理，始於羅振玉。羅氏《淮陰金石僅存録補遺》⑧ 《唐代海東藩閥誌存》⑨ 《芒洛冢墓遺文四編補遺》⑩ 《石交録·新獲三韓石刻》⑪ 《海東冢墓文存目録》《三韓冢墓遺文目録》《墓誌徵存目録》⑫ 《蒿里遺文目録續編》《雪堂金石文字跋尾》⑬ 系列金石志書，著録《泉男生墓誌》《高慈墓誌》《泉獻誠墓誌》《泉男産墓誌》《泉毖墓誌》《扶餘隆墓誌》等多種。繼羅氏之後，拜根興《唐代高麗百濟移民研究：以西安洛陽出土墓誌爲中心》⑭ 附篇轉録高句麗移民墓誌 21 種、百濟移民墓誌 11 種，數量漸增。在羅、拜之後，中國學界對海東移民石刻雖未見專題性整理，但一些綜合性著述仍值得關注。如毛漢光《唐代墓誌銘彙編附考》、⑮ 周紹良《唐代墓誌彙編》⑯ 及《續集》、⑰ 吳鋼《全唐文補遺》系列等，⑱ 在全面彙集唐代石刻中，著録有《泉男生墓誌》《高玄墓誌》《高慈墓誌》《泉獻誠墓誌》《泉男産墓誌》《高延福墓誌》《扶餘隆墓誌》《黑齒俊墓誌》《薛瑶墓誌》等海東移民的石刻。

相比國内海東移民石刻整理，國外特別是韓國學界在專題性上要更爲集中。較早出現的著

① 張説：《張燕公集》，清文淵閣《四庫全書》鈔兩淮馬裕家藏本。
② 李昉等：《文苑英華》，北京：中華書局，1966 年。
③ 董誥等：《全唐文》，北京：中華書局，1983 年。
④ 陳子昂：《陳拾遺集》，上海：上海古籍出版社，1992 年。
⑤ 顧炎武：《金石文字記》，清光緒十四年（1888）上海掃葉山房刻本。
⑥ 王昶：《金石萃編》，清嘉慶十年（1805）經訓堂刻本。
⑦ 陸增祥：《八瓊室金石補正》，民國十四年（1925）吳興劉氏希古樓刻本。
⑧ 羅振玉：《淮陰金石僅存録補遺》，清光緒十八年（1892）鉛印本。
⑨ 羅振玉：《唐代海東藩閥誌存》及《補遺》，清光緒三年（1877）刻本。
⑩ 羅振玉：《芒洛冢墓遺文四編補遺》，民國間上虞羅氏刻本
⑪ 羅振玉：《石交録·新獲三韓石刻》，《貞松老人遺稿》（甲），民國三十年（1941）上虞羅氏鉛印本。
⑫ 羅振玉：《海東冢墓文存目録》，《貞松老人遺稿》（甲），民國三十年（1941）上虞羅氏鉛印本。
⑬ 羅振玉：《雪堂金石文字跋尾》，民國九年（1920）上虞羅氏貽安堂刻本。
⑭ 拜根興：《唐代高麗百濟移民研究：以西安洛陽出土墓誌爲中心》，北京：中國社會科學出版社，2012 年。
⑮ 毛漢光：《唐代墓誌銘彙編附考》，"中央研究院"歷史語言研究所，1983—1995 年。
⑯ 周紹良：《唐代墓誌彙編》，上海：上海古籍出版社，1992 年。
⑰ 周紹良、趙超：《唐代墓誌彙編續集》，上海：上海古籍出版社，2001 年。
⑱ 吳鋼：《全唐文補遺》系列，西安：三秦出版社，1994—2006 年。

述是朝鮮總督府《朝鮮金石總覽》① 及稻葉君山《朝鮮文化史研究》，② 著録有《扶餘隆墓誌》《泉男生墓誌》等。此後，韓國學者對海東石刻及海東移民石刻進行了系統梳理，如趙東元《韓國金石文大系》、③ 許興植《韓國金石全文（古代）》、④ 韓國古代社會研究所《譯注：韓國古代金石文》、⑤ 黄壽永《韓國金石文遺文》、⑥ 韓國國史編纂委員會《韓國古代金石文資料集》、⑦ 韓國高句麗研究財團《中國所在高句麗關聯金石文資料集》、⑧ 李宇泰等《韓國金石文集成》、⑨ 忠清南道歷史文化研究院《百濟人墓誌集成》、⑩ 權憙永《在唐韓人墓誌銘研究》⑪ 等。其中，又以《在唐韓人墓誌銘研究》最具代表性。該書分《資料篇》《譯注篇》，集結 32 種（其中《諾思記墓誌》非百濟移民墓誌）移民墓誌，圖文并茂，信息豐富，是目前所見海東移民石刻著録最爲全面的整理著述。

關於海東移民石刻的研究，最初以題跋形式出現，如顧炎武《金石文字記》、葉奕苞《金石録補》、⑫ 倪濤《六藝之一録》、⑬ 李光暎《金石文考略》、⑭ 王昶《金石萃編》、畢沅《關中金石記》、⑮ 錢大昕《潛研堂金石文跋尾》、⑯ 朱楓《雍州金石記》、⑰ 孫星衍《寰宇訪碑録》、⑱ 洪頤煊《平津讀碑記》、⑲ 陸增祥《八瓊室金石補正》、繆荃孫《藝風堂金石文字目》⑳ 等，集中品評考證較早出土的《泉男生墓誌》《高慈墓誌》《高延福墓誌》《李仁德墓誌》《扶餘隆墓誌》《大唐勿部將軍功德記》等移民碑誌，相關研究情況可查詢楊殿珣《石刻題跋索引》。㉑

進入現代以後，傳統意義上的題跋多見於書畫藝術創作，在學術實踐中逐漸消失，取而代之的是基於專題性研究的論文和著作。如李丙燾關於唐代高句麗遺民抽户政策的考察、㉒ 盧泰敦對高句麗移民史的總結，㉓ 開啓了韓國學界對海東移民的研究。隨後，李文基、姜鍾元在黑齒常之

① 朝鮮總督府：《朝鮮金石總覽》，日韓印刷所，1919 年。
② 稻葉君山：《朝鮮文化史研究》東京：雄山閣，1925 年。
③ 趙東元：《韓國金石文大系》，漢城：圓光大學出版部，1979—1998 年。
④ 許興植：《韓國金石全文（古代）》，漢城：亞細亞文化社，1984 年。
⑤ 韓國古代社會研究所：《譯注：韓國古代金石文》，駕洛國學開發院，1992 年。
⑥ 黄壽永：《韓國金石文遺文》，漢城：一志社，1994 年。
⑦ 韓國國史編纂委員會：《韓國古代金石文資料集》，漢城：時事文化社，1995 年。
⑧ 韓國高句麗研究財團：《中國所在高句麗關聯金石文資料集》，2004 年。
⑨ 李宇泰等：《韓國金石文集成》，首爾：韓國國學振興院，2014 年。
⑩ 忠清南道歷史文化研究院：《百濟人墓誌集成》，2016 年。
⑪ 權憙永：《在唐韓人墓誌銘研究·資料篇》，首爾：韓國學中央研究院出版部，2021 年。
⑫ 葉奕苞：《金石録補》，清咸豐元年（1851）海昌蔣氏宜年堂刻本。
⑬ 倪濤：《六藝之一録》，清文淵閣《四庫全書》本。
⑭ 李光暎：《金石文考略》，清文淵閣《四庫全書》本。
⑮ 畢沅：《關中金石記》，清乾隆四十六年（1781）經訓堂刻本。
⑯ 錢大昕：《潛研堂金石文跋尾》，清光緒十年（1884）長沙龍氏刻本。
⑰ 朱楓：《雍州金石記十卷附記録》，清道光二十年（1840）惜陰軒叢書本。
⑱ 孫星衍：《寰宇訪碑録》，清光緒九年（1883）江蘇書局刻本。
⑲ 洪頤煊：《平津讀碑記》，清光緒十一年（1885）德化李氏木犀軒刻本。
⑳ 繆荃孫：《藝風堂金石文字目》，清光緒三十二年（1906）王先謙湖南刻本。
㉑ 楊殿珣：《石刻題跋索引》，上海：商務印書館，1941 年初版，1957 年增訂版，1990 年影印版。
㉒ 李丙燾：《唐對高句麗部分遺民的抽户政策》，《震檀學報》25、26、27 合集，1964 年。
㉓ 盧泰敦：《高句麗遺民史研究——以遼東、唐内地及突厥方面的集團爲中心》，《韓佑劤博士停年紀念史學論叢》，漢城：知識産業社，1981 年。

父子墓誌記載基礎上，探討了黑齒氏家族及其入唐發展情況。① 宋基豪、閔庚三、金榮官等考釋了高鐃苗、高質、高足酉、高玄等高氏移民石刻，梳理出了入唐高氏分支譜系。② 李文基、李成制關注高句麗、百濟移民墓誌中祖先記憶的變化，藉此分析移民交流融合問題。③ 金壽泰、尹龍九、鄭炳俊等對百濟、高句麗移民活動也有所研究，值得關注。④ 此外，日本學者内藤湖南、葛城末治、池内宏、東野治之、氣賀澤保規、植田喜兵成智等對扶餘隆及祢氏家族中祢軍、祢寔進等人的墓誌文獻進行了研究。⑤ 同韓、日學者相類，中國學者對海東移民石刻的早期研究也表現爲個案分析及相關史實考證，但視角要更爲開闊。如孫鐵山、連劭名、拜根興、王其禕、周曉薇、樓正豪、張全民、馮立君、林澤傑、孫煒冉、王連龍等對高句麗、百濟移民墓誌的考釋，⑥ 祝

① 李文基：《對百濟黑齒常之父子墓誌的探討》，《韓國學報》第 64 輯，1991 年。馬馳、李文基：《〈舊唐書·黑齒常之傳〉補闕與考辨》，《百濟研究論叢》第 5 輯，忠南大學校百濟研究所，1997 年。姜鍾元：《百濟黑齒家的成立和黑齒常之》，《百濟研究》第 38 輯，2003 年。

② 宋基豪：《高句麗遺民高玄墓誌銘》，《漢城大學校博物館年報》第 10 輯，1998 年。宋基豪：《高句麗遺民高氏夫人墓誌》，《韓國史論》第 53 輯，2007 年。閔庚三：《中國〈鴛鴦七誌齋〉收藏的古韓人墓誌》，《中國學論叢》第 21 輯，2006 年；《新出土高句麗遺民高質墓誌》，《新羅史學報》第 9 輯，2007 年。趙振華、閔庚三：《唐高質、高慈父子墓誌研究》，《東北史地》2009 年第 2 期。金榮官：《百濟移民〈祢寔進墓誌〉介紹》，《新羅史學報》第 10 輯，2007 年；《高句麗移民高鐃苗墓誌檢討》，《韓國古代史研究》第 56 輯，2009 年；《百濟移民陳法子墓誌研究》，《百濟文化》第 50 輯，2014 年。金榮官、曹凡煥：《對高句麗泉男生墓誌銘的解讀和研究》，《韓國古代史探究》第 22 輯，2016 年。金榮官：《高句麗遺民李隱之墓誌銘再考》，《韓國古代史研究》第 181 輯，2018 年。

③ 李文基：《從墓誌看在唐高句麗遺民祖先意識的變化》，《大丘史學》第 100 輯，2010 年。李成制：《高句麗百濟遺民墓誌的出自記錄及其蘊含的意義》，《韓國古代史研究》第 75 輯，2014 年。

④ 金壽泰：《統一時期新羅對高句麗移民的支配》，《李基白先生古稀紀念韓國史學論叢（上）》，漢城：一潮閣，1994 年。尹龍九：《中國出土韓國古代移民資料數種》，《韓國古代史研究》第 32 輯，2003 年。《中國出土高句麗百濟遺民墓誌銘的研究動向》，《韓國古代史研究》第 75 輯，2014 年。鄭炳俊：《高句麗移民》，《中國學界關於北方民族國家研究》，韓國東北亞歷史財團，2008 年。

⑤ 内藤湖南：《近獲二三史料——扶餘隆墓誌，扶餘隆新羅王盟文，泉男生、泉男産墓誌銘，高慈墓誌》，《藝文》11 - 3，1920 年。葛城末治：《朝鮮金石考》，大阪：屋號書店，1935 年。池内宏：《高句麗滅亡後遺民的叛亂及唐朝與新羅的關係》，《滿鮮史研究》上世第 2 册，東京：吉川弘文館，1960 年。東野治之：《百濟人祢軍墓誌中的"日本"》，《圖書》第 75 號，2012 年。氣賀澤保規：《東亞"日本"的起源：關於新發現百濟人〈祢軍墓誌〉的理解》，《白山史学》第 50 輯，2014 年。植田喜兵成智：《新羅·唐關係與百濟·高句麗遺民：古代東亞國際關係的蛻變與重組》，東京：日本山川出版社，2022 年。

⑥ 孫鐵山：《唐李他仁墓誌銘考釋》，《遠望集》，西安：陝西人民美術出版社，1998 年。連劭名：《唐代高麗泉氏墓誌史事考述》，《文獻》1999 年第 3 期。拜根興：《高句麗遺民高足酉墓誌銘考釋》，《碑林集刊（第 9 輯）》，西安：三秦出版社，2003 年；《百濟遺民〈祢寔進墓誌銘〉關聯問題考釋》，《東北史地》2008 年第 2 期。王連龍：《百濟人〈祢軍墓誌〉考論》，《社會科學戰綫》2011 年第 7 期。張全民：《新出唐百濟移民祢氏家族墓誌考略》，《唐史論叢（第 14 輯）》，西安：三秦出版社，2012 年。樓正豪：《高句麗遺民高牟墓誌考察》，《韓國史學報》第 53 號，2013 年。王其禕、周曉薇：《國内城高氏：最早入唐的高句麗移民——新發現唐上元元年〈泉府君夫人高提昔墓誌〉釋讀》，《陝西師范大學學報》2013 年第 3 期。拜根興：《入唐百濟移民陳法子墓誌關聯問題考釋》，《史學集刊》2014 年第 3 期。樓正豪：《新見唐高句麗遺民南單墓誌銘考釋》，《西部考古》2015 年第 8 期。拜根興、宋麗：《新見高句麗百濟移民墓誌的新探索》，《陝西歷史博物館館刊》第 22 輯，2015 年。馮立君：《從國王到囚徒：論高句麗王高藏"政不由己"及其入唐軌迹》，《暨南史學》第 11 輯，桂林：廣西師範大學出版社，2015 年。林澤傑：《高藏入唐前後相關史事考：以入唐高句麗人墓誌爲中心》，《學問》2016 年第 3 期。孫煒冉：《高句麗末王高藏入唐行迹考》，《中華文化論壇》2016 年第 7 期。王連龍：《唐代高麗移民高乙德墓誌及相關問題研究》，《吉林師範大學學報》2015 年第 4 期。王連龍、叢思飛：《戰爭與命運：總章元年後高句麗人生存狀態考察——基於高句麗移民南單德墓誌的解讀》，《社會科學戰綫》2017 年第 5 期；《唐代〈高英淑墓誌〉考釋——兼論遼西地區高句麗移民問題》，《古典文獻研究（第二十一輯下）》，南京：鳳凰出版社，2018 年；《唐代百濟太子扶餘豐女夫妻合葬墓誌考論》，《古典文獻研究（第二十四輯下）》，南京：鳳凰出版社，2021 年。王連龍、黄志明：《唐代高句麗移民〈李仁晦墓誌〉考論》，《文物季刊》2022 年第 2 期。

立業從碑誌角度探討高句麗人的始祖記憶與族群認同，[①] 張春海分析唐代營州的高句麗武人集團，[②] 姜清波研究百濟、高句麗末代王室及後裔在唐朝的漢化過程，[③] 范恩實探討內遷高句麗移民遷徙及安置問題等。[④] 在專題性研究基礎上，學界也出現了一批綜合性研究著作，如姜清波《入唐三韓人研究》、[⑤] 苗威《高句麗移民研究》、[⑥] 拜根興《唐朝與新羅關係史論》《唐代高麗百濟移民研究：以西安洛陽出土墓誌爲中心》《石刻墓誌與唐代東亞交流研究》、[⑦] 祝立業《近十年高句麗碑誌研究新收穫》[⑧] 等，有力地推動了海東移民石刻及相關問題的研究。

在高句麗、百濟之外，新羅移民石刻研究囿於數量有限，主要集中於《薛瑶墓誌》《金日晟墓誌》《清河縣君金氏墓誌》《李璆夫人金氏墓誌》《金可記磨崖碑》等數種碑誌。如盧重國對《薛瑶墓誌》所載新羅時代姓氏分枝化和食邑實施的探討，[⑨] 李鍾文、柳晟俊、莊秀芬、馬東峰、于賡哲、郭海文等對《薛瑶墓誌》相關女性詩人及詩歌的考察。[⑩] 不同於傳世文獻著錄的《薛瑶墓誌》，《金日晟墓誌》是新發現的碑誌石刻，一經胡戟、榮新江《大唐西市博物館藏墓誌》[⑪] 刊布，即引起中外學者的關注，金榮官、權基鉉、楊思奇、拜根興、叢思飛、王連龍等相繼發表系列研究成果。[⑫] 與《金日晟墓誌》相類，《金可記磨崖碑》于二十世紀八十年代發現於陝西長安縣至子午鎮子午峪北口山崖，爲探討唐五代時期東亞道教傳播情況提供了

---

① 祝立業：《從碑誌看高句麗人的始祖記憶與族群認同》，《社會科學戰綫》2016 年第 5 期。
② 張春海：《試論唐代營州的高句麗武人集團》，《江蘇社會科學》2007 年第 2 期。
③ 姜清波：《高句麗末代王族在唐漢化過程考述》，《東北史地》2012 年第 6 期；《百濟國末代王室及後裔在唐朝的漢化過程考述》，《暨南學報》2012 年第 11 期。
④ 范恩實：《入居唐朝內地高句麗遺民的遷徙與安置》，《社會科學戰綫》2017 年第 5 期。
⑤ 姜清波：《入唐三韓人研究》，廣州：暨南大學出版社，2010 年。
⑥ 苗威：《高句麗移民研究》，長春：吉林大學出版社，2011 年。
⑦ 拜根興：《唐朝與新羅關係史論》，北京：中國社會科學出版社，2009 年；《石刻墓誌與唐代東亞交流研究》，北京：科學出版社，2015 年。
⑧ 祝立業：《近十年高句麗碑誌研究新收穫》，北京：中國社會科學出版社，2016 年。
⑨ 盧重國：《新羅時代姓氏的分枝化和食邑的實施——以薛瑶墓誌銘爲中心》，《韓國古代史研究》第 15 輯，1999 年。
⑩ 李鍾文：《對薛瑶"返俗謠"的考察》，《漢文學研究》第 9 輯，1994 年。柳晟俊：《今觀〈全唐詩〉的新羅人詩》，《當代韓國》2006 年春季號。莊秀芬、馬東峰：《論古代朝鮮女性漢詩創作的感傷特色》，《延邊大學學報》2007 年第 2 期。于賡哲：《薛瑶墓誌研究》，《第三屆世界新羅學國際學術研討會論文集》，2009 年。郭海文：《藩屬關係下的戰爭與愛情——以新羅兩女詩人爲討論中心》，《河北師範大學學報》2020 年第 1 期。
⑪ 胡戟、榮新江：《大唐西市博物館藏墓誌》，北京：北京大學出版社，2012 年。
⑫ 金榮官：《在唐新羅人金日用墓誌銘檢討》，《新羅史學報》第 27 輯，2013 年。楊思奇：《羈旅唐朝的新羅王族——〈金日晟墓誌〉初探》，《中古墓誌胡漢問題研究》，銀川：寧夏人民出版社，2013 年。拜根興：《新公布的在唐新羅人金日晟墓誌考析》，《唐史論叢（第 17 輯）》，西安：陝西師範大學出版社，2014 年。王連龍：《一個新羅人的傳奇往事——以新見唐代新羅移民金日晟墓誌爲角度》，韓國東方藝術大學院大學校《文化與藝術研究》第 7 輯，2016 年。王連龍、叢思飛：《唐代新羅人金日晟墓誌及相關問題研究》，《北方文物》2017 年第 3 期。權基鉉：《八世紀中葉新羅的對唐關係：以在唐新羅人金日晟墓誌銘爲中心》，《韓國古代史探究》第 35 輯，2020 年。

重要資料。① 此外,《清河縣君金氏墓誌》《李珍夫人金氏墓誌》等,也有學者進行了相應的研究。②

與移民石刻相輔相成,傳世文獻中亦多見移民記載,學界相關研究成果豐富,不容忽視。金文經《唐高句麗和新羅僑民》《唐代新羅僑民的活動》掀開了新羅移民研究的序幕,③ 逐漸引起學術界的關注。此後,權惪永《古代韓中外交史—遺唐使研究》《在唐新羅人社會研究》、④ 李侑珍《9 世紀在唐新羅人的活動》⑤ 等都對新羅移民產生方式、生活狀態等問題進行了多角度探索。中國學者對新羅移民問題的深入研究,同樣值得關注。如劉希為《唐代新羅僑民在華社會活動的考述》、⑥ 陳尚勝《唐代的新羅僑民社區》《論唐代山東地區的新羅僑民村落》、⑦ 趙紅梅《從在唐新羅人看在唐新羅關係——以新羅人在唐聚居為中心》、⑧ 李宗勛《新羅坊考》、⑨ 朱亞非《從〈入唐求法巡禮行記〉看唐代山東的對外交往》、⑩ 劉鳳鳴《山東半島與古代中韓關係》、⑪ 李勁軍《淺論唐代登州地區新羅村的成因》⑫ 等,都較具有代表性。此外,近年來一些利用碑誌石刻文獻研究海東移民問題的博碩學位論文,⑬ 也很有學術價值。

可以看到,中外學者在唐代高句麗、百濟、新羅移民石刻研究中取得了較爲豐碩的成果,但也存在一些問題。本書擬在前賢研究基礎上,針對不足之處,分整理編、研究編、索引編,對海東移民石刻進行整理與研究。

---

① 李之勤:《再論子午道的路綫和改綫問題》,《西北歷史研究》1987 年號,西安:三秦出版社,1989 年。卞麟錫:《唐長安與韓國有關遺迹的考察(二)——新羅人真仙金可記與〈續仙傳〉文獻學考察》,《人文論叢》第 7 號,亞洲大學校,1996 年;《唐長安與韓國有關遺迹的考察(三)——新羅人真仙金可記的終南山隱遁・升天地・摩崖刻文之考察》,《白山學報》第 48 號,白山學會,1997 年。金憲鏞、李健超:《陝西新發現的高句麗人、新羅人遺迹》,《考古與文物》1999 年第 6 期。張澤洪:《唐五代時期道教在朝鮮的傳播》,《宗教學研究》2004 年第 2 期。周偉洲:《長安子午谷金可記摩崖碑研究》,《中華文史論叢》2006 年第 1 期。金晟焕、樊光春:《長安終南山金可記磨崖碑及其在道教史上的涵意》,《人文雜志》2017 年第 1 期。
② 鄭淳一:《唐代金氏關聯墓誌的基礎檢討》,《新羅史學報》第 16 輯,2009 年。李泳鎬:《在唐新羅人金氏墓誌銘的檢討》,《新羅史學報》第 17 輯,2009 年。
③ 金文經:《唐高句麗和新羅僑民》,漢城:日新社,1986 年;《唐代新羅僑民的活動》,載《古代中韓日關系史研究》,香港大學亞洲研究中心,1987 年。
④ 權惪永:《古代韓中外交史—遺唐使研究》,漢城:一潮閣,1997 年;《在唐新羅人社會研究》,漢城:一潮閣,2005 年。
⑤ 李侑珍:《9 世紀在唐新羅人的活動》,《中國史研究》第 13 輯,2001 年。
⑥ 劉希為:《唐代新羅僑民在華社會活動的考述》,《中國史研究》1993 年第 3 期。
⑦ 陳尚勝:《唐代的新羅僑民社區》,《歷史研究》1996 年第 1 期;《論唐代山東地區的新羅僑民村落》,《東嶽論叢》2001 年第 6 期。
⑧ 趙紅梅:《從在唐新羅人看在唐新羅關係——以新羅人在唐聚居區爲中心》,延邊大學 2003 年碩士學位論文。
⑨ 李宗勋:《新羅坊考》,《延邊大學學報》2009 年第 2 期。
⑩ 朱亞非:《從〈入唐求法巡禮行記〉看唐代山東的對外交往》,《文獻》1996 年第 4 期。
⑪ 劉鳳鳴:《山東半島與古代中韓關係》,北京:中華書局,2010 年。
⑫ 李勁軍:《淺論唐代登州地區新羅村的成因》,《登州港與中韓交流國際學術討論會文集》,2005 年。
⑬ 除趙紅梅《從在唐新羅人看在唐新羅關係——以新羅人在唐聚居區爲中心》外,尚有鄭大偉:《百濟遺民問題探析》,延邊大學 2010 年碩士學位論文;李成國:《新羅入唐僧侶考略》,延邊大學 2012 年碩士學位論文;寧三福:《入唐百濟遺民活動探析》,延邊大學 2016 年碩士學位論文;金秀鎮:《唐京高句麗遺民研究》,首爾大學 2017 年博士學位論文;陽運馳:《新羅人在唐朝的活動》,陝西師範大學 2019 年碩士學位論文;王曉宇:《在唐百濟人的歸化研究——以王室及將士爲中心》,延邊大學 2021 年碩士學位論文;冷靜:《唐對新羅僑民活動管理研究》,延邊大學 2021 年碩士學位論文。

上編：整理編。本編收錄 2024 年以前考古發掘及發現的唐代高句麗、百濟、新羅移民石刻 53 種。其中，墓誌類石刻 47 種：《高鐃苗墓誌》《高提昔墓誌》《李他仁墓誌》《泉男生墓誌》《高玄墓誌》《高英淑墓誌》《高足酉墓誌》《高牟墓誌》《高質墓誌》《高慈墓誌》《泉獻誠墓誌》《高乙德墓誌》《泉男產墓誌》《高延福墓誌》《李仁晦墓誌》《高木盧墓誌》《李仁德墓誌》《泉毖墓誌》《王景曜墓誌》《李隱之墓誌》《豆善富墓誌》《高德墓誌》《劉元貞墓誌》《李懷墓誌》《高遠望墓誌》《高欽德墓誌》《邵陝夫人高氏墓誌》《南單德墓誌》《高震墓誌》《馬君妻泉氏墓誌》《似先義逸墓誌》《祢寔進墓誌》《祢軍墓誌》《扶餘隆墓誌》《陳法子墓誌》《黑齒常之墓誌》《黑齒俊墓誌》《祢素士墓誌》《扶餘豐女及婿合葬墓誌》《難元慶墓誌》《虢王妃扶餘氏墓誌》《祢仁秀墓誌》《薛瑤墓誌》《金日晟墓誌》《清河縣君金氏墓誌》《金泳墓誌》《李璆夫人金氏墓誌》。造像記類石刻 3 種：《勿部珣功德記》《扶餘氏造像記》《新羅像龕造像記》。碑銘類石刻 3 種：《高延福碑》《泉景仙葬劍銘》《金可記磨崖碑》。親屬石刻 5 種：《扶餘氏夫嗣虢王李邕墓誌》《劉元貞夫人王氏墓誌》《高延福養子高力士墓誌》《高延福養子高力士墓碑》《虢王妃扶餘氏曾孫李濟墓誌》。於每一種石刻，展示原石拓本高清圖版，說明石刻出土時地、形制尺寸、書法容字、收藏機構，著錄石刻目錄、圖版、釋文、研究等信息，以新式標點句讀，規範繁體字錄文，校注釋文異同。

　　中編：研究編。在石刻文本整理基礎上，結合傳世文獻及其他資料，對移民石刻及相關問題進行系統研究。《移民之始：唐太宗親征高句麗》通過分析唐太宗征伐高句麗戰爭發展態勢，探討海東移民產生原因。《"悔不讀書"與"書劍雙傳"：泉男生的雙面人生》《由王子到宦官：高延福的傳奇往事》《戰爭與命運：饒陽王南單德的逆襲之路》分別選取統治階層泉男生、王子高延福、貴族南單德等不同人物事迹，全面展現海東移民入唐後的真實生活狀態。《姬人逸事：薛瑤其人其事的多角度解讀》《益重青青志，昭我唐家光：使者金日晟》《舊時王謝堂前燕，飛入尋常百姓家：入唐扶餘氏的婚姻世界》以職業、婚姻等作爲移民社會關係研究的切入點和參考指數，討論移民族群交流融合等問題。在移民個案研究之後，《遼西地區高句麗移民問題研究》《高乙德家族尋踪》《百濟勿部珣家族考論》《新羅質子世家探析》關注移民群體，重點思考移民活動對家族人群的冲擊和影響。《宦游兩京：奔波於長安、洛陽之間的移民》是對遷入地及移民路綫的綜合考察，揭示入唐海東移民反復遷徙及其背後的政治動因。《選擇性記憶與選擇性忘記：移民石刻如是觀》以族源記憶爲視角，探究族群交流與族群文化相互影響。《傳世典籍與移民石刻整理：以"勿"字釋讀爲例》着重闡釋傳世典籍輔證與石刻文獻整理的辨正關係問題。《高句麗官制研究：以石刻文獻爲綫索》《"日本"國號出現考：基於石刻文獻的考察》屬於石刻文獻證史範疇，是爲移民問題之外的其他史料價值的關注。

　　下編：索引編。在正確釋讀石刻文本及全面梳理石刻研究之後，科學編撰唐代高句麗、百濟、新羅移民石刻索引。具體以姓名、別名、字號、封號、謚號、官職、散官、勛官、封爵、命婦、賜官、州郡、府縣、鄉里、山川、湖泊、海洋、城市、寺廟、宮殿等爲目，編製移民石刻所見人名、地名、官名索引。此外，將"參考文獻"納入索引編，確定簡稱，統計"文獻名與簡稱對照表”，與“整理編”著録信息相對應，建構全書之整體框架。

　　移民石刻，重點在移民，價值在移民研究。通過對唐代高句麗、百濟、新羅移民石刻的整理與研究，可以越發清晰地看到移民石刻在移民問題研究中的局限性和優越性。

　　關於移民石刻的局限性，可以歸納爲四點。其一，數量不多。海東移民石刻雖然歷年有所發現和出土，但無論是與唐代石刻總量相比，還是從占移民總數的比例來看，數量都很少，截至目前祇見53種。其二，種類不豐。53種石刻中，墓誌47種，造像記3種，碑銘類3種，未見其他種類，墓誌所占比重較大，石刻種類不豐富。其三，地域不均。從移民石刻發現地及出土地來看，集中於長安、洛陽兩京，其他地區絶少，與移民分布區域不符。其四，階層不均。已見移民石刻主多出身高句麗、百濟、新羅之王族、貴族等，屬於精英階層，基層民衆石刻少見，階層分布不均匀。諸多局限性也提醒學者：運用移民石刻來構建移民體系和研究移民問題全貌，還有很多工作要做。

　　當然，上舉局限性并不能否定移民石刻的學術價值，更不會影響將其應用於移民問題研究，這取決於移民石刻所具有的優越性。這種優越性不僅表現爲移民石刻作爲出土文獻，可以與傳世文獻相互發明，更在於其發揮着“揚聲器”作用，傳遞移民群體的聲音。在以往研究中，在册封朝貢體系視野下，在官方編撰史料基礎上，無論是移民群體研究，還是個體個案考察，都習慣於從中央王朝核心角度去看待移民問題，更多地忽視移民自身的感受。與之不同的是，已見移民石刻文本編撰多爲移民家屬提供素材，有些更是出自移民之手，或直抒胸臆，或曲筆避諱，都能真實地反映出移民群體的意圖和態度。這無疑是移民石刻最大的優越性所在，同時這也是本書采用的研究角度。此外，數以十萬計的高句麗、百濟、新羅移民跨越千里，從海東遷徙至唐朝內地，在一定的時間內以原有的社會組織爲紐帶，在各自的語言、宗教、習俗等客觀文化基礎上，與其他族群交流融合中，對族屬產生自我認同和他人認同，進而形成移民族群。有鑒於此，本書在海東移民石刻研究中，也會相應地使用族群理論及其研究方法。

　　總而言之，全面收集石刻，系統整理資料，開啓新視角，采用新理論方法，都是本書在前賢研究基礎上所作的新嘗試，希望能夠助益唐代高句麗、百濟、新羅移民石刻及相關問題的研究。能決定學術真正價值者，唯有後繼研究，期待着同仁們更好的研究成果。

凡　例

一、本書收録唐代高句麗、百濟、新羅移民墓誌、造像記、碑銘等石刻。

二、本書收録石刻來源於 2024 年以前考古發掘及發現的石刻 58 種。其中，墓誌 47 種，造像記 3 種，碑銘 3 種，附録直系親屬石刻 5 種。

三、本書收録石刻的命名以姓名＋"墓誌""造像記""碑銘"等石刻類型構成。已婚女性石刻姓名前冠以其夫姓名。無名石刻輔助以身份信息，命名爲某君、某氏石刻。

四、本書收録石刻分爲墓誌、造像記、碑銘等類別，每類石刻中依次爲高句麗、百濟、新羅。石刻排列以葬年及刊刻年爲序。年份相同者，以月日爲序。无葬年及刊刻年者，以卒年爲序。直系親屬石刻附録於移民石刻之後。

五、本書收録石刻的著録信息分目録、圖版、釋文、研究四類，采用簡稱形式。著作簡稱後數字代表卷數或頁數，論文簡稱後數字代表年份及期數。"參考文獻"附有"文獻名與簡稱對照表（著作類）"和"文獻名與簡稱對照表（論文類）"，以便查詢。

六、本書收録石刻的釋文采用新式標點斷句，以通行繁體字録文。石刻文中異體字、別體字、俗體字等酌情改爲規範字體，衍字、錯字、假藉字等保留原貌。文字殘缺者，以"□"填充。闕文不可數者，以"……"標識。誌文模糊不清者，加方框存疑。

七、本書根據石刻原石及圖版對釋文進行校訂。已見釋文及句讀異同者，以頁下注形式標注。爲醒目起見，釋文首題及銘文另行提行。

八、本書"人名索引"以姓名爲主目，以別名、字、號、封號、謚號等为輔目。名與字之間，以"＊"爲間隔。索引以人名首字筆畫爲序，石刻前數字爲序號。

九、本書"官名索引"以官職名稱爲主目，具體包括職事官、散官、勛官、封爵、命婦、賜官及其他職官名稱。索引以官名首字筆畫數爲序，石刻前數字爲序號。

十、本書"地名索引"以州、郡、府、縣、鄉、里等行政區劃名稱，及山川、湖泊、海洋等自然地名爲主目，亦包括城市、寺廟、宮殿等古迹名稱。索引以地名首字筆畫數爲序，石刻前數字爲序號。

十一、本書"參考文獻"分爲"著作""論文"兩類，每一種參考文獻後有簡稱，并附"文獻名與簡稱對照表"及索引。

整理編

咸亨四年（673）十一月十一日卒。

楷書，14 行，滿行 15 字，高寬 55 厘米。

陝西西安南郊出土，時間不詳。

石藏西安碑林博物館。

| 誌蓋 |　大唐故左領軍員外將軍墓誌
| 誌文 |　大唐故左領軍員外將軍高鐃苗墓誌

　　君諱，字，遼東人也。族高辰卞，價重珣琪，背滄海而來王，仰玄風而入仕，有日磾之
聽①敏，叶駒支之詞令。故得隆恩允備，寵服攸歸，參遠曜於文昌，發奇名於下瀨。嗟呼！桃
門衆鬼，遂瞰②高明；蒿里營魂，意悲飄忽。以咸亨四年十一月十一日終於私第，恩詔葬於城
南原，禮也。有懼陵谷，刊兹琬琰。其銘曰：

　　降靈玉陰，投誠天闕。載荷恩輝，克彰勛伐。忠概方遠，雄圖遽歇。大樹摧風，祁連照
月。鬼伯之鄰雖翳，將軍之氣猶③發。

---

① “聽”，疑爲“聰”之訛刻，“聰敏”爲中古習語。
② “瞰”，《韓古研究 56》《韓人銘集》作“瞰”，《文博 2010‐5》《移民研究》《碑林續編》闕。按，該字左部從
　　“目”，右部從“攵”，中部殘泐，應爲“瞰”字。《漢書》卷八七《揚雄傳》有“高明之家，鬼瞰其室”之
　　文，墓誌語出經典，當本於此。
③ “猶”，《韓古研究 56》《韓人銘集》作“格”，《文博 2010‐5》《移民研究》作“猪”，《碑林續編》闕。按，
　　墓誌原文作“猪”。該字不見於字書，應爲“猶”之行楷書體。

大唐右驍衛夫人永寧府果毅都尉泉府君故夫人高
氏墓誌橋華晉清暉於往躅黃猗湛能捷芳列頒蘭闈
冤曾祖伏仁晉清暉相永于唐湯洲刺史高陵長岑縣城道使遼東城
威觀年中規載天臨府罪祖乃折衝都尉上柱國父文賓以
爰賞折衝之班清級因茲亂茶蘭泉歸族戎禮塞京都夫振賓情
長上議衡之九班女也德靈府莞聲冠茲禮塞京博綜情昂
生妙道母儀訓洞芭歸展惡女史冠之禮塞綜惟其所
結悲摧門纏粵盈晦朔未諧莫不辟窩淪朝恭更於詠其庭
里之推第春掌粵秋廿有六五年六月四卒弘惟其所
風碎珩玼霜春文元望素車而其涇里戰朝孔親好詠其龍
沈紵川之表哀間以閻暦王樹鏡悲其富淪里空迴所以圖縣朱
灑川以遂使何閻暦將其恐詞陽迎穸陵谷遷迴所以圖
撰芳歘樹蟬冤代暉閼寒慄蘭閨如何景
弈撰蟬冤閲寒憬妻蘭內穆蘭闈如何景
落泉祺柑棲閨閲寒憬妻妻蘭內穆蘭闈

上元元年（674）八月二十五日葬。

楷書，20行，滿行19字，高寬39厘米。

2012年陕西西安東郊龍首原出土。

石藏陕西省考古研究院。

| 誌蓋 | 大唐泉府君故夫人高氏墓誌
| 誌文 | 大唐右驍衛永寧府果毅都尉泉府君故夫人高氏墓誌

　　夫人諱提昔，本國內城人也。原夫蟬冕①摛②華，疊清暉於往躅；潢漪③湛態④，挺芳烈於蘭闈。曾祖伏仁，大相、水境⑤城道使，遼東城大首領。祖支于，唐易州刺史、長岑縣開國伯、上柱國。父文協，宣威將軍、右衛高陵府長上折衝都尉、上柱國。往以貞觀年中，天臨問罪。祖乃歸誠款塞，率旅賓庭，爰賞忠規，載班清級。因茲胤裔，族茂京都。夫人即長上折衝之元女也。德芬蘭菀⑥，聲冠禮闈。博綜情田，遵母儀之雅訓；洞苞⑦靈府，憲女史之弘規。然而結娉⑧泉門，纔盈晦朔，未諧歸展，俄事淪亡。惟其所生，悲摧玉掌。粤以咸亨五年六月四日卒於來庭里之私第，春秋廿有六。莫不璧淪朝彩，婺黯宵⑨暉，風碎瑤柯，霜凋玉樹。秦鏡悲其鸞戢，孔匣咏其龍沉。遂使閭閻宿交，望素車而下泣；里閈親好，輟朱弦以表哀。以上元元年八月廿五日窆於萬年縣滻川之原，禮也。將恐秋陽遞⑩序，陵谷遷迴，所以圖撰芳猷，樹旌幽壤。其詞曰：

---

① "冕"，《集釋》《陝西師大2013－3》《陝博館刊22》《韓人銘集》作"冕"，《集刊19》作"冤"。按，墓誌原文作"冕"，"冕"之異體。另，"蟬冕"義亦通，釋"冕"爲是。
② "摛"，《集釋》作"樆"，《陝西師大2013－3》《集刊19》《陝博館刊22》《韓人銘集》作"摛"。按，中古石刻文獻中，"木""扌"爲偏旁多相混淆，墓誌原文作"樆"，"摛"之異體。
③ "漪"，《集釋》《陝西師大2013－3》《陝博館刊22》作"漪"，《集刊19》《韓人銘集》作"猗"。按，墓誌原文作"漪"。
④ "態"，《集釋》《陝西師大2013－3》《陝博館刊22》《韓人銘集》作"態"，《集刊19》作"熊"。按，墓誌原文作"態"。
⑤ "境"，《集釋》《集刊19》《韓人銘集》作"境"，《陝西師大2013－3》《陝博館刊22》作"鏡"。按，墓誌原文作"境"。
⑥ "菀"，《集釋》《韓人銘集》作"菀"，《陝西師大2013－3》《陝博館刊22》作"苑"，《集刊19》作"莞"。按，墓誌原文作"菀"。"菀""苑"古通，互爲假藉，非爲一字。
⑦ "苞"，《集釋》《集刊19》《韓人銘集》作"苞"，《陝西師大2013－3》《陝博館刊22》作"包"。按，墓誌原文作"苞"。"苞"，從艸，包聲。"苞""包"可通假，非爲一字。
⑧ "娉"，《集釋》《陝西師大2013－3》《陝博館刊22》《韓人銘集》作"娉"，《集刊19》作"姎"。按，墓誌原文作"娉"，"娉"之異體。"結娉"爲固定詞組，"姎"係女子自稱，與文義不諧。
⑨ "宵"，《集釋》《陝西師大2013－3》《陝博館刊22》《韓人銘集》作"霄"，《集刊19》作"宵"。按，墓誌原文作"霄"，"宵"之異體。又，該字與"朝"對文，當釋爲"宵"。
⑩ "遞"，《集釋》作"遞"，《陝西師大2013－3》《集刊19》《陝博館刊22》作"遞"，《韓人銘集》作"遞"。按，墓誌原文作"遞"，"遞"之俗體，二字古通。

弈葉崇構①，蟬冕代暉。外諧懿範，内穆蘭闈。如何景落，泉帳孤棲②。幽扃永閟，寒隴淒淒。

<hr>

① "構"，《集釋》作"搆"，《陝西師大 2013－3》《陝博館刊 22》《集刊 19》《韓人銘集》作"構"。按，墓誌原文作"搆"，"構"之異體。
② "棲"，《集釋》《集刊 19》《韓人銘集》作"捿"，《陝西師大 2013－3》《陝博館刊 22》作"棲"。按，墓誌原文作"捿"，"棲"之異體。

儀鳳二年（677）二月十六日葬。

楷書，33 行，滿行 33 字，高 58.5 厘米，寬 58 厘米。

1989 年陝西西安東郊西北國棉五廠出土。

石藏陝西省考古研究院。

| 誌蓋 | 闕

| 誌文 | 大唐右領軍將軍贈右驍衛大將軍李他仁墓誌銘并序

　　楚材晋受，入廊廟而稱賢；趙璧秦徵，動闐闍而表價。傍求俊乂①，由余所以東上；内叶
股肱，日磾於是南謁。大唐挺②埴萬宇③，吊伐三韓。采翡掇犀，頓綱八條④之國；殿中壼⑤外，
升簪三略之營。"稱伐計功，隤茂祉於鐫鼎；繁文縟禮，藉隆⑥寵於登壇"者。於李大將軍斯見
之矣！君諱他仁，本遼東柵州人也，後移貫雍州之萬年縣焉。渤海浮天，丸都概日。發生受⑦
氣，地居仁愛之鄉；寅賓敬時，星開角氐⑧之舍。狼河兔堞⑨，建國盛於山川；五族九官，承家
茂於鍾鼎。祖福鄒，本朝大兄。父孟真，本朝大相。并以鯤⑩壑景靈，卞韓英伐；國楨人幹⑪，

---

①　"乂"，《遠望集》《移民研究》《木簡與文字 11》《高百研究 52》作"義"，《韓古研究 85》作"乂"，《韓人銘
　　集》《新中國誌陝西肆》作"义"。按，墓誌原文作"义"，"义"之異體，"俊乂"古之習語。
②　"挺"，《遠望集》《移民研究》《木簡與文字 11》《高百研究 52》作"挺"，《韓古研究 85》《韓人銘集》《新中
　　國誌陝西肆》作"挻"。按，墓誌原文作"挻"。《老子》："挻埴以爲器。"王本、易玄、邢玄、樓古、敦煌乙
　　丙、范應元諸本作"埏埴以爲器"。"挻"，柔也，與"埏"義通。
③　"宇"，《遠望集》《韓古研究》《關聯金石》《移民研究》《木簡與文字 11》《高百研究 52》《韓人銘集》作
　　"寓"，《韓古研究 85》《新中國誌陝西肆》作"寓"。按，墓誌原文作"寓"，"宇"之異體。"萬宇"爲中古文
　　獻習見詞，與墓誌文亦合。
④　"條"，《遠望集》《韓古研究 32》《關聯金石》《移民研究》作"条（氏）"，《木簡與文字 11》《韓古研究 85》
　　《韓人銘集》《新中國誌陝西肆》作"條"。按，墓誌原文作"條"。
⑤　"壼"，《木簡與文字 11》《高百研究 52》《韓人銘集》等作"壺"，《韓古研究 85》《新中國誌陝西肆》作
　　"壼"。按，墓誌原文作"壼"。《爾雅·釋宮》："宮中衖謂之壼。""壼"係宮中道路，代指内宮。
⑥　"隆"，《高百研究 52》《韓古研究 85》《韓人銘集》《新中國誌陝西肆》作"隆"，《遠望集》《韓古研究 32》
　　《關聯金石》《移民研究》《木簡與文字 11》脱。
⑦　"受"，《遠望集》《韓古研究 32》《關聯金石》《移民研究》《木簡與文字 11》作"受（逃）"，《高百研究 52》
　　《韓古研究 85》《韓人銘集》《新中國誌陝西肆》作"受"。按，墓誌原文作"受"，"受"之異體。"受氣"言
　　禀受自然之氣，喻生命之始。《抱樸子·塞難》："受氣結胎，各有星宿。"其義亦與墓誌上言"發生"相近。
⑧　"氐"，《遠望集》《韓古研究 32》《關聯金石》《移民研究》《木簡與文字 11》《高百研究 52》作"互"，《韓古
　　研究 85》《韓人銘集》《新中國誌陝西肆》作"氐"。按，墓誌原文作"互"，"氐"之異體。"角"、"氐"皆
　　星宿之稱。《泉男生墓誌》："況復珠躔角氐，垂景宿之精芒。"可爲佐證。
⑨　"堞"，《遠望集》《韓古研究 32》《關聯金石》《移民研究》《木簡與文字 11》《高百研究 52》作"堞（蝶）"，
　　《韓古研究 85》《韓人銘集》《新中國誌陝西肆》作"堞"。按墓誌原文作"堞"，"堞"之異體。
⑩　"鯤"，《遠望集》《木簡與文字 11》《高百研究 52》《韓古研究 85》《韓人銘集》《新中國誌陝西肆》等作
　　"鯤"，《移民研究》作"鯤"。按，墓誌原文作"鯤"，"鯤"之異體。
⑪　"并以鯤壑景靈，卞韓英伐；國楨人幹"，《遠望集》《移民研究》《木簡與文字 11》《高百研究 52》《韓古研究
　　85》等作"并以鯤壑，景靈卞韓，英伐國楨人幹"。

疊祉連華①。惟公二穴龍媒，誕靈君子之國；十洲麟定②，降祉公孫之社③。童幼群嬉，已綴陶謙之帛；郊原博覽，俄分④鄧艾之營。器宇卓絶，標置宏遠，驅策藝能，千⑤櫓道德。洎⑥乎歲在強學，年登弱冠。青襟抱槧，搜覽閱其菁華⑦；朱襮垂緌，總務資其幹蠱。于時，朱蒙遺孽，青丘誕命，既乖楛⑧矢之賣⑨，復阻桂婁之兵。得來幾諫，頻攀鏤檻；耿夔偏討，屢刻豐碑。于時，授公柵州都督兼總兵馬，管一十二州高麗，統卅⑩七部鞿鞨。大總管英公，三秦推轂，萬里授柯，奉皇帝之新書，遵廟堂之上略。公辯亡有預，見梁水之一星；處須知歸，識魏軍之百日。邃⑪率所部，效款轅門。微子入周，後機增覵⑫；陳平弃楚，先覺未濟⑬。英公遂遣⑭公統其所屬，鼓行同進。公勇冠三軍，夙馳人譽；言成一諾，早緝⑮甿謡。遂使金陣五承，遽解迎刀⑯之節；石城九拒，俄開却敵之扉。無寇於前，即屠平壤。炎靈四郡，既⑰入堤

---

① “華”，《遠望集》《韓古研究 32》《關聯金石》《移民研究》《木簡與文字 11》《高百研究 52》等作“花”，《韓古研究 85》《韓人銘集》《新中國誌陝西肆》作“華”。按，墓誌原文作“華”，“華”之異體。

② “定”，《遠望集》《韓古研究 32》《關聯金石》《木簡與文字 11》《移民研究》等作“空”，《高百研究 52》《韓古研究 85》《韓人銘集》《新中國誌陝西肆》作“定”。按，墓誌原文作“乞”，“定”之異體。

③ “惟公二穴龍媒，誕靈君子之國；十洲麟定，降祉公孫之社”，《遠望集》《移民研究》《木簡與文字 11》《高百研究 52》《韓古研究 85》等作“惟公二穴，龍媒誕靈。君子之國，十洲麟定降祉。公孫之社”。

④ “分”，《遠望集》《韓古研究 32》《關聯金石》《移民研究》《木簡與文字 11》《高百研究 52》等作“兮”，《韓古研究 85》《韓人銘集》《新中國誌陝西肆》作“分”。按，此墓誌原文作“分”。典出《三國志·鄧艾傳》：“每見高山大澤，輒規度指畫軍營處所，時人多笑焉。”

⑤ “千”，墓誌原文作“千”，應係“干”字之訛。

⑥ “洎”，《遠望集》《韓古研究 32》《關聯金石》《移民研究》作“泊”，《木簡與文字 11》《高百研究 52》《韓古研究 85》《韓人銘集》《新中國誌陝西肆》作“洎”。按，墓誌原文作“洎”。

⑦ “華”，《遠望集》《韓古研究 32》《關聯金石》《木簡與文字 11》《移民研究》作“花”，《高百研究 52》《韓古研究 85》《韓人銘集》《新中國誌陝西肆》作“華”。按，墓誌原文作“華”，“華”之異體。

⑧ “楛”，《遠望集》等作“楛”，《移民研究》《木簡與文字 11》《高百研究 52》《韓古研究 85》《韓人銘集》《新中國誌陝西肆》作“楛”。按，墓誌原文作“楛”。

⑨ “賣”，《遠望集》《韓古研究 32》《關聯金石》《移民研究》《木簡與文字 11》《高百研究 52》作“盡”，《韓古研究 85》《韓人銘集》《新中國誌陝西肆》作“賣”。按，墓誌原文作“賣”，“賣”之異體。推測誌文“賣”，爲“貢”之訛刻。《隋書·東夷傳》：“其俗之可采者，豈徒楛矢之貢而已乎？”可與墓誌相印證。

⑩ “卅”，《遠望集》《韓古研究 32》《關聯金石》《移民研究》《木簡與文字 11》作“三十”，《高百研究 52》《韓古研究 85》《韓人銘集》《新中國誌陝西肆》作“卅”。按，墓誌原文作“卅”。

⑪ “邃”，《遠望集》《韓古研究 32》《關聯金石》《移民研究》《木簡與文字 11》《高百研究 52》作“遂”，《韓古研究 85》《韓人銘集》《新中國誌陝西肆》作“邃”。按，墓誌原文作“邃”。

⑫ “覵”，《遠望集》《韓古研究 32》《關聯金石》《移民研究》《高百研究 52》《韓古研究 85》《韓人銘集》作“覵（同覵）”，《木簡與文字 11》作“見”，《新中國誌陝西肆》作“覵”。按，墓誌原文作“覵”。

⑬ “濟”，《遠望集》《韓古研究 32》《關聯金石》《移民研究》《木簡與文字 11》《高百研究 52》《韓古研究 85》《韓人銘集》闕，《新中國誌陝西肆》作“濟”。按，此字殘泐不清，左旁徒留“氵”，推測爲“濟”。

⑭ “遣”，《遠望集》等作“遣”，《移民研究》《木簡與文字 11》《高百研究 52》《韓古研究 85》《韓人銘集》作“遣（遣）”，《新中國誌陝西肆》作“遣”。按，墓誌原文作“遣”。

⑮ “緝”，《遠望集》《韓古研究 32》《關聯金石》《木簡與文字 11》《移民研究》作“絹”，《韓古研究 85》《韓人銘集》作“緝”，《新中國誌陝西肆》作“緝”。按，墓誌原文殘泐，似爲“絹”，即“緝”之異體。

⑯ “刀”，《遠望集》《韓古研究 32》《關聯金石》《移民研究》《木簡與文字 11》《高百研究 52》《韓古研究 85》《韓人銘集》《新中國誌陝西肆》均作“刀”。按，墓誌原文作“刀”，當爲“刃”之訛刻。《晋書·杜預傳》：“今兵威已振，譬如破竹，數節之後，皆迎刃而解，無復着手處也。”可爲佐證。

⑰ “既”，《遠望集》《韓古研究 32》《關聯金石》《移民研究》《木簡與文字 11》作“即”，《高百研究 52》《韓古研究 85》《韓人銘集》《新中國誌陝西肆》作“既”。按，墓誌原文作“既”。下同。

封；襃成九夷，復歸正朔。從英公入朝，特蒙勞勉，蒙授右戎衛將軍。既而姜維構①禍，復擾②成都；豲穴挺妖，俄翻穢境。公又奉詔進討扶餘，重翦渠魁。更承冠帶，凱還飲至。帝有嘉焉，遷授同正員右領軍將軍。上元二年歲次丁巳③廿④三日遘⑤疾，薨於長安之私第，春秋六十有七。晬容尊眄，恨起於聞聲；交情貴游，哀纏於聽笛。即以二年歲次丁丑二月癸巳⑥朔十六日己⑦酉，葬於長安城東之白鹿原，禮也！惟公風鑒散朗，機神警發，無迕物以損德，不違時以害名。顯危遜於亂邦，既逃其累；著功名於聖日，復處斯榮。非夫知機其神乎，亦何能預於此也！豈謂光華尚遠，沉淪⑧出戰之星；霜露未凝，飄落辭勛之樹。嗣子右威衛平皋府果毅乙孫，右驍衛安信府果毅遵武等，飲血銷肌，茹荼吹棘，寄搦管之幽思，傳倚杵之高名。載刊⑨豐石，式旌窮壤。其詞曰：

無閡玉嶺，不耐金城。邑挺人秀，山嶢國楨。蟬聯祖德，烏弈家聲。復此高胄，居然降精。其一。鳳毛五色，驥足千里。藏往慮終，知來鑒始。辭昏謁聖，去危從理。鳴此玉珂，繁⑩于金柅。其二。屠城覆陣，九地三門。列衛皇屋，開營帝屯⑪。蘭⑫防藉寵，茅廬成尊。巷滿雕戟，庭迴彩軒。其三。未窮激楚，俄捐館舍。椿落大年，蒿沉厚夜。贙⑬隨珠落，蛇因

---

① "構"，《遠望集》《韓古研究32》《關聯金石》《移民研究》《木簡與文字11》《高百研究52》《韓古研究85》《韓人銘集》作"構"，《新中國誌陝西肆》作"搆"。按，墓誌原文作"搆"，"構"之異體。

② "擾"，《遠望集》《韓古研究32》《關聯金石》《移民研究》《韓古研究85》《韓人銘集》《新中國誌陝西肆》作"擾"，《木簡與文字11》《高百研究52》作"拔"。按，墓誌原文作"擾"。

③ "巳"，《遠望集》等作"已"，《移民研究》《木簡與文字11》《高百研究52》《韓古研究85》《韓人銘集》《新中國誌陝西肆》作"巳"。按，墓誌原文作"巳"。上元二年干支爲"乙亥"，墓誌紀年或誤。

④ "廿"，《遠望集》《韓古研究32》《關聯金石》《木簡與文字11》《移民研究》作"二十"，《高百研究52》《韓古研究85》《韓人銘集》《新中國誌陝西肆》作"廿"。按，墓誌原文作"廿"。

⑤ "遘"，《遠望集》《韓古研究32》《關聯金石》《移民研究》《木簡與文字11》作"遇"，《高百研究52》《韓古研究85》《韓人銘集》《新中國誌陝西肆》作"遘"。按，墓誌原文作"遘"。

⑥ "巳"，《遠望集》等作"已"，《移民研究》《木簡與文字11》《高百研究52》《韓古研究85》《韓人銘集》《新中國誌陝西肆》作"巳"。按，墓誌原文作"己"，讀爲"巳"。儀鳳二年二月干支爲"癸卯"，墓誌紀年或誤。

⑦ "己"，《遠望集》《韓古研究32》《關聯金石》作"已"，《移民研究》《木簡與文字11》《高百研究52》《韓古研究85》《韓人銘集》《新中國誌陝西肆》作"己"。按，墓誌原文作"己"。儀鳳二年二月十六日爲"庚子"，墓誌紀年或誤。

⑧ "淪"，《遠望集》《韓古研究32》《關聯金石》《移民研究》《韓古研究85》《韓人銘集》《新中國誌陝西肆》作"淪"，《木簡與文字11》《高百研究52》作"滄"。按，墓誌原文作"淪"。

⑨ "刊"，《遠望集》《韓古研究32》《關聯金石》《移民研究》《木簡與文字11》作"利"，《高百研究52》《韓古研究85》《新中國誌陝西肆》作"刊"。按，墓誌原文作"刊"。"載刊"，中古習語。沈約《比丘尼僧敬法師碑》："載刊貞軌，永播餘徽。"與本誌用例同。

⑩ "繁"，《遠望集》《韓古研究32》《關聯金石》《移民研究》《木簡與文字11》《高百研究52》《韓古研究85》《韓人銘集》《新中國誌陝西肆》作"繁"。按，"繁"應爲"繫"之訛刻，《周易·姤卦》作"繫于金柅"。

⑪ "屯"，《遠望集》《韓古研究32》《關聯金石》《木簡與文字11》《移民研究》作"宅"，《韓古研究85》《韓人銘集》《新中國誌陝西肆》作"屯"。按，墓誌原文作"七"，"屯"之異體。

⑫ "蘭"，《遠望集》《韓古研究32》《關聯金石》《移民研究》作"笡"，《木簡與文字11》《高百研究52》《韓古研究85》《韓人銘集》《新中國誌陝西肆》作"蘭"。按，墓誌原文作"蘭"。

⑬ "贙"，《遠望集》《韓古研究32》《關聯金石》《移民研究》作"覽"，《木簡與文字11》作"獻"，《韓古研究85》《韓人銘集》《新中國誌陝西肆》作"贙"，《高百研究52》闕。按，墓誌原文作"贙"。《爾雅·釋獸》："贙，有力。"郭璞注："出西海大秦國，有養者，似狗，多力獷惡。"與下文"蛇"對應。

綏①化。桃李無言，神祇②不借。其四。良弓良冶，集蓼③集荼。計功待播，聚族陳謨。黃金是刻，翠琬攸圖。既勒泉宇，將窮地鑪。其五。崔嵬馬鬣④，块莽龍耳。風霜四時，山川萬祀。武庫傍睇，皋門直指。懷相如其若生，嗟隨會之無起。其六。

二男果毅并是游擊將軍。

儀鳳二年二月十六日。已前總有九百六十八字⑤。

---

① "綏"，《遠望集》《高百研究52》《韓古研究85》《韓人銘集》《新中國誌陝西肆》等作"綏"，《木簡與文字11》作"彩"，《移民研究》作"授"。按，墓誌原文作"綏"。
② "祇"，《遠望集》《韓古研究32》《關聯金石》《移民研究》《木簡與文字11》《高百研究52》《韓古研究85》《新中國誌陝西肆》作"祇"，《韓人銘集》作"祇"。按，墓誌原文作"祇"。
③ "蓼"，《遠望集》《韓古研究32》《關聯金石》《移民研究》作"藜"，《木簡與文字11》《高百研究52》《韓古研究85》《韓人銘集》《新中國誌陝西肆》作"蓼"。按，墓誌原文作"藜"，"蓼"之異體。
④ "鬣"，《遠望集》《韓古研究32》《關聯金石》《移民研究》作"驪"，《木簡與文字11》《高百研究52》《韓古研究85》《韓人銘集》《新中國誌陝西肆》作"鬣"。按，墓誌原文作"鬛"，"鬣"之異體。"鬣"即馬頸上長毛。
⑤ "已前總有九百六十八字"，《移民研究》《木簡與文字11》脫。

上編·整理編

調露元年（679）十二月二十六日葬。

楷書，46 行，滿行 47 字，高 92 厘米，寬 91 厘米。

1922 年河南洛陽東北東山嶺頭村出土。

石藏河南博物院。

［目］　河博館刊 1936 - 4；徵存目録 1；題跋索引；洛陽縣志 25 - 66；北大草目 183；北圖目録
　　　　137；河圖藏目；洛誌目録 159；時地記 154；東北史地 2005 - 4；綜合目録 88

［圖］　朝鮮文化；史地學報 3 - 3；河南圖志；初拓泉男生；河博館刊 1937 - 10；曲石精廬
　　　　（附）；拓本匯編 16 - 120；國圖菁華；二玄社；隋唐彙編（洛陽）6：50；移民研究；吉
　　　　文；河美；黑美；江美；東方藝術 2015 - 16；河教；新收穫；韓人銘集 193—197

［文］　芒冢文四補；海東誌存；朝鮮文化；朝鮮金石 171—178；東北叢編 638；譯注韓石 493—
　　　　496；唐誌彙編 667—669；集刊 5；唐誌編考 9：899；唐文補遺（一）61—64；東北史地
　　　　2005 - 4；民誌彙編 281—283；移民研究 257—261；東方藝術 2015 - 16；韓古探究 22；
　　　　唐文新編 4：2312；韓人銘集 198

［研］　藝文 11 - 3；朝鮮文化；海東誌存；史地學報 3 - 3；河博館刊 1937 - 10；唐誌編考 9：
　　　　899；文獻 1999 - 3；集刊 5；渭南學報 2002 - 3；東北史地 2005 - 4；集刊 11；遼博館刊
　　　　1；東方藝術 2015 - 16；學問 2016 - 6；社科戰綫 2018 - 8；韓古探究 22；韓人銘注

| 誌蓋 | 大唐故特進泉君墓誌① |

| 誌文 | 大唐故特進行右衛大將軍兼檢校右羽林軍仗内供奉上柱國卞國公贈并州大都督泉君 |
| | 墓誌銘并序 |

中書侍郎兼檢校相王府司馬王德真撰②。

朝議大夫行司勛郎中上騎都尉渤海縣開國男歐陽通書③。

若夫虹光韞石，即任土而輝山；蟾照涵波，亦因川而媚水。洎乎排朱閣④，登紫蓋。騰輝自遠，逾十乘於華軒；表價增高，裂五城於奧壤。況復珠躔⑤角氏，垂景宿之精芒；碧海之罘，感名山之氣色。畢踵柔順之境，濫觴君子之源，抱俎豆而窺律吕，懷錦繡而登廊廟。移根蟠壑，申大廈之隆材；轉職加庭，奉元戎之切寄。與夫隋⑥珠薦櫝⑦，楚璧⑧緘繩，豈同年而語矣！於卞國公斯見之焉。公姓泉，諱男生，字元德，遼東郡平壤城人也。原夫遠系，本出於泉，既托神以隤祉，遂因生以命族。其猶鳳産丹穴，發奇文於九苞；鶴起青田，禀靈姿於千

---

① 《朝鮮金石》《譯注韓石》《唐文補遺（一）》《韓人銘集》等脱。
② 《唐文補遺（一）》脱此句。
③ 《唐文補遺（一）》脱此句。
④ "閣"，《海東誌存》《朝鮮金石》《譯注韓石》作"閣"，《唐誌彙編》《唐文補遺（一）》《東北史地 2005 - 4》《民誌彙編》《移民研究》《韓人銘集》作"閣"。按，墓誌原文作"閣"，"閣"之異體。
⑤ "躔"，《海東誌存》《朝鮮金石》作"踵"，《譯注韓石》《唐誌彙編》《唐文補遺（一）》《東北史地 2005 - 4》《民誌彙編》《移民研究》《韓人銘集》作"躔"。按，墓誌原文作"踵"，"躔"之異體。
⑥ "隋"，《海東誌存》《朝鮮金石》《譯注韓石》《唐文補遺（一）》《民誌彙編》《韓人銘集》作"隋"，《唐誌彙編》《東北史地 2005 - 4》《移民研究》作"隨"。按，墓誌原文作"隋"。
⑦ "櫝"，《譯注韓石》作"櫝"，《海東誌存》《朝鮮金石》《唐誌彙編》《唐文補遺（一）》《韓人銘集》等作"櫝"。按，墓誌原文作"櫝"。
⑧ "璧"，《朝鮮金石》作"壁"，《海東誌存》《唐誌彙編》《移民研究》《唐文補遺（一）》《韓人銘集》等作"璧"。按，墓誌原文作"璧"。

載。是以空桑誕懿，虛竹隨波，并降乾精，式標人傑。遂使洪源控引，態掩金樞①；曾堂延袤，勢臨瓊檻。曾祖子遊，祖太祚，并任莫離支。父蓋金，任太大對盧。乃祖乃父，良冶良弓，并執兵鈐，咸專國柄。桂婁盛業，赫然凌替之資；蓬山高視，礭乎伊霍之任。公貽厥傳慶，弁幘乃王公之孫；宴翼聯華，沛鄒②爲荀令之子。在髫無弄，處丱③不群。乘衛玠④之車，塗光玉粹；綴陶謙之帛，里映⑤珠韜。襟抱散朗，標置宏博，廣峻不疵於物議，通介⑥無滯於時機⑦。書劍雙傳，提蔗與截蒲俱妙；琴棋⑧兩玩⑨，雁行與鶴翅同傾。體仁成勇，静迅雷於誕據；抱信由衷，亂驚波於禹鑿。天經不匱，教乃由生；王道無私，忠爲令德。澄陂萬頃，游者不測其淺深；繚垣九仞，談者未窺其庭宇。年始九歲，即授先人。父任爲郎，正⑩吐入榛之辯；天工其代，方升結艾之榮。年十五，授中裏小兄。十八，授中裏大兄。年廿三，改任中裏位頭大兄。廿四，兼授將軍，餘官如故。廿八，任莫離支，兼授三軍大將軍。卅二，加太莫離支。總⑪録軍國，阿衡元首。紹先疇之業，士識歸心；執危邦之權，人無駁議。于時，蘿圖御宇⑫，楛矢褰期。公照花照萼，内有難除之草；爲幹爲楨，外有將顛之樹。遂使桃海之濱，隳八條於禮讓；蕭墙之内，落四羽於干戈。公情思内款，事乖中執。方欲出撫邊甿，外巡荒甸，按嵎夷之舊壤，請羲仲之新官。二弟産、建，一朝凶悖，能忍無親，稱兵内拒。金環幼子，忽就鯨鯢；玉膳長⑬筵，俄辭顧復。公以共氣皇分，既飲淚而飛檄⑭；同盟雨集，遂銜膽而提戈。

---

① "樞"，《海東誌存》作"摳"，《譯注韓石》《唐誌彙編》《唐文補遺（一）》《東北史地2005－4》《民誌彙編》《移民研究》《韓人銘集》作"樞"。下同。按，墓誌原文作"摳"，"樞"之異體。

② "鄒"，《朝鮮金石》闕。

③ "丱"，《朝鮮金石》《唐誌彙編》《唐文補遺（一）》《民誌彙編》《移民研究》《韓人銘集》作"丱"，《海東誌存》《譯注韓石》《東北史地2005－4》作"卝"。按，墓誌原文作"卝"，"丱"之異體。

④ "玠"，《海東誌存》作"玢"，《譯注韓石》作"琜"，《唐誌彙編》《移民研究》《唐文補遺（一）》《韓人銘集》等作"玠"。按，墓誌原文作"玠"。

⑤ "映"，《海東誌存》《朝鮮金石》《譯注韓石》《韓人銘集》作"暎"，《唐誌彙編》《唐文補遺（一）》《東北史地2005－4》《民誌彙編》《移民研究》作"映"。按，墓誌原文作"暎"，"映"之異體。

⑥ "介"，《朝鮮金石》作"不"，《海東誌存》《譯注韓石》作"分"，《唐誌彙編》《移民研究》《唐文補遺（一）》《韓人銘集》等作"介"。按，墓誌原文作"介"。

⑦ "機"，《海東誌存》作"攃"，《朝鮮金石》《譯注韓石》《唐誌彙編》《唐文補遺（一）》《東北史地2005－4》《民誌彙編》《移民研究》《韓人銘集》作"機"。下同。按，墓誌原文作"攃"，"機"之異體。

⑧ "棋"，《海東誌存》《朝鮮金石》《譯注韓石》《唐誌彙編》《韓人銘集》作"碁"，《唐文補遺（一）》《東北史地2005－4》《民誌彙編》《移民研究》作"棋"。按，墓誌原文作"碁"。《玉篇·石部》："碁，音其，圍棋也。亦作棊。"是"碁"，"棋"之異體。

⑨ "玩"，《海東誌存》《朝鮮金石》《譯注韓石》《唐誌彙編》《韓人銘集》作"翫"，《唐文補遺（一）》《東北史地2005－4》《民誌彙編》《移民研究》作"玩"。按，墓誌原文作"翫"，"玩"之異體。

⑩ "正"，《朝鮮金石》作"止"，《譯注韓石》《唐誌彙編》《唐文補遺（一）》《韓人銘集》等作"正"。按，墓誌原文作"正"。

⑪ "總"，《海東誌存》《譯注韓石》作"揔"，《唐誌彙編》《唐文補遺（一）》《東北史地2005－4》《民誌彙編》《移民研究》《韓人銘集》作"總"。下同。按，墓誌原文作"揔"，"總"之異體。

⑫ "宇"，《海東誌存》《朝鮮金石》《譯注韓石》《韓人銘集》作"寓"，《唐誌彙編》《移民研究》《東北史地2005－4》作"寓"，《唐文補遺（一）》作"宇"，《民誌彙編》脫。按，墓誌原文作"寓"，"宇"之異體。

⑬ "長"，《海東誌存》作"良"，《唐誌彙編》《唐文補遺（一）》《東北史地2005－4》《民誌彙編》《移民研究》《韓人銘集》等作"長"。按，墓誌原文作"長"。

⑭ "檄"，《海東誌存》《朝鮮金石》作"撖"，《譯注韓石》《唐誌彙編》《唐文補遺（一）》《東北史地2005－4》《民誌彙編》《移民研究》《韓人銘集》作"檄"。按，墓誌原文作"撖"，"檄"之異體。

將屠平壤，用擒元惡，始達烏骨之郊，且破瑟堅之壘。明其爲賊，鼓行而進。仍遣大兄弗德等奉表入朝，陳其事迹。屬有離叛，德遂稽留。公乃反斾遼東，移軍海北，馳心丹鳳之闕，飭躬玄兔①之城。更遣大兄冉有重申誠效。曠林積怨，先尋闕伯之戈；洪池近游，豈貪虞叔之劍。皇帝照彼青丘，亮其丹懇，覽建、產之罪，發雷霆之威。丸山未銘，得來表其先覺；梁水無犛，仲謀憂其必亡。乾封元年，公又遣子獻誠入朝，帝有嘉焉。遙拜公特進，太大兄如故，平壤道行軍大總管兼使持節、安撫大使，領本蕃兵，共大總管契苾何力等相知經略。公率國內等六城十餘萬户，書籍轅門。又有木②底等三城，希風共款，蔪③爾危矣，日窮月蹙。二年，奉敕追公入朝。總章元年，授使持節、遼東大都督、上柱國、玄兔④郡開國公，食邑二千户，餘官如故。小貉未夷，方傾巢鷰⑤之幕；大君有命，還歸盖馬之營。其年秋，奉敕共司空英國公李勣相知經略。風驅電激，直臨平壤之城；前哥後舞，遙振崇⑥埤之堞。公以罰罪吊人，憫其塗地，潛機密構，濟此膏原，遂與僧信誠等內外相應。趙城拔幟，豈勞韓信之師；鄴扇抽關，自結袁譚之將。其王高藏及男建等咸從俘虜。巢山潛海，共入隄封；五部三韓，并爲臣妾。遂能立義斷恩，同鄭伯之得俊；反禍成福，類箕子之疇庸。其年與英公李勣等凱入京都，策勛飲至。獻捷之日，男建將誅。公內切天倫，請重闈而蔡蔡叔；上感皇睠，就輕典而流共工。友悌之極，朝野斯尚。其年蒙授右衛大將軍，進封卞國公，食邑三千户，特進、勛官如故，兼檢校右羽林軍，仍令仗內供奉。降禮承優，登壇引拜，桓珪輯中黄之瑞，羽林光太紫之星。陪奉輦輅，便繁左右。恩寵之隆，無所與讓；腎腸之寄，莫可爲儔。儀鳳二年，奉敕存撫遼東，改置州縣。求瘼恤隱，襁負如歸；劃野疏⑦疆，奠川知正。以儀鳳四年正月廿九日遘疾，薨於安東府之官舍，春秋卅有六。震宸傷鼙，臺衡怨笛，四郡由之而罷市，九種因之以輟耕。詔曰："懋功流賞，寵命洽於生前；縟禮贈終，哀榮貴於身後。式甄忠義，豈隔存亡。特進、行右衛大將軍、上柱國、卞國公泉男生：五部酋豪，三韓英傑，機神穎悟，識具沉遠，秘算發於鈐

---

① "兔"，《譯注韓石》作"菟"，《唐誌彙編》《唐文補遺（一）》《東北史地 2005－4》《民誌彙編》《移民研究》《韓人銘集》等作"兔"。按，墓誌原文作"兔"。

② "木"，《唐誌彙編》《東北史地 2005－4》《移民研究》作"术"，《海東誌存》《朝鮮金石》《譯注韓石》《唐文補遺（一）》《民誌彙編》《韓人銘集》作"木"。按，墓誌原文作"木"。"木底城"爲高句麗城邑，於傳世文獻習見。

③ "蔪"，《海東誌存》《朝鮮金石》《唐誌彙編》《民誌彙編》作"蔪"，《譯注韓石》《唐文補遺（一）》《東北史地 2005－4》《移民研究》《韓人銘集》作"蔪"。按，墓誌原文作"蔪"，"蔪"之異體。《史記·劉敬叔孫通列傳》："（叔孫通）遂與所徵三十人西，及上左右爲學者與其弟子百餘人爲緜蕞野外。"裴駰《集解》："如淳曰：'蕞謂以茅剪樹地爲纂位。'"義與墓誌文合。

④ "兔"，《譯注韓石》《唐誌彙編》《民誌彙編》作"菟"，《海東誌存》《朝鮮金石》《唐文補遺（一）》《東北史地 2005－4》《移民研究》《韓人銘集》作"兔"。按，墓誌原文作"兔"。

⑤ "鷰"，《海東誌存》《朝鮮金石》《譯注韓石》《唐誌彙編》《韓人銘集》作"鷰"，《唐文補遺（一）》《東北史地 2005－4》《民誌彙編》《移民研究》作"燕"。按，墓誌原文作"鷰"。《晉書·慕容儁載記》："是時鷰巢於儁正陽殿之西椒。"

⑥ "崇"，《朝鮮金石》闕。

⑦ "疏"，《海東誌存》《朝鮮金石》《韓人銘集》作"疎"，《譯注韓石》作"疎"，《唐誌彙編》《唐文補遺（一）》《東北史地 2005－4》《民誌彙編》《移民研究》作"疏"。按，墓誌原文作"疎"。"疎"與"疎"，皆"疏"之異體。

謀，宏材申於武藝。僻居荒服，思效款誠。去危就安，允①叶變通之道；以順圖逆，克清遼浿之濱。美績遐著，崇章薦委。入典北軍，承宴私於紫禁；出臨東陼，光鎮撫於青丘。亡化折風，溢先危露，興言永逝，震悼良深，宜增連率之班，載穆追崇之典。可贈使持節、大都督、并汾箕嵐四州諸軍事、并州刺史，餘官并如故。"所司備禮冊命，贈絹布七百段，米粟七百石，凶事葬事所須，并宜官給，務從優厚。賜東園秘②器，差京官四品一人攝鴻臚少卿監護，儀仗鼓吹，送至墓所往還。五品一人持節賫璽書吊祭，三日不視事。靈柩到日，仍令五品已上赴宅。寵贈之厚，存歿增華；哀送之盛，古今斯絕。考功累行，謚曰襄公。以調露元年十二月廿六日壬申窆於洛陽邙山之原，禮也。哀子衛尉寺卿獻誠，夙奉庭訓，早紆朝覿。拜前拜後，周魯之寵既隆；知死知生，吊贈之恩彌縟。茹荼吹棘，踐霜移露，痛迭微之顯傾，哀負趙③之潛度，毀魏墳之舊漆，落漢臺之後素。刊翠琬而傳芳，就黃壚而永固。其詞曰：

三岳神府，十洲仙庭。谷王産傑，山祇④孕靈。訏⑤謨國緯，烏弈人經。錦衣繡服，議罪詳刑。其一。伊人間出，承家疊祉。矯矯鳳鷄⑥，昂昂驥子。韞智川積，懷仁岳峙。州牧薦刀，橋翁授履。其二。消灌務擾，鄒盧寄深。文樞執柄，武轄操⑦鈐。荊樹鶚起，蘆川雁沉。既傷反袂，且恨移衾。其三。肅影麟洲，輸誠鳳闕。朝命光寵，天威吊伐。殄寇瞻星，行師計月。夷舞歸獻，凱哥還謁。其四。彎弧對泣，叫闇祈帝。遽徙秋荼，復開春棣。鏘玉高秩，銜珠近衛。寶劍舒蓮，香車裹⑧桂。其五。輕軒出撫，重錦晨游。抑揚秘穴，堤封亶洲。瞻威仰惠，望景思柔。始襜來軸，俄慌去輈。其六。斂革勤王，聞簞悼宸。九原容衛，三河兵士。南望少室，北臨太史。海就泉通，山隨墓起。其七。霜露年積，春秋日居。墳圓月滿，野曠風疏。幽壤勒頌，貞珉瘞書。千齡暐曄，一代丘墟。其八。

---

① "允"，《唐誌彙編》脫。
② "秘"，《唐誌彙編》作"祕"，《海東誌存》《朝鮮金石》《譯注韓石》《唐文補遺（一）》《東北史地 2005－4》《民誌彙編》《移民研究》《韓人銘集》作"秘"。按，墓誌原文作"秘"。
③ "趙"，《海東誌存》《朝鮮金石》《譯注韓石》作"趂"，《唐誌彙編》《唐文補遺（一）》《東北史地 2005－4》《民誌彙編》《移民研究》《韓人銘集》作"趨"。按，墓誌原文作"趂"，"趙"之異體。
④ "祇"，《唐誌彙編》《唐文補遺（一）》《移民研究》作"祇"，《海東誌存》《朝鮮金石》《譯注韓石》《東北史地 2005－4》《民誌彙編》《韓人銘集》作"祇"。按，墓誌原文作"祇"。
⑤ "訏"，《朝鮮金石》《唐誌彙編》《唐文補遺（一）》《民誌彙編》《韓人銘集》作"訏"，《東北史地 2005－4》《移民研究》作"吁"。按，墓誌原文作"訏"。
⑥ "鷄"，《海東誌存》作"鴒"，《朝鮮金石》作"鷗"，《唐誌彙編》《唐文補遺（一）》《民誌彙編》《韓人銘集》作"鷄"，《東北史地 2005－4》《移民研究》作"雛"。按，誌文原文作"鷄"，古同"雛"。
⑦ "操"，《海東誌存》作"捺"，《朝鮮金石》作"捒"，其他家作"操"。按，墓誌原文作"捒"，"操"之異體。
⑧ "裹"，《唐誌彙編》《唐文補遺（一）》《東北史地 2005－4》《民誌彙編》《移民研究》作"裛"，《韓人銘集》作"裏"。按，墓誌原文作"裛"，"裹"之異體。

天授二年（691）二月刻。

楷書，28 行，滿行 28 字，高寬 59 厘米。

1936 年河南洛陽孟津後李村出土。

石藏千唐誌齋博物館。

| 誌蓋 |　闕

| 誌文 |　大周故冠軍大將軍行①左豹韜衛翊府中郎將高府君墓誌銘并序

　　君諱玄，字貴王②，遼東三韓人也。昔唐家馭曆，并吞天③下，四方合應，啓顙④來降。而東夷不賓，據青海而成國。公志懷雅略，有先見之明。棄彼遺甿⑤，從⑥男生而仰化；慕斯聖教，自東徙而來王。因而家貫西京，編名赤縣。曾祖寶，任本州都督。祖方，任平壤城刺史。父廉，唐朝贈泉州司馬。并三韓貴族，積代簪纓；九種名賢，蟬聯冠冕。公侯必復，代有人焉！負扛鼎之雄材，鬱拔山之壯氣。有敕 策 ⑦其驍勇，討以遼東。公誠舊人，實爲諳億，大破平壤，最以先鋒。因之立功，授⑧宜城府左果毅都尉。總管以公智勇，別奏將行，關塞悚其餘塵，石梁飲其遺箭。頻蒙擢用，授以官班。又奉弘道元年⑨遺制，外官各加一階，蒙授雲麾將軍，本官如故。一從征討，十載⑩方還，忠赤無虧，勣勞有裕。至垂拱二年二月⑪，奉敕差行爲神武軍統領。三年四月，大破賊徒。薊北振其英聲，燕南仰其餘烈。俄而蒙授右玉鈐衛中郎將。又以永昌元年，奉敕差令諸州簡高麗兵士。其年七月，又奉敕簡洛州兵士，便充新平

---

① “行”，《移民研究》脱，其他家存。

② “王”，《唐誌彙編續》《民誌彙編》作“王”，《唐誌編考》《唐文補遺（二）》《移民研究》《韓人銘集》作“主”。按，墓誌原文“王”字清晰，上有一點，似爲誌石殘損所致，非爲筆畫。古人名字相合，“玄”“王”亦有出處。《詩經·商頌·長髮》：“玄王桓撥，受小國是達。”毛傳：“玄王，契也。”高句麗習以商人爲族源所出，如《高遠望墓誌》“先殷人也”，高玄之名字亦本於此。

③ “天”，墓誌原文作“而”，係武周新造之“天”字。

④ “顙”，《唐誌彙編續》《民誌彙編》作“親”，《唐誌編考》《唐文補遺（二）》《移民研究》《韓人銘集》作“顙”。按，墓誌原文泐損。左下從木，右從頁，應爲“顙”字。啓顙即稽顙，跪拜禮。《孔子家語·曲禮子貢問》：“子張有父之喪，公明儀相焉；問啓顙於孔子。”詞義與墓誌文合。

⑤ “甿”，《唐誌編考》《唐誌彙編續》《唐文補遺（二）》《韓人銘集》作“甿”，《民誌彙編》《移民研究》作“氓”。按，墓誌原文作“甿”。“甿”“氓”音同，皆爲田民之稱，古通用。唐人諱“民”，習改“氓”爲“甿”。

⑥ “從”，《唐誌彙編續》《民誌彙編》闕，《唐誌編考》《唐文補遺（二）》《移民研究》《韓人銘集》補作“從”。按，該字略有模糊，殘留筆畫似爲“從”。

⑦ “策”，諸家闕。按，墓誌原文上殘留“竹”，似爲“策”。“敕策”亦固定詞彙，適於墓誌之用。

⑧ “授”，墓誌原文作“稶”，係武周新造之“授”字。

⑨ “年”，墓誌原文作“秊”，係武周新造之“年”字。

⑩ “載”，墓誌原文作“𢆶”，係武周新造之“載”字。

⑪ “月”，墓誌原文作“𡇦”，係武周新造之“月”字。

道左三軍總管征行。天授元年九①月九日②，恩制改授左豹韜衛行中郎將。門題鶴禁，先從去病之班；衛 總 豹韜，終得廉頗之選。惟公久懷壯節，早負雄圖。刻石燕然，竇憲慚其遠略；鑄③銅交阯，馬援愧以宏材。既千載難追，百年易盡，俄悲石折，奄見山頹。以天授元年十月廿六日遘疾，終於神都合宮之私第，春秋四十有九。嗟乎！風爥不停，哲④人長逝。嗚呼哀哉！粵以大周天授二⑤年歲次⑥辛卯十月戊戌⑦朔十八日乙卯⑧遷窆於北邙之原，禮也！泉臺杳杳，終無再見之期；蒿里綿綿⑨，永絕片言之會。嘆桑田之有革，懼陵谷之將移，勒石紀功，遂爲銘曰：

昔爲燕寶，今誠漢珍。大唐驍將，隆周壯臣⑩。早從簪綬，傳之搢⑪紳。時稱有裕，代不乏人。其一。蕭蕭勇夫，昂昂詞令⑫。弱齡岐嶷，壯齒忠正⑬。知機⑭其神，背偽歸⑮聖。縱橫倜儻，何慚去病。其二。出 征⑯絕域，斬將強胡。不惜身命，戰必忘軀。豈⑰唯弓馬，全⑱高智謀。取彼驍健，拔朽摧枯。其三。旋凱非遙，歸鞍尚迻。爪牙入侍⑲，歡娛未已。俄纏固

---

① "九"，《唐誌彙編續》《民誌彙編》《移民研究》作"二"，《唐誌編考》《唐文補遺（二）》《韓人銘集》闕。按，墓誌原文殘泐不可識讀。惟最末筆畫非爲橫，不宜釋作"二""三"之字，似爲"九"末筆。天授元年九月，武周赦天下，革唐命，改周元，賜武姓，擢群臣。墓誌既言"恩制"，是高玄亦當在賞賜之列。

② "日"，墓誌原文作"🔆"，係武周新造之"日"字。

③ "鑄"，《唐誌編考》《唐誌彙編續》《民誌彙編》《移民研究》作"鑄"，《唐文補遺（二）》《韓人銘集》闕。按，此字右殘留"壽"，當爲"鑄"字。

④ "哲"，諸家作"哲"。按，墓誌原文作"悊"。"哲"，金文從心，從目，從斤，隸變後從口，今以"哲"爲正字。

⑤ "二"，《唐誌編考》《唐誌彙編續》《民誌彙編》《移民研究》《韓人銘集》作"二"，《唐文補遺（二）》作"三"。按，"二"下有刮蹭痕迹，非爲筆畫。此外，天授二年干支爲"辛卯"，亦合。

⑥ "歲次"，《唐誌彙編續》《民誌彙編》《移民研究》作"歲次"，《唐誌編考》《唐文補遺（二）》《韓人銘集》闕。

⑦ "戊戌"，《唐誌彙編續》《民誌彙編》《移民研究》作"戊戌"，《唐誌編考》《唐文補遺（二）》《韓人銘集》闕。

⑧ "乙卯"，《唐誌彙編續》《民誌彙編》《移民研究》作"乙卯"，《唐誌編考》《唐文補遺（二）》《韓人銘集》闕。

⑨ "綿綿"，《唐誌編考》《唐誌彙編續》《民誌彙編》《移民研究》作"綿綿"，《韓人銘集》作"邈邈"，《唐文補遺（二）》闕。

⑩ "臣"，墓誌原文作"恖"，係武周新造之"臣"字。

⑪ "搢"，《唐誌編考》《唐誌彙編續》《唐文補遺（二）》《韓人銘集》作"搢"，《民誌彙編》《移民研究》作"縉"。按，《說文新附·手部》："搢，插也。"古宦者垂紳搢笏，"搢笏"即謂插笏於帶間，"搢紳"亦代指宦者和儒者。《史記·封禪書》："其語不經見，搢紳者不道。"可爲佐證。

⑫ "令"，諸家闕。

⑬ "正"，墓誌原文作"击"，係武周新造之"正"字。

⑭ "機"，《唐誌彙編續》《民誌彙編》《移民研究》作"幾"，《唐誌編考》《唐文補遺（二）》《韓人銘集》作"機"。按，墓誌原文作"攦"，"機"之異體。

⑮ "偽歸"，《唐誌彙編續》《民誌彙編》闕，《唐文補遺（二）》作"爲歸"，《唐誌編考》《移民研究》《韓人銘集》作"偽歸"。按，墓誌原文作"偽歸"。

⑯ "征"，諸家闕。按，此字殘損不可識讀，殘存字畫似爲"征"字。

⑰ "豈"，《唐誌彙編續》《民誌彙編》闕，《唐誌編考》《唐文補遺（二）》《移民研究》《韓人銘集》作"豈"。

⑱ "全"，《唐誌編考》《唐誌彙編續》《民誌彙編》《移民研究》《韓人銘集》作"全"，《唐文補遺（二）》闕。

⑲ "入侍"，《唐誌編考》作"□佳"，《唐誌彙編續》《民誌彙編》《移民研究》《韓人銘集》作"入侍"，《唐文補遺（二）》闕。

疾，魂飛蒿里。素①車就駕，朱旗忽起。其四。蒿塗寞寞②，泉路悠悠③。樹悲風起，山寒日收。親戚慟哭④，行旅傷憂⑤。墓門⑥一掩，期以千秋。其五。

□年二月……⑦

---

① "素"，《唐誌彙編續》《民誌彙編》闕，《唐誌編考》《唐文補遺（二）》《移民研究》《韓人銘集》作"素"。
② "寞寞"，《唐誌彙編續》《民誌彙編》闕，《唐誌編考》《唐文補遺（二）》《移民研究》《韓人銘集》作"寞寞"。
③ "悠悠"，《唐誌編考》《唐誌彙編續》《唐文補遺（二）》《民誌彙編》《韓人銘集》闕，《移民研究》作"悠悠"。
④ "哭"，《唐誌彙編續》《民誌彙編》闕，《唐誌編考》《唐文補遺（二）》《移民研究》《韓人銘集》作"哭"。
⑤ "憂"，《唐誌彙編續》《民誌彙編》闕，《唐誌編考》《唐文補遺（二）》《移民研究》《韓人銘集》作"憂"。
⑥ "墓門"，《唐誌彙編續》《民誌彙編》闕，《唐誌編考》《唐文補遺（二）》《移民研究》《韓人銘集》作"墓門"。
⑦ "二年二月"，《唐誌編考》《移民研究》《韓人銘集》作"□□二月"，《唐誌彙編續》《唐文補遺（二）》《民誌彙編》脱。按，"年"字殘泐，惟"二"可見，以文例推，應爲"年"。高玄遷葬於天授二年十月，則此"二年二月"應爲天授二年二月。另，"月"後墓誌石損，似有數字，惜不可見。

延載元年（694）十月十日葬。

楷書，31 行，滿行 31 字，高寬 85 厘米。

1975 年遼寧朝陽西大營子公社河南大隊出土。

石藏朝陽市博物館。

| 誌蓋 |　大周遼西府折衝故夫人高氏墓誌之銘①
| 誌文 |　大周游騎將軍左金吾衛遼西府折衝都尉故夫人高氏墓誌銘并序

　　夫人諱，字英淑，昌黎孤竹人也。原夫五聖枝分，高辛以之纂頊；三邊草昧，高雲於是滅燕。爾其渤海長瀾，既蕩雲而沃日②；朔野層構，方括地③以浮天。故有軒冕承家，冠兩京而秀出；公侯胙土④，逾⑤百代而彌昌。曾祖諱會，魏金紫光禄大夫、本蕃大首領。金章紫綬，鐵騎朱旗。由余之對穆公，有悝宮室；葉延之問司馬，自古帝主。祖諱農，隋雲麾將軍、右武侯中郎將、本蕃大首領。玉階是寄，入天門之九重；沙塞⑥宣威，撫夷落之千里。父諱路，唐銀青光禄大夫、行師州刺史、諸軍事、上柱國、安陵縣開國公，食邑五千户。務總六條，榮承八命。馳鹿輈而叱⑦馭，五袴成謡；露鷥冕而席羊，三韓慕德。棠陰之英⑧風未泯，柳塞之生氣猶存。夫人禀粹坤儀，資靈兑象⑨。芝蘭擢質，才優弄硯之年；桃李不言，艶盛初⑩笄之歲。六禮斯屬，方納采於高門；百兩⑪攸歸，爰作嬪於景胄。既而鴛鸞⑫接翼，琴瑟諧音，柔明耀衽席之規，貞順滿庭闈之譽。若乃愛敬盡於父母，起自天然；恭恪勤於舅姑，基乎至性。夫人之孝也。奉承祭祀，嚴潔蒸嘗，無倦箕箒之勞，有切晨昏之養。夫人之敬也。行兼四德，慈及六親，本無害於昆蟲，每購生於飛鳥。夫人之仁也。忍愛矜孤，懷貞履順，奉叔妹以廉讓，承娣姒以卑謙。夫人之義也。專心正⑬色，從令受命。鉛華弗御，坐思紃組之功；羅綺不衣，行循環珮之響。夫人之禮也。素裁團扇，錦織迴文，若徐淑之匡夫，如孟母之訓子。夫人之智也。白珪⑭無玷，黄金然諾，憘怒不渝其色，歲寒不易其心。夫人之信也。方期竊藥長往，馭

---

① 《中古研究 46》闕。
② "沃日"，《遼寧碑誌》作 "澆日"，《中古研究 46》《古典文獻 21 下》作 "沃日"。按，墓誌原文作 "沃⊙"，即 "沃日"。
③ "地"，墓誌原文作 "埊"，係武周新造之 "地" 字。
④ "胙土"，《遼寧碑誌》作 "阼上"，《中古研究 46》《古典文獻 21 下》作 "胙土"。按，墓誌原文作 "胙土"。
⑤ "逾"，《遼寧碑誌》作 "渝"，《中古研究 46》《古典文獻 21 下》作 "逾"。按，墓誌原文作 "逾"。
⑥ "塞"，《遼寧碑誌》作 "塞"，《中古研究 46》《古典文獻 21 下》作 "麈"。按，墓誌原文作 "塞"。
⑦ "叱"，《遼寧碑誌》作 "此"，《中古研究 46》《古典文獻 21 下》作 "叱"。按，墓誌原文作 "叱"。
⑧ "英"，《中古研究 46》作 "美"，《遼寧碑誌》《古典文獻 21 下》作 "英"。按，墓誌原文作 "英"。
⑨ "象"，《遼寧碑誌》作 "鳥"，《中古研究 46》作 "爲"，《古典文獻 21 下》作 "象"。按，墓誌原文作 "象"。
⑩ "初"，墓誌原文作 "亝"，係武周新造之 "初" 字。
⑪ "百兩"，《中古研究 46》闕，句讀有誤。
⑫ "鸞"，《中古研究 46》作 "鴍"，《遼寧碑誌》《古典文獻 21 下》作 "鸞"。按，墓誌原文作 "鸞"。
⑬ "正"，《遼寧碑誌》作 "出"，《中古研究 46》《古典文獻 21 下》作 "正"。按，墓誌原文作 "㞴"，"正" 之異體。
⑭ "珪"，《遼寧碑誌》作 "圭"，《中古研究 46》《古典文獻 21 下》作 "珪"。按，墓誌原文作 "珪"。

蟾景於雲衢；豈謂雌劍孤飛，瘞①龍光於泉室。以天授二年正月廿三日終於綺帳，春秋四十有九。嗚呼哀哉！悼甚邑鄰，憂纏中外。撒涕抆淚，思令德而銜酸；輟相罷機，聽哀聲而下泣。都尉以神傷奉蒨，思切安仁，緬惟同穴之章，載修遷空之禮。嗣子大慈，崔氏金柯，謝家玉樹。年纔對日，有餘懷橘之誠；憂②軫聞雷，遽積繞墳之慘。即以延載元年歲次甲午十月辛亥朔十日庚申葬於柳城西南一十五里之平原，禮也。四野蕭條，九原冥寞。流風對雪，無聞柳絮之詞；獻歲發春，不復椒花之頌。是用青鳥③襲吉，爰成負土之墳；白鳳騰文，遂勒支機之石。庶使雲霏旦暮，須知行雨之游；地岸泉塗，爲辯凌波之所。其銘曰：

渤海源長，高雲胤昌。不空邦國，必復侯王。剖符露冕，代棘臨棠。鏘金響玉，裂土封疆。降生淑媛，凝規孟光。譽隆四德，訓治七章。恭承令問，作配賢良。合響琴瑟，均儀鳳凰。浮雲千騎，流水七香。采歡舞閣，締賞歌堂。母儀克著，嬪則逾彰。桑田④易變，舟壑難藏。娥銷月魄，婺落星⑤芒。桃李掩茂，芝桂摧芳。安仁思切，奉蒨神傷。緬惟安厝，肇構便房。守闉桐梗，標埏石羊。旐旟戒路，輀軒啓行。佳城鬱鬱，平野茫茫。念彼年兮⑥何促，嗟此夜兮何長。

---

① “瘞”，《中古研究46》作“塵”，《遼寧碑誌》《古典文獻21下》作“瘞”。按，墓誌原文作“瘞”。
② “憂”，《遼寧碑誌》作“優”，《中古研究46》《古典文獻21下》作“憂”。按，墓誌原文作“憂”。
③ “鳥”，《遼寧碑誌》《中古研究46》作“鳥”，《古典文獻21下》作“烏”。按，墓誌原文作“鳥”，“烏”之異體。
④ “田”，《遼寧碑誌》作“曰”，《中古研究46》《古典文獻21下》作“田”。按，墓誌原文作“田”。
⑤ “星”，墓誌原文作“〇”，係武周新造之“星”字。
⑥ “兮”，《遼寧碑誌》《中古研究46》作“子”，《古典文獻21下》作“兮”。下同。按，墓誌原文作“兮”。

萬歲通天二年（697）正月八日葬。

楷書，33 行，滿行 34 字，高寬 88.5 厘米。

1990 年河南洛陽伊川縣平等鄉樓子溝村出土。

石藏伊川縣文物保護所。

| 誌蓋 | 闕

| 誌文 | 大周故鎮軍大將軍高君墓誌銘并序

　　若夫見機而作，存乎君子；慕義而至，妙曰通人。前載著之不輕，來代述而尤重。然而越
滄波，歸赤縣，漸大化，列王臣，顯顯焉，即高將軍輜之矣！ 公 ①諱足酉，字足酉，遼東平
壤人也。乃效款而往，遂家於洛州永昌縣焉。族本殷家，因生代秀②。 昔 ③居玄兔④，獨擅雄
蕃。今馨大⑤誠，特隆⑥殊寵。唐總章元年，授明威將軍，守右威衛真化府折衝都尉，仍長上，
尋⑦授守左威衛孝義府折衝都尉，散官如故。貳年，授雲麾將軍，行左武衛翊衛府中郎將。儀
鳳四年，授右領軍衛將軍，准永隆元年制，加勛上柱國⑧。永昌元年，制授右玉鈐衛大將軍。
并以勛庸見重，武烈稱奇，出靜邊荒，入陪蘭錡。既而蔥山動祲，紫塞驚塵，甘泉見烽火之
輝，天子下徵兵之令。大周天授元年，拜公爲鎮軍大將軍，行左豹韜衛大將軍。 登 ⑨壇受策，
禮逾韓信；野戰頻勝，事逸張飛。卷彼二蕃，如湯沃⑩雪；觀兹再舉，疑是神行。長城絶飲馬
之篇，萬里罷輪臺之戍。證⑪聖⑫元年，造天樞⑬成。悅豫子來，雕鐫乃就，干青霄而直上，

---

① "公"，《洛新誌》作"君"，《唐誌彙編續》《唐文補遺（五）》《中國史研究 12》《移民研究》《韓人銘集》作
　　"公"，《民誌彙編》闕。按，此字全損，不可識讀，然墓誌文後稱高足酉爲"公"，此處作"公"更爲穩妥。
② "秀"，《洛新誌》作"承"，《唐誌彙編續》《唐文補遺（五）》《民誌彙編》《中國史研究 12》《移民研究》
　　《韓人銘集》闕。按，墓誌原文已損，以殘留字迹推測爲"秀"。
③ "昔"，《洛新誌》作"昔"，《中國史研究 12》作"世"，《唐誌彙編續》《唐文補遺（五）》《民誌彙編》《移
　　民研究》《韓人銘集》闕。按，墓誌原文已損，以殘留字迹推測爲"昔"。
④ "兔"，《洛新誌》《唐文補遺（五）》《中國史研究 12》《韓人銘集》作"兔"，《唐誌彙編續》《民誌彙編》
　　《移民研究》作"莵"。按，墓誌原文作"兔"。
⑤ "大"，《洛新誌》《民誌彙編》《中國史研究 12》《韓人銘集》闕，《唐誌彙編續》《唐文補遺（五）》《移民研
　　究》作"大"。按，墓誌原文已損，以殘留字迹推測爲"大"。
⑥ "隆"，《洛新誌》《唐誌彙編續》《唐文補遺（五）》《中國史研究 12》《民誌彙編》作"隆"，《移民研究》作
　　"降"。按，墓誌原文作"隆"。
⑦ "尋"，《洛新誌》《唐誌彙編續》《民誌彙編》《韓人銘集》脱。
⑧ "國"，墓誌原文作"圀"，係武周新造之"國"字。
⑨ "登"，《洛新誌》作"登"，《唐誌彙編續》《唐文補遺（五）》《民誌彙編》《移民研究》《韓人銘集》闕。
⑩ "湯沃"，《中國史研究 12》《韓人銘集》闕。
⑪ "證"，墓誌原文作"𡉉"，係武周新造之"證"字，下同。
⑫ "聖"，墓誌原文作"埕"，係武周新造之"聖"字，下同。
⑬ "樞"，《洛新誌》《唐誌彙編續》《唐文補遺（五）》《民誌彙編》《中國史研究 12》闕，《移民研究》作
　　"樞"。按，墓誌原文作"摳"，"樞"之異體。

表皇王而自得。明珠吐耀，將日月而連輝；祥龍 下①游，憑烟雲而矯首。壯矣哉，邈乎！斯時也，即封高麗蕃長、漁陽郡開國公，食邑二千户。其年，萬州蠻陬作梗，敕以公爲經略大②使。氣罩飄姚，年同獲鑠。時當五月，深入不毛之③鄉；路登千仞，必抱忠臣之節。銜命善說，奉旨宣揚。醜虜執迷，聾未能聽。公乃整行伍，列校隊，鳴鞭汗赭，直往摧堅，揮弋駐日，傍截陷腦。死者無暇而致悔，生者受羈而自慚。行我君④恩，積尸京觀。方欲凱歌龜浦，獻捷龍樓，倚望生還，寧知死入⑤。大周天册萬歲⑥元年遘疾，卒於荆州之官舍，春秋七十。嗚呼哀哉！駟馬悲鳴，三軍飲泣；春人輟相，工婦下機⑦。聖主聞之，良深震⑧悼，贈使持節、都督幽易等七州諸軍事、幽州刺史，餘如故。仍贈物 叁 伯段，米粟貳伯碩。葬事所須，并令官給。萬歲通天二年歲次丁酉正月朔己亥八日景午葬於洛州伊闕縣新城之原，禮也。天庭有隔，侍衛無期，悲宿草於荒埏⑨，泣流光於空度。霜凋細柳，閟幽户而不春；風驚大樹，謝明辰而永没。嗣子帝臣，孝極 生 前，哀纏没後⑩，看曾參而不⑪遠，瞻董永而非遥。送葬之禮備焉，卜兆之宜畢矣。賢乃俯就，愚而企及，父子之准式， 君 臣 ⑫之綱紀。鄰里俊⑬傑，鄉閭英⑭彦，莫

---

① "下"，《洛新誌》《韓人銘集》作"下"，《唐誌彙編續》《唐文補遺（五）》《民誌彙編》《中國史研究 12》《移民研究》闕。

② "大"，《洛新誌》《唐文補遺（五）》《韓人銘集》作"大"，《唐誌彙編續》《民誌彙編》《移民研究》闕。按，墓誌原文已損，以殘留字迹推測爲"大"。

③ "之"，《洛新誌》《韓人銘集》作"之"，《唐誌彙編續》《唐文補遺（五）》《移民研究》《民誌彙編》闕。按，墓誌原文已損，以殘留字迹推測爲"之"。

④ "君"，《洛新誌》作"周"，《唐誌彙編續》《民誌彙編》《移民研究》作"載"，《唐文補遺（五）》《中國史研究 12》作"君"。按，墓誌原文作"𡆮"，係武周新造之"君"字。

⑤ "入"，《洛新誌》《唐誌彙編續》《唐文補遺（五）》《民誌彙編》《韓人銘集》作"入"，《移民研究》《中國史研究 12》作"人"。按，墓誌原文作"入"。

⑥ "歲"，《洛新誌》《唐誌彙編續》《民誌彙編》《中國史研究 12》《移民研究》作"歲"，《唐文補遺（五）》《韓人銘集》闕。

⑦ "下機"，《洛新誌》作"下機"，《唐誌彙編續》《移民研究》《韓人銘集》闕，《唐文補遺（五）》《中國史研究 12》《民誌彙編》作"下□"。按，"下機"殘缺，惟"下"可見。墓誌言喪事悲切，多用習語。如《周寶墓誌》："當機織者，聞哀響而罷機；臨春相人，聽悲音而輟相。"（周紹良、趙超：《唐代墓誌彙編續集》，上海：上海古籍出版社，2001 年，第 286 頁。）故"工婦下"後應接"機"字。《文選·齊故安陸昭王碑文》："耕夫釋耒，桑婦下機。"亦可爲證。

⑧ "震"，《洛新誌》《唐誌彙編續》《民誌彙編》作"宸"，《唐文補遺（五）》《中國史研究 12》《移民研究》《韓人銘集》作"震"。按，墓誌原文作"震"。

⑨ "埏"，《洛新誌》《唐文補遺（五）》《中國史研究 12》《韓人銘集》作"埏"，《唐誌彙編續》《民誌彙編》《移民研究》作"誕"。按，墓誌原文作"埏"。

⑩ "孝極生前，哀纏没後"，《唐誌彙編續》《移民研究》作"孝極□前，哀纏□後"，《唐文補遺（五）》《民誌彙編》《中國史研究 12》作"孝極生前，哀纏死後"，《韓人銘集》作"孝極生前，哀纏没後"。按，所闕二字殘泐不可識讀。以文義推之，應爲生前盡孝，没後哀痛之事。《張伯隴墓誌》："君事親盡禮，敦愛敬於生前。懷道□窮，重送終於没後。"（周紹良、趙超：《唐代墓誌彙編續集》，第 164 頁。）句例與本誌合。

⑪ "不"，《洛新誌》《唐文補遺（五）》《中國史研究 12》作"不"，《唐誌彙編續》《民誌彙編》《移民研究》闕。按，墓誌原文作"不"。

⑫ "君臣"，《洛新誌》《中國史研究 12》作"君臣"，《唐誌彙編續》《唐文補遺（五）》《民誌彙編》《移民研究》《韓人銘集》闕。按，墓誌原文已殘，據文義，補"君臣"二字。

⑬ "俊"，《中國史研究 12》作"後"，《唐誌彙編續》《唐文補遺（五）》《民誌彙編》等作"俊"。按，墓誌原文作"俊"。

⑭ "英"，《洛新誌》《唐文補遺（五）》闕，《中國史研究 12》作"後"，《唐誌彙編續》《民誌彙編》《移民研究》作"英"。按，墓誌原文已殘，似爲"英"字。

不共造苫①門，咸加嘆息。雖美塞乎天地，不朽憑乎翰海。 獻 禎②頌於瑤琨，懸芳猷於泉户。
其詞曰：

挺生秀異，器韞深機。潛鱗東沼，化羽南飛。翔而後集，決而少非。安危在己，欻爾悠歸。其一。榮朱其衣，貴丹其轂。竭以展效，豐功厚禄。屢執戎麾，頻殲醜族。域中閑暇，壺 内 清 ③肅。其二。蠻陬作梗，天子徵兵。召君爲將，受命恭行。善説不可，必陣④全横。庾亮⑤深入，馬援先鳴。其三。方陳獻凱，染兹卑濕。志望生還，寧知死入⑥。看凋細柳，顧然下泣。蓋轉悲風，空傳□級。其四。天子聞之，良深震悼。贈官顯績，特標奇操。唅⑦是隨珠，縑稱魯縞。事君盡禮，没⑧焉厚報。其五。長辭白日，永入黄泉。人餘生氣，冢象⑨祁連。冥冥不返，寂寂空然。去矣元帥，何時見天。其六。一代俄頃，千齡易度。秋柏吟風，春荑泫露。阮籍傷斷，王哀哀慕。魂靈歇滅，德音何故。其七。

---

① "苫"，《洛新誌》作"占"，《故宫院刊 2001－5》作"苫"，《中國史研究 12》作"其"，《唐誌彙編續》《唐文補遺（五）》《民誌彙編》《移民研究》《韓人銘集》闕。按，墓誌原文已殘，下存"占"，應爲"苫"字。

② "禎"，《洛新誌》《唐文補遺（五）》《民誌彙編》《中國史研究 12》《韓人銘集》作"禎"，《唐誌彙編續》《移民研究》作"相"。按，墓誌原文已殘，似爲"禎"字。

③ "内清"，《洛新誌》作"中清"，《故宫院刊 2001－5》作"内清"，《唐文補遺（五）》作"□以"，《唐誌彙編續》《民誌彙編》《中國史研究 12》《移民研究》《韓人銘集》闕。按，墓誌原文已殘，據上文"中閑"，擬補"内清"。

④ "陣"，《中國史研究 12》《韓人銘集》作"陳"，《唐誌彙編續》《唐文補遺（五）》《民誌彙編》等作"陣"。按，墓誌原文作"陣"。

⑤ "庾亮"，《洛新誌》作"□兑"，《故宫院刊 2001－5》作"劉尚"，《唐誌彙編續》《民誌彙編》《移民研究》作"□亮"，《唐文補遺（五）》《中國史研究 12》《韓人銘集》作"□穴"。按，墓誌原文已殘，擬補"庾亮"二字。

⑥ "入"，《洛新誌》《唐誌彙編續》《唐文補遺（五）》《民誌彙編》《韓人銘集》作"入"，《中國史研究 12》《移民研究》作"人"。按，墓誌原文作"入"。

⑦ "唅"，《洛新誌》《唐誌彙編續》《移民研究》作"唅"，《唐文補遺（五）》《民誌彙編》《中國史研究 12》《韓人銘集》作"含"。按，墓誌原文作"唅"。

⑧ "没"，《中國史研究 12》《韓人銘集》作"汲"，《唐誌彙編續》《唐文補遺（五）》《民誌彙編》等作"没"。按，該字泐損，字形似"没""汲"，以文義推之，當係"没"字。

⑨ "象"，《洛新誌》《唐誌彙編續》《唐文補遺（五）》《中國史研究 12》《韓人銘集》作"象"，《民誌彙編》作"爲"，《移民研究》作"像"。按，墓誌原文作"象"。

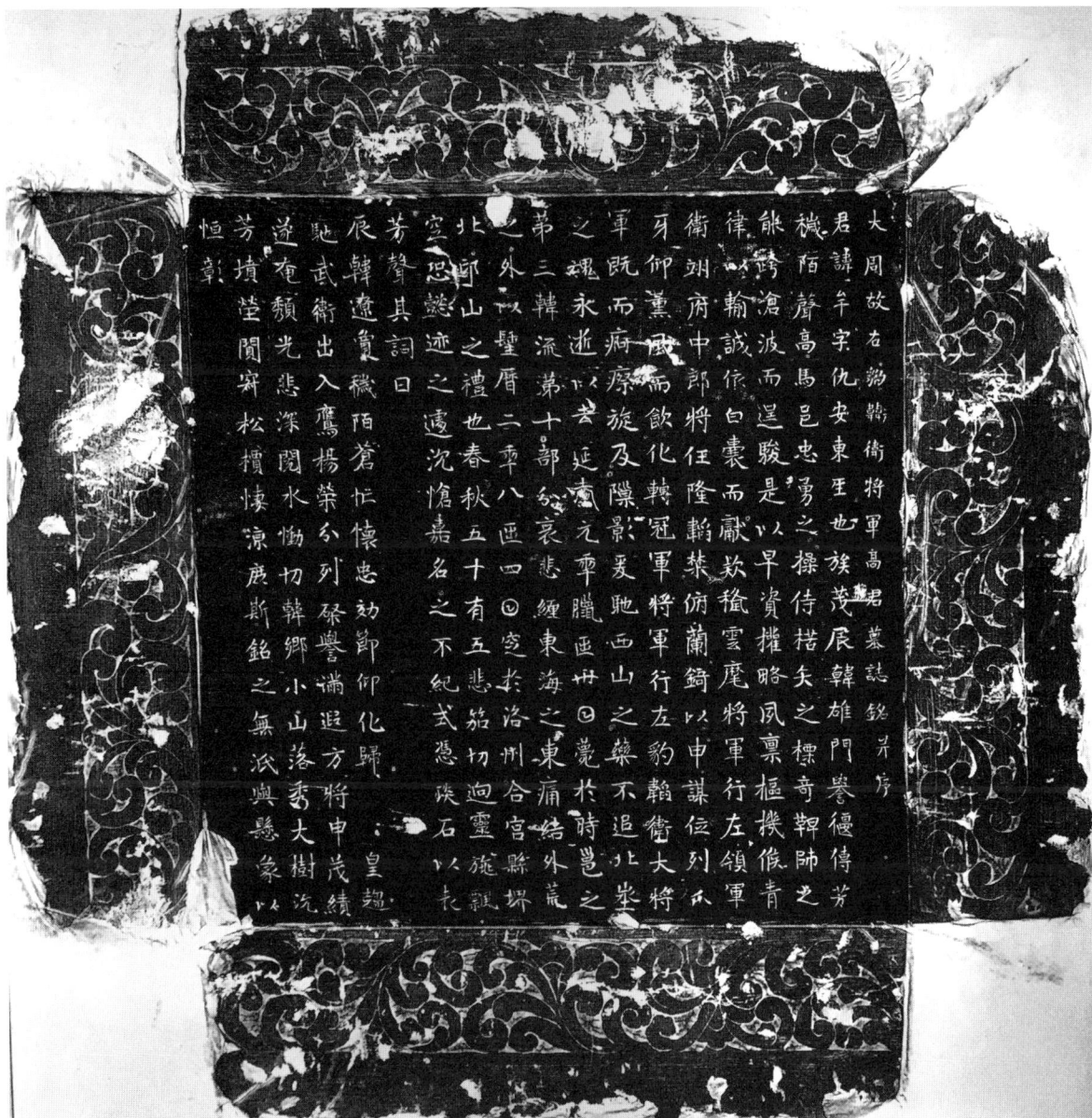

聖曆二年（699）八月四日葬。

楷書，19行，滿行19字，高寬45.5厘米。

河南洛陽出土，出土時間及今藏地不詳。

| 誌蓋 |　大周故高君墓誌之銘
| 誌文 |　大周故右①豹鞱②衞將軍高君墓誌銘并序

　　君諱牟，字仇，安東人③也。族茂辰韓，雄門譽偃；傳芳穢陌，聲高馬邑。忠勇之操，侍楛矢之標奇；鞞④師之能，跨滄波而逞駿。是以早資權略，夙稟樞機，候青律以輸誠，依白囊而獻款。授雲麾將軍，行左領軍衞翊府中郎將。任隆韜禁，俯蘭錡以申謀；位列爪牙，仰薰風而飲化。轉冠軍將軍，行左豹韜衞大將軍。既而疴瘵，旋及隙影⑤，爰馳西山之藥，不追北地之魂。永逝以去，延載元年臘月⑥卅日薨於時邕之第。三韓流涕，十部分哀，悲纏東海之東，痛結外荒之外。以聖曆二年八月四日窆於洛州合宮縣堺⑦北邙山之⑧，禮也。春秋五十有五。悲笳切迥，靈旐飄空。恐懿迹之遽沉，愴嘉名之不紀，式憑琰石，以表芳聲。其詞曰：

　　辰韓遼敻，穢陌蒼忙。懷忠效節，仰化歸皇。趨馳武衞，出入鷹揚。榮分列榮，譽滿遐方。將申茂績，遂奄頹光。悲深閟水，慟切韓鄉。小山落秀，大樹沉芳。墳塋闃寂，松櫃悽⑨涼。庶斯銘之無泯，與懸象以恒彰。

---

① "右"，《韓國史學報 53》《韓人銘集》作"右"，《唐史論叢 18》《陝博館刊 22》作"左"。按，墓誌原文作"右"。

② "鞱"，"韜"之訛刻。

③ "人"，墓誌原文作"𡕨"，係武周新造之"人"字。

④ "鞞"，同"鼙"。《周禮·夏官·大司馬》："軍將執晉鼓，師帥執提，旅帥執鼙。"可爲佐證。

⑤ "影"，《韓國史學報 53》《韓人銘集》作"影"，《唐史論叢 18》《陝博館刊 22》作"景"。按，墓誌原文作"影"。

⑥ "月"，墓誌原文作"匜"，"月"之異體，下同。

⑦ "堺"，《韓國史學報 53》《韓人銘集》作"堺"，《唐史論叢 18》《陝博館刊 22》作"界"。按，墓誌原文作"堺"，"堺""界"古同。

⑧ "之"，《韓國史學報 53》《唐史論叢 18》《陝博館刊 22》屬下讀。按，此處墓誌似脱"原"。

⑨ "悽"，《韓國史學報 53》《韓人銘集》作"悽"，《唐史論叢 18》《陝博館刊 22》作"凄"。按，墓誌原文作"悽"。

聖曆三年（700）十二月十七日葬。

楷書，44行，滿行44字，高寬88厘米。

河南洛陽北邙出土，時間不詳。

石藏千唐誌齋博物館。

| 誌蓋 | 闕

| 誌文 | 大周故鎮軍大將軍行左金吾衛大將軍贈幽州都督上柱國柳城郡開國公高公墓誌銘
　　　　　并序

　　夫策名事主，持身奉國，維風俗者稱文吏，捍封疆者爲武臣。仰觀三古之上，俯觀千載之
下，書于竹帛者，其可勝道哉！至於鐵石其心，冰霜其操，犯白刃而無懼，殞蒼璧而如歸，今
古悠悠，一二而已。其能致斯美者，抑惟高大將乎！公諱質，字性文，遼東朝鮮人也。青丘日
域，聳曾①構而凌霄；滄海谷王，廓長源而繞地。白狼餘祉，箕子之苗裔寔繁；玄鼈殊祥，河
孫之派流彌遠。十九代祖密，後漢末以破燕軍存本國有功，封爲王，三讓不受，因賜姓高氏，
食邑三千户，仍賜金文鐵券曰：“宜令高密子孫，代代承襲。自非烏頭白，鴨渌竭，承襲不
絕。”曾祖剬②，本蕃三品位頭大兄。祖式，二品莫離支，獨知國政及兵馬事。父量，三品柵
城都督，位頭大兄兼大相。并材望雄傑，匡翊本藩；聲芬③暢遠，播聞中國。公資靈秘穴，漸
潤蓬津，英姿磊落而挺生，偉幹蕭森而鬱起。年登弱冠，志蘊雄圖，學劍可敵於萬人，彎孤④
有工於七札。在藩任三品位頭大兄兼大將軍。屬褫起遼賓，蠆萌韓壤，妖星夕墜⑤，毒霧晨
蒸。公在亂不居，見幾而作。矯然擇木，望北林而有歸；翩矣搏扶，指南溟而獨運。乃携率昆
季，歸款聖朝，并沐隆恩，俱霑美秩。總章二年四月六日，制授明威將軍，行右衛翊府左郎
將。其年，又加雲麾將軍，行左武威衛翊府中郎將。八屯蘭錡，嚴鶗珥以司階；五校鈎陳，肅
虎賁而侍闕。咸亨元年，奉敕差邐娑、涼州，鎮守燕山、定襄道行。巫總軍麾，薦持戎律。攻
城野戰，陷敵摧堅。累效殊功，爰⑥加懋賞。永隆二年，制除左威衛將軍，又奉敕單于道行。

---

① “曾”，讀爲“層”。

② “剬”，《唐文補遺（千唐誌）》《河洛春秋 2007－3》《移民研究》作“前”，《東北史地 2009－2》《民誌彙編》
《韓人銘集》作“剬”。按，墓誌原文作“剬”。“前”異體多作“歬”，與“剬”相近，非爲一字。

③ “芬”，《唐文補遺（千唐誌）》《河洛春秋 2007－3》《東北史地 2009－2》《民誌彙編》《韓人銘集》作“芬”，
《移民研究》作“芳”。按，墓誌原文作“芬”。

④ “孤”，《唐文補遺（千唐誌）》認爲“原誌此字疑當爲‘弧’”。按，“札”为甲的葉片，“七札”即七層鎧
甲。《左傳》成公十六年：“潘尪之黨，與養由基蹲甲而射之，徹七札焉。”則“彎弧”與射箭穿甲義相符，墓
誌文刊寫有誤。

⑤ “墜”，《唐文補遺（千唐誌）》《河洛春秋 2007－3》《東北史地 2009－2》《民誌彙編》《韓人銘集》作“墜”，
《移民研究》作“墮”。按，墓誌原文作“墜”。

⑥ “爰”，《唐文補遺（千唐誌）》《移民研究》等作“妥”，《河洛春秋 2007－3》《東北史地 2009－2》《韓人銘
集》等作“爰”。

文明年中，充銀勝道安撫副使。光宅元年，制封柳城縣開國子，食邑四百户。天授元年，遷冠軍大將軍，行左鷹揚衛將軍，進封柳城縣開國公，食邑二千户。公以鷹揚鶚視之威，受豹略龍韜之任，歷踐衛珠之位，頻驅浴鐵之兵，故得上簡天心，高升國爵。既而林胡作梗，榆塞驚塵，鴉鏑起於邊亭，轂騎横於朔野。大君當守，按龍劍而發雷霆；驍將鑿門，擁虹旗而驟雲雨。制命公爲瀘河道討擊大使，仍充清邊東軍總管。公肅承玄旨，電發星驅，徑度滄波，選徒徵騎。雖貙①虎叶志，擐甲者爭馳；而蜂蠆盈途，提戈者未集。公以二千餘兵，擊數萬之衆，七擒有效，三捷居多。萬歲通天二年正月，制除左玉鈐衛大將軍、左羽林軍上下。公撫巡士衆，推以赤心，宣布威恩，得其死力。解衣推食，惸②鰲感惠而守陣；挾纊投醪，童孺銜歡而拒敵。上聞旒扆，特降恩徽。有敕稱之曰：“高性文既能脱衣，招携遠藩，宜内出衣一副，并③賜物一百段。又，性文下高麗婦女三人，固守城隍，與賊苦戰，各賜衣服一具，并賫物卅段。”但凶④狂日熾，救援不臻，衆寡力殊，安危勢倍。城孤地絶，兵盡矢窮，日夜攻圍，卒從陷没。爲虜所執，詞色懍然，不屈凶威，遂被屠害。以萬歲通天二年五月廿三日薨於磨米城，春秋七十有二。三軍感之慟哭，百姓哀之涕零。凶訊馳聞，聖情流惻，乃下制曰：“將軍死綏，著乎前典；元帥免胄，聞諸往册。故清邊東道總管、左玉鈐衛大將軍員外置同正員、左羽林衛上下、上柱國、柳城縣開國公高性文，蓬丘徙構，穟穴分源，携五族而稱賓，按八屯而奉職。恩榮每被，嚴慎克彰。屬蜂仟挺⑤妖，龍鈐啓秘，親稟絳宫之算⑥，遠逾滄海之津。執鋭戎場，推⑦鋒虜陣。傍軍闕援，前旅挫威，遂虧斬首之功，奄致糜軀之禍。異李陵之受辱，同温序之抗誠。言念遺忠，有懷深悼。捨生勤事，實惜良圖。隆禮飾終，諒惟通範，宜加寵章之贈，式慰泉壤之魂。可贈鎮軍大⑧將軍、行左金吾衛大將軍、幽州都督，勛如故。”又有敕曰：“高性文父子忠鯁身亡，特令編入史册。”奉敕贈物二百段，米粟二百石。緣葬所須，并令優厚供給。惟公風格峻整，宇量宏深，孝實因心，仁以成性。道符 含 一⑨，静心術而凝貞；智在無雙，動神機而適變。風猷宣於外域，聲問達於中區。去栖幕之危巢，遥歸大厦；騰

---

① “貙”，《唐文補遺（千唐誌）》《河洛春秋2007－3》《民誌彙編》《移民研究》《韓人銘集》作“貊”，《東北史地2009－2》作“貙”。按，墓誌原文模糊，殘留筆畫似爲“貙”。“貙虎”爲載籍習見，“貊虎”則不然。
② “惸”，《唐文補遺（千唐誌）》《河洛春秋2007－3》《東北史地2009－2》《韓人銘集》作“惸”，《民誌彙編》作“煢”，《移民研究》作“恂”。按，墓誌原文作“惸”。
③ “并”，《唐文補遺（千唐誌）》《河洛春秋2007－3》《東北史地2009－2》《民誌彙編》《韓人銘集》作“并”，《移民研究》作“井”。按，墓誌原文作“并”。
④ “凶”，《唐文補遺（千唐誌）》《河洛春秋2007－3》《東北史地2009－2》《民誌彙編》《韓人銘集》作“凶”，《移民研究》作“兇”。按，墓誌原文作“凶”。
⑤ “仟挺”，《唐文補遺（千唐誌）》《河洛春秋2007－3》《東北史地2009－2》《民誌彙編》《韓人銘集》作“仟挺”，《移民研究》作“忏延”。按，墓誌原文作“仟挺”。
⑥ “算”，《唐文補遺（千唐誌）》《移民研究》《韓人銘集》等作“籌”，《河洛春秋2007－3》《東北史地2009－2》等作“算”。
⑦ “推”，《唐文補遺（千唐誌）》《河洛春秋2007－3》《東北史地2009－2》《民誌彙編》《移民研究》作“推”，《韓人銘集》作“推”。按，墓誌原文作“推”。
⑧ “大”，《唐文補遺（千唐誌）》《河洛春秋2007－3》《民誌彙編》《移民研究》《韓人銘集》作“大”，《東北史地2009－2》闕。
⑨ “含一”，《唐文補遺（千唐誌）》《河洛春秋2007－3》《民誌彙編》《移民研究》《韓人銘集》闕，《東北史地2009－2》作“含一”。

漸磐之逸翮，孤戾曾①雲。時不利而數有奇，功未成而身奄喪。凌風勁草，終委翳於嚴霜；負雪寒松，竟摧殘於晚歲。滔滔閿水，俄遷下瀨之舟；寂寂空營，猶識將軍之樹。粤以聖曆三年臘月十七日安厝于洛州合宮縣平樂鄉之原，禮也。有子右玉鈐衛大將軍鞠仁，夙承家慶，早襲朝榮，負酷崩心，銜冤斷骨，逾考叔之純孝，等大連之善喪。三兆可占，既焚荊而卜地；九原有托，爰樹櫃而開塋。白日佳城，是謂滕公之室；黃泉閟户，宜藏趙掾之銘。其詞曰：

箕子八條，奄有清遼。河孫五族，遂荒蟠木。藉慶綿基，生賢憬服。質耀瓊銑，操凌松竹。宏器凤成，雄圖早蓄。其一。遠去夷坰，來賓帝庭。躍鱗紫水，奮羽青冥。升朝就日，列將儀星。入參武帳，出撫戎亭。七萃頻翬，三邊載寧。其二。孽胡干紀，不臣天子。聖略侮亡，爰戒戎士。將掃蛇薦，先資鶚視。大總三軍，長驅萬里。轉轂樹塞，運舟蓬水。其三。甫届夷陬，師徒未鳩。暫依城壘，且據咽喉。蜂群易合，貔旅難周。既類三板，殊無百樓。婦②嬰睥睨，俄陷仇讎。其四。賈勇臨陣，捐生接刃。力屈志雄，身危節峻。冤深戮序，酷逾焚信。壯氣無歇，高風獨振。生死忠貞，古今昭晉。其五。光馳白駒，地卜青烏。畫輀③容與，飛旐縈紆。泉深隧閟，野曠墳孤。天上魂往，人間事殊。金書玉字兮垂芳烈，萬代千年兮長不渝。其六。

朝議大夫行鳳閣舍人韋承慶撰。

前右監門衛長上弘農劉從一書。

宜州美原縣人姚處瓊④鐫，常智琮同鐫，劉郎仁同鐫。

聖曆三年歲次⑤庚子臘月辛巳朔十七日丁酉葬。

---

① "曾"，讀爲"層"。
② "婦"，《唐文補遺（千唐誌）》《河洛春秋2007–3》《東北史地2009–2》《民誌彙編》《移民研究》闕。按，此字殘泐不見。以前文所言"童孺銜歡而拒敵，……高麗婦女三人，固守城隍"推之，似爲"婦"字。
③ "畫輀"，《唐文補遺（千唐誌）》《河洛春秋2007–3》《東北史地2009–2》《韓人銘集》作"畫輀"，《民誌彙編》作"畫輀"，《移民研究》作"畫襦"。按，墓誌原文作"畫輀"。
④ "瓊"，《唐文補遺（千唐誌）》《河洛春秋2007–3》《東北史地2009–2》《韓人銘集》作"瓊"，《移民研究》作"環"。按，墓誌原文作"瓊"，"瓊"之異體。
⑤ "次"，《唐文補遺（千唐誌）》《移民研究》作"位"，《河洛春秋2007–3》《東北史地2009–2》《韓人銘集》作"次"。按，墓誌原文作"次"。

聖曆三年（700）十二月十七日葬。

楷書，37 行，滿行 36 字，高寬 74 厘米。

1917 年河南洛陽北邙出土。

石曾歸羅振玉，今藏地不詳。

| 誌蓋 | 闕
| 誌文 | 大周故壯武①將軍行左豹韜衛郎將贈左玉鈐衛將軍高公墓誌銘并序

　　夫總旅御②軍，陷陣降城者，號良將；有一無二，糜軀殞首者，謂忠臣。詳諸結刹已還，弦刹之後，實不雙濟，名罕兩兼。緬尋東觀之書，遐披南史之筆，文才接踵，武士磨肩。其於資父事君，輕身重義，植操於忠貞之表，定志於吉凶之分。雷霆震而不變，風雨晦而未已③，在於將軍矣！公諱慈，字智捷，朝鮮人也。先祖隨朱蒙王平海東諸夷，建高麗國，已後代爲公侯宰相。至後漢末，高麗與燕墓④容戰，大敗，國幾將滅。廿代祖密當提戈獨入，斬首尤多，因破燕軍，重存本國，賜封爲王，三讓不受，因賜姓高，食邑三千户。仍賜金文鐵券曰：“宜令高密子孫，代代封侯。自非烏頭白，鴨淥⑤竭，承襲不絶。”自高麗初立，至國破已來，七百八年，卅⑥餘代，代爲公侯，將相不絶。忠爲令德，勇乃義基，建社分茅，因⑦生祚土，無隔遐裔，有道斯行。况乎地蘊三韓，人承八教，見危授命，轉敗爲功。國賴其存，享七百之綿

---

① “壯武”，《唐誌編考》作“游擊”，《唐誌彙編》《河洛春秋 2007－3》《東北史地 2009－2》《民誌彙編》《移民研究》作“壯武”，《海東誌存》《朝鮮金石》《韓石全文》《韓石文補》《唐文補遺（三）》《韓人銘集》闕。按，墓誌殘缺不可識讀，據後文補“壯武”。

② “御”，《唐誌編考》《海東誌存》《朝鮮金石》《韓石全文》《韓石文補》闕，《譯注韓石》補“行”，《唐誌彙編》《河洛春秋 2007－3》《東北史地 2009－2》《民誌彙編》《移民研究》《韓人銘集》補“衛”。按，該字殘泐，徒留“彳”旁，右部空間較大，似爲“御”字。

③ “已”，《韓石全文》作“巳”，《韓石文補》《韓人銘集》作“己”，《唐誌彙編》《河洛春秋 2007－3》《東北史地 2009－2》《民誌彙編》《移民研究》等作“已”。

④ “墓”，《海東誌存》《朝鮮金石》《韓石文補》《唐誌彙編》《東北史地 2009－2》作“墓”，《唐誌編考》《譯注韓石》《唐文補遺（三）》《河洛春秋 2007－3》《民誌彙編》《移民研究》《韓人銘集》作“慕”。按，墓誌原文作“墓”，係“慕”之訛刻。

⑤ “淥”，《韓石全文》《韓石文補》《譯注韓石》作“綠”，《唐誌彙編》《河洛春秋 2007－3》《東北史地 2009－2》《民誌彙編》《移民研究》《韓人銘集》等作“淥”。按，墓誌原文作“淥”。

⑥ “卅”，《韓石文補》作“州”，《唐誌彙編》《河洛春秋 2007－3》《東北史地 2009－2》《民誌彙編》《移民研究》《韓人銘集》等作“卅”。下同。

⑦ “因”，《譯注韓石》作“回”，《唐誌彙編》《河洛春秋 2007－3》《東北史地 2009－2》《民誌彙編》《移民研究》《韓人銘集》等作“因”。按，墓誌原文作“囙”，“因”之異體。

祧；家嗣其業，纂卅①之遥基。源流②契郭樸之占，封崇符畢萬之筮。御侮傳諸翼子，帶礪施於謀孫。此謂立功，斯爲不朽。曾祖式，本蕃任二品莫離支，獨知國政。位極樞要，職典機權，邦國是均，尊顯莫二。祖量，本蕃任三品栅城都督，位頭大兄兼大相。少稟弓冶，長承基構，爲方鎮之領袖，實屬城之准的。父文，本蕃任三品位頭大兄兼將軍，預見高麗之必亡，遂率兄弟歸款聖朝。奉總章二年四月六日制，授明威將軍、行右威衛翊府左郎將。其年十一月廿四日，奉制授雲麾將軍、行左威衛翊府中郎將。永隆二年四月廿九日，除左威衛將軍。舟僑遂去，知虢公之禄殃；宮奇族行，見虞邦之不臘。庇身可封之域，鶡弁司階；革面解慍之朝，虎賁陪輦。禁戎五校，衛尉八屯。長劍陸離，珊孤宛轉。奉光宅元年十一月廿九日制，封柳城縣開國子，食邑四百户。累奉恩制，加授柳城郡開國公，食邑二千户。桓子之狄臣千室，比此爲輕；武安之拔郢三都，方兹豈重。公少以父勛，迴授上柱國，又授右武衛長上，尋授游擊將軍，依舊長上。又泛加寧遠將軍，依舊長上。又奉恩制，泛加定遠將軍，長上如故。萬歲通天元年五月，奉敕差父③充瀘④河道討擊大使。公奉敕從行，緣破契丹功，授壯武將軍，行左豹韜衛翊府郎將。忝迹中權，立功外域，既等耿恭之寄，旋霑⑤來歙之榮。尋以寇賊憑陵，晝夜攻逼，地孤援闊，粮⑥盡矢殫。視死猶生，志氣彌勵，父子俱陷，不屈賊庭。以萬歲通天二年五月廿三日終於磨米城南，春秋卅有三。聖上哀悼，傷慟于懷。制曰：“故左金吾衛大將軍、幽州都督高性文⑦男智捷，隨父臨戎，殞身赴難。忠孝兼極，至性高於二連；義勇俱申，遺烈存於九⑧死。永言喪没，震悼良深，宜加褒贈，式慰泉壤。可左玉玉⑨鈐衛將軍。”又奉敕曰：“高性文⑩父子忠鯁身亡，令編入史。”又奉敕令准式例葬。粤以聖曆三年臘月十七日窆於洛州合宮縣平樂鄉之原，禮也。公忠孝成性，仁智立身，克嗣家風，鳳標國望。雖次房之見獲苟

---

① 《河洛春秋 2007－3》《移民研究》於“卅”後補“代”。按，墓誌原文無“代”。又，《韓石全文》《韓石文補》作“州”，亦誤。

② “流”，《唐誌編考》《海東誌存》《朝鮮金石》《韓石全文》《韓石文補》《譯注韓石》《韓人銘集》作“流”，《唐誌彙編》《東北史地 2009－2》等作“派”。按，墓誌原文作“流”。

③ “父”，《唐誌彙編》《唐文補遺（三）》作“乂”，《唐誌編考》《海東誌存》《朝鮮金石》《韓石全文》《韓石文補》《譯注韓石》《河洛春秋 2007－3》《東北史地 2009－2》《民誌彙編》《移民研究》《韓人銘集》作“父”。按，墓誌原文作“父”。

④ “瀘”，《韓石全文》《韓石文補》《譯注韓石》作“瀘”，《唐誌編考》《海東誌存》《唐誌彙編》《唐文補遺（三）》《韓人銘集》等作“瀘”。按，墓誌原文作“瀘”。

⑤ “霑”，《朝鮮金石》《唐誌編考》《韓石全文》《韓石文補》《譯注韓石》《唐誌彙編》《唐文補遺（三）》作“霑”，《河洛春秋 2007－3》《東北史地 2009－2》《民誌彙編》《移民研究》作“沾”。按，墓誌原文作“霑”。

⑥ “粮”，《唐誌彙編》《民誌彙編》作“根”，《朝鮮金石》《唐誌編考》《韓石全文》《韓石文補》《譯注韓石》《唐文補遺（三）》《河洛春秋 2007－3》《東北史地 2009－2》《移民研究》《韓人銘集》作“糧”。按，此字殘泐，據文義推測爲“粮”。

⑦ “文”，《朝鮮金石》《韓石全文》《韓石文補》《譯注韓石》作“父”，《海東誌存》《唐誌編考》《唐誌彙編》《唐文補遺（三）》《韓人銘集》等作“文”。按，墓誌原文作“文”。

⑧ “九”，《朝鮮金石》闕。

⑨ “玉”，《河洛春秋 2007－3》《民誌彙編》《移民研究》《韓人銘集》脱。按，墓誌原文作“可左玉玉鈐衛將軍”，衍一“玉”字。

⑩ “文”，《朝鮮金石》《韓石文補》作“父”，《譯注韓石》闕，《海東誌存》《唐誌編考》《唐誌彙編》《唐文補遺（三）》《韓人銘集》等作“文”。

宇，宜僚之被脅楚勝，形則可銷，志不可奪。精誠貫日，哀響聞天①，爰加死事之榮，載編良史之冊。有子崇德，奉制襲父左豹韜衛翊府郎將。年登小學，才類大成，孝自因心，哀便毀貌。始擇牛亭之地，爰開馬鬣之封。將營白鶴之墳，先訪青烏之兆。將恐舟壑潛運，陵谷貿遷，雖歸東岱之魂，終紀南山之石。其銘曰：

蓬丘趾峻，遼海源長。種落五族，襟帶一方。氣苞淳粹，人號貞良。戎昭致果，胤嗣承芳。其一。卓矣顯祖，猗哉若人。橫戈靖難，拔劍清塵。見義能勇，有讓必仁。丹青信誓，礪帶書紳。其二。蠢爾犬羊，扇茲凶慝。王子出師，既成我服。揚帆滄溟，撝戈蛑蟹。子孝臣忠，自家形國。其三。積善無祿，輔德有違。蒭狗一致，美惡同依。白狼援②絕，黃龍戍稀。李陵長往，溫序思歸。諒日月之更謝，寄琬琰於泉扉③。其四。

---

① "天"，《朝鮮金石》作"而"，《唐誌彙編》《河洛春秋 2007－3》《東北史地 2009－2》《民誌彙編》《移民研究》《韓人銘集》作"天"。按，墓誌原文作"而"，係武周新造"天"字。
② "援"，《朝鮮金石》《唐誌編考》《韓石全文》《譯注韓石》《韓人銘集》作"援"，《唐誌彙編》《河洛春秋 2007－3》《東北史地 2009－2》《民誌彙編》《移民研究》等作"援"。按，墓誌原文作"援"，"援"之異體。
③ "扉"，《韓石全文》作"扇"，《唐誌彙編》《河洛春秋 2007－3》《東北史地 2009－2》《民誌彙編》《移民研究》《韓人銘集》等作"扉"。按，墓誌原文作"扉"。

11　　泉獻誠墓誌

大足元年（701）二月十七日葬。

楷書，41 行，滿行 41 字，高 105 厘米，寬 103 厘米。

1926 年河南洛陽東北東山嶺頭村出土。

今藏地不詳。

| 誌蓋 | 闕

| 誌文 | 大周故左衛大將軍右羽林衛上下上柱國卞國公贈右羽林衛大將軍泉君墓誌銘并序

朝議大夫行文①昌膳部員外郎護軍梁惟忠撰。

君諱獻誠，字獻誠，其先高勾②驪國人也。夫其長瀾廣派，則河之孫；燭後光前，乃日之子。柯葉森鬱，世爲蕃相。曾祖大祚，本國任莫離支捉兵馬。氣壓三韓，聲雄五部。祖盖金，本國任太大對盧捉兵馬。父承子襲，秉權耀寵。父男生，本國任太大莫離支，率衆歸唐，唐任特進、兼使持節、遼東大都督、右衛大將軍、檢校右羽林軍，仍仗内供奉、上柱國、卞國公，贈并、益③二州大都督，謚曰襄。智識明果，機情朗秀。屬屛王在國，不弟鬩④墻，有男建男産，同惡相濟，建蓄捷災之禍，産包共叔之謀。襄公覩此亂階，不俟終日。以爲國之興也，則君子在位；國之亡也，則賢人去之。避危邦而不居，通上京而請謁。昆邪之率衆降漢，即拜列侯；由余之去人歸秦，先優客禮。公即襄公嫡子也。生於小貊之鄉，早有大成之用，地榮門寵，一國罕儔。九歲在本蕃，即拜先人之職。敬上接下，遼右稱之。美風儀，工騎射，宏宇瓌⑤量，幽

---

① “文”，《韓石全文》《譯注韓石》作“父”，《海東誌存》《唐誌編考》《唐誌彙編》《唐文補遺（七）》《東北史地 2005‑4》《唐文新編》《韓人銘集》等作“文”。按，墓誌原文作“文”。

② “勾”，《海東誌存》《韓石全文》《韓石文補》《唐誌編考》《唐誌彙編》《東北史地 2005‑4》《唐文新編》作“勾”，《譯注韓石》《唐文補遺（七）》《韓人銘集》等作“句”。按，墓誌原文作“勾”。

③ “益”，《韓石全文》作“謚”，《海東誌存》《韓石文補》《唐誌編考》《唐誌彙編》《唐文補遺（七）》《東北史地 2005‑4》《唐文新編》《韓人銘集》等作“益”。按，墓誌原文作“益”。

④ “鬩”，《韓石全文》《韓石文補》《譯注韓石》《韓人銘集》作“鬩”，《海東誌存》《唐誌編考》《唐誌彙編》《唐文補遺（七）》《東北史地 2005‑4》《唐文新編》等作“鬪”。按，墓誌原文作“鬩”。

⑤ “瓌”，《韓石全文》作“懷”，《海東誌存》《韓石文補》《譯注韓石》《唐誌編考》《唐誌彙編》《唐文補遺（七）》《東北史地 2005‑4》《唐文新編》《韓人銘集》等作“瓌”。按，墓誌原文作“瓌”。

淵不測。初^①，襄公按部于外，公亦從焉。洎建、産等凶邪，公甫年十六。時禍起倉卒^②，議者猶豫，或勸以出鬥，謀無的從。公屈指料敵，必將不可，乃勸襄公投國内故都城，安輯耆庶。謂襄公曰："今發使朝漢，具陳誠款，國家聞大人之來，必欣然啓納，因請兵馬，合而討之，此萬全決勝計也。"襄公然之，謂諸夷長曰："獻誠之言甚可擇。"即日遣首領冉有等入朝。唐高宗手救慰喻，便以襄公爲東道主人，兼授大總管。公圖去就之計，審是非之策，不逾暑刻，便料安危，故能西引漢兵，東掃遼浿。襄公之保家傅國，實公之力也。尋授襄公命，詣京師謝恩。天子待之以殊禮，拜右武衛將軍，賜紫袍金帶，并御馬二匹。銜珠佩玉，方均許褚之榮；錫綬班金，更等呼韓之賜。頃之，遷衛尉正卿。門樹勛績，職惟河海。儀鳳四年，丁父憂，哀毁過禮，中使藉問，道路相屬。祖母以公絶漿泣血，益增悸念，每勉强不從，則爲之輟食。公由是稍加飲啜，以喻慈顔。愛養之深，不獨李虔之祖母；孝感之極，豈止程曾之順孫。調露元年九月，有制奪禮，充定襄軍討叛大使。金革無避，非公所能辭也。使還録功，授上柱國。開耀二年，襲封卞國公，食邑三千户。崇建侯之勛，傅賞地之業。永淳元年，丁祖母憂，以嫡去職。光宅元年十月，制授雲麾將軍，守右衛大將軍員外置同正員，勛封并如故。又奉其月廿九日救令右羽林衛上下。心膂大臣，爪^③牙深寄，汪濊德澤，綢繆恩獎。垂拱二年三月，奉救充神武軍大總管，部領諸色兵西入寇境。公妙閑風角，深達鳥情，山川起伏之形，原野孤虚之勢，莫不暗符鈐決，洞合胸襟。次迴滿川，賊徒大去，善戰不陣，斯之謂歟！四年九月，奉救充龍水道大總管，討豫州反叛，賜彩一百段、御馬一匹。尋屬賊平，遂止。天授元年九月，制授左衛大將軍員外置同正員，餘并如故。二年二月，奉救充檢校天樞子來使，兼於玄武北門押運大儀銅等事。未畢，會逆賊來俊臣秉弄刑獄，恃摇威勢，乃密於公處求金帛寶物。公惡以賄交，杜而不許。因誣隱他罪，卒以非命，春秋卅二。嗚呼！孫秀利石崇之財，苻氏及王家之患。邃而皇明燭曜，天波藻濯，雪幽冤以非罪，申涣汗於褒崇。漢帝之恨誅晁錯，非無太息；晋皇之追贈馬敦，式加榮寵。久視元年^④八月，乃下制曰："故左衛大將軍、右羽林衛上下、上柱國、卞國公泉獻誠，望高蕃服，寵被周行。情款深至，器懷温厚。擢居親近，委以禁兵。誣構奄興，冤刑莫究。歲月遄邁，狀迹申明。言念過往，良深悼惜。褒崇靡及，宜在追榮。竆泉未周，當須改卜。式加縟禮，以慰營魂。可贈右羽林衛大將軍，賜物一百段，葬日量^⑤緝幕手力。其男武騎尉、柳城縣開國男玄隱，可游擊將軍、行左玉鈐衛右司階員外置同正

① "初"，《韓石文補》作"鼃"，《海東誌存》《譯注韓石》《唐誌編考》《唐誌彙編》《唐文補遺（七）》《東北史地2005-4》《唐文新編》《韓人銘集》等作"初"。按，墓誌原文作"鼃"，"初"之異體。

② "卒"，《韓石全文》作"平"，《海東誌存》《譯注韓石》《唐誌編考》《唐誌彙編》《唐文補遺（七）》《東北史地2005-4》《唐文新編》《韓人銘集》等作"卒"。按，墓誌原文作"卒"。

③ "爪"，《韓人銘集》作"瓜"，其他家作"爪"。

④ "年"，《韓石全文》作"率"，《海東誌存》《譯注韓石》《唐誌編考》《唐誌彙編》《唐文補遺（七）》《東北史地2005-4》《唐文新編》《韓人銘集》等作"年"。按，墓誌原文作"秊"，"年"之異體。

⑤ "緝"，諸家闕。按，萬歲通天二年（697）《王婉墓誌》："葬日量緝手力幄幕。"（周紹良、趙超：《唐代墓誌彙編續集》，第350頁。）二者文句相同，時代相近。墓誌所闕字應補爲"緝"。

員，勛封并如故。”賞延于世，睦①孟之子爲郎。歿而垂聲，隨武之魂可作。有子玄隱、玄逸、玄静，踐霜濡露，崩襟殞神。懼今昨遞遷，陵谷頹易，乃祏②故域，建新墳。簫挽之聲哀以聞，古來不獨今逆昔。陌上飛旐空靡靡，郭門吊客何紛紛。粵以大足元年歲次辛丑二月甲辰朔十七日庚申葬於芒山之舊瑩，禮也。臕臕郊原，近接布金之埒。蒼蒼松柏，由來積石之封。其詞曰：

濱海之東兮，昔有朱蒙。濟河建國兮，世業崇崇。崇崇世業，扶木枝葉。枝葉伊何，諒曰泉氏。上傳下嗣，孕靈誕祉。皇考有屬，危邦不履。粵自蕃臣，來朝天子。削彼左衽，游此中國。赫赫朝章，明明睿德。餐教沐化，扶仁抱則。列簨③撞鍾，軒游鼎食。公之象賢，秉屬操堅。識綜機兆，理措冥先。倉卒之際，謨謀在旆④。辭戎禍却，還漢功宣。河海之位，爪牙之寄。出入光暉，頻繁寵賜。凛凛風骨，邑邑禮義。忠孝傳門，山河賞地。居上則惡，用明乃煎。浸潤之漸，誠哉必然。苟曰身歿，能以仁全。光光顯贈，實慰平津。洛陽阡陌，芒山丘隴。怳憶長辭，充窮奚奉。悲世世兮塵滅，見年年兮樹拱。是故思厚葬之所由，莫不知送終之爲重。

---

① "睦"，《韓石全文》《譯注韓石》《唐誌編考》作"眭"，《海東誌存》《唐誌彙編》《唐文補遺（七）》《東北史地 2005－4》《唐文新編》《韓人銘集》等作"睦"。按，墓誌原文作"睦"。
② "祏"，《譯注韓石》《韓人銘集》作"拓"，《唐誌編考》作"祏"，《唐誌彙編》《唐文補遺（七）》《東北史地 2005－4》《唐文新編》等作"祏"。按，墓誌原文作"祏"。
③ "簨"，《韓石全文》《譯注韓石》作"篊"，《海東誌存》《唐誌編考》《唐誌彙編》《唐文補遺（七）》《東北史地 2005－4》《唐文新編》《韓人銘集》等作"簨"。按，墓誌原文作"簨"。
④ "旆"，《韓石全文》作"旆"，《海東誌存》《譯注韓石》《唐誌編考》《唐誌彙編》《唐文補遺（七）》《東北史地 2005－4》《唐文新編》《韓人銘集》等作"旆"。按，墓誌原文作"旆"，"旆"之異體。

大足元年（701）九月二十八日葬。

楷書，21行，滿行21字，高寬37.5厘米。

陝西西安長安區出土，時間不詳。

石藏洛陽龍門博物館。

[圖]　　中古研究 38；洛學文編；木簡與文字 17；墓誌東亞；韓人銘集 154—155

[文]　　吉師學報 2015‑4；韓古研究 79；中古研究 38；洛學文編；木簡與文字 17；墓誌東亞；韓人銘集 156

[研]　　吉師學報 2015‑4；韓古研究 79；中古研究 38；洛學文編；百濟文化 54；木簡與文字 17；墓誌東亞；韓人銘注

| 誌文 | ①周冠軍大將軍行左清道率府頻陽折衝都尉高乙德墓誌 并 序

②諱德，卞國東部人也。昔火政龍興，炎靈虜據，三韓競霸，四海騰波。白日降精，朱蒙誕 孼 ③，大治燕土，正④統遼陽。自天而下，因命爲姓，公家氏族，即其後也。門傳軒蓋，經往代而聯榮；宗繼冠纓，歷今辰而疊⑤彩。祖岑⑥， 東 部 ⑦受建武太王中裏小兄，執坰事。緣教責追坰事，降黜外官，轉任經歷數政，遷受遼府都督。即奉教追受對盧官，依舊執坰事，任評臺之職。父乎，受寶藏王中裏小兄，任南蘇道史。遷陟大兄，任海谷府都督。又遷受太相，任司府大夫，承襲執坰事。公年纔立志，仕被邦官。受中裏小兄，任貴端道史。暨乎⑧大唐龍朔元年，天皇大帝敕發義軍，問罪遼左。公率兵敵戰，遂被生擒。聖上捨其拒抗之愆，許以歸降之禮。二年，蒙授右衛藍田府折衝長上。至總章元年，高麗失政東土，歸命西朝⑨，敕以公奉國盡忠，令檢校本土東州長史。至咸亨五年，蒙授左清道率府頻陽府折衝。至大周天授二年，加授冠軍大將軍，餘并依舊。何期逝水不定，生涯有限。至聖曆二年二月八日，遂於所任，枕疾而終，春秋八十有二，權殯私第。至大足元年九月廿八日，發墳於杜陵之北，合葬，禮也。烟雲黯靉，原野蒼茫，寒泉噎而含悲，風樹吟而結嘆。思⑩既不逮，悼亦何追。爰勒哀銘，式光殲誄。其詞曰：

---

① 《中古研究 38》《木簡與文字 17》補“大”字，《吉師學報 2015‑4》《韓古研究 79》《洛學文編》《韓人銘集》等無。按墓誌行文比例，此處應無“大”字。

② 《中古研究 38》《木簡與文字 17》《韓人銘集》衍“公”。

③ “孼”，《吉師學報 2015‑4》《中古研究 38》闕，《韓古研究 79》《洛學文編》《木簡與文字 17》《韓人銘集》作“孼”。按，墓誌原文泐損，上部殘留筆畫似“艹”，疑爲“孼”。“誕孼”與上句“降精”對文，《李他仁墓誌》“朱蒙遺孼，青丘誕命”，可爲佐證。

④ “正”，墓誌原文作“𫞩”，《中古研究 38》認爲“𫞩”爲“王”的異體字。按，“𫞩”係武周新造之“正”字。“正統”多見史籍所載，“王統”雖亦偶見，於墓誌文體例不合。

⑤ “疊”，《吉師學報 2015‑4》《中古研究 38》《洛學文編》《木簡與文字 17》《韓人銘集》作“疊”，《韓古研究 79》作“迭”。按，墓誌原文作“疊”。

⑥ “岑”，《吉師學報 2015‑4》《中古研究 38》《木簡與文字 17》《韓人銘集》作“岑”，《韓古研究 79》《洛學文編》作“夸”。按，墓誌原文作“𡶒”，“岑”之異體。“夸”之異體作“𡞍”，下部習從“于”，與墓誌“𡶒”有別。

⑦ “東部”，《吉師學報 2015‑4》《韓人銘集》作“東部”，《韓古研究 79》作“率部”，《木簡與文字 17》作“東阝”，《中古研究 38》《洛學文編》闕。按，墓誌原文二字略殘，依字形及文義可確定爲“東部”。

⑧ “乎”，《吉師學報 2015‑4》《中古研究 38》《木簡與文字 17》《韓人銘集》作“乎”，《韓古研究 79》《洛學文編》作“兮”。按，墓誌原文“𠃌”，“乎”之異體。

⑨ “高麗失政東土，歸命西朝”，《中古研究 38》作“高麗失政，東土歸命西朝”，不確。

⑩ “思”，《吉師學報 2015‑4》《中古研究 38》作“恩”，《韓古研究 79》《木簡與文字 17》《韓人銘集》作“思”，《洛學文編》作“愳”。按，墓誌原文略殘，依字形及文義應爲“思”。

美哉器幹，盛矣徽猷。衣冠二域，令譽千秋。宗標①圖史，代秀英謀。雄懷勝氣，志潔清流。其一。赳②勞不憚，耿心唯恪。武蘊六韜，仁深一諾。吐言蘭蕙，傾心葵藿③。生建龍旌，亡④題麟⑤閣。其二。忽從朝露，長偃夜臺。佳城鬱鬱，玄壤莓莓。林寒葉攃，草晄⑥霜皚⑦。烟凝柏⑧恩，風結松哀。其三。寂寞⑨神理，蕭條人事。春色靡同，年光是異。幽明永隔，顏俗安值。式表殲良，鐫諸銘誌。其四。

① "標"，《吉師學報 2015－4》作"摽"，《韓古研究 79》《中古研究 38》《木簡與文字 17》《韓人銘集》作"標"。碑刻文字中，"扌""木"時常混用。墓誌原文作"摽"，可釋爲"標"。
② "赳"，《吉師學報 2015－4》《韓古研究 79》作"赴"，《中古研究 38》《木簡與文字 17》《韓人銘集》作"赳"。按，墓誌原文作"赳"。
③ "藿"，《吉師學報 2015－4》《中古研究 38》《木簡與文字 17》作"藿"，《韓古研究 79》作"雚"，《韓人銘集》作"藿"。按，墓誌原文作"藿"。
④ "亡"，《吉師學報 2015－4》《中古研究 38》作"止"，《韓古研究 79》《木簡與文字 17》《韓人銘集》作"亡"。按，墓誌原文作"亡"。
⑤ "麟"，《吉師學報 2015－4》作"龍"，《韓古研究 79》《中古研究 38》《木簡與文字 17》《韓人銘集》作"麟"，按，墓誌原文作"麟"。
⑥ "晄"，《吉師學報 2015－4》《中古研究 38》作"暈"，《韓古研究 79》《木簡與文字 17》作"晄"，《韓人銘集》作"腓"。按，墓誌原文作"晄"。
⑦ "皚"，《吉師學報 2015－4》《中古研究 38》作"暟"，《韓古研究 79》《木簡與文字 17》作"皚"。按，墓誌原文作"皚"。
⑧ "柏"，《吉師學報 2015－4》《中古研究 38》《韓人銘集》作"栢"，《韓古研究 79》《木簡與文字 17》作"柏"。按，墓誌原文作"栢"，"柏"之異體。
⑨ "寞"，《吉師學報 2015－4》《中古研究 38》作"夢"，《韓古研究 79》《木簡與文字 17》作"寞"，《韓人銘集》作"蓂"。按，墓誌原文作"蓂"，"寞"之異體。

長安二年（702）四月二十三日葬。

楷書，28 行，滿行 29 字，高寬 108 厘米。

1923 年河南洛陽城東北十五里劉家坡村出土。

石藏北京大學考古文博學院。

［目］　洛陽縣志 25－66；徵存目録；北大草目 3：268；北圖目録 168；北大目録 333；洛誌目録 209；時地記 194；總合目録 134

［圖］　朝鮮金石；朝鮮史料；拓本匯編 19：39；唐誌編考 14：1313；隋唐彙編（洛陽）7－204；墓誌輯繩 411；北大菁華 111；移民研究；新收穫；韓人銘集 242—244

［文］　海東誌存；朝鮮金石 198－199；韓石文補；唐誌編考 14：1313；韓石全文 121—122；譯注韓石 529—530；唐誌彙編 995—996；集刊 5；東北史地 2005－4；民誌彙編 284—285；移民研究 263—265；唐文新編 21：14746；韓人銘集 245

［研］　海東誌存；藝文 11－3；文獻 1999－3；集刊 5；渭南學報 2002－3；東北史地 2005－4；高渤研究 55；韓人銘注

| 誌蓋 | 大周故泉府君墓誌銘①
| 誌文 | 大周故金紫光禄大夫行營繕大匠上護軍遼陽郡開國公泉君墓誌銘并序

　　君諱男産，遼東朝鮮人也。昔者東明感氣，逾滭②川而啓國；朱蒙孕日③，臨淇水而開都。威漸扶索④之津，力制蟠桃之俗。雖星⑤辰海嶽，莫繫於要荒；而俎豆詩書，有通於聲教。承家命氏，君其後也。乃高乃曾，繼中裏之顯位；惟祖惟襧，傳⑥對盧之大名。君斧囊象賢，金册餘慶，生而敏惠，勿⑦則過人。年始志學，本國王教小兄位。年十八，教大兄位。十三等之班次，再舉而升；二千里之城池，未冠能理。至於烏拙、使者、翳屬、仙人，雖則分掌機權，固以高惟旌騎。年廿一，加中裏大活。廿三，遷位頭大兄，累遷中軍主活。卅，爲太大莫離支。官以地遷，寵非王署。折風插⑧羽，榮絶句驪⑨之鄉；骨籍施金，寵殊玄菟之域。屬唐封遠暨，漢城不守，貊弓入獻，楛矢來王。君以總章元年，襲我冠帶，乃授司宰少卿，仍加金紫光禄大夫員外置同正員。昔王滿懷燕，裁得外臣之要；遂成通漢，但⑩聞縑帛之榮。君獨鏘⑪

---

① 諸家闕。
② "滭"，《海東誌存》《朝鮮金石》《譯注韓石》《唐誌編考》《唐誌彙編》《集刊 5》《東北史地 2005－4》《民誌彙編》《韓人銘集》作"滭"，《移民研究》作"浝"。按，墓誌原文作"滭"。《説文・水部》："滭，水。出趙國襄國，東入湡。"
③ "日"，《韓石文補》闕。
④ "索"，《海東誌存》《朝鮮金石》《韓石文補》《譯注韓石》《唐誌彙編》《集刊 5》《東北史地 2005－4》《民誌彙編》《移民研究》《韓人銘集》作"索"，《唐誌編考》作"桑"。按，墓誌原文作"索"，應爲"桑"之訛刻。
⑤ "星"，《唐誌編考》《唐誌彙編》《集刊 5》《韓人銘集》等作"星"，《朝鮮金石》《韓石文補》闕。
⑥ "傳"，《韓石文補》作"傅"，《海東誌存》《譯注韓石》《唐誌編考》《唐誌彙編》《韓人銘集》等作"傳"。
⑦ "勿"，應爲"匆"字訛刻，讀爲"聰"。
⑧ "插"，《韓石全文》作"捶"，《海東誌存》《譯注韓石》《唐誌編考》《唐誌彙編》《集刊 5》《東北史地 2005－4》《民誌彙編》《移民研究》《韓人銘集》作"挿"。按，墓誌原文作"挿"，"挿"之異體。
⑨ "驪"，《譯注韓石》作"驪"，《海東誌存》《朝鮮金石》《韓石文補》《唐誌彙編》《韓人銘集》等作"驪"。
⑩ "但"，《韓石文補》作"俚"，《海東誌存》《譯注韓石》《唐誌編考》《唐誌彙編》《韓人銘集》等作"但"。
⑪ "鏘"，《韓石文補》作"鎍"，《海東誌存》《譯注韓石》《唐誌編考》《唐誌彙編》《韓人銘集》等作"鏘"。

玉於藥街，腰金於棘署。晨趨北闕，聞簪筆於疊龍；夕宿南鄰，雜笙歌於匠韻①。象胥之籍，時莫先之②。聖曆二年，授上護軍。萬歲③天④授三年，封遼陽郡開國公，又遷營繕監大匠員外置同正員。坐闢朱門，遂封青土，列旌旆於榮戟，期帶厲於山河。奄宅嵎夷，遂荒徐服。嗚呼！蠶支啓胙，蕃屏未勤。鯤壑摧鱗，遷舟遽遠。年⑤六十三，大足元年叁⑥月廿七日⑦遘疾，薨于私第。以某年四月廿三日葬於洛陽縣平陰鄉某所。邙山有阡，長没鍾儀之恨；遼水無極，詎⑧聞莊舄之吟。故國途遙，轜⑨車何日⑩。鶴飛自遠，令威之城郭永乖；馬鬣⑪空存，滕⑫公之居室長掩。雖黃腸題凑，與天壤而無窮；而玄石紀勛，變陵谷而猶識。其詞曰：

於鄗靈海，百川注焉。東明之裔，寔爲朝鮮。威胡制貊，通徐拒燕。憑險負固，厥古莫遷。爰逮有唐，化涵東户。賓延溟渤，綏懷水滸。藍夷會同，桂婁董溥。惟彼遒長，襲我龜組。遂榮藥街，爰分⑬棘列。甲第朝啓⑭，承明旦謁。勛懋象胥，寵均龍离⑮。遽開青社，山河罔⑯絶。遼陽何許，故國傷心。鍾儀永恨，莊舄悲吟。旌旆榮戟，佩玉腰金。鼓鍾憂眩，逾

---

① "韻"，《海東誌存》作"訛"，《朝鮮金石》《唐誌編考》作"能"，《韓石全文》《唐誌彙編》《東北史地2005－4》《民誌彙編》《移民研究》作"韻"，《韓石文補》《譯注韓石》作"股"，《集刊5》作"睸"，《韓人銘集》闕。
② "之"，《朝鮮金石》闕。
③ "歲"，《朝鮮金石》闕。
④ "天"，《韓石文補》作"而"，《海東誌存》《朝鮮金石》《譯注韓石》《唐誌彙編》《韓人銘集》等作"天"。按，墓誌原文作"而"，"天"之異體。
⑤ "年"，《韓石文補》作"犁"，《海東誌存》《朝鮮金石》《譯注韓石》《唐誌彙編》《韓人銘集》等作"年"。按，墓誌原文作"秊"，"年"之異體。
⑥ "叁"，《朝鮮金石》《韓石文補》《韓石全文》《韓人銘集》作"參"，《譯注韓石》作"三"，《海東誌存》《唐誌編考》《唐誌彙編》《集刊5》《東北史地2005－4》《民誌彙編》《移民研究》作"叁"。按，墓誌原文作"叁"。
⑦ "日"，《韓石文補》闕。
⑧ "詎"，《譯注韓石》作"詐"，《海東誌存》《朝鮮金石》《韓石文補》《唐誌彙編》《韓人銘集》等作"詎"。按，墓誌原文作"詎"。
⑨ "轜"，《海東誌存》《朝鮮金石》《韓石全文》《譯注韓石》《唐誌編考》《唐誌彙編》《東北史地2005－4》《民誌彙編》《韓人銘集》作"轜"，《集刊5》作"濈"，《移民研究》作"精"。按，墓誌原文作"轜"。轜車，即柩車。《新唐書·李紳傳》："葬母，有烏銜芝墜轜車。"
⑩ "日"，《韓石文補》闕。
⑪ "鬣"，《朝鮮金石》作"號"，《海東誌存》《韓石文補》《譯注韓石》《唐誌彙編》《韓人銘集》等作"鬣"。按，墓誌原文作"臘"，"鬣"之異體。
⑫ "滕"，《韓石全文》作"滕"，《海東誌存》《朝鮮金石》《唐誌編考》《唐誌彙編》《集刊5》《東北史地2005－4》《民誌彙編》《移民研究》《韓人銘集》作"滕"。按，墓誌原文作"滕"。
⑬ "分"，《朝鮮金石》作"介"，《韓石全文》作"兮"，《海東誌存》《韓石文補》《唐誌編考》《唐誌彙編》《集刊5》《東北史地2005－4》《民誌彙編》《移民研究》《韓人銘集》作"分"。按，墓誌原文作"分"。
⑭ "啓"，《韓石文補》作"榮"，《唐誌編考》《唐誌彙編》《集刊5》《東北史地2005－4》《韓人銘集》等作"啓"。按，墓誌原文"啓"，"啓"之異體。
⑮ "离"，《海東誌存》《朝鮮金石》《韓石文補》《韓石全文》《韓人銘集》作"禼"，《唐誌編考》《唐誌彙編》《東北史地2005－4》《民誌彙編》《集刊5》作"离"，《移民研究》作"離"。按，墓誌原文作"离"。《説文》："离，蟲也。讀與傻同。"另，"禼"爲"离"之異體。
⑯ "罔"，《海東誌存》作"閃"，《朝鮮金石》《韓石文補》《韓石全文》作"内"，《唐誌編考》《唐誌彙編》《集刊5》《東北史地2005－4》《民誌彙編》《移民研究》《韓人銘集》作"罔"。按，墓誌原文作"閃"，係"罔"之異體。

憶長林。留秦獨思，濟洹爲咎。聲明長畢，佳城永久。托體邙山，游魂遼阜。勒銘幽石，庶傳不朽。

通直郎襄城縣開國子泉光富年十八，長安二年四月廿三日葬於洛陽縣界。

開元十二年（724）正月二十一日葬。

行楷書，27行，滿行27字，高74厘米，寬75厘米。

清乾隆年間（1736—1796）陝西西安白鹿原出土。

石藏淮安楚州區博物館。

[目] 藝風堂目 18：8；題跋索引 184；善本碑帖 124；北圖目錄 199；碑帖鑒定 302；增補校碑 566；北大草目 3：359；北大目錄 410；總合墓誌 182

[圖] 拓本匯編 22：45；唐誌編考 18：1710；隋唐彙編（北京）1：143；北大菁華 113；上辭高福；華東高延福

[文] 金石文鈔 5；金石萃編 75；古誌石華 5；匋齋藏石 22；淮陰金石；唐誌彙編 1286—1287；唐誌編考 18：1710；唐文新編 6：3485—3486；西北彙編 3：48；景縣墓誌 300—301

[研] 關中金石 3；雍州金石 6；潛研堂 6；金石萃編 75；讀碑記 5；匋齋藏石 22；淮陰金石；校碑隨筆；唐誌編考 18：1710

| 誌蓋 | 大唐故高內侍墓誌銘
| 誌文 | 大唐故中大夫守內侍上柱國渤海高府君墓誌銘并序

麗正殿修撰學士校書郎孫翌字季良撰。

夫勞息之理，達人一之。然時當大明，職近皇位，父子并肩而事主，君臣同體而多歡。而萬石之慶，一朝無怙，可不悲矣！府君諱福，字延福，渤海人也。啟土受氏，明諸典籍。曾祖權，祖祖，父護，并砬如石焉，厥有全操。安時處順，憂患不能入；懲忿窒欲，軒冕莫之榮。且象貴隨時，雅明尊祖。我府君始議從政，有光前烈。《傳》曰："九變復貫，知言之選。"此之謂矣！府君幼而晦名①，長而藏用，體敬仲之慎，兼伯楚之忠。解褐拜文林郎，守奚官丞。秩滿，遷本局令。稍轉宮闈令兼謁者監。竊以聖人之教，父因子貴。府君之寵嗣曰力士，我大君之信臣也。頃國步多艱，而守謀立順。以功拜右監門大將軍，兼食本邑。盡力王室，志存匡輔，元勛爛然，天眷攸屬。府君以大將軍之故，特拜朝議大夫，守內侍員外置。尋遷中大夫，正除本官。出入四代，凡更六職，行不違仁，言必合禮。由是無黜擯②，無怨尤，恭而能和，簡而且肅，德著於宮掖，名成乎寮友。而稟命不融，識者歔③欷。以開元十一年十二月廿五日，終于來④庭里之私第，春秋六十有三。大斂⑤之日，天王遣中使臨吊，賵絹三百匹。明年太歲在甲子正月壬戌⑥朔廿一日壬午，遷窆於京兆府白鹿原之西隅，禮也。緣喪事儀衛，并皆

---

① "名"，《金石文鈔》作"明"，《金石萃編》《古誌石華》《匋齋藏石》《淮陰金石》《唐誌編考》《唐誌彙編》《景縣墓誌》作"名"。按，墓誌原文作"名"。
② "擯"，《金石文鈔》《古誌石華》《淮陰金石》《唐誌編考》《唐誌彙編》《景縣墓誌》作"擯"，《金石萃編》《匋齋藏石》作"檳"。按，墓誌原文作"擯"。
③ "歔"，《金石文鈔》作"戲"，《金石萃編》《古誌石華》《匋齋藏石》《淮陰金石》《唐誌編考》《唐誌彙編》《景縣墓誌》作"歔"。按，墓誌原文作"歔"。
④ "來"，《金石文鈔》《古誌石華》《淮陰金石》《唐誌編考》《唐誌彙編》《景縣墓誌》作"來"，《金石萃編》《匋齋藏石》作"末"。按，墓誌原文作"末"，係"來"之行書寫法。"來庭里"，長安里坊之一，高延福所居。
⑤ "斂"，《金石文鈔》《匋齋藏石》《唐誌彙編》《景縣墓誌》作"歛"，《金石萃編》《古誌石華》《淮陰金石》《唐誌編考》作"斂"。按，墓誌原文作"斂"。
⑥ "戌"，《金石文鈔》《古誌石華》《唐誌編考》《唐誌彙編》《景縣墓誌》作"戌"，《金石萃編》《匋齋藏石》《淮陰金石》作"戍"。按，開元十二年正月爲壬戌朔。

官給。可謂哀榮始終，禮洎泉壤。初府君旁通物情，往[1]往造極，以爲生者神之主，死者神之歸，歸乎本真，曷足懷也。乃謀龜筮，相川原，經兆域，畚封墜[2]，自爲安神之所，而松檟蒼然矣。君子謂高公於是乎知命。府君自公之餘，存乎上善，每持專一之行，深入不二之門。範聖容，寫真偈，雖衣食所窘，此心不易。斯又迴嚮之能事也。將軍茹荼長號，哀述舊德。竊慚不敏，敢讓其詞。銘曰：

佳城一閉兮三千年，棘人欒欒兮訴[3]窮泉，出郭門而一望兮見隴樹之生烟。君寧見賓御之惻默，皆撫墳而涕漣。

---

① “往”，《金石文鈔》《金石萃編》《匋齋藏石》《淮陰金石》《唐誌彙編》《景縣墓誌》作“往”，《古誌石華》作“德”，《唐誌編考》作“注”。按，墓誌原文作“往”，二“往”字行書寫法有所變化，猶下文之“欒欒”。

② “墜”，《金石文鈔》《金石萃編》《匋齋藏石》《唐誌編考》《淮陰金石》作“墜”，《古誌石華》作“隧”，《唐誌彙編》《景縣墓誌》作“燧”。按，墓誌原文作“墜”。

③ “訴”，《金石文鈔》《金石萃編》《淮陰金石》闕，《古誌石華》《匋齋藏石》《唐誌編考》《唐誌彙編》《景縣墓誌》作“訴”。按，墓誌原文殘留“言”旁，據文義，推測爲“訴”字。

大唐故幽州清□府折衝□□大同軍副使李府君

墓誌□并序

能超捷五手動□德施張弗卒曾祖道□于右武衛冠軍

守祖寧隨七世□安東□□□□□□□□□□

元十□依軍副使志道早經四任轉授□□□□

南山之□澤遙□天霜若散撫安幽州品神□□下□

不問狐狸聲蹕不疲干將立斷平賊盜或□□□□□

訪英察無滯不無私子幼秋□□□□□□□□

受人如子本余孤子□□□□□□□□□

鳥平袁次庚午□□嘆□□□□□□□

門歲南是伊州之北劉村京禮□□□□

谷遷移本不生用常无性□心緣□□□□□

法本驚悲□□□□□□□□□

親爻之上□岳南瞻□印山□□□□□

伊川之□不息海浪常驚□□□

柏頃□突不□□□□□

開元十八年（730）三月二十八日葬。

楷書，19行，滿行19字，高寬38厘米。

出土時地及今藏地不詳。

大唐故李府君墓誌銘

| 誌蓋 | 大唐故李府君墓誌銘
| 誌文 | 大唐故幽州清化府折衝兼大同軍副使李府君墓誌并序

　　君諱仁晦，字遊，遼陽人也。立性剛猛，藝能超捷。五才動運，七德施張。曾祖道，後魏渤海太守。祖于，隨安東都護。父弗卒，皇朝右武衛冠軍大將軍、南蘇州刺史，有子九人，敕于四方，次當第十，依仁志道，早經四任。轉授幽州清化府折衝，充大同軍副使。巡察九圍，撫安群品。神威下震，似南山之雷；渥澤遥霑，若散東溟之雨。埋輪京市，則不問狐狸；擧轡澄天，則清平賊盜。或督察群小，采訪英寮，無滯不疲，干將立斷。全耳目平，心氣不下，愛人如子，奉公無私。春秋卌有八，終于大同之官。嗚呼哀哉！嗟余孤子，幼遭大斬之儀。以開元十八年歲次庚午三月乙酉朔廿八日壬子權葬于龍門之南，伊川之北劉村原，禮也。將恐代祀綿邈，凌谷遷移，是用封樹記時，勒銘刊石。其詞曰：

　　法本不生，物常無性。從緣起滅，隨心垢净。其一。嗟彼親友，驚悲競集。望室摧心，瞻顔雨泣。其二。龍門之右，伊川之上。嵩岳南瞻，邙山北望。其三。是非交競，高下相傾。宅火不息，海浪常驚。其四。

開元十八年（730）八月二十一日葬。

楷書，20 行，滿行 21 字，高 44 厘米，寬 45 厘米。

1955 年陝西西安東郊郭家灘出土。

石藏西安碑林博物館。

| 誌蓋 | 大唐故高府君墓誌銘①
| 誌文 | 唐故陪戎副尉直僕寺高府君墓誌并序

　　君諱木盧，渤海蓨人也。昔太公輔周，肇開②王業，天眷錫命，受封東齊，鍾③鼎玉食，七百餘載。後遇田和篡④奪，分居荒裔。君之遠祖，避難海隅。暨我皇唐大敷淳化，君乃越溟渤，歸桑梓，遂驤首雲路，厠迹天庭，樞典六閑，職司三物。嚩⑤中宗孝和皇帝廓清宇宙，掃褪蕭墻。君當奮袂提戈，禦衛辰極，故得名登簡册，位列珪璋。及蒲柳年侵，桑榆景暮，乃悟電泡而不久，夢刧⑥而非真，遂棄彼俗纏，崇兹道業，退歸廬里，訓導⑦於家。九族嚴祇，四鄰恭恪。實貞松之操，逸秀雲霄；良玉之德，含輝韞匱。開元十八年歲次鶉火七月廿日遘疾，考終於私第，時年八十有一。嗚呼！積善無徵，禍圖不意。墨龜將食，青烏入兆。其年八月廿一日葬⑧于京兆崇道鄉齊禮里白鹿原之右。丹旐啓路，白馬臨塋，黄鳥哀而聲悲，青松慘而色悴。嗣子左領軍衛京兆府豐閏⑨府折衝都尉、仗内供奉、借緋長上、上柱國履生等，痛深泣血，悲割摧心，卜宅奉周公之儀，封樹遵仲尼之訓。刊刻金石，以旌德銘。銘曰：

　　白日將落兮蒼天其頹，流景難追兮逝水不迴。永歸蒿里兮長往泉臺，千秋萬歲兮有閉無開。惟見青松兮暮奄黄埃，痛割骨髓兮五内崩摧。

---

① “大唐故高府君墓誌銘”，《移民研究》《集刊 17》作“大唐故高君之墓誌銘”，《唐誌彙編續》《新中國誌陝西貳》作“大唐故高府君墓誌銘”。

② “開”，《唐文補遺（五）》《唐誌彙編續》《新中國誌陝西貳》《景州金石》作“開”，《移民研究》作“聞”。按，墓誌原文作“開”。

③ “鍾”，《唐文補遺（五）》《移民研究》作“鐘”，《唐誌彙編續》《新中國誌陝西貳》《景州金石》作“鍾”。按，墓誌原文作“鍾”。

④ “篡”，《唐文補遺（五）》《移民研究》作“纂”，《唐誌彙編續》《新中國誌陝西貳》《景州金石》作“篡”。按，墓誌原文作“篡”。

⑤ “嚩”，《唐文補遺（五）》《唐誌彙編續》《新中國誌陝西貳》作“嚩”，《景州金石》《移民研究》作“屬”。按，墓誌原文作“嚩”。

⑥ “刧”，墓誌原文作“刧”，應係“幻”之訛刻。

⑦ “導”，《唐文補遺（五）》《唐誌彙編續》《新中國誌陝西貳》《景州金石》作“導”，《移民研究》作“道”。按，墓誌原文作“導”。

⑧ “葬”，《唐文補遺（五）》《唐誌彙編續》《新中國誌陝西貳》《景州金石》作“葬”，《移民研究》作“藏”。按，墓誌原文作“葬”。

⑨ “豐閏”，《唐文補遺（五）》《新中國誌陝西貳》《移民研究》作“豐閏”，《唐誌彙編續》《景州金石》闕。按，墓誌原文略殘，以筆畫觀之，可釋為“豐閏”，讀為“豐潤”。《長安志》載萬年縣東北二十五里有豐潤坡，“豐閏府”名源於此。

開元二十一年（733）四月十三日葬。

楷書，27行，滿行27字，高寬58厘米。

陝西西安長安區高陽原出土，時間不詳。

石藏西安碑林博物館。

| 誌蓋 | 闕

| 誌文 | 大唐故冠軍大將軍行右威衛將軍上柱國金城郡開國公李公墓誌銘并序

　　公曰仁德，族李氏，其先蓋樂浪望族也。自堯臣類馬，周史猶龍，真裔散於殊方，保姓傳於弈代。考甲子，皇贈定州別駕。天上降成綸之恩，地下光題輿之寵。公即別駕府君之元子也。風骨驍奇，器用英遠，智爲甲冑，義作干戈，談王霸則金火生光，説甲兵則旗鼓動色。當昔中宗晏駕，韋氏亂常，將欲毒黎元，危宗廟。公於是義形于色，憤起于衷，發皇明，披紫闈，奔走電激，左右風趨，心冠鷹鸇，手刃梟鏡，人祇①再色，帝宇廓清。翊一人以御天，功存社稷；膺四履而列地，封固山河。是用拜公雲麾將軍，行右屯衛翊府中郎將，金城縣開國子，食邑三百户。畫巡徼道，環黄屋而竭誠；夜拜殊榮，佩紫綬而光寵。是用遷公右威衛將軍。錫馬承恩，一日三見於天子；以爵馭貴，十卿同禄②於諸侯。是用加公冠軍大將軍，進封開國公，增食二千户。何居昊③天不憖，哲人其萎；山岳收神，日月奄壽。欻以開元廿一年正月廿日薨於醴泉里之私第，春秋六十有一。嗚呼哀哉！公履謙謙，杖翼翼，不軒裳而恃，不江海而閑。其生也榮，其死也慟。匪止鄰不相，巷不歌，寔亦負扆興嗟，同盟畢吊。特敕贈絹二百匹，賻物一百段，米粟一百石，供喪事也。即以其年四月十三日葬於高陽原，禮也。南面近郊，問三龜而一吉；東首顧命，減大樹而小封。金玉靡藏，誠之智也；琴瑟空置，奉之仁也。有子二人：長曰思敬，右驍衛中侯；次曰④思讓，右驍衛司階。并七日絶漿，式五月而葬。攜慕罔⑤極，賓拜無容，防地道而變盈，紀天性於幽隧。銘曰：

　　惟嶽降神，冠軍當仁。忠孝是佩，清白爲鄰。曷其榮也，社稷貴臣；曷其哀也，朝市悲人。生可續兮孰不萬春，死可贖兮孰不百身。生不可續，死不可贖。歷考古今，誰免風燭。人閲代兮代閲人，倐兮忽⑥兮一丘⑦塵；舟移壑兮壑移舟，蕭兮索兮九原秋。意氣盡兮萬事罷，泉門閉兮九重幽。悲夫悲夫空默默，魂兮魂兮⑧何悠悠！

---

① "祇"，《八瓊室》《唐誌彙編》《唐文新編》等作"祇"，《移民研究》作"祇"。按，墓誌原文作"祇"。
② "禄"，《八瓊室》《唐誌彙編》《移民研究》等作"禄"，《唐文新編》作"録"。按，墓誌原文作"禄"。
③ "昊"，《八瓊室》《唐誌彙編》《移民研究》作"昊"，《唐文新編》作"吴"。按，墓誌原文作"昊"。
④ "曰"，《八瓊室》《唐誌彙編》《移民研究》作"曰"，《唐文新編》作"日"。按，墓誌原文作"曰"。
⑤ "罔"，《八瓊室》《唐文新編》作"冈"，《唐誌彙編》《移民研究》作"岡"。按，墓誌原文作"冈"，"罔"之異體。
⑥ "忽"，《八瓊室》《唐誌彙編》《唐文新編》作"忽"，《移民研究》作"乎"。按，墓誌原文作"忽"。
⑦ "丘"，《八瓊室》作"邱"，《唐誌彙編》《唐文新編》《移民研究》等作"丘"。按，墓誌原文作"丘"。
⑧ "魂兮"，《八瓊室》《唐文新編》作"魂兮"，《唐誌彙編》《移民研究》等闕。

開元二十一年（733）十月十六日葬。

楷書，25 行，滿行 25 字，高 60.5 厘米，寬 59.6 厘米。

1926 年河南洛陽東北東山嶺頭村出土。

石藏洛陽古代藝術博物館。

| 誌蓋 |　闕

| 誌文 |　唐故宣德郎驍騎尉淄①川縣開國子泉君誌銘

父光禄大夫衛尉卿上柱國卞國公隱撰文。

夫溫良恭儉，人之本也；詩書傳易，教之宗也。其有總百行之懿德，稟兩儀之正性，吐納和氣，佩服禮經。體仁義以立身，蘊忠貞而行己②，造次不逾於規矩，顛沛必蹈於矜莊③。蓋古人之所難，匪唯今之所易，兼而有者，其在茲乎！諱毖，字孟堅，京兆萬年人也。曾祖特進、卞國襄④公男生。祖左衛大將軍、卞國莊公獻誠。父光禄大夫、衛尉卿、卞國公隱。并繼代承家，榮章疊祉。惟子克茂貽厥，早著聲芬。年甫二歲，受封淄川縣開國男，尋進封淄川子，食邑四百户。又授驍騎尉，以蔭補太廟齋郎。屬有事於后⑤土，授宣德郎，尋蒙放選。即開府儀同三司、朝鮮王高藏之外孫，太子詹事、太原公王暐之子婿⑥。豈徒⑦門承鼎鼐⑧，兼⑨亦⑩

---

① "淄"，《韓石全文》作"忽"，《海東誌存》《韓石文補》《譯注韓石》《唐誌彙編》《唐文補遺（四）》《東北史地 2005－4》《民誌彙編》《移民研究》《韓人銘集》作"淄"。按，墓誌原文作"淄"。

② "己"，《海東誌存》《韓石全文》《譯注韓石》《唐誌彙編》《東北史地 2005－4》《移民研究》《韓人銘集》作"已"，《唐文補遺（四）》《民誌彙編》作"己"。按，墓誌原文作"已"。依文義，此字當讀爲"己"。"立身"與"行己"對文，《孔子家語·六本》："行己有六本焉，然後爲君子也。立身有義矣，而孝爲本。"

③ "莊"，《海東誌存》《韓石全文》《韓石文補》《譯注韓石》作"莊"，《唐誌彙編》《唐文補遺（四）》《韓人銘集》作"莊"，《韓石全文》《東北史地 2005－4》《民誌彙編》《移民研究》作"庄"。按，墓誌原文作"莊"。"莊""庄"皆爲"莊"之異體。

④ "襄"，《韓石全文》《韓石文補》作"壤"，《海東誌存》《唐誌彙編》《唐文補遺（四）》《韓人銘集》等作"襄"。按，墓誌原文作"襄"。

⑤ "后"，《海東誌存》《韓石全文》《韓石文補》《譯注韓石》作"舌"，《唐誌彙編》，《東北史地 2005－4》《民誌彙編》《移民研究》《韓人銘集》等作"后"。按，墓誌原文作"舌"。"舌"，字書習以"昏"之訛，又同"后"，本誌中讀爲"后"。

⑥ "婿"，《海東誌存》《韓石全文》《韓石文補》作"壻"，《譯注韓石》《唐誌彙編》《韓人銘集》作"婿"，《唐文補遺（四）》作"胥"，《東北史地 2005－4》《民誌彙編》《移民研究》作"婿"。按，墓誌原文作"壻"。"壻"古同"婿"，今正字作"婿"。

⑦ "徒"，《韓石全文》作"淀"，《譯注韓石》闕，《唐誌彙編》《東北史地 2005－4》《移民研究》《韓人銘集》等作"徒"。按，墓誌原文作"徒"。

⑧ "鼐"，諸家闕。按，此字已殘損，徒留"乃"部。以文意及辭例推之，應爲"鼐"字。

⑨ "兼"，《唐文補遺（四）》闕，其他家補"兼"。

⑩ "亦"，《韓石全文》作"夾"，《譯注韓石》闕，《唐誌彙編》《東北史地 2005－4》《移民研究》《韓人銘集》等作"亦"。按，墓誌原文作"亦"。

姻婭①蟬聯。雅度稟乎天姿，詩禮聞於庭訓。加以强學請益，休譽日新。韜鈐②遁甲之書，風角鳥情之術，莫不研幽洞奥，精蹟③探微。方將步天衢以高驤，登太階而論道。何知百齡倏④忽，五福之驗無徵；一代英靈，九泉之悲俄及。粵以開元十七年歲次己巳九月四日終於京兆府興寧里之私第，春秋二十有二。以開元廿一年歲次癸酉十月甲午朔十六日己酉遷措⑤於河南府洛陽縣之邙⑥山舊塋，禮也。高墳崛岉，望二室於雲端；茂柏蕭森，俯三川於掌内。將恐風移鬱島，海變桑田，式昭貞士之名，用表藤公之室。乃爲銘曰：

天之蒼蒼兮其色正耶，人之悠悠兮其能久耶！蠢兹萬類兮生老病死，悟彼百齡兮今也已矣！生於氣兮立於空，倏而見兮忽而終。何賦命之飄索，知造化之無窮。

重曰：梁木其壞兮太山其頹，哲人一去兮不復再來。幽肩永閟⑦兮邙山之隈，萬古千秋兮嗚呼哀哉！

---

① "婭"，《海東誌存》《韓石全文》《韓石文補》作"姫"，《譯注韓石》《韓人銘集》作"姬"，《唐誌彙編》《唐文補遺（四）》作"婭"。按，墓誌原文作"婭"。
② "鈐"，《譯注韓石》作"鈴"，《唐誌彙編》《東北史地2005－4》《移民研究》《韓人銘集》等作"鈐"。按，墓誌原文作"鈐"。
③ "蹟"，《海東誌存》作"蹟"，《韓石全文》作"頤"，《韓石文補》《譯注韓石》《唐誌彙編》作"迹"，《唐文補遺（四）》《韓人銘集》作"蹟"，《東北史地2005－4》《民誌彙編》《移民研究》作"迹"。按，墓誌原文作"蹟"，"迹"之異體，讀爲"蹟"。"精蹟"爲固定詞，習見史籍。于頔《郡齋卧疾贈晝上人》即有"晚依方外友，極理探精蹟"之語。
④ "倏"，《韓石全文》《譯注韓石》作"儵"，《唐誌彙編》《唐文補遺（四）》《東北史地2005－4》《民誌彙編》《移民研究》《韓人銘集》作"倏"。按，墓誌原文作"儵"，"倏"之異體。
⑤ "措"，《韓石全文》《韓石文補》《譯注韓石》《唐誌彙編》《唐文補遺（四）》《東北史地2005－4》作"措"，《民誌彙編》《移民研究》作"厝"。按，墓誌原文作"措"。
⑥ "邙"，《韓石文補》《譯注韓石》作"印"，《唐誌彙編》《東北史地2005－4》《移民研究》《韓人銘集》等作"邙"。下同。按，墓誌原文作"邙"。
⑦ "閟"，《韓石全文》《韓石文補》作"閟"，《唐誌彙編》《東北史地2005－4》《移民研究》《韓人銘集》等作"閟"。按，墓誌原文作"閟"。

開元二十三年（735）二月二十三日葬。

楷書，29行，滿行28字，高寬58厘米。

河南洛陽北十五里後海資村出土，時間不詳。

石藏千唐誌齋博物館。

| 誌蓋 | 闕

| 誌文 | 唐故右威衛將軍上柱國王公墓誌銘并序

　　觀夫由余入秦，日磾仕漢，楚材晋用，自古稱美。其有才類昔賢，用同往彦者，則我王府
君其人矣。公諱景曜，字明遠，其先太原人。昔當晋末，鵝出于地①，公之遠祖，避難海東。
泊乎唐初，龍飛在天，公之父焉，投化歸本。亦由李陵之在匈奴，還作匈奴之族；蘇武之歸於
漢，即爲漢代之臣。公之族代播遷，亦其類也。聖主嘉之，賜第京兆，今爲京兆人也。祖湛，
往在海東，養高不仕，不以軒冕爲榮，唯以琴 書 ② 自逸。雖室居方丈，而志狹九州；雖迹處
寰中，而情逾天外。同魯連之游東海，若四皓之隱南山。父排須，皇朝贈安東副大都護。隨會
可作，眷眷切九原之悲；相如可生，凛凛有千年之氣。公忠貞成性，廉直居懷，尤善駕馭，明
乎厥牧。初授殿中奉乘，稍轉七衛中侯。俄除率府司階，尋改甘泉果毅。無何，加游擊將軍，
守朔府左郎將。頃之加中郎，超右威衛將軍，借紫金魚袋，并依舊仗内。驅馳紫禁，趨侍丹
墀，扈太液而登建章，從長楊③而過細柳。作明君之牙爪，爲聖主之腹心。頃緣親累，出爲黨
州別駕。天子知冶長之非罪，思樂羊之忠赤，特追復舊官，依前仗内。調夏后之二龍，馭周王
之八駿，進奉之妙，簡于帝心。雖古之造父王良，無以過也。嗟乎！逝川不捨，朝海之志徒
勤；曦光易流，捧日之誠空積。以開元廿二年十二月六日薨于位，享年五十有五。粤以開元廿
三年二月廿三日承詔葬之禮，依周公之儀，與亡妻李氏、高氏合葬于河南平樂原，禮也。李氏
先以開元十年十月廿日終，春秋卌有三。高氏先以開元廿二年正月廿三日亡，時年卌有九。并
婦德聿修，母儀成訓，契柏舟而皆誓，同蕣華而早零。簫成鳳遠，暫分飛於紫霄；劍合龍還，
長共盤於黃壤。嗣子右肱，同二連之善喪，泣九泉而頌德。銘曰：

　　翔空矯翼，縱壑騰鱗。猗歟炳靈，鬱爲忠臣。帝澤如海，王言似綸。慎同萬石，勇敵萬
人。榮隨歲積，寵爲恩親。赳赳蹻捷，邦家之鈞。曲池既平，高臺已傾。北軍除籍，西第餘

---

① "地"，《唐誌彙編》《唐文新編》《移民研究》作"地"，《唐文補遺（二）》作"池"。按，墓誌原文作
"地"。典出《晋書·五行志》："孝懷帝永嘉元年二月，洛陽東北步廣里地陷，有蒼白二色鵝出，蒼者飛翔冲
天，白者止焉。"此外，《高德墓誌》"自五馬浮江，雙鵝出地"，亦可爲證。

② "書"，《唐誌彙編》《唐文新編》《移民研究》作"尊"，《唐文補遺（二）》作"樽"。按，墓誌原文殘泐不可
識讀，依文義當爲"琴書"。《周書·韋瓊傳》："所居之宅，枕帶林泉，瓊對玩琴書，蕭然自逸。時人號爲居
士焉。"

③ "楊"，《唐誌彙編》《唐文新編》《移民研究》作"陽"，《唐文補遺（二）》作"楊"。按，墓誌原文
作"楊"。

名。人生到此，飲恨吞聲。四大非有，五蘊皆空。宜男依草，少女隨風①。貴賤雖別，存歿情同。魂游東岱，墳依北邙。常觀鵁鶄，恒瞻鳳皇。情同戀主，志若勤王。隴昏昏兮藏月，山幽幽兮早霜。痛千秋兮萬古，列青松兮白楊。

---

①　"風"，《唐誌彙編》《唐文新編》《移民研究》闕，《唐文補遺（二）》作"風"。按，墓誌原文殘泐，依上部　　筆畫，似爲"風"字。

唐故贈泉州司馬李公墓誌銘并序

公諱隱之字大取其先遼東人也晉尚書令瓏即其枝類

祖敬直或孝德動天馳名於樂浪或忠勤濟譽表柱勇山

夫餘公散自於天鎮果斷寧由於學慕浴沔之化重譯納貢隨牒受官勇

武既仙客之遺齡嗟海夑鳴呼得異夫子之入夢且歔山

顏殊仙客之遺齡嗟海夑鳴呼得衰我春秋五十春一朝

大唐神龍元年正月廿五日寢疾終於上林里之私第郎

野痛惜親故哀傷帝皇悼懷贈泉州司馬以成送終

之義遷殯於河南府河南縣平樂鄉之原夫人河間劉君

劉氏貞節不得隙駒難媚居難駐在家鶴去鏡破驚鷩沈

之規風樹孤不得隙駒難媚居難駐在家

春秋八十有六以大唐開元廿七年四月五日景申合葬於松風

道之舊堂西南一里半禮也前臨清洛川聲夜難於府右

公之政易憲高岸之淪移旁求斯文以作茲誌其

郎背崇卻嵐氣曉於巖衛翊霜嗣子將李子懷敏代州陽武右

却將軍芋類高興德之泣血哀慕右郎將頤悌之絕將攀號崩

鎮將仲子懷德之泣血哀慕右郎將頤悌之絕將攀號崩

迫晨棄田之政易憲高岸之淪移旁求斯文以作茲誌其

詞曰

司馬令德終合葬順理二龍次襄兩鳳倫死情難已兮三

子弓夫人道終合葬順理二龍次襄兩鳳倫死情難已芳千

子弓孝七日絕漿思親勒石地久天長不朽芳兮

開元二十七年（739）五月五日葬。

行楷書，22行，滿行22字，高寬48.5厘米。

河南洛陽北十六里南陳莊村出土，時間不詳。

石藏洛陽龍門博物館。

| 誌蓋 | 大唐故李府君墓誌銘

| 誌文 | 唐故贈泉州司馬李公墓誌銘并序

公諱隱之，字大取，其先遼東人也。晋尚書令胤，即其枝類。祖敬，父直。或孝德動天，馳名於樂浪；或忠勤濟物，譽表於夫①餘。公厭海壖之風，慕洛汭之化，重譯納貢，隨牒受官。勇武既自於天然，果斷寧由於學得。異夫子之入夢，且嘆山頹；殊仙客之延齡，還嗟海變。鳴呼哀哉！春秋五十有一，以大唐神龍元年正月廿五日寢瘵，終於上林里之私第。朝野痛惜，親故哀傷。帝皇悼懷，贈泉州司馬，以成送終之義。遷殯於河南府河南縣平樂鄉之原。夫人河間縣君劉氏，貞節孤高，孀居荏苒，在家慕剋己之德，訓子從擇鄰之規。風樹不停，隙駒難駐。琴亡鶴去，鏡破鸞沉。鳴呼哀哉！春秋八十有六，以大唐開元廿七年四月五日寢疾，終于道政里之私第。粵以其年五月壬辰朔五日景申合葬於公之舊塋西南一里半，禮也。前臨清洛，川②聲夜雜於松風；却背崇邙，嵐氣曉凝於薤露。嗣子初有，左領軍衛翊府右郎將。仲子懷德，左驍衛翊府右郎將。季子懷敏，代州陽武鎮將等。類高柴之泣血，哀慕充窮；若顧悌之絕漿③，攀號崩迫。畏桑田之改易，慮高岸之淪移，旁求斯文，以作爾誌。其詞曰：

司馬令德，來從異域。人之云亡，天子贈職。志不惑兮！夫人道終，合葬順理。二龍次喪，兩鳳倫死。情難已兮！三子至孝，七日絕漿。思親勒石，地久天長。不朽芳兮！

---

① "夫"，《韓古探究 21》《東石方向》《韓古研究 181》等作 "夫"，《陝博館刊 22》《延大學報 2017－2》作 "扶"。按，墓誌原文作 "夫"。

② "川"，《韓古探究 21》屬下讀，《唐史論叢》《韓古研究 181》屬上讀。按，"川聲" 與 "嵐氣" 對文，應屬下讀。

③ "漿"，《韓古探究 21》《陝博館刊 22》《延大學報 2017－2》《韓古研究 181》作 "漿"。按，墓誌原文作 "漿"，應爲 "漿" 之訛刻，銘文有 "七日絕漿"，是其佐證。

開元二十九年（741）八月十八日葬。

楷書，26 行，滿行 25 字，高寬 45 厘米。

河南洛陽城北半坡村出土，時間不詳。

石藏開封市博物館。

| 誌蓋 | 大唐故豆府君墓誌銘 |
| 誌文 | 大唐故忠武將軍攝右金吾衛郎將上柱國豆府君墓誌并序 |

　　聞碣石岳峙，滄溟殊隩。雲雷振鼓，閒氣熙和。稟兹神靈，克生賢智。則我府君之謂也。君諱善富，字暉，其先扶風平陵人也。十八世祖統，漢雁門太守，避族父①武之難，亡于朔野，子孫世居焉。至後魏南遷，賜紇豆陵氏。六世祖步蕃，西魏將，鎮河曲，爲北齊神武所破，遂出奔遼海，後裔因家焉，爲豆氏。屬②皇唐征有遼之不庭，兵戈次玄兔之野。君考夫卒慕遠祖融河西③納款，遂斬九夷列城④之將，稽顙旌門；拔⑤邑落塗炭之人，歸誠鳳⑥闕。天書大降，榮寵一門。昆季五人，衣朱拖紫。授⑦犁木二州都督⑧諸軍事，賜紫金魚⑨。君以岳⑩牧子，解褐⑪檢校絳州參⑫軍事。又以朔方不静，朝廷徵任，擢授潞州銅鞮府左果毅都尉，加游擊將軍。始□□兵，□臨西戎，亟戰超勝，授上柱國，轉絳州武城府左果毅都尉。開元十三年中，扈從東封，禮畢，加忠武將軍，進絳州武城⑬府折衝都尉。徐國公蕭嵩按節朔方，兼巡河右，請爲裨將，轉⑭晉州晉安府折衝都尉。玉潔冰雪，歲寒不凋。理有能名，聲華遠播。侍御史鄔元昌請監東都大和庫，我皇思帑藏任重，罕有克堪，以君衆推，帝曰俞往。積

---

① “父”，《唐誌彙編》《民誌彙編》《移民研究》作“文”，《唐文補遺（四）》作“父”。按，墓誌原文作“父”。《周書·竇熾傳》：“竇熾字光成，扶風平陵人也。漢大鴻臚章十一世孫。章子統，靈帝時，爲雁門太守，避竇武之難，亡奔匈奴，遂爲部落大人。後魏南徙，子孫因家於代，賜姓紇豆陵氏。”與墓誌所言相符。又依《新唐書·宰相世系表》所載竇氏世系，竇武爲竇統族父。皆佐證“父”字爲是。

② “屬”，《唐誌彙編》《唐文補遺（四）》《民誌彙編》《移民研究》等闕。

③ “西”，《唐誌彙編》《唐文補遺（四）》《民誌彙編》《移民研究》作“外”。按，墓誌原文已殘，不可識讀。此言竇融歸漢之事，唐史習言“竇融以河西降漢”，該字似爲“西”。

④ “城”，《唐誌彙編》《移民研究》《民誌彙編》作“城”，《唐文補遺（四）》作“成”。按，墓誌原文作“城”。“列城”爲固定詞，亦與“邑落塗炭”對文。

⑤ “拔”，《唐誌彙編》《唐文補遺（四）》《民誌彙編》《移民研究》等作“扶”。按，墓誌原文作“抚”，“拔”之異體。

⑥ “鳳”，《唐誌彙編》《移民研究》作“□魏”，衍“□”，《民誌彙編》作“魏”，《唐文補遺（四）》脱。

⑦ “授”，《唐誌彙編》《唐文補遺（四）》《民誌彙編》《移民研究》闕。

⑧ “都督”，《唐誌彙編》《唐文補遺（四）》《民誌彙編》《移民研究》闕。

⑨ 《唐文補遺（四）》衍“袋”。

⑩ “岳”，《唐誌彙編》《民誌彙編》《移民研究》作“岳”，《唐文補遺（四）》闕。

⑪ “褐”，《唐誌彙編》《唐文補遺（四）》《民誌彙編》《移民研究》闕。

⑫ “絳州參”，《唐誌彙編》《唐文補遺（四）》《民誌彙編》《移民研究》闕。

⑬ “武城”，《移民研究》作“武城”，《唐誌彙編》《唐文補遺（四）》《民誌彙編》闕。

⑭ “轉”，《唐誌彙編》《民誌彙編》《移民研究》作“時”，《唐文補遺（四）》闕。按，墓誌原文殘泐，以殘留筆畫觀之，應爲“轉”字。

行累功，終始①不替，特攝右金吾衛郎將，依前監庫。竊聞人與者德，天奪者年。嗚呼蒼旻，不弔厥理。以開元廿九年八月七日，侍太夫人之疾，不堪其痛，遂暴殂于洛都皇城右衛率府之官舍，時年五十八。哀慟蕭曹，悲纏寮②友。物色改貫，烟雲失容。緱山不歸，遼城不返。嗣子溫璲，丁茲鍾憂③，三朝泣血，一溢寝苫。日月不居，將遷幽室。以開元廿九年八月十八日葬于洛都河南縣梓澤鄉邙山之原，禮也。恐陵谷遞遷，紀其蒿里；氏號泯替，刊其即年。垂諸不朽，以示來世。其詞曰：

大漢戚里，魏氏虎臣。分流東派，嗣葉西春。克光厥緒，啓迪後人。其一。德振聲雄，名動中外。國藏重任，萬邦都會。理劇若閑，永息奸愍。其二。勛勞大著，榮顯未加。奄及徂逝，人神所嗟。刊茲貞石，以紀升遐。其三。

---

①　"始"，《唐誌彙編》《民誌彙編》《移民研究》作"始"，《唐文補遺（四）》闕。
②　"寮"，《唐誌彙編》《民誌彙編》《移民研究》作"僚"，《唐文補遺（四）》作"寮"。
③　"憂"，《唐誌彙編》《唐文補遺（四）》《民誌彙編》《移民研究》闕。

天寶元年（742）四月二十三日葬。

行楷書，24 行，滿行 24 字，高寬 44 厘米。

河南洛陽城西北三十里半坡村出土，時間不詳。

石藏千唐誌齋博物館。

| 誌蓋 | 闕
| 誌文 | 故①右龍武軍翊府中郎高府君墓誌銘并序

　　觀夫武有七德，射有五善，其有能明之者，則我高府君其人矣。府君諱德，字元光，其先渤海人也，漸雛②之後。自五馬浮江，雙鵝出地，府君先代，避難遼陽，因爲遼陽 之③族。洎隨④原鹿走，唐祚龍興，廓四海而爲家，奄八紘⑤而取俊。府君祖宗，戀恩歸本，屬乎仗内，侍衛紫宸⑥。方李陵之在匈奴，遂作匈奴之族；比蘇武之還漢代，長爲漢代之臣。乃祖乃父，有孝有忠，勤勞王家，多歷年所。府君生而倜儻，長而豪雄，以騎射見知，以然諾見重。座⑦客恒滿，樽⑧酒不空，懷輔國之心，陳靜難之略。唐元之初，巨朋閒疊。我皇召貔熊，斬梟鏡，從安區宇⑨，立乎大功。聖恩念勞，授平州白楊鎮將，轉鄜州之龍交、歧⑩州之杜陽兩府果毅。俄遷陝州之萬歲，降⑪州之長平、正平，懷州之懷仁，同州之洪泉等五府折衝。擢授右武衛翊府郎將，超授定遠將軍、右龍武軍翊府中郎將，賜紫金魚袋、長上、上柱國、内帶弓箭。府君雖官授外府，而身奉禁營。每鑾輿行幸，鳳宸巡游，校獵從禽，盤游縱賞，府君常在仗⑫内，

---

① “故”，《唐誌彙編》《唐文補遺（四）》《民誌彙編》作“故”，《移民研究》作“唐”，《韓國史學報 31》作“唐故”。

② “雛”，《唐誌彙編》《移民研究》《景縣墓誌》《韓國史學報 31》作“離”，《唐文補遺（二）》作“雛”。按，墓誌原文作“雛”，應爲“離”之訛刻。

③ “之”，《唐誌彙編》《景縣墓誌》闕，《唐文補遺（二）》《移民研究》《韓國史學報 31》作“世”。

④ “隨”，《唐誌彙編》《唐文補遺（二）》《移民研究》《景縣墓誌》《韓國史學報 31》作“隋”。按，墓誌原文作“隨”。

⑤ “紘”，《唐誌彙編》《唐文補遺（二）》《景縣墓誌》《韓國史學報 31》作“紘”，《移民研究》作“弦”。按，墓誌原文作“紘”。

⑥ “宸”，《唐誌彙編》《景縣墓誌》《移民研究》作“宸”，《唐文補遺（二）》作“寔”，《韓國史學報 31》作“實”。按，墓誌原文作“寔”，應爲“宸”之訛刻。

⑦ “座”，《韓國史學報 31》作“左”，《唐誌彙編》《唐文補遺（二）》《移民研究》《景縣墓誌》等作“座”。按，墓誌原文作“座”。

⑧ “樽”，《唐誌彙編》《移民研究》《唐文補遺（二）》作“樽”，《景縣墓誌》《韓國史學報 31》作“罇”。按，墓誌原文作“罇”，今按《凡例》寫作“樽”。

⑨ “宇”，《唐誌彙編》作“寓”，《唐文補遺（二）》《景縣墓誌》《移民研究》作“宇”，《韓國史學報 31》作“寓”。按，墓誌原文作“寓”，“宇”之異體。

⑩ “歧”，《唐誌彙編》《移民研究》《唐文補遺（二）》《景縣墓誌》《韓國史學報 31》作“岐”。按，墓誌原文作“歧”，應爲“岐”之訛刻。

⑪ “降”，《唐誌彙編》《景縣墓誌》《移民研究》《韓國史學報 31》作“絳”，《唐文補遺（二）》作“降”。按，墓誌原文作“降”，係“絳”之訛刻。

⑫ “仗”，《唐誌彙編》《景縣墓誌》闕，《唐文補遺（二）》《移民研究》《韓國史學報 31》作“仗”。

親近供奉，簡在帝心，光榮姻族。當言鷦頷①有志，應爲萬里之侯，何期馬鬣裁封，忽作九泉之容②。以天寶元年二月廿③九日終于東京道政里之私第，春秋六十有七。以其年四月廿三日遷窆于河南梓澤鄉之原，禮也。嗣子前懷州懷仁府別將等，同二連之善喪，誌九泉而頌德。銘曰：

猗歟豪俠，志力雄强。立功立事，有寵有光。皇恩玉潤，紫綬金章。魂游東岱，墳依北邙。冥冥玄夜，蕭蕭白楊。唯凛凛兮壯氣，將地久兮天長。

---

① “鷦頷”，《唐誌彙編》《景縣墓誌》《移民研究》作“燕頷”，《唐文補遺（二）》作“鷦頷”，《韓國史學報31》作“鷦鴿”。按，墓誌原文作“鷦頷”。
② “容”，《唐誌彙編》《景縣墓誌》《移民研究》《韓國史學報31》作“客”，《唐文補遺（二）》作“容”。按，墓誌原文作“容”，應爲“客”之訛刻。
③ “廿”，《唐誌彙編》《移民研究》《唐文補遺（二）》闕。

天寶三載（744）五月二十日葬。

楷書，30 行，滿行 31 字，高 70 厘米，寬 69 厘米。

河南洛陽出土，時間不詳。

石藏千唐誌齋博物館。

| 誌蓋 | 闕

| 誌文 | 大唐故雲麾將軍守左龍武軍大將軍上柱國轂陽郡開國公食邑二千户贈使持節都督天
　　　　水郡諸軍事天水郡太守劉公墓誌銘并序

　　　隱居崔朏撰。①

　　　公諱元貞，其先出自東平憲王後。八代祖軒，仕馮燕爲博士郎中，卒，子孫從燕遷于遼。
祖婁，寄遼爲褥薩，視中之將軍也。乾封東平，得甫天室。父順，贈北平郡太守。粤公之十子
承休等，余之門人也，恒有德于余，余不忍不記，故記爾矣。公竭植植②玄薰，降神平秩。東
作乃用，唯天與之。厥義厥忠，早賓王友。中裏見辇，籌之一清。四方大定，天下穆穆。拔未
隙也。公有臣妾之職，而無臣妾之住，潛龍雲天，干霸公業，不自見免，解褐三品雲麾將軍。
公仁之猶然，唯施是慰也。無挾乎爾作，天作也；無挾乎爾生，天生也。天生特絶，不物之有
也。且仁不兼己也，義不兼行也，禮不兼樣也，樂不兼習也，忠不兼奉也，孝不兼克③也，貴
不惑性也，强而矯之也。爲臣之任有七，强矯以表忠素。斯鬼神不能與之，天地不能貸之，古
之良賢不能藉之，書疏籌策不能干之。君子則爾哭，小人則爾歌，小人歌公德，君子哭公恒。
公宿衛天室，垣陰部儀，九專使車，六進天秩，凡卅有五載矣。若一時而新之，不縠④之以
苃⑤，不色之以禄，均薄四海，必善必然，躬諸握聽，令肆于子。子十而張之，足可以售童
稚，法兄弟也。公職處用奇專得之以右左，息堅甲而有之於天下也。或任委持靶，莫不爾矣。
公擊石搜音，徽分五運。窺播殖之畛，欲以還人；窮剖生之元，調伸縮紐。鞭節風雨，孤吟雲
山。摘⑥黄帝之遺，連構今古。公幼喪母氏，親繼在堂。未之昏省冬夏，給諸甘脆，而九祖之
内，欽之無涯。長公者訏莫乎極，幼公者敉⑦未見及也。公不幸以天寶三載二月九日薨⑧於守

---

① “隱居崔朏撰”，《唐文補遺（千唐誌）》《高句麗研究（七）》脱，《韓人銘集》存。
② “植”，《唐文補遺（千唐誌）》《高句麗研究（七）》脱，《韓人銘集》存。
③ “克”，《唐文補遺（千唐誌）》《韓人銘集》作“剋”，《高句麗研究（七）》脱。
④ “縠”，《唐文補遺（千唐誌）》《韓人銘集》作“縠”，《高句麗研究（七）》作“谷”。按，墓誌原文
　作“縠”。
⑤ “苃”，《唐文補遺（千唐誌）》《韓人銘集》作“苃”，《高句麗研究（七）》作“位”。按，墓誌原文
　作“苃”。
⑥ “摘”，《唐文補遺（千唐誌）》《韓人銘集》作“摘”，《高句麗研究（七）》脱。
⑦ “敉”，《唐文補遺（千唐誌）》《韓人銘集》作“敉”，《高句麗研究（七）》脱。
⑧ “薨”，《唐文補遺（千唐誌）》《韓人銘集》作“薨”，《高句麗研究（七）》作“薨”。按，墓誌原文
　作“薨”。

官。惟太夫人涕血流趾，不飲不液，則不知所之。奚孝不孝，物情不能俛俛矣①！有詔哀吊，賻絹四百匹，粟一百石，贈使持節、都督天水郡諸軍事、天水郡太守，令有司優護葬事。公名階特絕，德與天并，毫帛不足 書 乎成，喉舌不足唱乎善。假刻金石，豈能與乎！天地畢焉，未若公之道也。公神移泛②物，寂亡泛物之容；入俗同塵，至乏同塵之候。動而必應，不後不先。何圖一陷綸經，俄崩濟險。使我矗固，能不斷腸？君子必哭也，小人必歌也。於戲！於戲！有去無追，神還大野。子父道移，君子無所措乎心，賢達不復嘉乎薦。簫韶無下里之聽，君子有成私之役也。而思之一刻則再刻也，思之一時則再時也。昨日無往復之期，鼎養乏赴筵之會。黃天黃天，滓③腐可捐。野叟不滅，國棟奚然。遂以某年五月廿日葬於洛陽縣平陰鄉奇溪之北原。歌曰：

面崧岳兮小有陽，東望溟兮飲④太行。夾河洛兮地一藏，奉天勞兮憩北邙。奄歺奄兮不重光，大賢御兮物感傷。甫奇谷兮三畛强，永爲古兮從此張。

---

① “物情不能俛俛矣”，《唐文補遺（千唐誌）》《韓人銘集》作“物情不能俛俛矣”，《高句麗研究（七）》作“物情不有，能□□矣”。按，墓誌原文作“物情不能俛俛矣”。
② “泛”，《唐文補遺（千唐誌）》《韓人銘集》作“泛”，《高句麗研究（七）》闕，下同。
③ 《高句麗研究（七）》衍“滓”。
④ “飲”，《唐文補遺（千唐誌）》《韓人銘集》作“飲”，《高句麗研究（七）》作“欽”。按，墓誌原文作“飲”。

天寶四載（745）四月二十二日葬。

行書，30行，滿行30字，高53厘米，寬54.5厘米。

1928年河南洛陽北南陳莊村出土。

石藏千唐誌齋博物館。

| 誌蓋 | 闕

| 誌文 | 大唐故雲麾將軍行左龍武軍翊府中郎將趙郡李公墓誌銘并序

　　昔杜武庫沉碑漢水，恐深谷爲陵。況乎玄堂冥冥，封樹摧①雜，安可息其志焉！公諱懷，字初有，其先趙郡贊皇人也。昔晉氏乘乾，遼川塵起，帝欲親伐，實要□正②。公十二葉祖敏爲河内太守，預其選也。剋滅之後，遂留拓③鎮，俗賴其利，因爲遼東人。至孫胤舉孝廉，仕至河南尹，加特進，遷尚書令，晉之崇也。曾祖敬，隨④襄平郡從事。太宗東幸海關，訪晉尚書令李公之後，僉曰末孫猶⑤在。帝許大用，盡室公行，爰至長安，未貴而没。悲夫！其子曰直，直生隱之，贈清源郡司馬。公則清源府君之冢子也。公少而純和，長實貞固，内剛外順，後己先人，承家以孝聞，結友以信著，常欲以身許國，宣略濟世。君門九重，難以聞上。遭中宗弃世，韋氏擅權，釣陳夜驚，秦城洶涌。公告難皇邸，剪除無遺。國祚中興，實賴先覺。拜游擊將軍，行右衛扶風郡積善府左果毅，仍留長上。聖主封禪，加宣威將軍，改左威衛河南洛汭府折衝。俄加壯武將軍，授左領軍衛翊府右郎將。未盈五考，加忠武將軍。授左龍武軍翊府中郎將，舉其要也。仍留東京左屯營檢校。時太夫人遘疾彌留，公不脱冠帶，曉夜就養。及屬纊之後，仍在於抱⑥，左右苦奪，捧⑦而不許。及被起事，泣就外除。雖周文之問膳寢門，高柴之未嘗見齒，殆無以過也。會上親拜曜魄，加雲麾將軍，餘如故。所冀坐登軍首，秉節開邊，何圖天不憖遺，梁岳頹峻。天寶四載二月二十九日寢疾，薨於東京道政坊私第，春秋六十八。二京名流聞之，莫不垂涕。夫人太原縣君王氏，擢質華宗，分輝李徑，蘭薰雪皎，

---

① “摧”，《唐誌彙編》《唐文補遺（一）》《唐文新編》作“摧”，《移民研究》作“催”，《延大學報 2017‐2》作“榷”。按，墓誌原文作“榷”，“摧”之異體。

② “正”，《唐誌彙編》《唐文補遺（一）》《唐文新編》《移民研究》《延大學報 2017‐2》闕。按，該字殘損，似爲“正”字。

③ “拓”，《唐誌彙編》《唐文新編》《移民研究》《延大學報 2017‐2》作“拓”，《唐文補遺（一）》作“柘”。按，墓誌原文作“拓”。

④ “隨”，《唐誌彙編》《唐文補遺（一）》《唐文新編》《移民研究》作“隋”，《延大學報 2017‐2》作“隨”。按，墓誌原文作“隨”。

⑤ “猶”，《唐誌彙編》《唐文補遺（一）》《唐文新編》《移民研究》作“孜”，《延大學報 2017‐2》作“敬”。按，該字左部有損，是爲“猶”字。

⑥ “抱”，《唐誌彙編》《唐文新編》《移民研究》脱，《唐文補遺（一）》《延大學報 2017‐2》作“抱”。按，墓誌原文作“抱”。

⑦ “捧”，《唐誌彙編》《唐文新編》《移民研究》作“俸”，《唐文補遺（一）》《延大學報 2017‐2》作“捧”。按，墓誌原文作“捧”。

玉潤金聲。始光四德之規，終應兩門之慶，禮雖判合，命虧偕老。去開元十八載七月四日終於思恭坊正寢，春秋四十七。昔年半死，已慘龍門之桐；今日全沉，更蒔牛亭之柏。以天寶四載四月二十二日合葬于洛陽縣平樂鄉之原，從周禮也。哀子西河郡開遠府別將智通等，孝以①因心，柴毀骨立，仰思先閥，勒石神途，僕雖不才，敢述高迹。其詞曰：

崇崇厥先，系彼全趙。晋氏東伐，隨軍桑沼。謫罪撫人，父賢子詔②。高宗左眄，曜武襄平。搜访遺逸，携手同行。公之潛輝，時人未識。天啓宗聖，妖生紫極。銜威慶宮，殄彼韋賊。日月更朗，京華再色③。攀龍得志，受賞清朝。垂朱曳紫，武烈戎昭。三命戒④期，雙轓漸發。薤唱悲露，松門吊月。懔懔貞⑤風，千齡靡歇。

處士弘農楊坦撰。

---

① "以"，《唐誌彙編》《唐文新編》《移民研究》《延大學報 2017 – 2》作"以"，《唐文補遺（一）》闕。
② "詔"，《唐誌彙編》《唐文新編》《移民研究》《延大學報 2017 – 2》作"詔"，《唐文補遺（一）》作"紹"。按，墓誌原文作"詔"。
③ "色"，《唐誌彙編》《唐文新編》《移民研究》《延大學報 2017 – 2》作"邑"，《唐文補遺（一）》作"色"。按，墓誌原文作"色"。
④ "戒"，《唐誌彙編》《唐文補遺（一）》《唐文新編》《延大學報 2017 – 2》作"戒"，《移民研究》作"戎"。按，墓誌原文作"戒"，"戒"之異體。
⑤ "貞"，《唐誌彙編》《唐文新編》《移民研究》《延大學報 2017 – 2》作"貞"，《唐文補遺（一）》闕。

天寶四載（745）十月十三日葬。

楷書，34 行，滿行 35 字，高寬 70 厘米。

1997 年河南洛陽孟津營莊出土。

石藏洛陽市第二文物工作隊。

| 誌蓋 | 闕

| 誌文 | 唐故安東副都護高府君墓誌銘并序

子婿東海徐察撰并書。

君諱遠望，字幼敏，先殷人也。時主荒湎，攻惟暴政，崇信奸回，賊虐諫輔。比干以忠諫而死，故其子去國，因家于遼東焉。貞耿冠乎曩時，遺烈光乎史籍，即君始祖也。其地逼烏丸、鮮①，接夫餘、肅慎。東征西討，其邑里或遷于河北，渤海高氏則其宗盟，或留於漠南。曾祖懷，唐雲麾將軍、建安州都督。祖千，唐左玉鈐衛中郎，襲爵建安州都督。父欽德，襲建②州都督、皇右武衛將軍、幽州副節度、知平盧軍事。承世簪組，③禮有聞。方伯家綏，宣和咸秩。君即將軍第一子也。識自天假，工倫拒材，劍能斷蛟，力可扛鼎。伊歲多事，犬戎不恪，力十增響，羽書交馳。天心遙矚，王師是討，剗一喪百，曷其疇歟。雖策儕甘房，未可此日而議也。君早習弧矢，家傳將率，慕善若慼，疾惡如仇。遂能效節捐軀，蒙輪忘性，縱鋏橫掃，島夷底平。雖曹參勝於凡城，武安坑於趙卒，亦其儔矣。我皇有善必舉，有功必酬，解褐有制，超拜净蕃府果毅，兼保塞軍副使。入仕從熏，詎短服而爲恥；白衣拜將，豈埋輪而足榮。集退晏如，子父同道，公清不滯，博施於人。雖作宦醜夷，亦吾道東也。重虜入塞，侵據窮漠，狼心未革，敢仇大邦，謂我唐不能有也。君六驥先鋒，摧堅却敵。胡人稽首，懼王者有師。帝俞欽哉，式獎敦效。制授平州盧龍、幽州清化二府折衝都尉，兼安東鎮守副使，賜紫金魚袋。未經星歲，又遷河南慕善府折衝，依舊充副使。國家擇才，[必]④□授職當人。雖邊達六韜，豈三軍可奪。無何，制改郟鄔府折衝，依前充副使。是知皇華有譽，漠北塵清；白駒無聞，胡南底定。夫如是又何加焉。至若論軍容，談秘略，事無不達，舉無遺算，穰沮⑤其儔矣。副將安人，公方苴物，財莫苟盱，罪無苟容，處劇則以躬以親，在安則先卒後己，澹臺滅明其類也。[拒]⑥敵臨戈，奇謀應速，盡飛雞犬，夜呼餘皇。伐木益兵，飲醪增氣，如此而策，

---

① 《移民研究》《民誌彙編》增“卑”，其他家無。按，墓誌原文無“卑”字。
② 《移民研究》《民誌彙編》《大丘史學 116》增“安”，其他家無。按，墓誌原文無“安”字。
③ 《洛新誌續》《民誌彙編》以“禮”前脫“詩”。按，墓誌原文此處闕字，據《趙□恭墓誌》“詩禮有聞”（周紹良、趙超：《唐代墓誌彙編續集》，第 432 頁），可補“詩”字。
④ “必”，《唐文補遺（八）》《洛新誌續》《民誌彙編》《移民研究》《大丘史學 116》闕。
⑤ “沮”，《唐文補遺（八）》《移民研究》《大丘史學 116》作“苴”，《洛新誌續》《民誌彙編》作“沮”。按，墓誌原文作“沮”。
⑥ “拒”，《唐文補遺（八）》《洛新誌續》《民誌彙編》《移民研究》《大丘史學 116》闕。

渤如泉涌。熏戎者自古爲患，或齊桓北伐，或魏祖東征，田豫被圍於馬城，畢軌喪律於陘北，則其常矣。突厥與契丹都督□□於迷心未啓，莫晤傾巢，屢能逞暴肆凶，竊擾荒裔，蟻見城響，敢亂大常。君智懷不疑，□□□□，□戰遽息，謀謨不羈，克效克勤，取捨在我。自左驍衛郎將，帝嘉其功，拜安東大都護府副都護，兼松漠使，賜紫金魚袋、上柱國。是知椎①輪物用，大輅方資，閫外無憂，長城有寄。大才履位，佇聽於搏風；小疾構薨，遂同於物化。梁木遽朽，魯②山倏頹。扁鵲難施，華他③莫喻。去開元廿八年朱夏五月廿八日終于燕郡公舍，春秋四十有四。縉伸④拭目，士庶情悲，知而未知，奚不傷悼。以天寶元載權措于東京私第。君有季崇節，禮樂特達，允武允文，嗟生死而路殊，眩二龍而情閒。鶺鴒義切，斑竹情深，卜宅于北邙，恤孤稚于南畝。嗣子巖、嵩等，縻以泣血，粒食號天，負土增墳，絶漿思孝。以天寶四載十月十三日會葬于洛陽縣清風鄉北邙首原，禮⑤也。察忝親半子，義切懷仁，愧⑥坦腹而無譽，悲泰山而何毀。恭旰榮祖，備紀勛猷，庶陵谷而遷徙，將刊石而攸在。銘曰：

聖人作法，河山是固。獨爾荒戎，迷心轍拒。皇家急賢，徵君將護。才稱天假，識自心晤。策方并兮子房，智終同兮甘茂。人皆有死，嗟君無壽。世禄可求，冥途難究。縱平⑦生兮勛芳，而没後兮何有。亭亭草樹，杳杳泉扉。萬物皆化，周而復歸。風悲月苦，野晦雲低。儻陵谷而遷徙，庶銘芳而匪虧。

① "椎"，《唐文補遺（八）》《洛新誌續》《民誌彙編》《移民研究》《大丘史學116》作"稚"。按，墓誌原文作"稚"，"椎"之異體。"椎輪"，棧車，與下"大輅"對文。
② "魯"，《唐文補遺（八）》《洛新誌續》《移民研究》《大丘史學116》作"魚"，《民誌彙編》作"魯"。按，墓誌原文有殘，上部爲"魚"形，推測該字爲"魯"。"泰山"與"梁木"對文，墓誌習見。《陳添墓誌》"泰山其頹，梁木其壞"（周紹良、趙超：《唐代墓誌彙編續集》，第656頁），可爲佐證。
③ "他"，係"佗"之訛刻。
④ "伸"，《民誌彙編》作"紳"，《唐文補遺（八）》《洛新誌續》《移民研究》《大丘史學116》等作"伸"。按，墓誌原文作"伸"。
⑤ "禮"字殘泐，據文義補，諸家闕。
⑥ "愧"，《唐文補遺（八）》《洛新誌續》《民誌彙編》《移民研究》《大丘史學116》作"愧"。按，墓誌原文作"媿"，"愧"之異體。
⑦ "平"，《唐文補遺（八）》《洛新誌續》《民誌彙編》《大丘史學116》作"平"，《移民研究》作"乎"。按，墓誌原文作"平"。

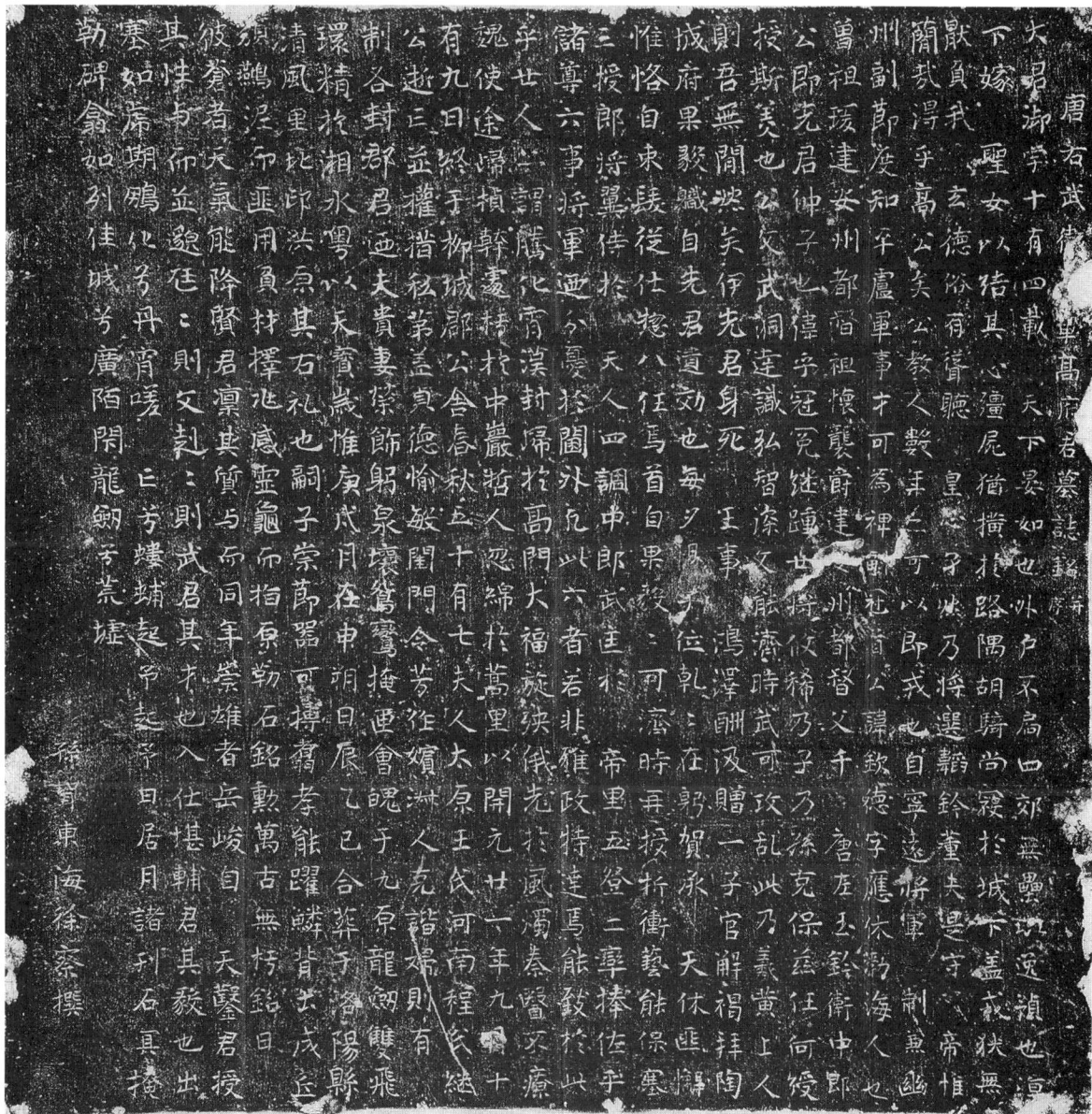

天寶五載（746）十二月二十二日葬。①

楷書，27行，行滿27字，高寬54厘米。

河南洛陽出土，時間不詳。

石藏南京博物院。

① 《時地記》作"天寶九年戊申月己巳日"，《移民研究》從之。《曲石精廬》存疑，置於天寶年。按，稽查史籍所載，天寶亦有作"庚戌"。若《唐大詔令》卷四〇《諸王》"冊廣平王崔妃文"，卷四二《公主》"冊樂成公主出降文"、"冊壽光公主出降文"，以及《貞元新定釋教目錄》卷十五均出現"天寶五載歲次庚戌"。故本誌"天寶歲惟庚戌"，疑即天寶五載（746）。

[目] 時地記 286；洛誌目録 277；綜合目録 204

[圖] 曲石精廬 65；拓本匯編 23：104；隋唐彙編（洛陽）10：69；唐代墓誌 60

[文] 唐誌彙編 1416；唐文補遺（一）192；景州金石 190；民誌彙編 316—317；移民研究 272—273；唐代墓誌 60—61；大丘史學 116；景縣墓誌 325；唐文新編 6：3769；梨花史學 57

[研] 移民研究 168—169；大丘史學 116；梨花史學 57

| 誌蓋 | 闕

| 誌文 | 唐右武衛將軍高府君墓誌銘并序

　　大君御宇十有四載，天下晏如也。外戶不扃，四郊無壘，以逸預也。復下嫁聖女，以結其心，疆①尸猶橫於路隅，胡騎尚寇於城下。蓋戎狄無厭，負我玄德。俗有聳聽，皇心孑然，乃將選韜鈐，董夫是守。帝惟簡②哉，得乎高公矣！公教人數年，亦可以即戎也。自寧遠將軍制兼幽州副節度，知平盧軍事，才可爲裨副冠首。公諱欽德，字應休，渤③海人也。曾祖瑗，建安州都督。祖懷，襲爵建安州都督。父千，唐左玉鈐衛中郎。公即先君仲子也。偉乎冠冕繼踵，世將攸稀，乃子乃孫，克保兹任，何綏授斯美也！公文武洞達，識弘智深，文能濟時，武可攻亂。此乃義黃上人，則吾無閒然矣。伊先君身死王事，鴻澤酬汲，贈一子官，解褐拜陶城府果毅，職自先君遺效也。每夕惕乎位，乾乾在躬，賀承天休，匪懈惟恪。自束髮從仕，總八任焉。首自果毅，毅可濟時。再授折衝，藝能保塞。三授郎將，翼侍於天人；四調中郎，武匡於帝里。五登二率，捧佐④乎儲尊；六事將軍，乃分憂於閫外。凡此六者，若非雅政特達，焉能致於此乎！世人亦謂騰化霄漢，封歸於高門；大福旋殃，俄先於風燭。秦醫不療，魏使途歸，楨幹遽朽於中巖，哲人忽綿於蒿里。以開元廿一年九月十有九日終于柳城郡公舍，春秋五十有七。夫人太原王氏、河南程氏，繼公逝亡，并權措私第。蓋貞德愉敏，閨門令芳，作嬪淑人，克諧婦則，有制各封郡君。乃夫貴妻榮，飾躬泉壤。鴛鸞掩匣，會魄于九原；龍劍雙飛，環精於湘水。粵以天寶歲惟庚戌月在申朔日辰乙巳合葬于洛陽縣清風里北邙洪原其右，禮也。嗣子崇節，器可摶⑤翥，孝能躍鱗。背土成丘，頹鶒⑥泥而匪用；負材擇兆，感靈龜而指原。

---

① "疆"，《唐誌彙編》《唐文新編》《大丘史學 116》《梨花史學 57》作"殭"，《唐文補遺（一）》《民誌彙編》《景州金石》《景縣墓誌》《移民研究》《唐代墓誌》作"僵"。按，墓誌原文作"疆"，讀爲"僵"。

② "簡"，《唐誌彙編》《民誌彙編》《景州金石》《景縣墓誌》《移民研究》《大丘史學 116》《梨花史學 57》《唐代墓誌》《唐文新編》作"簡"，《唐文補遺（一）》闕。按，墓誌原文作"簡"。

③ "渤"，《唐誌彙編》《民誌彙編》《景州金石》《景縣墓誌》《移民研究》《大丘史學 116》《梨花史學 57》《唐代墓誌》《唐文新編》作"渤"，《唐文補遺（一）》作"勃"。按，墓誌原文作"渤"。

④ "佐"，《唐誌彙編》《民誌彙編》《景州金石》《景縣墓誌》《唐代墓誌》作"佐"，《大丘史學 116》《梨花史學 57》作"左"。按，墓誌原文作"佐"。

⑤ "摶"，《唐誌彙編》《民誌彙編》《景州金石》《景縣墓誌》《唐代墓誌》作"摶"，《大丘史學 116》《梨花史學 57》作"搏"。按，墓誌原文作"摶"。

⑥ "鶒"，《唐誌彙編》《唐文新編》《梨花史學 57》作"鶒"，《唐文補遺（一）》《民誌彙編》《景州金石》《景縣墓誌》《移民研究》《唐代墓誌》作"燕"。按，墓誌原文作"鶒"。

勒石銘勛，萬古無朽。銘曰：

彼蒼者天，氣能降賢；君凛^①其質，與而同年。崇雄者岳，峻自天鑿；君授其性，與而并邈。尩尩則文，赳赳則武。君其才也，入仕堪輔；君其毅也，出塞如虎。期鵬化兮丹霄，嗟亡兮螻蚰。起予起予，日居月諸。刊石冥掩，勒碑翕如。列佳城兮廣陌，閉龍劍兮荒墟。

孫婿東海徐察撰。

---

① "凛"，《唐誌彙編》《民誌彙編》《景州金石》《景縣墓誌》《梨花史學 2018－57》《唐代墓誌》《唐文新編》作"凛"，《唐文補遺（一）》《移民研究》作"凛"。按，墓誌原文作"凛"。

大曆七年（772）三月二十一日葬。

楷書，20 行，滿行 20 字，高寬 34.5 厘米。

1990 年河南洛陽伊川縣白元鄉土門村出土。

石藏伊川縣文物保護所。

| 誌蓋 | 大唐故高夫人墓誌銘

| 誌文 | 宣義①郎唐守唐州慈丘縣令邵公故夫人高氏墓誌并序

　　夫人姓高氏，渤海人也。齊之諸裔也著，令族世傳，家諜詳矣，此無備焉。曾祖，皇朝鮮王。祖諱連，皇封朝鮮郡王。父震，定州別駕。乃祖乃父，如珪如璋。夫封利達侯，享于第士，功業也；半刺題輿②，治中別乘，榮列也。德教浹洽，聲華藉甚，著於今矣。夫人即別駕府君之第四女也。幼而柔順，長而情懿，爰自笄年，歸于君子，以配唐州慈丘縣長邵公陝之室焉。鳳凰合於吉兆，羔雁光於嘉禮，動靜有如賓之敬，饋餉③有齊眉之節。可謂正於内穆，親於夫婦，夫婦順也。悲夫！偕老之願廢，先脪④之萌⑤作，良可悼歟！即大曆七年歲次壬子二月廿八日遘疾，終⑥于洛陽履信里之私第。以其年三月廿一日權窆于伊闕縣吳村土門之東南原新塋，禮也。嗚呼！享年不永，春秋卌有二。嗣子太福、太初、太虛等五人，并髫⑦齔相次，漣如泣血。稚子有罷祖之孝，良人多望廬之嘆。感于鄰里，傷於親戚。式⑧石刻銘，誌之遷變。銘曰：

①　"義"，《洛新誌》《唐文補遺（六）》《民誌彙編》《景州金石》《景縣墓誌》《唐文新編》《韓國史論 53》《韓人銘集》作"義"，《移民研究》作"武"。按，墓誌原文作"義"。

②　"輿"，《唐文補遺（六）》《唐文新編》《民誌彙編》《移民研究》《韓國史論 53》《韓人銘集》作"輿"，《景州金石》《景縣墓誌》《洛新誌》作"與"。按，墓誌原文作"輿"。"題輿"係固定詞彙，謂景仰賢達，望其出仕，碑誌文獻習見。

③　"餉"，《洛新誌》《民誌彙編》《唐文新編》《韓國史論 53》《韓人銘集》作"餉"，《唐文補遺（六）》《移民研究》作"嚮"，《景州金石》闕。按，墓誌原文作"餉"。

④　"脪"，《洛新誌》《韓國史論 53》作"脪"，《唐文補遺（六）》《唐文新編》《民誌彙編》《移民研究》《韓人銘集》作"晞"，《景州金石》《景縣墓誌》闕。按，墓誌原文作"脪"。"脪"，可讀爲"晞"。"先晞"，語出曹植《行女哀辭》"比晨露而先晞"。

⑤　"萌"，《洛新誌》《唐文補遺（六）》《民誌彙編》《唐文新編》《景縣墓誌》《韓國史論 53》《韓人銘集》作"萌"，《移民研究》作"盟"。按，墓誌原文作"萌"。

⑥　"終"，《洛新誌》作"癸"，《唐文補遺（六）》《唐文新編》《民誌彙編》《移民研究》《景縣墓誌》《韓國史論 53》《韓人銘集》作"終"。按，墓誌原文作"癸"，"終"之異體。

⑦　"髫"，《洛新誌》《唐文補遺（六）》《景州金石》《景縣墓誌》《唐文新編》《韓國史論 53》《移民研究》《韓人銘集》作"髫"，《民誌彙編》作"髻"。按，墓誌原文作"髫"，"髫"之異體，應爲"髫"之刊寫之誤。

⑧　"式"，《洛新誌》《唐文補遺（六）》《唐文新編》《移民研究》《韓國史論 53》《韓人銘集》作"式"，《民誌彙編》作"玄"，《景縣墓誌》闕。按，墓誌原文有殘，依文例及筆畫，似爲"式"。

穠①李夭桃兮嬌上春，配君子兮有麗人。内則備兮誰與鄰，薤之露兮夙②之燭，魂冥冥兮不可續。山之下，水之陽，古柏③寒松森已行，夫人靈輀④兮行路傷。

---

① "穠"，諸家闕。
② "夙"，《洛新誌》《唐文補遺（六）》《移民研究》《韓國史論 53》作"夙"，《景州金石》《景縣墓誌》《民誌彙編》《唐文新編》《韓人銘集》作"風"。按，墓誌原文作"夙"。
③ "柏"，《洛新誌》《韓人銘集》作"栢"，《唐文補遺（六）》《唐文新編》《民誌彙編》《移民研究》《韓國史論 53》作"柏"。按，墓誌原文作"栢"，"柏"之異體。
④ "輀"，《洛新誌》《唐文補遺（六）》《唐文新編》《移民研究》《韓國史論 53》《韓人銘集》作"輀"，《景州金石》《景縣墓誌》《民誌彙編》作"軒"。按，墓誌原文作"輀"。

大曆十一年（776）四月二十八日葬。

楷書，24 行，滿行 25 字，高 43.5 厘米，寬 44.2 厘米。

2010 年陝西西安灞橋區紅旗鄉出土。

石藏西安碑林博物館。

| 誌蓋 | 闕

| 誌文 | 大唐故饒陽郡王南公墓誌銘并序

中大夫行秘書省著作佐郎薛聶撰。

夫人之在生，皆有 定 分，至於修短，互各等差。況行年八旬，足比上壽！故饒陽郡王諱單德，字單德，昔魯 大 夫蒯之後，容之裔也。公生居平壤，長隸 遼 ① 東。自隨室已來，其國屢阻王命，累歲征伐。曆至于 唐 ，太宗總戎，親幸問罪，軍師大震，瓦石俱焚。時聶曾祖行軍大總管平陽公擐甲先驅，隳拔 城 邑 ，生擒其王莫麗支，斬首獲俘，不可勝計。因此分隸遼東，子弟郡縣散居。公之家，子弟首也，配住安東。祖狄，皇磨米州都督。父 于 ，皇歸州刺史。昆弟四人，單德元子也。累在邊鄙，忠勤日聞。開元初，上知素有藝能，兼閑武略，留內供奉射生。後屬兩蕃亂離，詔付聶祖汾陰公驅使，頻立功郊 ② ，授折衝果毅，次至中郎將。旋以祿山背恩，俶擾華夏，公在麾管，常懷本朝。復遇燕郊妖氛， 再 犯 河 洛，元首奔竄，公獨領衆歸降。上念勛高，特錫茅土，封饒陽郡王、開府儀同三司、左金吾衛大將軍，食邑三千戶。每思報主，願竭懇誠。於戲！上天不假永壽，以大曆十一年三月廿七日寢疾，薨于永寧里私第，春秋七十有八。夫人蘭陵蕭氏。嗣子珍貢，正議大夫，試太常卿兼順州錄事參軍。夫人一 ③ 女，長未初笄，居公之喪，哀毀過禮， 悶 擗初咽 ④ ，絕漿七朝，耳目所聞，吁而灑泣。上佳忠義，賜之束帛，并給鹵 ⑤ 部，葬加殊等。恩深霈澤，存歿光榮。以其年四月廿八日葬于萬年縣崇義鄉胡村白 鹿 之西原，禮也。其詞曰：

---

① “遼”，《北方文物 2015‑1》《高渤研究 52》《陝博館刊 22》《社科戰綫 2017‑5》作“遼”，《百濟文化 57》作“安”，《西部考古 8》《韓人銘集》闕。按，墓誌原文已殘，不可識讀，據文義，補“遼”字。

② “郊”，墓誌原文作“郊”，似爲“効”之訛刻。

③ “一”，《百濟文化 57》作“少”，《北方文物 2015‑1》《高渤研究 52》《西部考古 8》《陝博館刊 22》《社科戰綫 2017‑5》《韓人銘集》闕。按，墓誌原文已殘，據文義，補“一”字。

④ “咽”，《高渤研究 52》《韓人銘集》闕，《北方文物 2015‑1》《高渤研究 52》《西部考古 8》《陝博館刊 22》《社科戰綫 2017‑5》補“咽”。

⑤ “鹵”，《西部考古 8》《百濟文化 57》《高渤研究 52》《韓人銘集》作“鹵”，《北方文物 2015‑1》《陝博館刊 22》《社科戰綫 2017‑5》闕。按，原文有殘，以筆畫觀之，似爲“鹵”。

懿乎純礭，立操賢貞。少習弧①矢，攻戰成名。其一。馳心上答，静難邊陲。未表②丹懇，二竪交馳。其二。卜筑③孤墳，□對原野。魂散泉臺，千年永謝。其三。

① "弧"，《北方文物 2015－1》《西部考古 8》《陝博館刊 22》《社科戰綫 2017－5》作 "流"，《百濟文化 57》《高渤研究 52》作 "弧"，《韓人銘集》作 "弧"。按，墓誌原文略殘，諸家釋爲 "流"，"流矢" 雖爲固定詞，却於文義不符。以右部筆畫觀之，似爲 "弧"。《高遠望墓誌》即有 "早習弧矢" 之語。
② "表"，《北方文物 2015－1》《高渤研究 52》《西部考古 8》《陝博館刊 22》《社科戰綫 2017－5》《百濟文化 57》闕，《韓人銘集》作 "表"。按，此字全殘，隱約似爲 "表" 字，《舊唐書·王武俊傳》 "以表丹懇"，可爲佐證。
③ "筑"，《北方文物 2015－1》《西部考古 8》《陝博館刊 22》《高渤研究 52》《社科戰綫 2017－5》《百濟文化 57》《韓人銘集》闕。按，此字又損，右下殘留 "丸"，推測該字爲 "筑"。

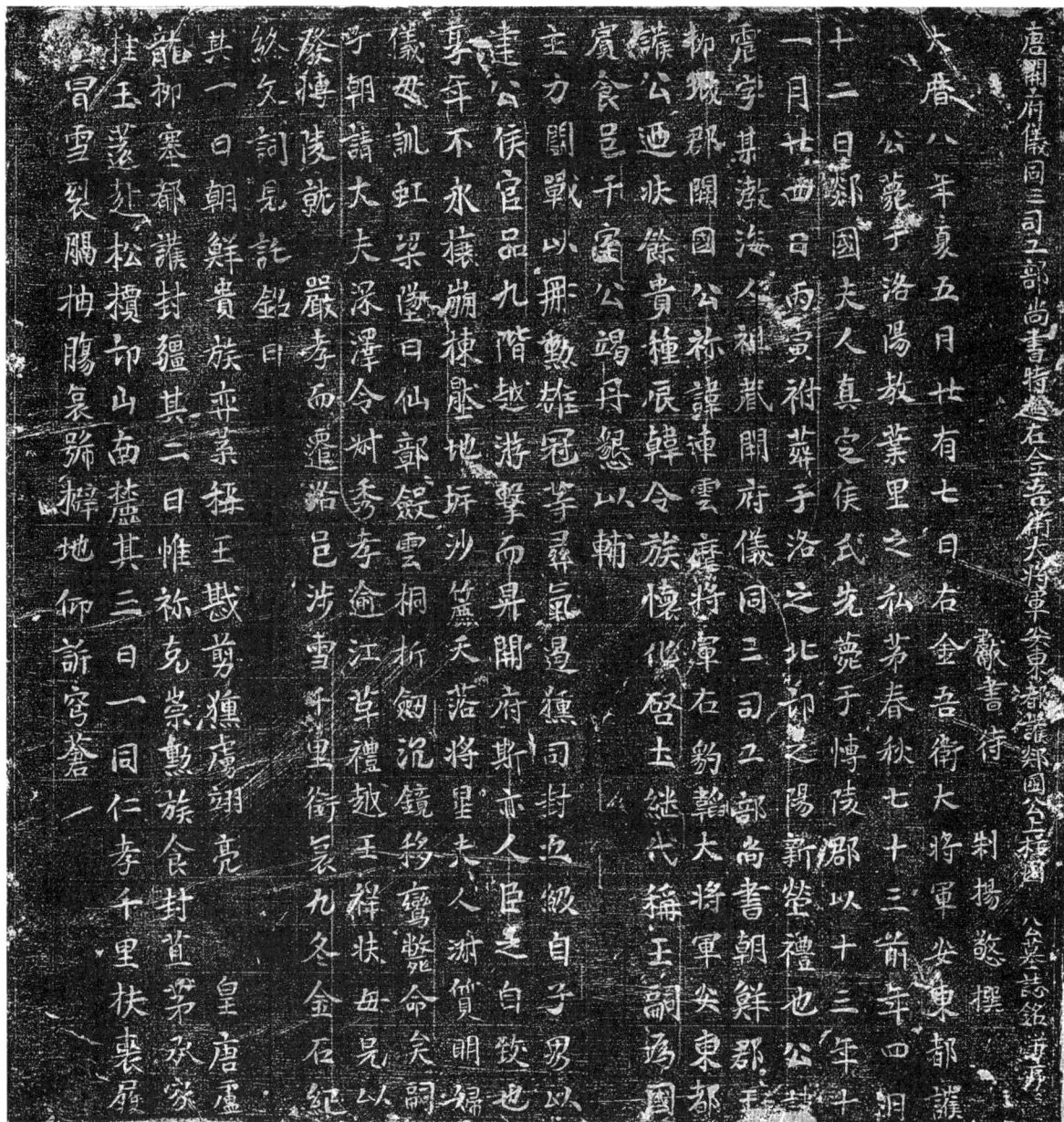

唐開府儀同三司工部尚書特進右金吾衛大將軍安東都護郯國公□□□獻書待制揚憼撰
公墓誌銘並序

大曆八年夏五月廿有七日右金吾衛大將軍安東都護郯國公薨于洛陽教業里之私苐春秋七十有三前年四月一日曲□□兩□祔葬于洛陽以十三年十一月廿四日□□國公祢諱□□開府儀同三司工部尚書朝鮮郡王公諱震海□□先薨于博陵郡之北邙之陽新塋禮也公字其□□□海人祖□□□□□朝鮮郡開國公諱□□府儀同三司工部尚書朝鮮郡王公柳城郡開國公迺狀餘貴種辰韓令族懷德啟土繼代稱王嗣爲國虎字其□□貴種辰韓令族懷德啟土繼代稱王嗣爲國賓食邑千室公竭丹懇以翼輔□□□□□□主力闕官品九階越游擊而昇開府斯亦人臣之□□建公侯官品九階越游擊而昇開府斯亦人臣之□□享年不永壤崩棟壓地坼沙簜天塗將軍司封亦人臣儀恩凱虹梁墜日仙部鏤雲桐折釼沉鏡移鶯斃命矣于朝請就嚴孝而還詒令州秀孝逾江草禮越玉祥狀母見以發摶陵詞曰朝鮮貴族弈葉惟稱克崇勳族食封首苐弟李千里扶喪屏終一曰都護封疆其二日祢克崇勳族食封首苐弟李千里扶喪屏其柳寒处都護封卭山南蘂其三日一同仁李千里扶喪屏冒雪裂關抽腸褰踦辟地仰崇穸蒼一同仁李千里扶喪屏

［目］　蒿文目録續；徵存目録 2；總合目録 286

［圖］　韓人銘集 180

［文］　海東誌存；韓石全文 143—144；韓石文補；譯注韓石 541—542；唐誌彙編 1814；景縣墓誌 377；唐文補遺（六）100；民誌彙編 318；移民研究 280—281；唐文新編 8：5247；韓人銘集 181

［研］　雪堂類稿；海東誌存；北方文物 2006－1；移民研究 166—167；韓人銘注

| 誌蓋 |　闕

| 誌文 |　唐開府儀同三司工部尚書特進右金吾衛大將軍安東都護郯國公上柱國□[①]公墓誌銘并序

獻書待制楊憼撰。

大曆[②]八年夏五月廿有七日，右金吾衛大將軍、安東都護□公薨于洛陽教業里之私第[③]，春秋七十三。前年四月十二日，郯國夫人真定侯氏先薨于博陵郡，以十三年十一[④]月廿四日丙寅袝葬于洛之北邙[⑤]之陽新塋，禮也。公諱震，字某，渤海人。祖藏，開府儀同三司、工部尚書、朝鮮郡王、柳城郡開國公。禰諱連，雲麾將軍、右豹韜大將軍、安東都護。公乃扶餘貴種，辰韓令族，懷化啓土，繼代稱王，嗣爲國賓，食邑千室。公竭丹懇以輔主，力鬥戰以册勛，雄冠等彝，氣遏獯□[⑥]。司封五級，自子男以建公侯；官品九階，越游擊而升開府。斯亦人臣之自致也。享年不永，榱[⑦]崩棟[⑧]壓。地坼[⑨]沙篦，天[⑩]落將星。夫人淑質，明婦儀母訓。虹梁墜日，仙鄣斂雲。桐折[⑪]劍沉，鏡移鸞斃。命矣！嗣子朝請大夫、深澤令叔秀，孝逾江革[⑫]，

---

① 原石闕文，據文義可補“高”字，下同。

② “曆”，《海東誌存》作“曆”，《唐誌彙編》《唐文補遺》《唐文新編》《景縣墓誌》《移民研究》《韓人銘集》作“曆”，《韓石全文》作“歷”。按，墓誌原文作“曆”，“曆”之異體。

③ “第”，《海東誌存》作“苐”，《韓石文補》《譯注韓石》作“茅”，《唐誌彙編》《唐文補遺》《唐文新編》《景縣墓誌》《移民研究》《韓人銘集》作“第”。按，墓誌原文作“苐”，“第”之異體。

④ “一”，《海東誌存》《韓石文補》《譯注韓石》《韓人銘集》作“一”，《唐誌彙編》《唐文補遺》《唐文新編》《景縣墓誌》《移民研究》作“二”。

⑤ “邙”，《韓石文補》《譯注韓石》作“印”，其他家作“邙”。下同。

⑥ “□”，《海東誌存》《譯注韓石》《唐誌彙編》《唐文新編》《景縣墓誌》脱，《韓石全文》《韓石文補》《唐文補遺》《移民研究》《韓人銘集》闕。此處有闕字，依銘文所言，似爲“虜”。

⑦ “榱”，《海東誌存》《韓石全文》《譯注韓石》作“攘”，《唐誌彙編》《唐文補遺》《唐文新編》《景縣墓誌》《移民研究》《韓人銘集》作“榱”，《韓石文補》作“猿”。按，墓誌原文作“㩻”，“榱”之異體。

⑧ “棟”，《海東誌存》《唐誌彙編》《唐文補遺》《唐文新編》《景縣墓誌》《移民研究》《韓人銘集》作“棟”，《韓石全文》《韓石文補》《譯注韓石》作“揀”。按，墓誌原文作“揀”，“棟”之異體。

⑨ “坼”，《海東誌存》作“坼”，《唐誌彙編》《唐文補遺》《唐文新編》《景縣墓誌》《移民研究》《韓人銘集》作“坼”，《韓石全文》作“泥”，《譯注韓石》作“埒”。按，墓誌原文作“坼”，“坼”之異體。

⑩ “天”，《韓人銘集》作“夭”，其他家作“天”。按，墓誌原文作“天”。

⑪ “折”，《韓石全文》《韓石文補》《唐誌彙編》《唐文補遺》《唐文新編》《景縣墓誌》《譯注韓石》《韓人銘集》作“折”，《移民研究》作“拆”。按，墓誌原文作“折”。

⑫ “革”，《海東誌存》《唐誌彙編》《唐文補遺》《唐文新編》《景縣墓誌》《移民研究》《韓人銘集》作“革”，《韓石全文》《韓石文補》《譯注韓石》作“草”。按，墓誌原文作“革”。

禮越王祥，扶母兄以發博陵，就嚴孝而遷洛邑。涉雪千里，銜哀九冬。金石紀終，文詞見托。銘曰：

　其一曰：朝鮮貴族，弈葉稱王。戡剪獯虜，翊亮皇唐。盧龍柳塞，都護封疆。其二曰：惟禰□□①，克崇勛族。食封苴茅，承家桂玉。遠赴松檟，邙②山南麓。其三曰：一同仁孝，千里扶喪。履 霜 冒雪，裂膈③抽腸。哀號擗地，仰訴穹蒼。

---

① 此處似闕兩字，《海東誌存》《韓石全文》《韓石文補》《唐誌彙編》《唐文補遺》《唐文新編》《景縣墓誌》《移民研究》《韓人銘集》等脫。

② "邙"，《韓石文補》作"印"，其他家作"邙"。

③ "膈"，《海東誌存》《譯注韓石》《唐誌彙編》《唐文補遺》《唐文新編》《景縣墓誌》《移民研究》《韓人銘集》作"膈"，《韓石全文》作"隔"。按，墓誌原文作"膈"。

元和三年（808）正月二十四日葬。

行書，24行，滿行24字，高寬49厘米，厚7厘米。

陝西西安長安區鳳栖原出土，時間不詳。

石藏陝西省考古研究院。

［圖］　新中國誌陝西肆 173—174；文博 2022‐3

［文］　新中國誌陝西肆 173—174；文博 2022‐3

［研］　文博 2022‐3

| 誌蓋 | 唐故餘杭郡太夫人泉氏墓誌

| 誌文 | 唐故太子洗馬兼朗州長史馬府君妻餘杭郡太夫人泉氏墓誌銘并序

從侄朝散郎守大理司①直上柱國賜緋魚袋孺弘撰。

儒林郎守吉州太和縣丞翰林待詔郭叔瑜書。

巨唐元和二年冬十月五日，馬府君之正室餘杭郡太夫人泉氏，厭世於勝業里之私第，享年八十二。有子衛尉少卿曰平陽，以元和三年春正月廿四日，奉喪護葬於萬年縣洪固鄉鳳栖原之佳城。嗚呼！貞玉先缺，芳蘭早凋，天高難問，積善何補？哀哉！夫人錢唐人也，流遠源長，波瀾湯湯，授氏分族，光被載籍。曾祖獻誠，左武衛大將軍。大父同濟，司農卿。烈考玄隱，衛尉卿。皆達學茂行，溫文剛武，粹和積中，英華外融。誕生夫人，褒大祖宗，弱歲居室，清靜端肅，閑和正直，文惠柔明，女師之表也。及笄②而歸于我，宜家淑賢，佐祀展虔，四德克全，六行昭宣。孝以事上，慈以恤下，恭仁撫親，愛禮讓洽，娣姒法律，恒蠲憲章，坤離婦道之則也。暨府君捐館，晝哭有節，撫孤主喪，三徙③標孟家之訓，七篇著曹氏之誡，母儀之雄也。果有令子，承順顏色，唯疾之憂，爰及成立，挺生一彥，偉度上略，公才英姿，卓然不群，環海稱傑，蓋慈仁誘誨之至矣。自太夫人寢疾也，三年而不解襟，調其滑甘也。七旬而不寐，奄忽艱豐，泣血茹辛，疑慕無圖，充窮如失，杖起柴立，銜冤哀號。新婦鄭氏，哭聲不絕，髽④首臨窆，痛纏肌骨，雅得孝子、孝婦之道焉。孺弘情深本枝，義則猶子，慮陵谷之將變，乃誌之於墓門。其詞曰：

帝城之南，終南之北。洪固鄉里，鳳栖原側。玄堂幽歹，瘞我柔德。虎谷龍崗，鴛鴦鸞翔。神安斯中，存歿其昌。勒銘貞石，地久天長。

---

① "司"，《新中國誌陝西肆》作"司"，《文博 2022‐3》作"寺"。按，墓誌原文作"司"。

② "笄"，《新中國誌陝西肆》作"笄"，《文博 2022‐3》作"笄"。按，墓誌原文作"笄"。

③ "徙"，《新中國誌陝西肆》《文博 2022‐3》作"從"。按，墓誌原文作"徙"。

④ "髽"，《新中國誌陝西肆》作"髽"，《文博 2022‐3》作"髻"。按，墓誌原文作"髽"。

大中四年（850）十一月十六日葬。

行書，40 行，滿行 39 字，高寬 88 厘米。

1993 年陝西西安東郊灞橋區務莊鄉出土。

石藏西安碑林博物館。

| 誌蓋 | 闕

| 誌文 | 唐故銀青光禄大夫行内侍省内常侍員外置同正員兼掖庭局令致仕上柱國汝南郡開國公食邑二千户賜紫金魚袋似先府君墓誌銘有①序

　　朝散大夫守秘②書少監上柱國晋陽縣開國伯食邑七百户王式撰。

　　前漳州軍事判官將仕③郎試太子通事舍人張模④書并篆額。

　　昔周孝王□□□有酷肖其先者，命爲似先氏。其後或居遼東，或遷中部。武德中，右驍衛將軍英，問□□命□□□人⑤，昭文館學士湛⑥，鴻臚外卿翰，亦其族也。常侍⑦諱義⑧逸，字仁休，處士⑨府君諱鳳榮之孫，隨州長史諱進之第二子，先⑩夫人同郡党氏。生而岐嶷，長而魁梧，以誠厚謹潔，入侍殿省，□□□□掖庭局監作。元和初，選爲内養。長慶中，送太和⑪主降北蕃，至安⑫北府，以勞得⑬朝散大夫。寶曆初，賜銀印朱綬。薊人未慣用於王，公往諭

---

① “有”，《集刊 3（馬詠鐘）》《移民研究》作“并”，《新中國誌陝西貳》《唐文補遺（七）》《碑林彙編》作“有”。按，墓誌原文作“有”。

② “秘”，《集刊 3（馬詠鐘）》《唐文補遺（七）》《碑林彙編》《移民研究》作“秘”，《新中國誌陝西貳》作“祕”。按，墓誌原文作“祕”，“秘”之異體。

③ “仕”，《集刊 3（馬詠鐘）》作“在”，《新中國誌陝西貳》《唐文補遺（七）》《碑林彙編》《移民研究》作“仕”。按，墓誌原文作“仕”。

④ “模”，《集刊 3》《新中國誌陝西貳》作“模”，《唐文補遺（七）》《碑林彙編》《移民研究》作“摸”。按，墓誌原文作“摸”，“模”之異體。

⑤ “人”，《集刊 3（馬詠鐘）》《唐文補遺（七）》作“人”，《新中國誌陝西貳》《碑林彙編》《移民研究》闕。

⑥ “湛”，《集刊 3（馬詠鐘）》《碑林彙編》《移民研究》作“諶”，《新中國誌陝西貳》《唐文補遺（七）》作“湛”。按，墓誌原文作“湛”。

⑦ “侍”，《集刊 3（馬詠鐘）》《新中國誌陝西貳》《唐文補遺（七）》《碑林彙編》作“侍”，《移民研究》作“仕”。按，墓誌原文作“侍”。

⑧ “義”，《集刊 3（馬詠鐘）》作“火”，《新中國誌陝西貳》《唐文補遺（七）》《碑林彙編》《移民研究》作“義”。按，墓誌原文作“義”。

⑨ “士”，《集刊 3（馬詠鐘）》作“于”，《新中國誌陝西貳》《唐文補遺（七）》《碑林彙編》《移民研究》作“士”。按，墓誌原文作“士”。

⑩ “先”，《集刊 3（馬詠鐘）》《唐文補遺（七）》作“先”，《新中國誌陝西貳》《碑林彙編》《移民研究》闕。

⑪ “和”，《集刊 3（馬詠鐘）》闕，《新中國誌陝西貳》《唐文補遺（七）》《碑林彙編》《移民研究》作“和”。

⑫ “安”，《集刊 3（馬詠鐘）》《移民研究》闕，《新中國誌陝西貳》《唐文補遺（七）》《碑林彙編》作“安”。按，墓誌原文作“安”。

⑬ “得”，《集刊 3（馬詠鐘）》《新中國誌陝西貳》《唐文補遺（七）》《碑林彙編》作“得”，《移民研究》作“的”。按，墓誌原文作“淂”，“得”之異體。

旨，首惡革心，遷内僕局令。南蠻入成都，褒人□其師①，公銜命而撫之，西南乂②諡，拜内外客省使，儐贊戚里命婦。洎諸侯之使，能慎其儀③。其拘留④者疏達之，廩食者豐厚之，皆合上旨。換金章紫綬，尋⑤拜瓊林庫使。又⑥以公清廉辦聞，文宗有意南陲，命公巡按涇上，不數日而邊備修。方欲行城堡，校斥⑦候，會京城有變，徵還。猶能以平乘財穀之實上聞，加供奉官，恩禮特異矣。明年，遷左僻仗。禁暴蠲苛，積財補卒⑧，軍政第一，至今稱之。上以荆門重鎮，臺臣總戎⑨，加内寺伯，爲監軍使。動必循理，語不及私，唯以俸鈔⑩備絲竹觴豆，選勝命客，日宴醉之。崔、韋二丞相已下名士咸預焉，荆人唯恐其去。入爲翰林使，換莊宅兼鴻臚禮賓，皆有能事。張司空仲武初領幽州，公往授節。雖張公之志勵誠順，其位極公臺，道光史册，存則滅北虜，破東胡，歿能使其子歸闕，亦由公之善誘也。會昌三年，王師北伐，選内臣之可以總監⑪者，僉曰公⑫可。初以莊宅使撫諸軍之在平陽故絳者，尋爲河中、潞⑬州兩道節度并行營攻討監軍使。我師⑭在野，盜積未夷，而大鹵逐師，揚賊要節，人心不搖，二盜授首。勝刁黃，固烏嶺，擒郭誼，潰襄垣⑮，下長子，入潞州，皆公之謀也。以其軍

---

① "其師"，《集刊3（馬詠鐘）》《碑林彙編》《移民研究》闕，《新中國誌陝西貳》《唐文補遺（七）》作"其師"。
② "乂"，《集刊3（馬詠鐘）》作"人"，《新中國誌陝西貳》《唐文補遺（七）》《碑林彙編》《移民研究》作"乂"。按，墓誌原文"乂"。
③ "儀"，《集刊3（馬詠鐘）》《新中國誌陝西貳》《唐文補遺（七）》《碑林彙編》作"儀"，《移民研究》作"義"。按，墓誌原文作"儀"。
④ "拘留"，《集刊3（馬詠鐘）》《碑林彙編》《移民研究》闕，《新中國誌陝西貳》《唐文補遺（七）》作"在留"。按，墓誌原文作"拘留"。
⑤ "尋"，《集刊3（馬詠鐘）》作"導"，《新中國誌陝西貳》《唐文補遺（七）》《碑林彙編》《移民研究》作"尋"。按，墓誌原文作"尋"。
⑥ "又"，《集刊3（馬詠鐘）》作"不"，《新中國誌陝西貳》《唐文補遺（七）》《碑林彙編》《移民研究》作"又"。按，墓誌原文作"又"。
⑦ "斥"，《集刊3（馬詠鐘）》作"斤"，《新中國誌陝西貳》《唐文補遺（七）》《碑林彙編》《移民研究》作"斥"。按，墓誌原文作"斥"，"斥"之異體。
⑧ "卒"，《集刊3（馬詠鐘）》《碑林彙編》《移民研究》闕，《新中國誌陝西貳》《唐文補遺（七）》作"卒"。按，墓誌原文作"卒"。
⑨ "戎"，《集刊3（馬詠鐘）》作"我"，《新中國誌陝西貳》《唐文補遺（七）》《碑林彙編》《移民研究》作"戎"。按，墓誌原文作"戎"。
⑩ "鈔"，《集刊3（馬詠鐘）》《新中國誌陝西貳》《唐文補遺（七）》作"錢"，《碑林彙編》《移民研究》作"鈔"。按，墓誌原文作"鈔"。
⑪ "監"，《集刊3（馬詠鐘）》作"臨"，《新中國誌陝西貳》《唐文補遺（七）》《碑林彙編》《移民研究》作"監"。按，墓誌原文作"監"。
⑫ "曰公"，《集刊3（馬詠鐘）》作"曰均"，《新中國誌陝西貳》《唐文補遺（七）》《碑林彙編》《移民研究》作"曰公"。按，墓誌原文作"曰公"。
⑬ "中、潞"，《集刊3（馬詠鐘）》闕，《新中國誌陝西貳》《唐文補遺（七）》《碑林彙編》《移民研究》作"中、潞"。按，墓誌原文作"中、潞"。
⑭ "師"，《集刊3（馬詠鐘）》《新中國誌陝西貳》《碑林彙編》作"師"，《唐文補遺（七）》作"使"，《移民研究》作"軍"。按，墓誌原文作"軍"。
⑮ "垣"，《集刊3（馬詠鐘）》作"恒"，《新中國誌陝西貳》《唐文補遺（七）》《碑林彙編》《移民研究》作"垣"。按，墓誌原文作"垣"。

實億萬上獻①，歸職河中。遷內給事，賜以寶帶、金銀、繒錦。未幾，徵拜大盈庫使。請②廢佛祠一所，新帑舍五百間。上益嘉嘆③，以內常侍酬之，方④將擢授，樞務二廣，會以疾免。尋拜弓箭庫使。未幾，請致仕，上久而許之。加兼掖庭令，積階至銀青光祿大夫，勛上柱國，封汝南公，邑二千户。以大中四年二月廿四日薨于大寧里之私第，享年六十五。其年十一月十六日葬于京城之東萬年縣豐潤鄉之原，宜也。夫人高平縣⑤君范氏，奉天功臣⑥、武衛將軍守珍之女也，四德克備，六姻所宗。初公寢疾⑦，則不御鉛華，不食葷血，藥膳必經⑧於手，祈祀不托於人，常持佛書，以求冥助。及公捐館，則晝哭得禮，撫孤甚慈，每一叫號，傍⑨感鄰里。前後爲公追福，免臧獲數人。施別墅及器玩、輿馬并夫人之衣服、簪珥入仁祠者，僅若千萬。有男子五，皆爲全才，克守遺訓，侍疾居喪聞於時。長曰元約，常使北荒，實有奇節，爲內府局令。次曰元剛，次曰元禮，從公北討，同立殊功，并命⑩檢校太子賓客，兼監察御史。次曰元錫，嘗經密侍，累遷內僕局丞⑪。次曰元綽，少爲令人，超拜宮教博士。女子四人：長適雷氏，次適⑫崔氏，次適周氏，次適劉氏，皆以婦道女工，稱其至性，類其昆弟。公逮事八朝，綿歷四紀，沉毅多斷，謙慎自居。金紫如不在其身，喜慍固不形於色，未常伐善⑬，尤恥

---

① "獻"，《集刊3（馬詠鐘）》《碑林彙編》《移民研究》闕，《新中國誌陝西貳》《唐文補遺（七）》作"獻"。按，墓誌原文作"獻"。

② "請"，《集刊3（馬詠鐘）》作"清"，《新中國誌陝西貳》《唐文補遺（七）》《碑林彙編》《移民研究》作"請"。按，墓誌原文作"請"。

③ "嘆"，《集刊3（馬詠鐘）》《新中國誌陝西貳》《唐文補遺（七）》作"欲"，《碑林彙編》《移民研究》作"嘆"。按，墓誌原文略損，右"欠"尚存。依"嘉嘆"詞例，似爲"嘆"字，《祢軍墓誌》"聖上嘉嘆，擢以榮班"，可爲證。

④ "方"，《集刊3（馬詠鐘）》作"才"，《新中國誌陝西貳》《唐文補遺（七）》《碑林彙編》《移民研究》作"方"。按，墓誌原文作"方"。

⑤ "縣"，《集刊3（馬詠鐘）》作"到"，《新中國誌陝西貳》《唐文補遺（七）》《碑林彙編》《移民研究》作"縣"。按，墓誌原文作"縣"。

⑥ "臣"，《集刊3（馬詠鐘）》作"宦"，《新中國誌陝西貳》《唐文補遺（七）》《碑林彙編》《移民研究》作"臣"。按，墓誌原文作"臣"。

⑦ "疾"，《集刊3（馬詠鐘）》作"慶"，《新中國誌陝西貳》作"疢"，《唐文補遺（七）》《碑林彙編》《移民研究》作"疾"。按，墓誌原文作"疾"。

⑧ "經"，《集刊3（馬詠鐘）》作"徑"，《新中國誌陝西貳》《唐文補遺（七）》《碑林彙編》《移民研究》作"經"。按，墓誌原文作"經"。

⑨ "傍"，《集刊3（馬詠鐘）》《新中國誌陝西貳》《唐文補遺（七）》《碑林彙編》作"傍"，《移民研究》作"旁"。按，墓誌原文作"傍"。

⑩ "命"，《集刊3（馬詠鐘）》作"會"，《新中國誌陝西貳》《唐文補遺（七）》《碑林彙編》《移民研究》作"命"。按，墓誌原文作"命"。

⑪ "丞"，《集刊3（馬詠鐘）》作"丕"，《新中國誌陝西貳》《唐文補遺（七）》《碑林彙編》《移民研究》作"丞"。按，墓誌原文作"丞"。

⑫ "適"，《集刊3（馬詠鐘）》作"日"，《新中國誌陝西貳》《唐文補遺（七）》《碑林彙編》《移民研究》作"適"。按，墓誌原文作"適"。

⑬ "伐善"，《集刊3（馬詠鐘）》作"善伐"，《新中國誌陝西貳》《唐文補遺（七）》《碑林彙編》《移民研究》作"伐善"。按，墓誌原文作"伐善"。

論功。其奉使也，剷潞來燕，安梁定蜀。其莅職也，有丕①績，有去思，家藏詔②書僅三百道。開元已來，貴臣林③矣，其出處以道，始終不渝，有賢夫人，有令嗣者，如公幾何人？知者猶以④壽位爲嘆。高平君洎諸⑤孤，以式謫貳荊渚，移佐蒲津，猥蒙國士之遇，備得賢人之業。見托爲誌，其何以辭。銘曰：

宗周之裔，盛德百世。允武允文，或哲或乂⑥。是生常侍，忠貞孝悌。名重宮闈，迹彰內外。昔在貞元，入侍金門。逮今八聖，屢使諸蕃。能勵臣節，偏承主恩。諸子象笏，夫⑦人魚軒。莅職伊何，親軍武庫。奉使伊何，安褒平潞。弼成睿略，光我王度。宜秉⑧內樞，宜遷兩護。亟升崇秩，未稱鴻勛。道契魚水，氣感風雲。懸車未幾，易簀俄聞。空餘此石，永誌高墳。

宣節校尉前守左領軍衛長上鎸。

玉册官李君郢刻字。

---

① "丕"，《集刊3（馬詠鐘）》作"丞"，《新中國誌陝西貳》《唐文補遺（七）》《碑林彙編》《移民研究》作"丕"。按，墓誌原文作"丕"。
② "詔"，《集刊3（馬詠鐘）》作"沼"，《新中國誌陝西貳》《唐文補遺（七）》《碑林彙編》《移民研究》作"詔"。按，墓誌原文作"詔"。
③ 《集刊3（馬詠鐘）》衍"立"。
④ "以"，《集刊3（馬詠鐘）》《新中國誌陝西貳》《唐文補遺（七）》《碑林彙編》作"以"，《移民研究》闕。按，墓誌原文作"以"。
⑤ "諸"，《集刊3（馬詠鐘）》作"渚"，《新中國誌陝西貳》《唐文補遺（七）》《碑林彙編》《移民研究》作"諸"。按，墓誌原文作"諸"。
⑥ "乂"，《集刊3（馬詠鐘）》闕，《新中國誌陝西貳》《唐文補遺（七）》《碑林彙編》《移民研究》作"乂"。按，墓誌原文作"乂"。
⑦ "夫"，《集刊3（馬詠鐘）》作"類"，《新中國誌陝西貳》《唐文補遺（七）》《碑林彙編》《移民研究》作"夫"。按，墓誌原文作"夫"。
⑧ "秉"，《集刊3（馬詠鐘）》《新中國誌陝西貳》《唐文補遺（七）》《碑林彙編》作"秉"，《移民研究》作"并"。按，墓誌原文作"秉"。

大唐故左威衛大將軍柰遠縣開國子柱國祢
公墓誌銘并序
公諱寔進百濟熊川人也
祖左平譽多父左平思善並蕃官正一品維敬
為姿忠厚性咸虛弦荷鷹挺劍飛鳳禀規阜溧
況斡略宏遠異域戎日長安式奉文棍爰陪武旗
標義節占風異域戎日長安式奉文棍爰陪武旗
帳睿駤拜鵾紡縈紫懷黃驄十影於香街珊瑚
於綺蘂登歲者與夫曰碑之輦荷寵荷日用於百年遠達誠績促
軾其優屢塵飄於來州黃縣春秋五十有八以咸亨三年五月廿五日
浮生覺於來州黃縣春秋五十有八以咸亨三年五月廿五日
回行覺於詔葬禮洽餌終以其年十一月廿一日北
恩加葬於高陽原爰命典司為其銘曰
一日葬於高陽原爰命典司為其銘曰
滇海之東遠載星揺寶餉月滿雅弓
縈簪然接禾鵁鴻星揺寶餉月滿雅弓
恩光屢浴寵那方隆岂川邈遠悲念倀窮烟合
古樹霜落寒叢那唯天芳長久与蘭菊兮無終

咸亨三年（672）十一月二十一日葬。

楷書，18行，滿行18字，高寬58.5厘米。

陝西西安長安區郭杜鎮出土，時間不詳。

石藏洛陽工學院。

［目］　總合目録 72

［圖］　東北史地 2007－2；新羅學報 10；集刊 13（祢寔進）；唐史論叢 14；移民研究；墓誌蒐佚續 346；百濟集成 190；韓人銘集 337

［文］　東北史地 2007－2；新羅學報 10；集刊 13（祢寔進）；唐史論叢 14；移民研究 300；長安碑刻 392；百濟集成 193；韓人銘集 338

［研］　東北史地 2007－2；新羅學報 10；東北史地 2008－2；集刊 13（祢寔進）；傳統論叢 5；唐史論叢 14；當代韓國 2012－2；移民研究 197—208；韓國史雜誌 22；韓人銘注

｜誌蓋｜　大唐故左威衛大將軍祢寔進墓誌之銘

｜誌文｜　大唐故左威衛大將軍來遠縣開國子柱國祢公墓誌銘并序

公諱寔進，百濟熊川人也。祖左[①]平譽多，父左平思善，并蕃官正一品，雄毅爲姿，忠厚成性，馳聲滄海，效節青丘。公器宇深沉，幹略宏遠，虚弦落雁，挺劍飛猨。夙禀貞規，早標義節，占風異域，就日長安。式奉文棍[②]，爰陪武帳[③]，腰鞬珤[④]鶡，紆紫懷黄。驅十影於香街，翊九旗於綺禁。豈與夫日磾之輩、由余之儔，議其誠績，較其優劣者矣！方承休寵，荷日用於百年；遽促浮生，奄塵飄於一瞬。以咸亨三年五月廿五日因行薨於來州黄縣，春秋五十有八。恩加詔葬，禮洽飾終。以其年十一月廿一日葬於高陽原。爰命典司，爲其銘曰：

溟海之東，遠截皇風。餐和飲化，抱義志承。承[⑤]荣簪紱[⑥]，接采鵷鴻。星揺寶劍，月滿雕弓。恩光屢洽，寵服方隆。逝川遽遠，悲谷俄窮。烟含古樹，霜落寒叢。唯天地兮長久，與蘭菊兮無終。

---

① “左”，《東北史地 2007－2》《唐史論叢 14》《移民研究》《長安碑刻》《百濟集成》《韓人銘集》作“左”，《集刊 13（祢寔進）》作“佐”。按，墓誌原文作“左”。

② “棍”，《長安碑刻》《百濟集成》《韓人銘集》作“槐”，《東北史地 2007－2》闕。按，墓誌原文作“棍”，應爲“槐”之訛刻。

③ “悵”，《東北史地 2007－2》《唐史論叢 14》《長安碑刻》《百濟集成》《韓人銘集》作“帳”，《集刊 13（祢寔進）》《移民研究》作“悵”。按，墓誌原文作“悵”。中古石刻文獻中，“忄”“巾”混用，“悵”可讀爲“帳”。

④ “珤”，《東北史地 2007－2》《唐史論叢 14》《長安碑刻》作“珤”，《韓人銘集》作“珥”。按，墓誌原文作“珤”，似爲“珥”之訛刻，中古時期“珥鶡”習見。

⑤ “承”，《東北史地 2007－2》《集刊 13（祢寔進）》《唐史論叢 14》《移民研究》《長安碑刻》《百濟集成》闕。按，墓誌此處應有“承”字，因接上文“承”而合文。《大唐新語·持法》“朱紱承榮”，可爲佐證。

⑥ “紱”，《東北史地 2007－2》《唐史論叢 14》《長安碑刻》《百濟集成》《韓人銘集》等作“紋”。按，墓誌原文作“紋”，“紱”之異體，“簪紱”係中古習語。

大唐故右威衛將軍上柱國祢公墓誌銘并序

公諱軍，字溫，熊津嵎夷人也。其先與華同祖，永嘉末避亂適東，因遂家焉。若夫巍巍鯨山，跨青丘以東峙；淼淼熊水，臨丹渚以南流。浸煙雲以樵英，檀武威之異。識洞杖劍，知歸似由余之字秦；智昭臨照，則號照隣，蓋慕藺相如之爲人也。祖福，子譽，皆是本藩一品，官號佐平。獻號佐平，譬衘圖辭。祖譽，并麟德元年，皆授右驍衛將軍。

武衛鼓大旦帝往，尸祿靡飡，競惟仁以草偃，將以草城之……

東凌山之蘭，肅陳暢帷幄，臣不敢……

（墓誌正文，楷書，31行，滿行30字）

儀鳳三年（678）十月二日葬。

楷書，31行，滿行30字，高寬59厘米。

2011年陝西西安長安區郭杜鎮出土。

石藏西安博物院。

| 誌蓋 | 大唐故右威衛將軍上柱國祢公墓誌銘 |
| 誌文 | 大唐故右威衛將軍上柱國祢公墓誌銘并序 |

　　公諱軍，字温，熊津嵎夷人也。其先與華同祖，永嘉末，避亂適東，因遂家焉。若夫巍巍鯨山，跨青①丘以東峙；森森熊水，臨丹渚以南流。浸烟雲以摛②英，降之於蕩沃；照日月而挺哲③，秀之於蔽虧。靈文逸文，高前芳於七子；汗馬雄武，擅後異於三韓。華構增輝，英材繼響。綿圖不絶，弈代有聲。曾祖福，祖譽，父善，皆是本藩一品，官號佐平，并緝地義以光身，佩天爵而勤國。忠侔鐵石，操埒松筠。範物者，道德有成；則士者，文武不墜。公狼輝襲祉，鵰頷生姿。涯濬澄陂，裕光愛日。干牛斗之逸氣，芒照星中；搏羊角之英風，影征雲外。去顯慶五年，官軍平本藩日，見機識變，杖劍知歸，似由余之出戎，如金磾之入漢。聖上嘉嘆，擢以榮班，授右武衛滻川府折衝都尉。于時，日本餘噍，據扶桑以逋誅；風谷遺甿，負盤桃而阻固。萬騎亘野，與蓋馬以驚塵；千艘橫波，援原蛇而縱沴。以公格謨海左，龜鏡瀛東，特在簡帝，往尸招慰。公徇臣節而投命，歌皇華以載馳。飛泛海之蒼鷹，翥凌山之赤雀。決河眥而天吳静，鑿風隧而雲路通。驚鳧失侶，濟不終夕，遂能説暢天威，喻以禍福。千秋④僭帝，一旦稱臣，仍領大首望數十人將入朝謁，特蒙恩詔授左戎衛郎將，少選遷右領軍衛中郎將兼檢校熊津都督府司馬。材光千里之足，仁副百城之心。舉燭靈臺，器標於芃棫；懸月神府，芳掩於桂苻。衣錦晝行，富貴無革；雚蒲夜寢，字育有方。去咸亨三年十一月廿一日詔授

---

① “青”，《社科戰綫 2011‑7》《移民研究》作“清”，《集釋》《唐史論叢 21》《木簡與文字 10》《木簡與文字 12（祢）》《史學研究 105》《百濟集成》《韓人銘集》作“青”。按，墓誌原文作“青”。

② “摛”，《社科戰綫 2011‑7》《移民研究》等作“攡”，《木簡與文字 10》《百濟集成》《韓人銘集》作“摛”。按，墓誌原文作“攡”，“摛”之别體。

③ “哲”，《社科戰綫 2011‑7》《集釋》《移民研究》《史學研究 105》作“悊”，《唐史論叢 21》《木簡與文字 10》《木簡與文字 12（祢）》《百濟集成》作“悊”，《韓人銘集》作“哲”。按，墓誌原文作“悊”，“悊”之别體，同“哲”。

④ “千秋”，《社科戰綫 2011‑7》《集釋》《移民研究》《木簡與文字 10》《百濟集成》上讀，《唐史論叢 21》下讀。

右威衛將軍。局影彤闕，飾躬①紫陛。巫蒙榮晉，驟歷便繁。方謂克壯清猷，永綏多祐，豈圖曦馳易往、霜凋馬陵之樹，川閱難留、風驚龍驤之水。以儀鳳三年歲在戊寅二月朔戊子十九日景午遘疾，薨於雍州長安縣之延壽里第，春秋六十有六。皇情念功惟舊，傷悼者久之，贈絹布三百段、粟三百斛②，葬事所須，并令官給，仍使弘文館學士兼檢校本衛長史王行本監護。惟公雅識淹通，溫儀韶峻，明珠不纇③，白珪無玷。十步之芳，蘭④室欽其臭味；四鄰之彩，桂嶺尚其英華。奄墜扶搖之翼，遽輟連春之景。粵以其年十月甲申朔二日乙酉葬於雍州乾封縣之高陽里，禮也。駟馬悲鳴，九原長往；月輪夕駕，星精夜上。日落山兮草色寒，風度原兮松聲響。陟文榭兮可通，隨武山兮安仰！愴清風之歇滅，樹芳名於壽像。其詞曰：

胄胤青丘，芳基華麗。脈遠遐邈，會逢時濟。茂族淳秀，弈葉相繼。獻款夙彰，隆恩無替。其一。惟公苗裔，桂馥蘭芬。緒榮七貴，乃子傳孫。流芳後代，播美來昆。英聲雖歇，令範猶存。其二。牖箭驚秋，隙駒遄暮。名將日遠，德隨年故。慘松吟於夜風，悲薤哥於朝露。靈輴兮遽轉，嘶驂兮跼顧。嗟陵谷之貿遷，覬音徽之靡蠹。其三。

---

① "躬"，《社科戰綫 2011－7》《移民研究》作"恭"，《集釋》《唐史論叢 21》《木簡與文字 10》《木簡與文字 12（祢）》《史學研究 105》《百濟集成》《韓人銘集》作"躬"。按，墓誌原文作"躬"。
② "斛"，《社科戰綫 2011－7》《集釋》《移民研究》《史學研究 105》作"升"，《唐史論叢 21》《木簡與文字 12（祢）》《百濟集成》《韓人銘集》作"斛"。按，墓誌原文作"酙"，"斛"之異體。
③ "纇"，《社科戰綫 2011－7》《集釋》《移民研究》《史學研究 105》《韓人銘集》等作"纇"，《木簡與文字 11》作"類"。按，墓誌原文作"纇"。
④ "蘭"，《唐史論叢 21》下讀，"桂"同。

永淳元年（682）十二月二十四日葬。

楷書，26行，滿行27字，高寬59厘米。

1919年河南洛陽北邙出土。

誌石藏河南博物院，誌蓋藏洛陽古代藝術博物館。

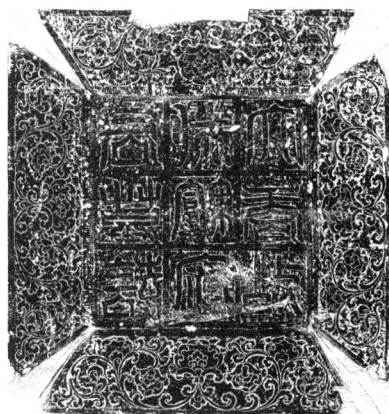

［目］ 徵存目録 2；河圖藏目；河博館刊 1936‐4；洛陽縣志 25：47；時地記 158—159；北大草目 3：194；北圖目録 143；北大目録 269；題跋索引；洛誌目録 163；總合目録 92（誌）；總合目録 460（蓋）

［圖］ 河博館刊 1937‐11；拓本匯編 16：187；遼東圖録 206；墓誌輯繩 373；唐誌編考 10：994；隋唐彙編（洛陽）6：87（誌）；隋唐彙編（洛陽）15：45（蓋）；移民研究；北窗唐誌 122—123；華夏考古 1999‐2；東北史地 2007‐2；河博碑誌 26；東北師大 2017 碩論；韓人銘集 400—402

［文］ 海東誌存；芒冢文四 3；金石總覽；韓石全文 104；譯注韓石 547—548；唐誌彙編 702；唐文補遺（三）456—457；東北史地 2007‐2；民誌彙編 238—239；唐文新編 21：14451；移民研究 293—294；華夏考古 1999‐2；河博碑誌 26；百濟集成 92；東北師大 2017 碩論；韓人銘集 403

［研］ 海東誌存；藝文 11‐3；河博館刊 1937‐11；國史館 62；鄉土史學；東北史地 2007‐2；大陸雜誌 85‐6；移民研究 120—122；華夏考古 1999‐2；挹芬集；韓古探究 25；東北師大 2017 碩論；韓人銘注

| 誌蓋 | 大唐故扶餘府君墓誌①

| 誌文 | 公諱隆，字隆，百濟辰朝②人也。元孫啓祚③，賜谷稱雄；割據一方，跨躡④千載。仁厚成俗，光揚漢史；忠孝立名，昭彰晉策。祖璋，百濟國王。冲撝清⑤秀，器業不群。貞觀年，詔授開府儀同三司、柱國、帶方郡王。父義慈，顯慶年，授金紫光禄大夫、衛尉卿。果斷沉深，聲芳獨劭。趨藁街而沐化，績著來王；登棘署以開榮，慶流遺胤。公幼彰奇表，鳳挺瓌姿。氣蓋三韓，名馳兩⑥貊。孝以成性，慎以立身。擇善而行，聞義能徙。不師蒙衛而 自 發慚工，未學孫吳而六奇閒出。顯慶之始，王師有征⑦。公遠鑒天人，深知逆順，奉珍委命，削

---

① 《芒冢文四 3》《唐誌彙編》《韓人銘集》等闕。
② "朝"，按，墓誌原文作"朝"，疑爲"韓"之訛刻。
③ 自《芒冢文四 3》之後，諸家均在"元"字後留"□□"。按，此處誌石有損，不宜書刻，故"元孫"二字分開，實爲一詞，中間不必有"□"。"元孫"，典出《尚書·金滕》："惟爾元孫某。"孔傳："元孫，武王。"孔穎達疏："武王是大王之曾孫也。尊統于上，繼之于祖，謂元孫，是長孫。"故"元孫啓祚"，係言武王封箕子於朝鮮之事。
④ "跨躡"，《海東誌存》《芒冢文四 3》《韓石全文》《譯注韓石》《唐誌彙編》《東北史地 2007‐2》《唐文新編》《華夏考古 1999‐2》《移民研究》《河博碑誌》《百濟集成》《韓人銘集》作"跨躡"，《唐文補遺（三）》闕。
⑤ "清"，《芒冢文四 3》《海東誌存》《韓石全文》《譯注韓石》《唐誌彙編》《東北史地 2007‐2》《民誌彙編》《唐文新編》《華夏考古 1999‐2》《移民研究》《河博碑誌》《百濟集成》《韓人銘集》作"清"，《唐文補遺（三）》闕。
⑥ "兩"，《芒冢文四 3》《海東誌存》《譯注韓石》《唐誌彙編》《東北史地 2007‐2》《唐文新編》《唐文補遺（三）》《華夏考古 1999‐2》《移民研究》《河博碑誌》《百濟集成》《韓人銘集》作"兩"，《韓石全文》作"雨"。按，墓誌原文作"雨"，"兩"之異體。
⑦ "征"，《芒冢文四 3》《海東誌存》《譯注韓石》《唐誌彙編》《東北史地 2007‐2》《唐文新編》《唐文補遺（三）》《華夏考古 1999‐2》《移民研究》《河博碑誌》《百濟集成》《韓人銘集》作"征"，《韓石全文》作"証"。按，墓誌原文作"征"。

衽①歸仁。去後夫之凶，革先迷之失，款誠押至，褒賞薦加，位在列卿，榮貫蕃國。而馬韓餘燼，狼心不悛，鴟張遼海之濱，蟻結丸山之域②。皇赫斯怒，天兵耀威。上將擁旄，中權奉律。吞噬之算，雖稟廟謀；綏撫之方，且資人懿。以公爲熊津都督，封百濟郡公，仍爲熊津道總管，兼馬韓道安撫大使。公信勇早孚，威懷素洽，招携邑落，忽若拾遺，翦滅奸匈，有均沃雪。尋奉明詔，修好新羅；俄沐鴻恩，陪覲東岳。勛庸累著，寵命日隆，遷秩太常卿，封王帶方郡。公事君竭力，徇節亡私，屢獻勤誠，得留宿衛。比之秦室，則由余謝美；方之漢朝，則日磾慚德。雖情深匪懈，而美疢③維幾，砭藥罕徵，舟壑潛徙。春秋六十有八，薨于私第。贈以輔國大將軍，謚曰。公擅④操堅愨，持身謹正，高情獨詣，遠量不羈。雅好文詞，尤玩經籍，慕賢才如不及，比聲利於游塵。天不憖遺，人斯胥悼。以永淳元年歲次壬午十二月庚寅朔廿四日癸酉葬于北芒清善里，禮也。司⑤存有職，敢作銘云：

海隅開族，河孫效祥。崇基峻峙，遠派靈長。家聲克嗣，代業逾昌。澤流㴸⑥水，威稜⑦帶方。餘慶不孤⑧，英才繼踵。執爾貞愨，載其忠勇。徇國身輕，亡家義重。乃遵王會，遂膺天寵。桂婁初擾，遼川不寧。薄言携育，寔賴威靈。信以成紀，仁以爲經。宣風徼塞，侍驛云亭。爵超五等，班參九列。虔奉天階，肅恭臣節。南山匪固，東流遽閱。敢托明旌，式昭鴻烈。

　　大唐故光禄大夫行太常卿使持節熊津都督帶方郡王扶餘君墓誌。

---

① “衽”，《芒冢文四3》《海東誌存》《唐誌彙編》《東北史地2007－2》《唐文新編》《唐文補遺（三）》《華夏考古1999－2》《移民研究》《河博碑誌》《百濟集成》《韓人銘集》作“衽”，《韓石全文》作“任”。按，墓誌原文作“衽”，古同“衽”。

② “域”，《芒冢文四3》《海東誌存》《韓石全文》《譯注韓石》《唐誌彙編》《唐文新編》《華夏考古1999－2》《河博碑誌》《百濟集成》《韓人銘集》作“域”，《東北史地2007－2》《民誌彙編》《移民研究》作“城”。按，墓誌原文作“域”。

③ “疢”，《芒冢文四3》《韓石全文》《唐誌彙編》《東北史地2007－2》《民誌彙編》《唐文新編》《移民研究》《河博碑誌》作“灰”，《海東誌存》《譯注韓石》《唐文補遺（三）》《華夏考古1999－2》《百濟集成》《韓人銘集》作“疢”。按，墓誌原文作“疢”，“疢”之異體。“美疢”，典出《左傳》襄公二十三年：“季孫之愛我，疾疢也；孟孫之惡我，藥石也。美疢不如惡石。夫石，猶生我；疢之美，其毒滋多。”“美疢”，義謂溺愛、姑息，與墓誌文亦合。

④ “擅”，《芒冢文四3》闕，《海東誌存》《唐誌彙編》《唐文補遺（三）》《唐文新編》《華夏考古1999－2》《河博碑誌》《百濟集成》《韓人銘集》作“植”，《東北史地2007－2》《民誌彙編》《移民研究》作“擅”。按，墓誌原文有殘，左“木”及右“宀”猶存。以文義及字形推測，該字當爲“檀”，“擅”之異體，與後“持”對文。

⑤ “司”，《芒冢文四3》《海東誌存》《唐誌彙編》《東北史地2007－2》《唐文新編》《民誌彙編》《唐文補遺（三）》《移民研究》《河博碑誌》《韓人銘集》等作“司”，《華夏考古1999－2》闕。

⑥ “流㴸”，《芒冢文四3》《唐誌彙編》《東北史地2007－2》《唐文新編》《唐文補遺（三）》《華夏考古1999－2》《移民研究》《河博碑誌》《百濟集成》《韓人銘集》等作“流㴸”，《韓石全文》作“㴸滯”。按，墓誌原文作“流浵”。“浵”，“㴸”之異體。

⑦ “稜”，《芒冢文四3》《海東誌存》《韓石全文》《譯注韓石》《唐誌彙編》《東北史地2007－2》《唐文補遺（三）》《華夏考古1999－2》《移民研究》《百濟集成》《韓人銘集》作“稜”，《民誌彙編》作“積”，《唐文新編》《河博碑誌》作“棱”。按，墓誌原文作“稜”，讀爲“凌”。

⑧ “孤”，《芒冢文四3》《海東誌存》《唐誌彙編》《東北史地2007－2》《民誌彙編》《唐文新編》《華夏考古1999－2》《移民研究》《河博碑誌》《百濟集成》作“孤”，《唐文補遺（三）》《韓人銘集》闕。

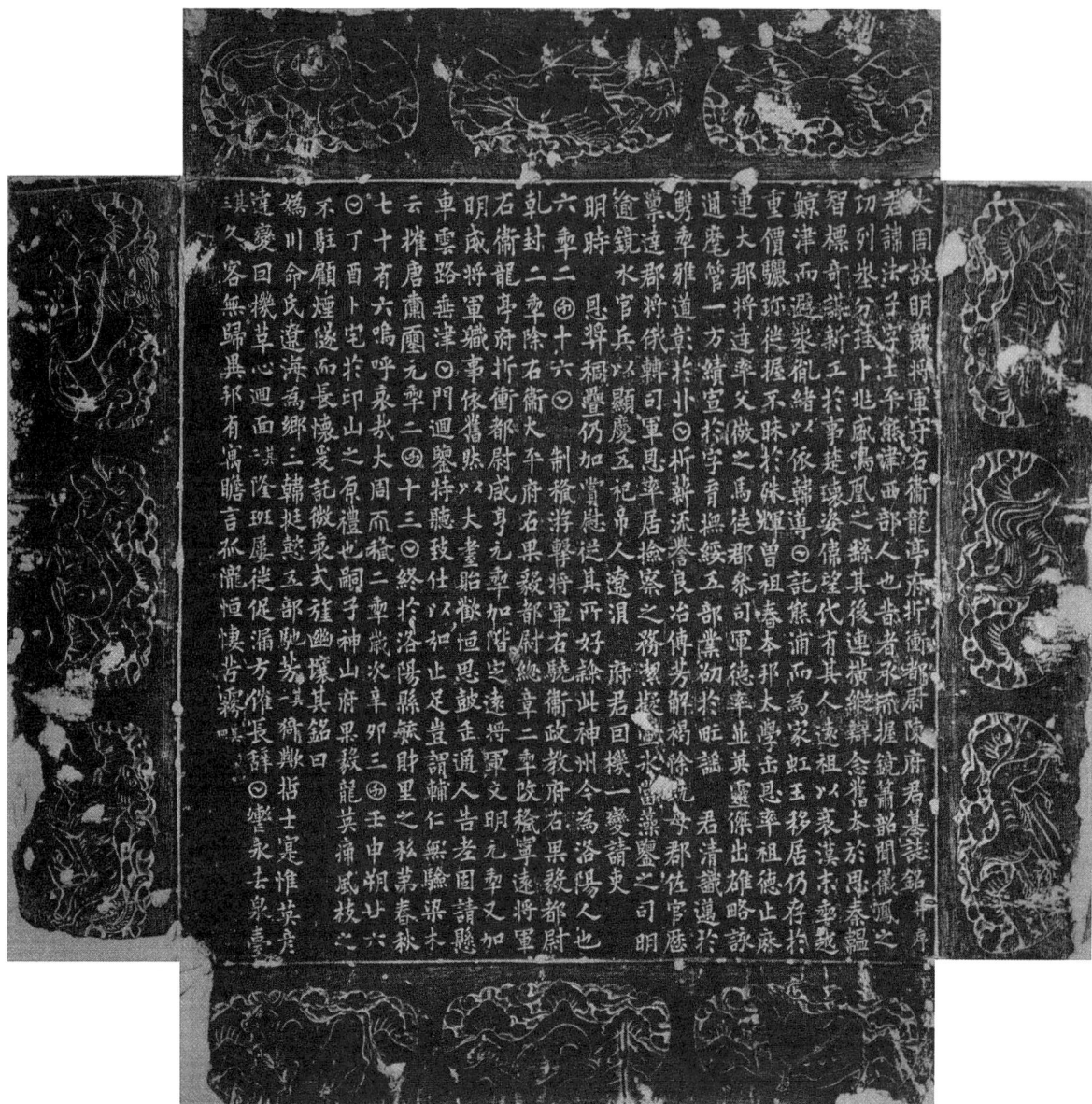

天授二年（691）三月二十六日葬。

楷書，24 行，滿行 25 字，高寬 45 厘米。

河南洛陽北邙出土，時間不詳。

石藏大唐西市博物館。

| 誌蓋 | 大周故陳府君墓誌銘

| 誌文 | 大周故明威將軍守右衞龍亭府折衝都尉陳府君墓誌銘并序

　　君諱法子，字士平，熊津西部人也。昔者承天握鏡，簫韶聞儀鳳之功；列地分珪，卜兆盛鳴凰之縣。其後連橫縱辯，念舊本於思秦；韞智標奇，謀新工於事楚。瓌姿偉望，代有其人。遠祖以衰漢末年，越鯨津而避地；胤緒以依韓導日，托熊浦而爲家。虹玉移居，仍存於重價；驪珍徙①握，不昧於殊輝。曾祖春，本邦太學正，恩率。祖德止，麻連大郡將，達率。父微之，馬徒郡參司軍，德率。并英靈傑出，雄略該通。麾管一方，績宣於字育；撫綏五部，業劭於旺謠。君清識邁於觿年，雅道彰於卯日，析薪流譽，良冶傳芳。解褐，除既母郡佐官，歷稟達郡將，俄轉司軍，恩率。居檢察之務，潔擬壺冰；當藻鑒之司，明逾鏡水。官兵以顯慶五祀，吊人遼浿。府君因機一變，請吏明時。恩獎稠疊②，仍加賞慰。從其所好，隸此神州，今爲洛陽人也。六年二月十六日，制授游擊將軍、右驍衞政教府右果毅都尉。乾封二年，除右衞大平府右果毅都尉。總章二年，改授寧遠將軍、右衞龍亭府折衝都尉。咸亨元年③，加階定遠將軍。文明元年，又加明威將軍，職事依舊。然以大耋貽歡④，恒思鼓缶；通人告老，固請懸車。雲路垂津，日門迴鑒，特聽致仕，以弘止足。豈謂輔仁無驗，梁木云摧。唐載初元年二月十三日終於洛陽縣毓財里之私第，春秋七十有六。嗚呼哀哉！大周天授二年歲次辛卯三月壬申朔廿六日丁酉卜宅於邙山之原，禮也。嗣子神山府果毅龍英，痛風枝之不駐，顧烟隧而長懷，爰托微衷，式旌幽壤。其銘曰：

　　嫣川命氏，遼海爲鄉。三韓挺懿，五部馳芳。其一。猗歟哲士，寔惟英彥。達變因機，革心迴面。其二。隆班屢徙，促漏方催。長辭日轡，永去泉臺。其三。久客無歸，異邦有寓。瞻言孤隴，恒悽苦霧。其四。

---

① “徙”，《西市墓誌》《木簡與文字 13（陳）》《百濟文化 50》《史學集刊 2014－3》《墓誌東亞》《北方文物 2017－1》《百濟集成》作“從”，《韓人銘集》作“徙”。按，墓誌原文作“徙”，“徙”之異體。

② “疊”，《木簡與文字 13（陳）》《百濟文化 50》《墓誌東亞》《百濟集成》《韓人銘集》等作“疊”，《北方文物 2017－1》作“迭”。按，墓誌原文作“疊”。

③ “年”，《北方文物 2017－1》脱。

④ “歡”，《墓誌東亞》作“觀”，《木簡與文字 13（陳）》《百濟文化 50》《北方文物 2017－1》《百濟集成》《韓人銘集》作“歡”。按，墓誌原文作“歡”。

聖曆二年（699）二月十七日葬。

楷書，41 行，滿行 41 字，高 72.7 厘米，寬 71.5 厘米。

1929 年河南洛陽北邙山南麓出土。

石藏南京博物院。

| 誌蓋 | 闕

| 誌文 | 大周故左武威衛大將軍檢校左羽林軍贈左玉鈐衛大將軍燕國公黑齒府君墓誌文并序

太清上冠，合其道者坤元；至聖①高居，參其用者師律。不有命世之材傑，其奚以應斯數哉！然則求玉榮者，必游乎密山之上；蘊金聲者，不限乎魯門之下矣。府君諱常之，字恒元，百濟人也。其先出自扶餘氏，封於黑齒，子孫因以爲氏焉。其家世相承爲達率，達率之職，猶今兵部尚書，於本國二品官也。曾祖諱文，大祖諱德，顯考諱沙次，并官至達率。府君少而雄爽，機神敏絶，所輕者嗜欲，所重者名訓。□②府深沉，清不見其涯域；情③軌闊達，遠不形其里數。加之以謹愨，重之以溫良，由是親族敬之，師長憚之。年甫小學，即讀《春秋》《左氏傳》及班、馬兩史。嘆曰："丘明耻之，丘亦耻之，誠吾師也，過此何足多哉！"未弱冠，以地籍授達率。唐顯慶中，遣邢國公蘇定方平其國，與其主扶餘隆俱入朝，隸爲萬年縣人也。麟德初，以人望授折衝都尉，鎮熊津城，大爲士衆所悅。咸亨三年，以功加忠武將軍，行帶方州長史，尋遷使持節、沙泮州諸軍事、沙泮州刺史，授上柱國。以至公爲己任，以忘私爲大端。天子嘉之，轉左領④軍將軍兼熊津都督府司馬，加封浮⑤陽郡開國公，食邑二千户。于時，德音在物，朝望日高。屬蒲⑥海生氛，蘭⑦河有事，以府君充洮河道經略副使，實有寄焉。府君稟質英毅，資性明達。力能翹關，不以力自處；智能禦寇，不以智自聞。每用晦而明，以蒙養正，故其時行山立，具瞻在焉。至於仁不長奸，威不害物，賞罰有必，勸沮無

---

① "聖"，《韓國學報 64》《譯注韓石》等作"無"，《百濟集成》《韓人銘集》等作"聖"。按，墓誌原文作"聖"。

② 墓誌此處無文，應闕一字，以文義推之，應爲"洞"字類詞語。

③ "情"，《唐誌彙編》《唐文補遺》作"清"，《韓國學報 64》《唐史論叢 6》《唐文補遺》《東北史地 2007－2》《東南文化 1996－4》《移民研究》《百濟集成》《韓人銘集》作"情"。按，墓誌原文作"情"。

④ "領"，《韓人銘集》作"令"，其他家作"領"。按，墓誌原文作"領"。

⑤ "浮"，《唐誌彙編》《唐文補遺》作"淳"，《韓國學報 64》《譯注韓石》《唐史論叢 6》《唐文補遺》《東北史地 2007－2》《東南文化 1996－4》《移民研究》《百濟集成》《韓人銘集》作"浮"。按，墓誌原文作"浮"。

⑥ "蒲"，《韓國學報 64》《譯注韓石》《唐誌彙編》《唐文補遺》《東南文化 1996－4》《百濟集成》作"蒲"，《唐史論叢 6》《東北史地 2007－2》《移民研究》《韓人銘集》作"浦"。按，墓誌原文作"浦"。

⑦ "蘭"，《韓國學報 64》《譯注韓石》《唐誌彙編》《唐文補遺》《東北史地 2007－2》《東南文化 1996－4》《移民研究》《百濟集成》作"蘭"，《唐史論叢 6》《韓人銘集》作"闌"。按，墓誌原文作"蘭"。

違，又五校之大經，三軍之元吉，故士不敢犯其令，下不得容其非。高宗每稱其善，故以士君子處之也。及居西道，大著勛庸。于時，中書令李敬玄爲河源道經略大使，諸軍取其節度。赤①水軍大使、尚書劉審禮既以②敗沒，諸將莫不憂懼。府君獨立高崗③之功，以濟其難。轉左武衛將軍，代敬玄爲大使，從風聽也。府君傍無聲色，居絕玩好。枕藉經書，有祭遵之樽俎；懷蘊明略，同杜預之旌旗。胡塵肅清而邊馬肥，漢月昭亮而天狐滅。出師有頌，入凱成歌，遷左鷹揚衛大將軍、燕然道副大總管。垂拱之季，天命將革。骨卒祿，狂賊也，既不睹其微；徐敬業，逆臣也，又④不量其力。南静淮海，北掃旄頭，并有力焉，故威聲大振。制曰："局度温雅，機神爽晤，夙践仁義之途，聿蹈廉貞之域。言以昭行，學以潤躬，屢總戎麾，每申誠效。可封燕⑤國公，食邑三千户，仍改授右武威衛大將軍、神武道經略大使，餘如故。"於是董兹哮勇，剪彼凶狂，胡馬無南牧之期，漢使静北游之望。靈夏衝要，妖羯是瞻，君之威聲，無以爲代。又轉爲懷遠軍經略大使，以遏游氛也。屬禍流群惡，豐起孤標，疑似一彰，玉石斯混。既從下獄，爰隔上穹，義等絶頏⑥，哀⑦同仰藥，春秋六十。長子俊，幼丁家難，志雪遺憤，誓命虜庭，投軀漢節，頻展誠效，屢振功名。聖曆元年，冤滯斯鑒，爰下制曰："故左武威衛大將軍、檢校左羽林衛、上柱國、燕國公黑齒常之，早襲衣冠，備經驅策⑧，亟⑨總師律，載宣績效。往遭飛言，爰從訊獄，幽憤殞命，疑罪不分。比加檢察，曾無反狀，言念非辜⑩，良深嗟憫。宜從雪免，庶慰塋魂，增以寵章，式光泉壤。可贈左玉鈐衛大將軍，勛封如故。其男游擊將軍、行蘭州廣武鎮將、上柱國俊，自嬰家咎⑪，屢效赤誠，不避危亡，捐軀徇國，宜有褒録，以申優獎，可右豹韜衛翊府左郎將，勛⑫如故。"粤以聖曆二年

---

① "赤"，《唐誌彙編》《唐文補遺》《東北史地2007－2》《東南文化1996－4》《移民研究》《百濟集成》《韓人銘集》作"赤"，《韓國學報64》等作"亦"。按，墓誌原文作"赤"。

② "以"，《韓國學報64》《譯注韓石》《唐誌彙編》《唐文補遺》《移民研究》《東南文化1996－4》《百濟集成》《韓人銘集》作"以"，《唐史論叢6》作"已"，《東北史地2007－2》作"爲"。按，墓誌原文作"以"。

③ "崗"，《譯注韓石》《唐誌彙編》《唐文補遺》《東北史地2007－2》《東南文化1996－4》《移民研究》《百濟集成》《韓人銘集》作"崗"，《唐史論叢6》作"尚"，《韓國學報64》作"岡"。按，墓誌原文作"崗"。

④ "又"，《韓國學報64》《譯注韓石》《唐誌彙編》《東北史地2007－2》《東南文化1996－4》《唐文補遺》《移民研究》《百濟集成》《韓人銘集》作"又"，《唐史論叢6》作"人"。按，墓誌原文作"又"。

⑤ "燕"，《唐誌彙編》《唐文補遺》《東北史地2007－2》《東南文化1996－4》《移民研究》《百濟集成》《韓人銘集》作"燕"，《韓國學報64》《譯注韓石》等作"兼"。按，墓誌原文作"燕"。

⑥ "頏"，《韓國學報64》《譯注韓石》《唐誌彙編》《東北史地2007－2》《東南文化1996－4》《唐文補遺》《移民研究》《百濟集成》《韓人銘集》作"頏"，《唐史論叢6》作"頑"。按，墓誌原文作"頏"。

⑦ "哀"，《唐誌彙編》《唐文補遺》《東北史地2007－2》《東南文化1996－4》《移民研究》《百濟集成》《韓人銘集》作"哀"，《韓國學報64》《譯注韓石》等作"衷"。按，墓誌原文作"哀"。

⑧ "策"，《唐誌彙編》《唐文補遺》《東北史地2007－2》《東南文化1996－4》《移民研究》《韓人銘集》作"策"，《韓國學報64》《譯注韓石》《百濟集成》等作"榮"。按，墓誌原文作"筞"，"策"之異體。

⑨ "亟"，《東南文化1996－4》闕。

⑩ "辜"，《譯注韓石》《韓國學報64》《百濟集成》作"專"，《唐誌彙編》《東北史地2007－2》《唐文補遺》《移民研究》《韓人銘集》作"辜"，《東南文化1996－4》闕。按，墓誌原文作"辜"。

⑪ "咎"，《譯注韓石》《韓國學報64》《百濟集成》作"各"，《唐誌彙編》《唐文補遺》《東北史地2007－2》《韓人銘集》等作"咎"。按，墓誌原文作"咎"。

⑫ "勛"，《東南文化1996－4》作"暐"，《唐誌彙編》《唐文補遺》《東北史地2007－2》《百濟集成》《韓人銘集》等作"勛"。按，墓誌原文作"勛"。

壹月廿二日敕①曰："燕國公男俊所請改葬父者，贈物一百段。其葬事幔幕手力一事，以上官供，仍令②京官六品一人③檢校。"即用其年二月十七日奉遷于邙山南官道北，禮也。惟府君孤峰偉絕，材幹之表也；懸鏡虛融，理會之臺也。言寡④而意博，無枝葉之多蔽；謀動而事成，有本末之盡美。夙夜匪懈，心存於事上；歲寒不移，志在於爲下。非君子之所關懷，必不入於思慮；非先王之所貽訓，必不出於企想。自推轂軍門，建節邊塞，善毀者不能加惡，工譽者不能增美。智者見之謂之智，仁者見之謂之仁。至於推財忘己，重義先物，雖刎首不顧其利，傾身不改其道。由是懦夫爲之勇，貪夫爲之廉。猶權衡之不言，而斤兩定其謬；騏驎⑤之絕足，而駑駘知其遠。至於吏能貞幹，走筆而雙璧自非；鑒賞人倫，守默而千金成價。固非當世之可效，蓋拔萃之標准也。榮辱必也，死生命也，苟同於歸，何必終於婦人之手矣。余嘗在軍，得參義府，感其道，頌其功，乃爲銘曰：

談五岳者，不知天臺之翠屏也；觀四瀆者，不晤雲洲之丹榮也。恭聞日磾⑥爲漢之鞬⑦，亦有里奚爲秦之娣⑧。苟云明哲，與眾殊絕。所在成寶，何往非晰。惟公之自東兮，如春之揚風兮，文物資之以動色，聲明仃之以成功兮。悠悠旌旆，蕭蕭軒蓋，擊鴻鍾，鼓鳴籟。云誰之榮，伊我德聲，四郊無戎馬之患，千里捍公侯之城。勛績既展矣，忠義既顯矣。物有忌乎貞剛，行有高而則傷。中峰落其仞，幽壤淪其光。天下爲之痛，海內哀其良。天鑒斯孔，褒及存亡。余實感慕，爲之頌章。寄言不朽，風聽無疆。

---

① "敕"，《東南文化 1996－4》作"鯩"，《譯注韓石》《韓國學報 64》《百濟集成》作"勅"，《唐誌彙編》《唐文補遺》《東北史地 2007－2》《韓人銘集》等作"敕"。按，墓誌原文作"勅"，"敕"之異體。

② "令"，《唐誌彙編》《唐文補遺》《東北史地 2007－2》《東南文化 1996－4》《移民研究》《百濟集成》《韓人銘集》作"令"，《韓國學報 64》《譯注韓石》等作"今"。按，墓誌原文作"令"。

③ "人"，《東南文化 1996－4》作"從"，《唐誌彙編》《唐文補遺》《東北史地 2007－2》《百濟集成》《韓人銘集》等作"人"。按，墓誌原文作"圧"，"人"之異體。

④ "寡"，《譯注韓石》《韓國學報 64》《百濟集成》作"直"，其他家作"寡"。按，墓誌原文作"宜"，"寡"之異體。

⑤ "騏驎"，《東南文化 1996－4》作"□鉚"，《韓國學報 64》《唐誌彙編》《唐文補遺》《東北史地 2007－2》《百濟集成》《韓人銘集》等作"騏驎"。按，墓誌原文作"騏驎"。

⑥ "磾"，《東南文化 1996－4》作"鈫"，《韓國學報 64》《唐誌彙編》《唐文補遺》《東北史地 2007－2》《百濟集成》《韓人銘集》等作"磾"。按，墓誌原文作"磾"。

⑦ "鞬"，《東南文化 1996－4》作"鉚"，《韓國學報 64》《唐誌彙編》《唐文補遺》《東北史地 2007－2》《百濟集成》《韓人銘集》等作"鞬"。按，墓誌原文作"鞬"。

⑧ "娣"，《譯注韓石》《百濟集成》《韓人銘集》作"梯"，《韓國學報 64》《唐史論叢 6》《唐誌彙編》《東北史地 2007－2》《移民研究》作"娣"，《唐文補遺》作"悌"。按，墓誌原文作"娣"。

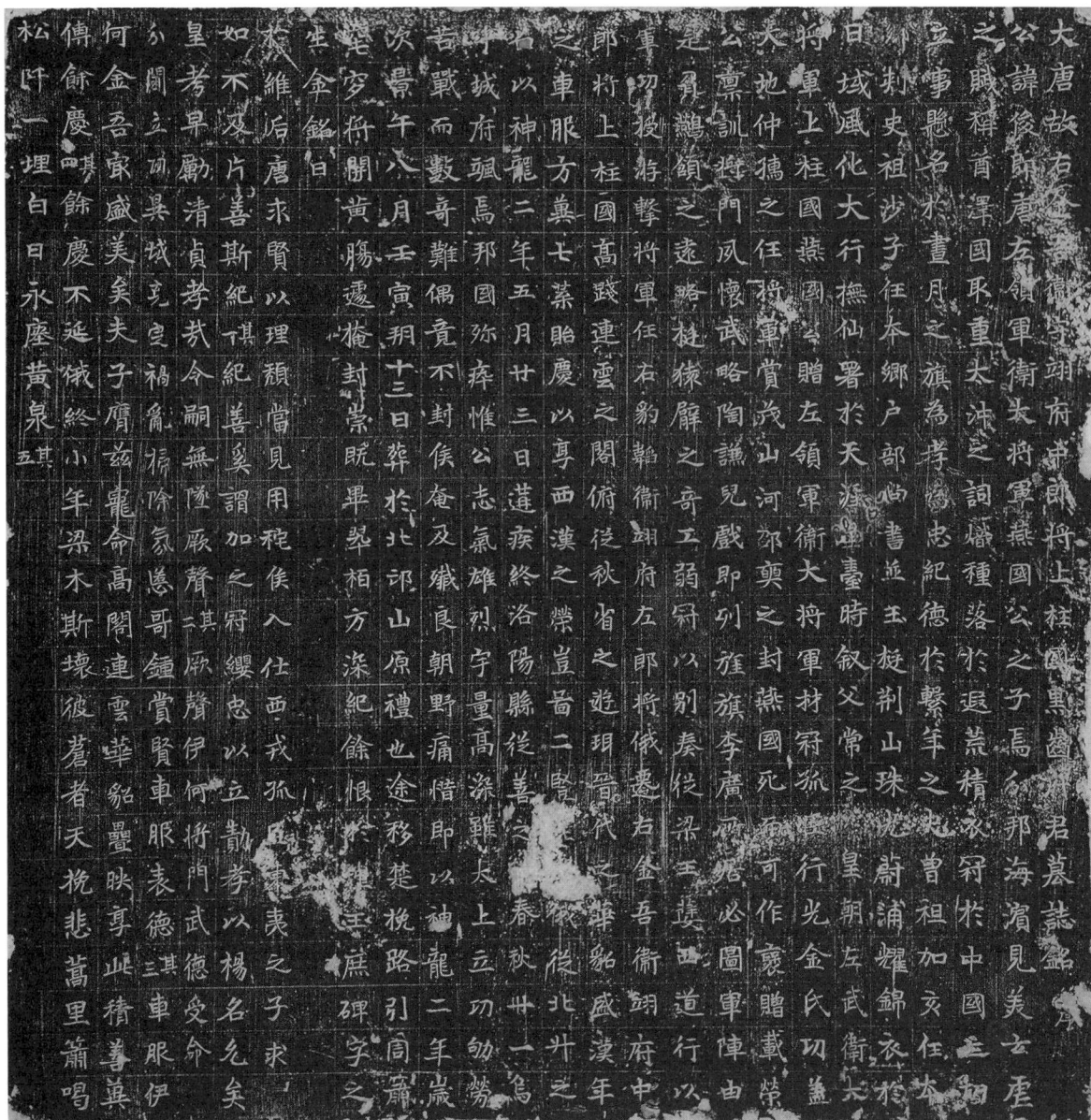

神龍二年（706）八月十三日葬。

楷書，26行，滿行26字，高53厘米，寬52厘米。①

1929年河南洛陽邙山南麓出土。

今藏地不詳。②

① 關於黑齒俊墓誌尺寸，《曲石精廬》載爲二尺，《拓本匯編》載拓片爲長53厘米，寬52厘米，《東南文化1996-4》載志石高43厘米，寬43.3厘米。《東北史地2007-2》載爲長53厘米，寬54厘米。今暫以中國國家圖書館藏拓尺寸爲准。

② 《東北史地2007-2》載黑齒俊墓誌藏南京博物院，《東南文化1996-4》謂墓誌原石已不見。

| 誌蓋 | 闕
| 誌文 | 大唐故右金吾衛守翊府中郎將上柱國黑齒府君墓誌銘并序

　　公諱俊，即唐左領軍衛大將軍燕國公之子焉。分邦海濱，見美玄虚之賦；稱酋澤國，取重太冲之詞。熾種落於遐荒，積衣冠於中國。立功①立事，懸名於畫月之旗；爲孝爲忠，紀德於繫年之史。曾祖加亥，任本鄉刺史。祖沙子，任本鄉户部尚書。并玉挺荆山，珠光蔚浦。耀錦衣於日域，風化大行；撫仙署於天涯，星②臺時叙。父常之，③皇朝左武衛大將軍、上柱國、燕國公，贈左領軍衛大將軍。材冠孤臣④，行光金氏。功蓋天地，仲孺之任將軍；賞茂山河，邵奭⑤之封燕國。死而可作，褒贈載榮。公禀訓將門，夙懷武略。陶謙兒戲，即列旌旗；李廣所居，必圖軍陣。由是負鶼⑥頜之遠略，挺猿臂之奇工。弱冠以別奏從梁王蘗⑦西道行，以軍功授游擊將軍，任右豹韜衛翊府左郎將，俄遷右金吾衛翊府中郎將、上柱國。高踐連雲之閣，俯從秋

---

① “立功”，《唐誌彙編》《唐文補遺》《東南文化 1996－4》《東北史地 2007－2》《移民研究》《唐文新編》《百濟集成》《韓人銘集》等作“立功”，《韓國學報 64》等闕。

② “星”，《東南文化 1996－4》《東北史地 2007－2》《韓人銘集》作“星”，《譯注韓石》《韓國學報 64》《唐誌彙編》《唐文補遺》《百濟集成》等闕。按，此字雖殘，下部“生”尚存，上隱約爲“日”，故當釋爲“星”。“星臺”，即三臺星，藉指朝廷中樞機構，即《晋書·天文志》所謂“臺六星，兩兩而居，起文昌，列抵太微。一曰天柱，三臺之位也。在人曰三公，在天曰三臺，主開德宣符也”。此外，李白《上崔相百憂章》“臺星再朗，天網重恢”、王勃《上皇甫常伯啓》“龍阪可登，指星臺而有望”，亦可爲佐證。

③ 《百濟集成》衍“爲”。

④ “臣”，《唐誌彙編》《唐文補遺》《東南文化 1996－4》《東北史地 2007－2》《移民研究》《唐文新編》《韓人銘集》等作“臣”，《韓國學報 64》《百濟集成》等作“旺”。按，墓誌原文作“臣”。

⑤ “奭”，《東南文化 1996－4》作“罦”，《譯注韓石》《韓國學報 64》《唐誌彙編》《唐文補遺》《百濟集成》《韓人銘集》等作“奭”。按，墓誌原文作“奭”。

⑥ “鶼”，《譯注韓石》《韓國學報 64》《韓人銘集》作“鶼”，《唐誌彙編》《唐文補遺》《東南文化 1996－4》《東北史地 2007－2》《移民研究》《唐文新編》《百濟集成》作“燕”。按，墓誌原文作“鶼”。

⑦ “蘗”，《譯注韓石》《韓國學報 64》作“蘡”，《百濟集成》作“獎”，《唐誌彙編》《東北史地 2007－2》《移民研究》《唐文新編》《韓人銘集》作“蘗”，《東南文化 1996－4》作“護”，《唐文補遺》作“蘡”。按，墓誌原文作“蘡”，“蘗”之異體。

省之游，珥晉代之華貂，盛漢年之車服。方冀七葉貽慶，以享西漢之榮；豈圖二豎作﹝祟﹞①，俄從北斗②之召③。以神龍二年五月廿三日遘疾，終洛陽縣從善之第④，春秋卅一。烏呼！城府颯焉，邦國殄瘁。惟公志氣雄烈，宇量高深。雖太上立功，劬勞苦戰，而數奇難偶，竟不封侯。奄及殲良，朝野痛惜。即以神龍二年歲次景午八月壬寅朔十三日葬於北邙山原，禮也。途移楚挽，路引周簫。窀穸將開，黃腸遽掩；封崇既畢，翠柏方深。紀餘恨於﹝埋﹞⑤玉，庶碑字之生金。銘曰：

於維后唐，求賢以理。頹當見用，秺侯入仕。西戎孤臣⑥，東夷之子。求⑦如不及，片善斯紀。其一。紀善奚謂，加之冠纓。忠以立績，孝以揚名。允矣皇考，早⑧勵清貞。孝哉令嗣，無墜厥聲。其二。厥聲伊何，將門武德。受命分閫，立功異域。剋定禍亂，掃除氛慝。哥鍾賞賢，車服表德。其三。車服伊何，金吾最盛。美矣夫子，膺茲寵命。高閣連雲，華貂疊映。享此積善，冀傳餘慶。其四。餘慶不延，俄終小年。梁木斯壞，彼蒼者天。挽悲蒿里，簫喝松阡⑨。一埋白日，永瘞黃泉。其五。

---

① "祟"，諸家闕。按，此字殘泐不可識讀，以文義推之，補"祟"字。《左傳》成公十年："公夢疾爲二豎子，曰：'彼良醫也，懼傷我，焉逃之？'其一曰：'居肓之上，膏之下，若我何？'醫至，曰：'疾不可爲也，在肓之上，膏之下，攻之不可，達之不及，藥不至焉，不可爲也。'"後以"二豎"喻病魔。墓誌接言黑齒俊遘疾而卒，與"二豎"義合。孫夢觀《雪窗集附録·祭文》"吁嗟云何，二豎作祟。建民無福，失此良吏"，與本誌文例同，故當以"二豎作祟"爲是。
② "斗"，《譯注韓石》《韓國學報 64》《百濟集成》作"升"，《唐誌彙編》《東北史地 2007－2》《移民研究》《唐文新編》《韓人銘集》等作"斗"。按，墓誌原文作"卅"，"斗"之異體。
③ "召"，《譯注韓石》《韓國學報 64》《百濟集成》《韓人銘集》作"名"，《唐誌彙編》《唐文補遺》《東南文化 1996－4》《東北史地 2007－2》《移民研究》《唐文新編》等作"召"。按，墓誌原文作"召"。
④ "第"，諸家闕。以文義推之，此字當爲"第"。
⑤ "埋"，《譯注韓石》《韓國學報 64》《百濟集成》闕，《唐誌彙編》《唐文補遺》《移民研究》《韓人銘集》作"珪"，《東南文化 1996－4》《東北史地 2007－2》作"埋"。按，此字已殘，右略可見"里"，似爲"埋"字。《世說新語·容止》："庾文康亡，何揚州臨葬云：'埋玉樹箸土中，使人情何能已已！'"《梁書·陸雲公傳》"埋玉之恨，撫事多情"，及宋之問《祭杜學士審言文》"名全每困於鑠金，身没誰恨其埋玉"，所言"埋玉"，皆與本誌合。
⑥ "臣"，《譯注韓石》《韓國學報 64》闕。
⑦ 《唐誌彙編》於"求"後衍"□"，其他家無。
⑧ "早"，《譯注韓石》《韓國學報 64》作"卑"，《唐誌彙編》《東南文化 1996－4》《唐文補遺》《移民研究》《唐文新編》《韓人銘集》等作"早"。按，墓誌原文作"早"。
⑨ "阡"，《韓國學報 64》《唐誌彙編》《東南文化 1996－4》《唐文補遺》《移民研究》《唐文新編》《韓人銘集》作"阡"，《東北史地 2007－2》闕。按，墓誌原文作"阡"。曲石精廬藏誌，"阡"字尚存，後誌石泐損，"阡"字不可見，故《東北史地 2007－2》闕載。

38　　祢素士墓誌

景龍二年（708）十一月二日葬。

楷書，30 行，滿行 31 字，高寬 60 厘米。

2010 年陝西西安長安區郭杜鎮出土。

石藏陝西省考古研究院。

［圖］　唐史論叢 14；韓古雜誌 65；移民研究；史學研究 105；百濟集成 224；韓人銘集 368—370

［文］　唐史論叢 14；當代韓國 2012－2；史學研究 105；百濟集成 221；韓人銘集 371

［研］　唐史論叢 14；當代韓國 2012－2；曲阜師大 2014 碩論：73－74；韓古雜誌 65；韓國史雜誌 22；史學研究 105；韓人銘注

| 誌蓋 | 大唐故祢府君墓誌銘

| 誌文 | 大唐故雲麾①將軍左武衛將軍上柱國來遠郡開國公祢府君墓誌銘并序

　　莫敖以獨啓山林，掩經江漢；子文以三登令尹，遂霸諸侯。人物雄於一方，錫胤昌於萬葉。靈基積派，海島之達荆巫；玉潤珠明，卞巖之接隨肆。忠爲國寶，孝實天資。國有其材，家稱代祿。存諸史册，可略詳言。公諱素士，字素，楚國瑯瑘②人也。自鯨魚隕彗，龍馬浮江，拓拔以勁騎南侵，宋公以强兵北討。乾坤埃黷，君子滅迹於屯蒙；海内③崩離，賢達違邦而遠逝。七代祖嵩，自淮泗浮於遼陽，遂爲熊川人也。曾祖真，帶方州刺史。祖善，隨任萊州刺史。父寔進，入朝爲歸德將軍、東明州刺史、左威衛大將軍。時稱忠讜，家擅勛門。剖竹爲符，昔時專寄。馳軒問瘼，是賴仁明。鑿門申④百⑤戰之功，登壇應三軍之選。公以父資入侍，貴族推賢，談笑而坐得軍謨，指麾⑥而暗成行陣。年十五，授游擊將軍長上。父宿衛近侍，改授龍泉府右果毅，又改龍原府左果毅、臨漳府折衝，加三品左豹韜衛左郎將。又授右鷹揚衛右郎將、左監門中郎⑦。長安三年，制充清夷軍副使。暫迁鳴玉，求蔣濟而從軍；始賀執金，寵伏完⑧而輔國。加來遠郡公，餘悉如故。神龍元年，授左武衛將軍。曹文重戚，首應嘉招⑨；苟羨幼年，俄聞獎擢。羽林清禁，上懸郎將之星；高閣連雲，側仁虎賁之直。景龍二年六月，奉使徐兗等卅九州存撫。絲綸滿路，邦守負弩以先驅；軒蓋盈衢，王公傾城而出餞。方冀便宜入奏，對漢制而推多；豈謂夢寐成灾，召秦醫而不救。景龍二年八月廿九日卒於徐州之官舍。嗚呼哀哉！即以其年十一月二日遷窆於雍州高陽原，禮也。將軍舊壘，忽變新塋；天子臨朝，猶思大樹。公自幼及長，揚名愛親，寢息無忘於忠誠，言談不逾於

---

① “麾”，《唐史論叢 14》《史學研究 105》《百濟集成》《韓人銘集》等作“麾”，《當代韓國 2012－2》作“摩”。按，墓誌原文作“麾”。

② “瑯瑘”，《唐史論叢 14》《當代韓國 2012－2》《史學研究 105》作“琅邪”，《百濟集成》作“琅瑘”，《韓人銘集》作“瑯瑘”。按，墓誌原文作“瑯瑘”。

③ 《當代韓國 2012－2》衍“酖”。

④ 《當代韓國 2012－2》衍“□”。

⑤ 《當代韓國 2012－2》衍“蹏”。

⑥ “麾”，《唐史論叢 14》《當代韓國 2012－2》作“揮”，《史學研究 105》《百濟集成》《韓人銘集》作“麾”。按，墓誌原文作“麾”。

⑦ “郎”，《百濟集成》作“朗”，其他家作“郎”。

⑧ “完”，《唐史論叢》《移民研究》等作“兒”，《百濟集成》《韓人銘集》等作“完”。按，墓誌原文作“兒”，可爲“完”之異體。伏完，東漢末大臣，漢獻帝伏皇后之父。

⑨ “招”，《唐史論叢 14》《史學研究 105》《百濟集成》《韓人銘集》作“招”，《當代韓國 2012－2》作“詔”。按，墓誌原文作“招”。

禮義。童年結綬，不以地勢嬌人；壯室傳封，不以勳容憿物。丹墀陛戟，奸臣畏威而寢謀①；紫塞揚麾②，黠虜聞名而遁去。爪牙是托，蕃扞攸歸。所謂斯人，邦之良也。子仁秀、仁徽、仁傑、仁彦、仁俊等，鎮鎡克業，幹蠱承家，書劍之術早成，公侯之資必復。彩衣推孝，未極萊氏之歡；石埏③開銘，忽見藤公之兆。茹荼均痛，淚柏摧心。恐陵谷潛移，蔓山之爲漢水；陰陽遷貿④，海島之變桑田。庶憑崔瑗之文，遂鏤蔡邕之石。銘曰：

赫赫我祖，奄營南土。令伊稱功，開封建宇。子孫錫胤，英賢接武。遂啓宗祊，始傳王父。其一。蘭閣披圖，儒林振葉。永嘉中圮，名流喪業。魏氏雄飛，宋公居攝。郊原版⑤蕩，賢人利涉。其二。東浮鯨海，北有雄津。休屠侍漢，角里違秦。背亂厭僞⑥，觀風識真。千年聖主，累葉名臣。其三。皎皎童年，沉沉美量。是標代胄⑦，鬱傾朝望。學劍從軍，升壇拜將。入侍皇極，出平夷障。其四。使車東邁，凶旐西飛。悲纏宰輔，痛澈宸闈。地⑧迥⑨墳出，田荒路微⑩。榮華共盡，今古同歸。其五。寂寂山門，幽幽泉戶。東望玄霸，西連下杜。楸隴雲愁，松庭月苦。空昔輔漢，永埋征虜。其六。

---

① "謀"，《韓人銘集》作"謨"，其他家作"謀"。按，墓誌原文作"謀"。
② "麾"，《唐史論叢 14》《當代韓國 2012－2》作"揮"，《史學研究 105》《百濟集成》《韓人銘集》作"麾"。按，墓誌原文作"麾"。
③ "埏"，《唐史論叢 14》《當代韓國 2012－2》《史學研究 105》作"梛"，《百濟集成》《韓人銘集》作"埏"。按，墓誌原文作"埏"。
④ "貿"，《唐史論叢 14》《當代韓國 2012－2》《史學研究 105》作"質"，《百濟集成》《韓人銘集》作"貿"。按，墓誌原文作"貟"，"貿"之異體。
⑤ "版"，《唐史論叢 14》《當代韓國 2012－2》作"板"，《史學研究 105》《百濟集成》《韓人銘集》作"版"。按，墓誌原文作"版"。
⑥ "僞"，《唐史論叢 14》《當代韓國 2012－2》《史學研究 105》《百濟集成》《韓人銘集》作"爲"。按，墓誌原文作"僞"。
⑦ "胄"，《唐史論叢 14》《當代韓國 2012－2》《史學研究 105》作"胃"，《百濟集成》《韓人銘集》作"胄"。按，墓誌原文作"胄"。
⑧ 《當代韓國 2012－2》衍"□"。
⑨ 《當代韓國 2012－2》衍"跉"。
⑩ "微"，《唐史論叢 14》《史學研究 105》《百濟集成》《韓人銘集》作"微"，《當代韓國 2012－2》作"徵"。按，墓誌原文作"微"。

開元十七年（729）四月二十五日葬。

楷書，29行，滿行30字，高寬65.5厘米。

陝西西安長安區少陵原出土，時間不詳。

今藏地不詳。

| 誌蓋 | 闕

| 誌文 | 大唐故朝散大夫行蕭州司馬上柱國趙府君墓誌銘并序

公諱因本，字因本，天水西縣人也。昔成□□□□□□□□□□□□□□社稷，雖亡於本朝，衣冠竟傳於後葉，家□□□□□。五代祖超宗，後魏岐州刺史、尋陽成侯。曾祖愻，隨尚書右僕射、金城郡公。考□□，雍州司倉、恒州槀城縣令。并忠爲令德，孝實行宗，端揆仰□□，□□□□以理。公即明府之季子也。生而聰明，長而倜儻，願立功於□□，□□□□昆。屬先朝命將遼東，乃參預軍事，百戰賈其餘勇，五營藉其□□。天庭特蒙召見，封揚有裕。天子嘉之，詔授丹州雲岩縣令，又授黔州彭水縣令。稽胡雜居，戎狄遺黎，示之以誠信，沽之以惠澤。雖在遐方，有政聲矣。尋加朝散大夫，歷□□，行蕭州司馬。公頻莅邊郡，每著勛庸，而不伐其勞，優游自適。方謂九齡錫夢，□□□蟬；誰言千月不追，俄傷止鵬。粵天壽元年十二月一日遷神於東都□□□，享年六十三。夫人扶餘氏，皇朝帶方王義慈之孫，帶方太子豐之□女也。□□扞其順，婺降其華。四德有聞，三星在候。暉映閭里，言歸我公。亦既有行，□□琴瑟，邕和浹於群娣，孝敬盡於閨閫。僉曰積善之慶，其後豐矣。而輔仁無驗，早喪所天。哭泣悲哀，惟禮之中。比敬姜之守節，同孟母之擇鄰。聖善之德，於是乎在。有女曰天水郡夫人，主饋於丞相源公，内則母儀，柔明婉嬺。豈唯譽流邦族，抑亦聲聞天朝。故特降渥恩，以夫人所生男尚主。昔仲子手文，始應鵲巢之寵；叔安美質，方錫鳳樓之拜。翕習千古，光揚九族。雖慶自相門，亦夫人誠孝所致。嗟乎！隙駟不停，風枝難静，願極温清之養，忽降膏肓之疾。以開元十七年二月卅日傾背於京宣陽里之第，春秋八十三。嗚呼哀哉！我府君往殯汝州，將卅載，飄零他土，久客思鄉。嗣子不天，先時怛化。非夫孝女罔極，如瓊如瑤，孰能返千里之關山，歸九原之宅兆。盛矣哉！即以其年四月廿五日合葬於京兆府萬年縣義善鄉少陵之原，五代祖成侯之塋側，禮也！乃爲銘曰：

縣綿遠系，贊虞翊商。愛日流祉，鈞天表祥。七雄更王，三帝爭强。紛綸史策，弈葉重光。乃祖勛華，道光燮理。王父清秀，康沂漢水。煌煌烈考，宣風可紀。肅肅我公，是惟才子。從戎滄海，獻捷紫庭。天威咫尺，敷奏詳明。再牽墨綬，三贊邊城。皇恩已屢，朱紱斯榮。禍起沙洹，殯遷臨汝。拱木荒翳，多歷年所。伯道無兒，緹縈有女。啓彼城於先域，顧衣袞兮再舉。雙旌對發，兩劍同丘。五陵北望，八水東流。薤露朝落，楊風暮愁。泉門一掩，萬歲千秋。

開元二十二年（734）十一月四日葬。

楷書，29 行，滿行 30 字，高寬 56 厘米。

1960 年河南魯山張店鄉張飛溝村昭平臺水庫北幹渠橋出土。

石藏魯山縣文化館。

| 誌蓋 |　大唐故宣威將軍左衛汾州清勝府折衝都尉上柱國難君元慶墓誌銘①
| 誌文 |　大唐故宣威將軍左衛汾州清勝府折衝都尉上柱國難君墓誌銘并序

　　君諱元慶，其先即黃帝之宗也，扶②餘之爾類焉。昔伯仲枝分，位居東表；兄弟同政③，爰國臣韓。妙以治民之難，因爲④姓矣。孔⑤丘序《舜典》，所謂“歷試諸難”，即其義也。高⑥祖珇，仕遼任達率官，亦猶今宗正卿焉。祖汗，入唐爲熊津州都督府長史。父武⑦，中大夫、使持節、支潯州諸軍事、守支潯州刺史，遷忠武將軍，行右衛翊府中⑧郎將。并仁明識遠，在政□聞⑨。德治⑩詞宏，邦家共達。君幼而聰敏，無所不精。尋授⑪游擊將軍，行檀州白檀⑫府右果毅，直中書省。雖司雄衛，恒理文軒。俄轉夏州寧⑬朔府左果毅都尉，直中書省內供奉。屬邊塵

---

① 諸家闕録。
② “扶”，《唐文補遺（六）》闕，《新中國誌河南壹》《慶北史學 23》《洛誌研究》《東北史地 2007－2》《移民研究》《木簡與文字 12（難）》《百濟集成》《韓人銘集》作“扶”。按，墓誌原文作“扶”。
③ “同政”，《唐文補遺（六）》闕，《新中國誌河南壹》《慶北史學 23》《洛誌研究》《東北史地 2007－2》《移民研究》《百濟集成》《韓人銘集》作“同政”，《木簡與文字 12（難）》作“□政”。按，墓誌原文作“同政”。
④ “因爲”，《唐文補遺（六）》闕，《新中國誌河南壹》《慶北史學 23》《東北史地 2007－2》《移民研究》《木簡與文字 12（難）》《百濟集成》《韓人銘集》作“因爲”。按，墓誌原文作“因爲”。
⑤ “孔”，《唐文補遺（六）》闕，《新中國誌河南壹》《慶北史學 23》《洛誌研究》《東北史地 2007－2》《移民研究》《木簡與文字 12（難）》《百濟集成》《韓人銘集》作“孔”。按，墓誌原文作“孔”。
⑥ “高”，《唐文補遺（六）》闕，《新中國誌河南壹》《洛誌研究》《東北史地 2007－2》《移民研究》《木簡與文字 12（難）》《百濟集成》《韓人銘集》作“高”，《慶北史學 23》作“曾”。按，墓誌原文作“高”。
⑦ “父武”，《唐文補遺（六）》闕，《新中國誌河南壹》《慶北史學 23》《洛誌研究》《東北史地 2007－2》《移民研究》《木簡與文字 12（難）》《百濟集成》《韓人銘集》作“父武”。按，墓誌原文作“父武”。
⑧ “中”，《唐文補遺（六）》闕，《新中國誌河南壹》《慶北史學 23》《洛誌研究》《東北史地 2007－2》《移民研究》《木簡與文字 12（難）》《百濟集成》《韓人銘集》作“中”。按，墓誌原文作“中”。
⑨ “聞”，《唐文補遺（六）》闕，《新中國誌河南壹》《慶北史學 23》《洛誌研究》《東北史地 2007－2》《移民研究》《木簡與文字 12（難）》《百濟集成》《韓人銘集》作“聞”。按，墓誌原文作“聞”。
⑩ “德治”，《唐文補遺（六）》闕，《新中國誌河南壹》《洛誌研究》《東北史地 2007－2》《移民研究》作“德□”，《慶北史學 23》《木簡與文字 12（難）》《百濟集成》《韓人銘集》作“德治”。按，墓誌原文作“德治”。
⑪ “授”，《唐文補遺（六）》闕，《新中國誌河南壹》《慶北史學 23》《洛誌研究》《東北史地 2007－2》《移民研究》《木簡與文字 12（難）》《百濟集成》《韓人銘集》作“授”。按，墓誌原文作“授”。
⑫ “檀”，《唐文補遺（六）》闕，《新中國誌河南壹》《慶北史學 23》《洛誌研究》《東北史地 2007－2》《移民研究》《木簡與文字 12（難）》《百濟集成》《韓人銘集》作“檀”。按，墓誌原文作“檀”。
⑬ “寧”，《唐文補遺（六）》闕，《新中國誌河南壹》《慶北史學 23》《洛誌研究》《東北史地 2007－2》《移民研究》《木簡與文字 12（難）》《百濟集成》《韓人銘集》作“寧”。按，墓誌原文作“寧”。

屢起，烽火時驚。以君宿善帷籌，早參①師律，文乃□□□□□□□□軍□弓旌□重。要②之綏撫，倒載干戈，遂授朔方③軍總管。君以 受 □□□令④，屢 建奇⑤ 功 ，九姓於是⑥殲夷，三軍晏然無事，凱歌旋入⑦，高會⑧星樓。天子以禄不足以酬能⑨，特賜紫金魚袋，衣一襲，物一百匹⑩。俄屬⑪羌戎⑫拒⑬捍，河西⑭胡亡。俾君招征，降如雨集， 獻 俘操袂，内宴褒功，特賜⑮□六⑯，馬⑰十，物一百匹⑱。授宣威將軍，遷汾州清勝府折衝都尉，勛各如故。君植姓温恭⑲，情

---

① "早參"，《唐文補遺（六）》闕，《新中國誌河南壹》《慶北史學 23》《洛誌研究》《東北史地 2007 - 2》《移民研究》《木簡與文字 12（難）》《百濟集成》《韓人銘集》作"早參"。按，墓誌原文作"早參"。

② "要"，《唐文補遺（六）》作"妻"，《新中國誌河南壹》《慶北史學 23》《洛誌研究》《東北史地 2007 - 2》《移民研究》《百濟集成》《韓人銘集》作"要"。按，墓誌原文作"要"。

③ "方"，《唐文補遺（六）》闕，《新中國誌河南壹》《慶北史學 23》《洛誌研究》《東北史地 2007 - 2》《移民研究》《木簡與文字 12（難）》《百濟集成》《韓人銘集》作"方"。按，墓誌原文作"方"。

④ "君以□□□令"，《唐文補遺（六）》闕，《新中國誌河南壹》《慶北史學 23》《洛誌研究》作"君以□□□□令"，《東北史地 2007 - 2》《移民研究》《百濟集成》作"君以□□□□命"，《木簡與文字 12（難）》《韓人銘集》作"君以受□□□命"。

⑤ "建奇"，《唐文補遺（六）》闕，《新中國誌河南壹》《慶北史學 23》《洛誌研究》《東北史地 2007 - 2》《移民研究》《百濟集成》《韓人銘集》作"建奇"。按，墓誌原文作"建奇"。

⑥ "是"，《唐文補遺（六）》《木簡與文字 12（難）》《韓人銘集》作"是"，《新中國誌河南壹》《慶北史學 23》《洛誌研究》《東北史地 2007 - 2》《移民研究》《百濟集成》闕。按，墓誌原文作"是"。

⑦ "入"，《唐文補遺（六）》闕，《新中國誌河南壹》《慶北史學 23》《洛誌研究》《東北史地 2007 - 2》《移民研究》《木簡與文字 12（難）》《百濟集成》《韓人銘集》作"入"。按，墓誌原文作"入"。

⑧ "高會"，《唐文補遺（六）》闕，《新中國誌河南壹》《慶北史學 23》《洛誌研究》《東北史地 2007 - 2》《移民研究》《木簡與文字 12（難）》《百濟集成》《韓人銘集》作"高會"。按，墓誌原文作"高會"。

⑨ "能"，《唐文補遺（六）》《慶北史學 23》《洛誌研究》《東北史地 2007 - 2》《移民研究》《木簡與文字 12（難）》《百濟集成》《韓人銘集》作"能"，《新中國誌河南壹》闕。按，墓誌原文作"能"。

⑩ "匹"，《唐文補遺（六）》闕，《新中國誌河南壹》《慶北史學 23》《洛誌研究》《東北史地 2007 - 2》《移民研究》《木簡與文字 12（難）》《百濟集成》《韓人銘集》作"匹"。按，墓誌原文作"匹"。

⑪ "俄屬"，《唐文補遺（六）》《新中國誌河南壹》《慶北史學 23》《木簡與文字 12（難）》闕，《洛誌研究》《東北史地 2007 - 2》《移民研究》《百濟集成》《韓人銘集》作"俄屬"。按，墓誌原文作"俄屬"。

⑫ "戎"，《唐文補遺（六）》《東北史地 2007 - 2》闕，《新中國誌河南壹》《慶北史學 23》《洛誌研究》《移民研究》《木簡與文字 12（難）》《韓人銘集》作"戎"，《百濟集成》作"戒"。按，墓誌原文作"戎"。

⑬ "拒"，《新中國誌河南壹》《東北史地 2007 - 2》《百濟集成》作"氐"，《洛誌研究》作"氏"，《唐文補遺（六）》《移民研究》《木簡與文字 12（難）》《韓人銘集》闕。按，墓誌原文作"拒"。

⑭ "西"，《唐文補遺（六）》闕，《新中國誌河南壹》《慶北史學 23》《洛誌研究》《東北史地 2007 - 2》《移民研究》《木簡與文字 12（難）》《百濟集成》《韓人銘集》作"西"。按，墓誌原文作"西"。

⑮ "賜"，《唐文補遺（六）》作"惕"，《新中國誌河南壹》《慶北史學 23》《洛誌研究》《東北史地 2007 - 2》《移民研究》《木簡與文字 12（難）》《百濟集成》《韓人銘集》作"賜"。按，墓誌原文作"賜"。

⑯ "六"，《唐文補遺（六）》闕，《新中國誌河南壹》《慶北史學 23》《洛誌研究》《東北史地 2007 - 2》《移民研究》《木簡與文字 12（難）》《百濟集成》《韓人銘集》作"六"。按，墓誌原文作"六"。

⑰ "馬"，《唐文補遺（六）》闕，《新中國誌河南壹》《慶北史學 23》《洛誌研究》《東北史地 2007 - 2》《移民研究》《木簡與文字 12（難）》《百濟集成》《韓人銘集》作"馬"。按，墓誌原文作"馬"。

⑱ "一百匹"，《唐文補遺（六）》闕，《新中國誌河南壹》《慶北史學 23》《洛誌研究》《東北史地 2007 - 2》《移民研究》《木簡與文字 12（難）》《百濟集成》《韓人銘集》作"一百匹"。按，墓誌原文作"一百匹"。

⑲ "恭"，《唐文補遺（六）》闕，《新中國誌河南壹》《洛誌研究》《東北史地 2007 - 2》《移民研究》《木簡與文字 12（難）》《百濟集成》《韓人銘集》作"恭"。按，墓誌原文作"恭"。

神道德，無 求 官賞①，恒懷耿潔②。恐量不充位③，能不濟④時，坐必儼然，目以定體。□人⑤所利，□惠□□永乎⑥。積善無徵⑦，奠楹遄效。露晞朝薤，魂斂夜臺。以開元十八⑧年六月廿八日薨於汝⑨州龍興縣之私第，春秋六十有一。夫人丹徒縣君甘氏，左⑩玉鈴衛大將軍羅之長女也。婉娩冲華，柔閑輔態⑪。柳花浮吹，駐琴瑟而題篇⑫；□色⑬開顏，寫文章於錦緒。作配君子，宜其室家。禮甚梁妻，賢逾班女。莊⑭樓遽掩⑮，桂月⑯徘 徊 。以開元廿二年五月十八日終於汝州魯山縣之私第，春秋六十有七⑰。男□□□，罔極⑱昊天，哀深⑲觸地，屠⑳

---

① "無□官賞"，《唐文補遺（六）》闕，《慶北史學 23》《東北史地 2007－2》《移民研究》《木簡與文字 12（難）》《百濟集成》《韓人銘集》作"無□官賞"。

② "潔"，《唐文補遺（六）》《慶北史學 23》《洛誌研究》《東北史地 2007－2》《移民研究》《木簡與文字 12（難）》《百濟集成》《韓人銘集》作"潔"，《新中國誌河南壹》闕。按，墓誌原文作"潔"。

③ "充位"，《唐文補遺（六）》《東北史地 2007－2》《移民研究》作"充位"，《慶北史學 23》《洛誌研究》《木簡與文字 12（難）》《百濟集成》《韓人銘集》作"克位"，《新中國誌河南壹》作"克往"。按，墓誌原文有殘，擬作"充位"。

④ "濟"，《唐文補遺（六）》《韓人銘集》闕，《新中國誌河南壹》《慶北史學 23》《洛誌研究》《東北史地 2007－2》《移民研究》《木簡與文字 12（難）》《百濟集成》作"濟"。按，墓誌原文作"濟"。

⑤ "人"，《唐文補遺（六）》闕，《新中國誌河南壹》《慶北史學 23》《洛誌研究》《東北史地 2007－2》《移民研究》《木簡與文字 12（難）》《百濟集成》《韓人銘集》作"人"。按，墓誌原文作"人"。

⑥ "□惠□□永乎"，《唐文補遺（六）》闕，《慶北史學 23》《洛誌研究》《東北史地 2007－2》《移民研究》《百濟集成》作"□惠□□永乎"，《木簡與文字 12（難）》作"□惠□□永□"，《韓人銘集》作"□□□□□呼"。

⑦ "無徵"，《唐文補遺（六）》闕，《東北史地 2007－2》《洛誌研究》作"無微"，《慶北史學 23》《移民研究》《百濟集成》《韓人銘集》作"無徵"。按，墓誌原文作"無徵"。

⑧ "八"，《唐文補遺（六）》《洛誌研究》《東北史地 2007－2》《移民研究》《百濟集成》作"八"，《新中國誌河南壹》《慶北史學 23》《木簡與文字 12（難）》《韓人銘集》作"一"。按，墓誌原文作"八"。

⑨ "於汝"，《唐文補遺（六）》闕，《新中國誌河南壹》《慶北史學 23》《洛誌研究》《東北史地 2007－2》《移民研究》《木簡與文字 12（難）》《百濟集成》《韓人銘集》作"於汝"。按，墓誌原文作"於汝"。

⑩ "左"，《唐文補遺（六）》闕，《新中國誌河南壹》《慶北史學 23》《洛誌研究》《東北史地 2007－2》《移民研究》《木簡與文字 12（難）》《百濟集成》《韓人銘集》作"左"。按，墓誌原文作"左"。

⑪ "態"，《唐文補遺（六）》《新中國誌河南壹》《東北史地 2007－2》《移民研究》《木簡與文字 12（難）》《百濟集成》《韓人銘集》作"態"，《洛誌研究》作"熊"。按，墓誌原文作"態"。

⑫ "篇"，《唐文補遺（六）》《韓人銘集》闕，《新中國誌河南壹》《洛誌研究》《東北史地 2007－2》《移民研究》《木簡與文字 12（難）》《百濟集成》《韓人銘集》作"篇"。按，墓誌原文作"篇"。

⑬ "色"，《唐文補遺（六）》闕，《新中國誌河南壹》《慶北史學 23》《洛誌研究》《東北史地 2007－2》《移民研究》《木簡與文字 12（難）》《百濟集成》《韓人銘集》作"色"。按，墓誌原文作"色"。

⑭ "莊"，《唐文補遺（六）》《百濟集成》《韓人銘集》作"莊"，《洛誌研究》《新中國誌河南壹》《東北史地 2007－2》《移民研究》作"妝"，《木簡與文字 12（難）》作"庄"。按，墓誌原文作"疰"，"莊"之異體。

⑮ "掩"，《唐文補遺（六）》闕，《新中國誌河南壹》《慶北史學 23》《洛誌研究》《東北史地 2007－2》《移民研究》《木簡與文字 12（難）》《百濟集成》《韓人銘集》作"掩"。按，墓誌原文作"掩"。

⑯ "桂月"，《唐文補遺（六）》闕，《新中國誌河南壹》《慶北史學 23》《洛誌研究》《東北史地 2007－2》《移民研究》《木簡與文字 12（難）》《百濟集成》《韓人銘集》作"桂月"。按，墓誌原文作"桂月"。

⑰ "有七"，《唐文補遺（六）》脫。

⑱ "極"，《唐文補遺（六）》闕，《新中國誌河南壹》《慶北史學 23》《洛誌研究》《東北史地 2007－2》《移民研究》《木簡與文字 12（難）》《百濟集成》《韓人銘集》作"極"。

⑲ "深"，《唐文補遺（六）》《新中國誌河南壹》《慶北史學 23》《洛誌研究》《東北史地 2007－2》《移民研究》《木簡與文字 12（難）》《百濟集成》《韓人銘集》作"深"。按，墓誌原文作"深"。

⑳ "屠"，《唐文補遺（六）》闕，《新中國誌河南壹》《慶北史學 23》《洛誌研究》《東北史地 2007－2》《移民研究》《木簡與文字 12（難）》《百濟集成》《韓人銘集》作"屠"。按，墓誌原文作"屠"。

心叩臆，若壞墻然。粵以大唐開元廿二年十一①四日合葬於汝州魯山縣東北原，禮也。嗚呼！楚劍雙飛，俱没沉碑之水；殷□俄②合，同墳揮日③之郊。乃爲銘曰：

玄④黃肇泮，家邦遂興。四方岳立，萬物陶蒸。其一。達率騰華，遼陽鼎貴。德邁將軍，汾州⑤衝尉。其二。氣蓋千古，譽重三韓。子孫孝養，恭惟色難。其三。國籍英靈，作固邦寧。自君⑥執⑦節，掃孽⑧邊亭。其四。振旅猶飢，摧凶如渴。以寡當衆，志不可奪。其五。還宴龍⑨筵，陪嬉⑩鴛沼。賞錫雖多，酬恩不少。其六。日月徒懸，金玉俱捐。痛縈紫綬，永置⑪黄泉。其七。夫貴妻尊，鸞潛鳳奔。楹間徹⑫奠，松下埋魂。其八。君子所居，賢人之里。魯陽⑬揮戈，唐堯立祀。其九。烟雲共暗，山川俱夕。輒慕清風，敢銘玄石。其十。

以開元二十二年歲次甲戌十一月戊午朔三日庚申書⑭。

---

① "十一"，《唐文補遺（六）》闕，《新中國誌河南壹》《洛誌研究》《東北史地2007－2》《移民研究》《百濟集成》作"十一月"，《慶北史學23》《木簡與文字12（難）》《韓人銘集》作"十一"。按，墓誌原文無"月"字。

② "殷□俄"，《唐文補遺（六）》闕，《新中國誌河南壹》《慶北史學23》《洛誌研究》《東北史地2007－2》《移民研究》《木簡與文字12（難）》《百濟集成》《韓人銘集》作"殷□俄"。

③ "揮日"，《唐文補遺（六）》闕，《新中國誌河南壹》《慶北史學23》《洛誌研究》《東北史地2007－2》《移民研究》《木簡與文字12（難）》《百濟集成》《韓人銘集》作"揮日"。按，墓誌原文作"揮日"。

④ "玄"，《唐文補遺（六）》闕，《新中國誌河南壹》《慶北史學23》《洛誌研究》《東北史地2007－2》《移民研究》《木簡與文字12（難）》《百濟集成》《韓人銘集》作"玄"。按，墓誌原文作"玄"。

⑤ "汾州"，《唐文補遺（六）》闕，《新中國誌河南壹》《慶北史學23》《洛誌研究》《東北史地2007－2》《移民研究》《百濟集成》《韓人銘集》作"汾州"，《木簡與文字12（難）》作"汾□"。按，墓誌原文作"汾州"。

⑥ "自君"，《唐文補遺（六）》闕，《新中國誌河南壹》《慶北史學23》《洛誌研究》《東北史地2007－2》《移民研究》《百濟集成》《韓人銘集》作"自君"，《木簡與文字12（難）》作"自□"。按，墓誌原文作"自君"。

⑦ "執"，《唐文補遺（六）》作"抗"，《新中國誌河南壹》《慶北史學23》《洛誌研究》《東北史地2007－2》《移民研究》《木簡與文字12（難）》《百濟集成》《韓人銘集》作"執"。按，墓誌原文作"執"。

⑧ "孽"，《唐文補遺（六）》《慶北史學23》《洛誌研究》《東北史地2007－2》《移民研究》《木簡與文字12（難）》《百濟集成》《韓人銘集》作"孽"，《新中國誌河南壹》作"蘗"。按，墓誌原文作"孽"。

⑨ "龍"，《唐文補遺（六）》《木簡與文字12（難）》闕，《新中國誌河南壹》《慶北史學23》《洛誌研究》《東北史地2007－2》《移民研究》《百濟集成》《韓人銘集》作"龍"。按，墓誌原文作"龍"。

⑩ "嬉"，《慶北史學23》作"爲"，其他家作"嬉"。

⑪ "永置"，《唐文補遺（六）》闕，《新中國誌河南壹》《慶北史學23》《洛誌研究》《東北史地2007－2》《移民研究》《木簡與文字12（難）》《百濟集成》《韓人銘集》作"永置"。按，墓誌原文作"永置"。

⑫ "徹"，《唐文補遺（六）》《新中國誌河南壹》《慶北史學23》《百濟集成》《韓人銘集》作"徹"，《洛誌研究》《移民研究》作"撤"，《東北史地2007－2》作"轍"。按，墓誌原文作"徹"。

⑬ "魯陽"，《唐文補遺（六）》闕，《新中國誌河南壹》《慶北史學23》《洛誌研究》《東北史地2007－2》《移民研究》《木簡與文字12（難）》《百濟集成》《韓人銘集》作"魯陽"。按，墓誌原文作"魯陽"。

⑭ 《唐文補遺（六）》《移民研究》《韓人銘集》脱此句。

唐

皇弟從姪金紫光祿大夫故衛尉卿贈荊州大都督嗣虢王妃扶餘氏墓誌銘并序

朝議郎守中書舍人安定梁洗撰

太妃扶餘氏諱□□皇金紫光祿大夫故衛尉卿帶方郡王隆之孫皇朝請大夫故渭州刺史德璋之女也家本東方之貴世生南國之容對春林而紅樹非華昇盡閣而柈茂並照開出非常君之秀挺生稀代之賢德合則不孤氣同而相應夫以異姓諸王之洲女而有維城盤石之宗臣鳳凰所以好逑易象由其繫應非蘭芳玉潤禮樂和宣豈可以宜君王諱邕神堯皇帝之曾孫我晉故司德孫王鳳之孫皇故曹州刺史定襄王邕謂子之家配天人之室地靈發民齊大晉偶我所以言歸嬪國王所以克正閨門者義云玄元之子同九廟之繁祉於五濊之慶派也其蓋育如此者皆以敬順能戍其絹睦之經德者中有制封為國家之藩翰也其實邦惑敬者禮之格順者義之和正者身之經德之綱以周北中外之閨門者而東於柔嘉以德同關其媛必冶於親言不出於閨閫教以閑順為公卿伯之為公卿之以行制封榮則致其宮貴也外受方伯而誤先王遺冊為太妃遷以廿年關睦者以樂得其聞共妃故能長守其富而不成為藥而誤先王遣冊為太妃禛以而已以子天祿宜其進南得道王母登仙還丹而桐之波來者非向將先王家令太妃而蒸備詳于前誌及金吾兵曹獎其往臨歷臣寵歷

也生以廿六年八月九日竟於崇賢之弟春秋卅九其年戊寅□月□之月竟太子之子本太子歸祔于先王惟禮也太妃又其次日左金吾兵曹獎其往臨歷

子典誄郎承貽深谷之遷謀地久天長侯之事常操其倫翰俾存寶錄敢下直書但且紀以一

設郎承貽深谷之遷謀地久天長侯之事自寵臺之故喪又雞惚之近臣寵歷謂彌之國其儀可儀

哀懼舊陵見其家風入鳳池者常操其倫翰俾存寶錄敢下直書但且紀以一

登龍門宜望懸日月鉛鐫親女休有烈太妃子夫子之曰本太子坑沒芳

歲時宜望懸日月鉛鐫親戚之哀而樂善不金吾兵曹獎其往臨歷王坑沒芳

東方君子兮異姓王克生洲女兮天人芳子兮天人相繼廿

芳寶內之則夫為天人洵關子子孫孫相繼廿

妃亦逝泉適開兮冬洵關子子孫孫相繼開元廿六年十一月十五日

開元二十六年（738）十一月十五日葬。

楷書，30行，滿行31字，高70厘米，寬74厘米。

2004年陝西富平杜村鎮北呂村出土。

石藏陝西省考古研究院。

| 誌蓋 |　唐故虢王妃扶餘誌銘

| 誌文 |　唐皇再從叔①金紫光禄大夫故衛尉卿贈荆州大都督嗣虢王妃扶餘氏墓誌銘并序

朝議郎守中書舍人安定梁涉②撰。

太妃扶餘氏諱，皇金紫光禄大夫、故衛尉卿、帶方郡王義慈之曾孫，皇光禄大夫、故太常卿、襲帶方郡王隆之孫，皇朝請大夫、故渭州刺史德璋之女也。家本東方之貴世，生南國之容，對春林而紅樹非華，升畫閣而初陽并照。閒出非常之秀，挺③生稀代之賢，德合則不孤，氣同而相感。夫以異姓諸王之淑女，而有維城盤石之宗臣，風④人所以好述，易象由其繫應。非蘭芳玉潤，禮備樂和，豈可以宜君子之家，配天人之室。地靈挨茂，齊大晋偶，我所以言歸虢國，王⑤所以克正閨門。王諱邕，神堯皇帝之曾孫，皇故司徒虢王鳳之孫，皇故曹州刺史、定襄公宏之子。同九廟之繁祉⑥，分⑦五潢之慶流；有朱虚之定計，過河間之好古。允所謂朝廷之羽儀、國家之藩⑧翰也。其事業有如此者，皆太妃起家而有之日。開元中，有制封爲王妃。惟内之則，實邦之媛，以敬克修其饋祀，以順能成其緝睦，以正而秉於柔嘉，以德罔聞其妒⑨忌。敬者，禮之格；順者，義之和；正者，身之經；德者，行之 本 ⑩。 然 ⑪後能祭，則致

①　"叔"，《集刊 13》《移民研究》《李邕報告》作"州"，《百濟集成》《韓人銘集》作"叔"。按，墓誌原文作"尗"，"叔"之異體。

②　"涉"，《李邕報告》脱。

③　"挺"，《集刊 13》《移民研究》《李邕報告》《百濟集成》屬上讀。

④　"風"，《集刊 13》《移民研究》《李邕報告》《百濟集成》屬上讀。

⑤　"王"，《集刊 13》《李邕報告》《百濟集成》屬上讀，《移民研究》屬下讀。按，"我"與"王"對文，二句亦對仗。另，銘文言"于歸其誰兮惟虢之國"，又爲"王"下讀之佐證。

⑥　"祉"，《集刊 13》《移民研究》《李邕報告》《百濟集成》作"秘"，《韓人銘集》作"祉"。按，墓誌原文作"祉"。"繁祉"，多福之義。典出《詩·周頌·雝》："綏我眉壽，介以繁祉。"

⑦　"分"，《集刊 13》《移民研究》《李邕報告》作"兮"，《韓人銘集》作"分"。按，墓誌原文作"分"。"分"與"過"對文，同爲動詞，分流亦合文義。

⑧　"藩"，《集刊 13》《移民研究》作"潘"，《李邕報告》《百濟集成》《韓人銘集》作"藩"。按，墓誌原文作"藩"。

⑨　"妒"，《集刊 13》《李邕報告》《百濟集成》《韓人銘集》作"妬"，《移民研究》作"妒"。按，墓誌原文作"妬"，"妒"之異體。

⑩　"本"，《集刊 13》《移民研究》《李邕報告》《百濟集成》《韓人銘集》闕。按，此字殘泐全不見。據文義推測，此字應爲"本"字類詞語，《朱子語類》即云"德者，行之本"。

⑪　"然"，《集刊 13》《移民研究》《李邕報告》《百濟集成》《韓人銘集》闕。按，此字殘泐不可識讀。今見《禮記·祭統》："唯賢者能備，能備然後能祭。是故賢者之祭也。"推測該字應爲"然"。且"然"字右部與墓誌原文殘留筆畫相符，亦可爲證。

其福惠，必洽於親言，不出於闈闈，教以周於中外。王所以樂得其賢才①，妃故能長守其富貴也。外受方伯，入爲公卿，廿年間并享天禄。宜其淮南得道，王母登仙，還丹不成，爲藥所誤。先王遺世而已久，太妃持門而不失，訓②五子而并良，繼一賢而嗣位。十九年，有制册爲太妃，復以子也。嗚呼！川無停水，歲則閱人，流者非向時③之波，來者亦遠行之客。自古皆往，其能長生！以廿六年八月九日薨于崇賢之王第，春秋卌九，其年戊寅建子之月既望歸祔于先王之塋，禮也。惟王先太妃而薨，備詳于前誌，及太妃之同穴也，故重載于茲。有子五人：長曰太子家令號王巨，賢而樂善，孝以傅國；次曰太子典設郎承昭；又其次曰太子通事舍人承曦；又其次曰左金吾兵曹承晙；季曰太子典設郎承晊④等，士林之秀，公族之華。自執親之喪，而水漿不入，猶疑其往，靡所置哀。懼高陵深谷之遷，謀地久天長之事。以涉忝麟臺之故吏，又鵷掖之近臣。謂登龍門者，舊⑤見其家風；入鳳池者，常操⑥其綸翰。俾⑦存實録，敢不直書，但且紀以歲時，豈望懸諸日月。銘曰：

東方君子兮異姓諸王，克生淑女兮休有烈光。于歸其誰兮惟虢之國，其儀可像兮實内之則。夫爲天人兮子亦天人，妃又太妃兮夫子之因。王既没兮妃亦逝，泉適開兮今復閉。子子孫孫相繼世。

開元廿六年十一月十五日。

① "才"，《集刊13》《移民研究》《李邕報告》闕，《百濟集成》《韓人銘集》作"才"。按，墓誌原文作"才"。
② "訓"，《集刊13》《李邕報告》《百濟集成》屬上讀，《移民研究》屬下讀。
③ "時"，《集刊13》《移民研究》《李邕報告》作"持"，《百濟集成》《韓人銘集》作"時"。按，墓誌原文作"時"。"向時"，往昔之義。陸機《辯亡論上》："向時之師，無曩日之衆。"可爲佐證。
④ "晊"，《集刊13》《移民研究》《李邕報告》《百濟集成》作"晊"，《韓人銘集》作"晊"。按，墓誌原文作"晊"。
⑤ "舊"，《集刊13》《移民研究》作"高"，《李邕報告》《百濟集成》《韓人銘集》作"舊"。按，墓誌原文作"舊"。
⑥ "操"，《集刊13》《移民研究》作"撰"，《李邕報告》《百濟集成》《韓人銘集》作"操"。按，墓誌原文作"操"。
⑦ "俾"，《集刊13》《移民研究》作"碑"，《李邕報告》《百濟集成》《韓人銘集》作"俾"。按，墓誌原文作"俾"。

大唐弥州金門府折衝祢君墓誌銘并序

随末有莱州刺史稱善者盖東漢平原慶士之後也知
天欣随德畢將寵海逐至百濟國王中其說立為丞相以國
慕之泊子定進世官象顯也肖唐受命東討不庭即引其王
歸義于高宗皇帝曰是拜左威衛大機軍封来遠郡
開國公父子之事渎府會將云去就之理合所由道也語云
賢者避地書云必有忍三月言远博□不在其身其在後祠
即武衛郎府君之長子也少以符種銀即亦數累授明威將軍
是之謂子寔進生素主仕至左武衛軍君諱仁秀
右驍衛郎府果毅祢府折衝景命不退開元十五年終于
梁川府果毅祢門府泰州三度府果毅歷汾州
臨川軍之官合為壽五十三矣鳴呼遺憖弗憗在興家
侯讒曾歸于鶯里夫人河南君于次綏州刺史祁阿之女也
公殁之後葬持露成幼志宜祿久而不返以廿七年十
一月六日华于智氏之別軰春秋六十一雛殯客土呈歲崴
女越以天寶戴庚寅五月藏子胡廿二日已酉克葬于長
周縣之高陽原禮也其子曰適迺報所天慈茲明靈悲彼此
壞銘曰
存雜居浸異土我生鮮歡王惠廣鹽二紅丁兹成慕便時有
子克報于嗟孝思

天寶九載（750）五月二十二日葬。

楷書，21行，滿行23字，高寬51厘米。

2010年陝西西安長安區郭杜鎮出土。

石藏陝西省考古研究院。

［圖］　唐史論叢 14；移民研究；史學研究 105；百濟集成 250；韓人銘集 388

［文］　唐史論叢 14；當代韓國 2012 - 2；史學研究 105；百濟集成 253；韓人銘集 389

［研］　唐史論叢 14；當代韓國 2012 - 2；史學研究 105；曲阜師大 2014 碩論：73；韓國史雜誌 22；韓人銘注

| 誌蓋 | 大唐故祢府君墓誌銘
| 誌文 | 大唐虢州金門府折衝祢君墓誌銘并序

　　隨末有萊州刺史祢善者，蓋東漢平原處士之後也。知天厭隨德，乘桴竄海，遂至百濟國。王中其説，立爲丞相，以國聽之。泊子寔進，世官象賢也。有唐受命，東討不庭，即引其王歸義于高宗皇帝，由是拜左威衛大將軍，封來遠郡開國公。父子之事，殊所會時也；去就之理，合所由道也。《語》云："賢者避地。"《書》云："必有忍，其乃有濟。"《傳》曰："不在其身，其在後嗣。"是之謂乎！寔進生素士，襲父封，仕至左武衛將軍。君諱仁秀，即武衛府君之長子也。少以將種，銀印赤韍，累授明威將軍、右驍衛郎將。尋以元帥連坐，左爲秦州三度府果毅，歷汝州梁川府果毅、虢州金門府折衝。稟命不遇，開元十五年終于臨洮軍之官舍，爲壽五十三矣。嗚呼！遺孤未杖，越在異鄉；家僕護喪，歸于舊里。夫人河南若干氏，綏州刺史祁陁之女也。公歿之後，携持露立。保成幼志，賈用婦功。一男二女，克致婚冠。初夫人送元女于豳州宜禄，久而不返，遂以廿七年十一月六日卒于婿氏之別業，春秋六十一。離殯客土，星歲互①周。越以天寶載庚寅夏五月戊子朔廿二日己酉克葬于長安縣之高陽原，禮也。其子曰②適，追報所天，慰兹明靈，志彼幽壤。銘曰：

　　存離③，居没異土。我生鮮歡，王事靡鹽。二紀于兹，成葬便時。有子克報，于嗟孝思。

---

① "互"，《唐史論叢 14》《當代韓國 2012 - 2》《史學研究 105》《百濟集成》作"再"，《韓人銘集》作"互"。按，墓誌原文作"圧"，"互"之異體。

② "曰"，《唐史論叢 14》《當代韓國 2012 - 2》《史學研究 105》《韓人銘集》作"曰"。按，"日""曰"字形相近，難以分辨。今以用例觀之，"曰"字習用謚號、銘文及經典稱引之後，於名諱前極少。此外，以墓誌文例，文末言子嗣云云，"其子"後當直接言名諱。

③ 按，"存離"與"居没"對文，"居没"既連云"異土"，"存離"後亦當有"故地"類詞語，是墓誌有闕文。

43   薛瑶墓誌

長壽二年（693）二月十七日卒。

出土時地及收藏地不詳。

| 誌蓋 | 闕

| 誌文 | 館陶郭公姬薛氏墓誌銘并序

　　姬人姓薛氏，本東明國王金氏之胤①也。昔金王有愛子，別②食於薛，因爲姓焉。世不③與金氏爲姻，其高、曾皆金王貴臣大人也。父永④冲，有唐高宗時，與金仁問歸國，帝疇厥庸，拜左武衛大⑤將軍。姬人幼有玉色，發於穠⑥華，若彩雲朝升，微月宵映也。故家人美之，少號"仙子"。聞嬴臺有孔雀鳳凰之事，瑶情悦之。年十五，大將軍薨，遂剪髮出家，將⑦學金仙之道，而見寶手菩薩。静⑧心六年，清蓮不至，乃謡曰："化雲心兮思淑真⑨，洞寂滅兮不見人。瑶草芳兮思菳菡⑩，將奈何兮青春。"遂返初服，而歸我郭公。郭公豪蕩而好奇者也。

---

① "胤"，《陳拾遺集》《文苑英華》《文章辨體》《韓古研究 15》《韓人銘集》作"胤"，《全唐文》《唐文新編》作"允"。

② "別"，《陳拾遺集》《韓古研究 15》《韓人銘集》作"列"，《文苑英華》《文章辨體》《全唐文》《唐文新編》作"別"。

③ "不"，《陳拾遺集》《文章辨體》《韓古研究 15》《韓人銘集》脱。

④ "永"，《陳拾遺集》《文章辨體》《全唐文》《唐誌編考》《唐文新編》《韓古研究 15》《韓人銘集》作"永"，《文苑英華》《全唐詩》作"承"。

⑤ "大"，《陳拾遺集》《文苑英華》《文章辨體》《韓古研究 15》《韓人銘集》脱，《全唐文》《唐誌編考》《唐文新編》作"大"。

⑥ "穠"，《陳拾遺集》《文苑英華》《全唐文》《唐誌編考》《唐文新編》《韓古研究 15》《韓人銘集》作"穠"，《文章辨體》作"濃"。

⑦ "將"，《陳拾遺集》《文苑英華》《全唐文》《唐誌編考》《唐文新編》《韓古研究 15》《韓人銘集》作"將"，《文章辨體》闕。

⑧ "静"，《陳拾遺集》《全唐文》《唐誌編考》《唐文新編》《韓古研究 15》《韓人銘集》作"静"，《文苑英華》《文章辨體》作"靚"。

⑨ "真"，《陳拾遺集》《全唐文》《唐誌編考》《唐文新編》《韓古研究 15》《韓人銘集》作"真"，《文苑英華》《文章辨體》作"貞"。

⑩ "菳菡"，《陳拾遺集》《全唐文》《唐誌編考》《唐文新編》《韓古研究 15》作"菳菡"，《文苑英華》《文章辨體》作"氛氲"，《韓人銘集》作"芬菡"。

雜佩以迎之，寶瑟①以友之，其相得如青鳥翡翠之婉孌矣。華繁艷②歇，樂極悲③來，以長壽二年太歲癸巳二月十七日遇暴疾而卒④於通泉縣之官舍。嗚呼哀哉！郭公恍⑤然猶若未亡也。寶珠以含之，錦衾以舉之。故國⑥途遥，言歸未遑，留殯於縣之惠普寺之南園，不忘真⑦也。銘曰：

高丘⑧之白雲兮，願⑨一見之何期。哀淑人之永逝，感⑩紺園之春時。願作青鳥長比翼，魂魄歸⑪來游故國。

---

① "瑟"，《陳拾遺集》《全唐文》《文章辨體》《唐誌編考》《唐文新編》《韓古研究 15》《韓人銘集》作"瑟"，《文苑英華》作"琴"。

② "艷"，《陳拾遺集》《全唐文》《文章辨體》《唐文新編》《唐誌編考》《韓古研究 15》《韓人銘集》作"艷"，《文苑英華》作"絕"。

③ "悲"，《陳拾遺集》《文章辨體》《全唐文》《唐誌編考》《唐文新編》《韓古研究 15》《韓人銘集》作"悲"，《文苑英華》作"哀"。

④ "遇暴疾而卒"，《陳拾遺集》《文章辨體》《全唐文》《唐誌編考》《唐文新編》《韓古研究 15》《韓人銘集》作"遇暴疾而卒"，《文苑英華》作"遇疾卒"。

⑤ "恍"，《陳拾遺集》《文章辨體》《全唐文》《唐誌編考》《唐文新編》《韓古研究 15》《韓人銘集》作"恍"，《文苑英華》作"悅"。

⑥ "國"，《陳拾遺集》《文章辨體》《全唐文》《唐誌編考》《唐文新編》《韓古研究 15》《韓人銘集》作"國"，《文苑英華》作"園"。

⑦ "真"，《陳拾遺集》《文章辨體》《全唐文》《唐誌編考》《唐文新編》《韓古研究 15》《韓人銘集》作"真"，《文苑英華》作"貞"。

⑧ "丘"，《陳拾遺集》《文苑英華》《唐誌編考》《韓古研究 15》《韓人銘集》作"丘"，《文章辨體》作"立"，《全唐文》《唐文新編》作"邱"。

⑨ "願"，《陳拾遺集》《全唐文》《唐誌編考》《唐文新編》《韓古研究 15》《韓人銘集》作"願"，《文苑英華》作"顧"。

⑩ "感"，《陳拾遺集》《文章辨體》《全唐文》《唐誌編考》《唐文新編》《韓古研究 15》作"感"，《文苑英華》作"滅"。

⑪ "歸"，《陳拾遺集》《文章辨體》《全唐文》《唐誌編考》《唐文新編》《韓古研究 15》《韓人銘集》作"歸"，《文苑英華》闕。

有唐故銀青光祿大夫光祿卿贈兗州都督金府
君墓誌銘并序
公姓金氏諱日晟字日用新羅王之後也壯
烈內蘊丹誠天縱歸本中朝宰先萬國
上嘉之景授銀青光祿大夫光祿卿位列
天廄名登國史紹開道緒不兪敢以鳴呼寵祿方
假貞心未已進疾彌留奄然殂謝逮太曆九年夏
四月廿八日薨於長安崇資里之私第春秋六十有二
天子聞而悼焉遺中使
詔慰禮加恒典贈絹一百匹
命追贈兗州都督寶途增寵嗣子惟心久
其年甲寅秋八月戊辰朔粵五日壬申
之古原夫人張氏天寶未先君云已令祔遷歸袗事官給禮逾常等中
貴歸贈命萬平令臨護寵藩菖也凶嫌衣裳引葬於
新羅慕義萬里　朝謁駿奔滄海甬甸
終關惟公忠壯位列九鄉陪本　王何是鄉關銘曰
纓義感　君臣禮露榮悴於而不朽衛
恩永懲

大曆九年（774）八月五日葬。

楷書，17行，滿行31字，高42.5厘米，寬42厘米。

陝西西安雁塔區三爻村出土，時間不詳。

石藏大唐西市博物館。

| 誌蓋 |　有唐故金府君墓誌銘
| 誌文 |　有唐故銀青光禄大夫光禄卿贈兗州都督金府君墓誌銘并序

　　公姓金氏，諱日晟，字日用，新羅王之從兄也。壯烈内蘊，丹誠天縱，歸奉中朝，率先萬國。上嘉之，累授銀青光禄大夫、光禄卿。位列天階，名登國史，紹開遺緒，不忝①前人。嗚呼！寵禄方假，貞心未已，遘疾彌留，奄然殂謝。以大曆九年夏四月廿八日，薨於長安崇賢里之私第，春秋六十有二。天子聞而悼焉，遣中使詔慰，禮加恒典，賻贈絹一百匹，衣十副。且有後命，追贈兗州都督。冥途增寵，嗣子摧心。以其年甲寅秋八月戊辰朔粵五日壬申，詔葬於長安永壽之古原。夫人張氏，天寶末先君云亡。今祔遷厝，哀事官給，禮逾常等，中貴歸賵。命萬年令監護，寵蕃酋也。鹵簿哀送，簫笳并引，葬於王土，何異鄉關。銘曰：

　　新羅慕義，萬里朝謁。駿奔滄海，匍匐絳闕。惟公忠壯，位列九卿。陪奉軒墀，出入簪纓。義感君臣，禮霑榮悴。殁而不朽，衒恩永慰。

---

① “忝”，《西市墓誌》《唐史論叢》《北方文物 2017－3》《墓誌東亞》《韓人銘集》作“忝”，《西江 2019 碩論》作“添”。按，墓誌原文作“忝”。

唐故清河縣君金氏墓誌并序

夫朝議大夫前行大理正李氏撰

縣君清河人也其先三韓之貴機茂

都督孫九族蕃衛亦衞縣君志性溫和立言可准四德嗣

子前知文館進士李氏有兒女各一人德

必合禮以具儀候每聞於鄉閭貞操已布在人口

動……怒思欲得姤女以配君子志在進賢不淫其色絕姤二姑

之行欲得姤女……古先令進姤河以……過批于廣德二

忌之……夫之爵封清河縣君以……火厝七年常樂里須臾

年以四月……權殯我李氏本縣洪……京地府萬年縣元年五月廿一

其年……一日於……先人墳側禮也鳴乎嗚乎何負天幼

日……遷桂風折我魂綠蘭霜粘……禮建中元年五月廿一員君幼

孝青……目語未見其人有知縣程有……多感尚人有前飯布滿君構

雜閣其語……遺頻甘非家不足而

空盖性……將成器為山九仞……之義不雖聰明

為……欲戰器為山九仞……

天不假陽君……嗣子童蒙颯兮建中元年五月……書

建中元年（780）五月十八日書。

楷書，20行，滿行20字，高寬39厘米。

出土時地不詳。

石藏西安碑林博物館。

| 誌蓋 | 大唐故金氏墓誌之銘
| 誌文 | 唐故清河縣君金氏墓誌并序

夫朝議大夫前行大理正李氏撰。

縣君清河人也。其先三韓之貴胤。考太僕卿，贈兗州都督。縣君適大理正隴西李氏，有兒女各一人。嗣子前弘文館進士。縣君志性温和，立言可准，四德有 備 ①，九族無虧，孝行每聞於鄉閭，貞操已布在人口。動必合禮，止亦具儀，候旨有齊眉之恭，雖愠無反目之怒。思得淑女，以配君子。志在進賢，不淫其色，絶妒忌之行，欲子孫之多。雖古先令娵，何以過此。廣德二年，以夫之爵封清河縣君。以大曆七年遘疾于長安，其年四月廿一日卒於京兆府萬年縣常樂里。頃緣年月不便，權殯本縣洪固鄉。今擇建中元年五月廿一日遷歸我李氏先人墳側，禮也。嗚呼嗚呼！何負天乎！青桂風折，緑蘭霜枯。知余多感，向此長途。憐君幼稚，舉目垂涕。魂兮有知，保爾遺類。古人有荆釵布裙，空聞其語未見其人，縣君有之矣！非家不足而不爲，蓋性本純質也！其銘曰：

玉貴琢磨，將欲成器。爲山九仞，功虧之義。爾雖聰明，天不假 壽 ②。嗣子童蒙，魂兮冥祐。

建中元年五月十八日書。

---

① "備"，此字泐損，《韓人銘集》未釋，以下文"無虧"推測，應爲"備"。《李勣墓誌》"三從有備，早先鳴鳳之乩；四德無虧，遠叶乘龍之慶"（周紹良、趙超：《唐代墓誌彙編續集》，第 625 頁），可爲佐證。

② "壽"，此字泐損，《韓人銘集》未釋，應係"壽"。"天不假壽"乃碑誌習語，下文有"祐"，韻文亦合。

貞元十年（794）八月十四日葬。

楷書，25行，滿行25字，高寬39厘米。

2022年陝西西安神禾原出土。

今藏地不詳。

| 誌蓋 | 大唐故金府君墓誌銘

| 誌文 | 唐新羅國故質子蕃長朝散大夫試衛尉少卿金君墓誌銘

廣文館進士從姪良説撰。

維唐貞元十年五月壹日，試衛尉少卿質子蕃長金君終于京兆府太平里之館第。鴻臚以奏，聖上宸悼，錫以優例，詔賜使持節、都督登州諸軍事、登州刺使，賻贈匹帛，及葬日，官給車輿、縵幕、手力，兼賜詔祭棺槨墓地等，仍令長安縣令專知葬事者。以其年八月十四日窆于城南畢原之北，府君叔父之次，禮也。君諱泳，其先祖即本新羅國故王堂兄，開元初以差入朝，宿衛於皇朝，授金紫光禄大夫、試太常卿，諱義讓，則君之祖也。因宿衛而有三男，留於闕下。其長子皇授中散大夫，可光禄少卿，則君之考也。以父之胤而襲其質者，則君也。大曆 年，恩命差爲宣慰副使，還國授將仕郎、試韓王府兵曹參軍，宣命畢而復歸，恩命優加重賞，授朝散大夫、試太子洗馬。丁太夫人憂，居喪三年，哀過於禮。服闋，以貞元元年本國王薨，又差爲吊祭册立副使，拜試衛尉少卿。再奉於使，往來勒勞滄海，遂本國王特奏官兼充蕃長者。風俗廣通於海隅，禮義大興於東國。因遘疾而不起，春秋冊有八。嗚呼！君自爲卿長以來兩國使命，見者無不稱其德，朋友無不稱其賢。不壽而終，時人惜也！夫人太原王氏，東畿偃師縣令千齡之子也，賢比姬姜之淑女，貴則卿監之夫人。其貞元四年四月十四日逝於同館，權厝於城南之原。有男九人，嗣者士素，應明經舉；次曰士弘；次曰士烈，尊君痼疾，願爲父出家。女子三人，長者已適事人，餘者悉幼，而乃抱棺泣血。良説忝爲從姪，故録其功，列述兹遺行，冀宣孝訓，不飾其文。銘曰：

哀哉月卿，化爲異靈。舊質聖朝，魂寄幽冥。卜地南崗，鐫石記名。

咸通五年（864）十二月七日葬。

隸書，23 行，滿行 27 字，高寬 44.5 厘米。

1954 年陝西西安東郊郭家灘出土。

石藏西安碑林博物館。

| 誌蓋 | 大唐故金氏夫人墓銘

| 誌文 | 前知桂陽監將仕郎侍御史內供奉李璆夫人京兆金氏墓誌銘并序

鄉貢進士崔希古撰。

翰林待詔承奉郎守建州長史董咸書篆。

太上天子有國泰宗陽，號少昊氏，金天①即吾宗受氏世祖。厥後派疏枝分，有昌有微②，蔓衍四天下，亦已多已衆③。遠祖諱日磾，自龍庭歸命④西漢，仕武帝，慎名節，陟拜侍中、常侍，封秺亭侯。自秺亭已降，七葉軒紱燉⑤煌，繇是望係京兆郡。史籍叙載，莫之與京，必世俊⑥仁，徵驗斯在。及漢不見德，亂離瘼矣，握粟去國，避時屆遠，故吾宗違異於遼東。文宣王立言：言忠信，行篤敬，雖⑦之蠻⑧貊⑨，其道亦行。今復昌熾吾宗於遼東。夫人曾祖諱原得，皇贈工部尚書。祖諱忠義，皇翰林待詔、檢校左散騎常侍、少⑩府監、內中尚使。父諱公亮，皇翰林待詔、將作監承⑪、充內作判官。祖父文武餘刃，究平子觀象規模，運公輸如神機技。乃貢藝金門，共事六朝，有禄有位，善始令終。先夫人隴西李氏，搢紳厚族。夫人即判官次女，柔順利貞，稟受自然，女工婦道，服勤求舊。及歸李氏，中外戚眷，咸號賢婦。夫人無嗣，撫訓前夫人男三人，過人己子。將期積善豐報，豈謂天命有算，修短定分，綿遘疾瘵，巫

---

① “金天”，《唐誌彙編續》《唐文新編》下讀，《新中國誌陝西貳》《唐文補遺（三）》上讀。

② “微”，《新中國誌陝西貳》《唐誌彙編續》《唐文新編》《韓人銘集》作“徵”，《唐文補遺（三）》作“微”。按，墓誌原文作“微”。

③ “衆”，《唐誌彙編續》《唐文新編》作“家”，并下讀，《新中國誌陝西貳》《唐文補遺（三）》《韓人銘集》作“衆”。按，墓誌原文作“衆”。

④ “歸命”，《唐誌彙編續》《唐文新編》闕，《新中國誌陝西貳》《唐文補遺（三）》《韓人銘集》作“歸命”。按，墓誌原文作“歸命”。

⑤ “燉”，《唐誌彙編續》《唐文新編》闕，《唐文補遺（三）》作“敦”，《新中國誌陝西貳》《韓人銘集》作“燉”。按，墓誌原文作“燉”。

⑥ “俊”，《新中國誌陝西貳》作“後”，其他家作“俊”。

⑦ “雖”，《唐誌彙編續》《唐文新編》作“雍”，《新中國誌陝西貳》《唐文補遺（三）》《韓人銘集》作“雖”。按，墓誌原文作“雖”。

⑧ “蠻”，《新中國誌陝西貳》《唐誌彙編續》《唐文補遺（三）》《韓人銘集》作“蠻”，《唐文新編》作“鸞”。按，墓誌原文作“蠻”。

⑨ “貊”，《新中國誌陝西貳》《唐誌彙編續》《唐文新編》《韓人銘集》作“貌”，《唐文補遺（三）》作“貃”。按，墓誌原文作“貊”，係“貃”字訛刻。

⑩ “少”，《唐誌彙編續》《唐文新編》作“內”，《新中國誌陝西貳》《唐文補遺（三）》《韓人銘集》作“少”。按，墓誌原文作“少”。

⑪ “承”，當係“丞”之訛刻。

扁不攻。咸通五年五月貳拾玖日終于嶺表，亨①年卅三。端②公追昔平生，尚存同體，經山河視若平川，不避艱儉③，堅心臨柩，遂歸世域。嗣子敬玄，次子敬暮，次子敬元，并哀毀形容，遠侍靈襯，追號罔極。敬玄等支殘扶嵩，謹備禮文。以咸通五年十二月七日遷神于萬年縣滻川鄉上傅村，歸世塋域。夫人親叔翰林待詔、前昭王傅，親兄守右清道率府兵曹參軍，聯仕金門，丞④家嗣業。希古與夫人兄世舊，追惻有作，因以請銘。銘曰：

天地不仁⑤，先死陶鈞。孰是孰非，無疏無親。不饗積行，不永大命。豈伊令淑，亦罹賢聖。遘此短辰，游岱絕秦。大道已矣，萬化同塵⑥。

---

① "亨"，當係"享"之訛刻。
② "端"，《唐誌彙編續》《唐文新編》闕，《新中國誌陝西貳》《唐文補遺（三）》《韓人銘集》作"端"。按，墓誌原文作"端"。
③ "儉"，當係"險"之訛刻。
④ "丞"，當係"承"之訛刻。
⑤ "仁"，《唐誌彙編續》《唐文新編》作"仕"，《新中國誌陝西貳》《唐文補遺（三）》《韓人銘集》作"仁"。按，墓誌原文作"仁"。
⑥ "塵"，《新中國誌陝西貳》《唐誌彙編續》《唐文新編》闕，《唐文補遺（三）》《韓人銘集》作"塵"。按，墓誌原文作"塵"。

景龍元年（707）十月十八日建。

隷書，18行，滿行31字，高96厘米，寬64厘米。

石藏太原晉祠博物館。

【記文】　大唐勿①部②將軍功德記

郭謙光文及書。③

咨故天龍寺者，兆基有齊，替乎隋季。蓋④教理歸寂，載宅茲山之奧。龕室千萬，彌亘崖岊。因廣⑤增修，世濟其美。夫其峰⑥巒岌磔⑦，丹翠含赩，灌木蕭森，濫泉觱沸，或叫而合罄喧⑧嘩⑨者，則參虛⑩之秀麗也。雖緇徒久曠，禪廡荒閴⑪，而邁種德者，陟降逗險，固無虛月焉。大唐天兵中軍副使、右金吾衛將軍、上柱國、遵化郡開國公勿⑫部珣，本枝⑬

---

① "勿"，原石殘泐，《金石文字》《金石録補》《潛研堂》《金石萃編》《全唐文》《寰宇訪碑》《山右金石》等未釋，《平津館》釋爲"万"，《讀碑記》《金石匯目》《雪堂金石》始釋作"勿"，《天龍山石窟》《鏡花水月》《韓古研究 32》《西江人文 25》等從之，《唐代蕃將》釋作"兵"。今以字形觀之，此字當爲"勿"。"勿"字在記文中出現兩次，分別是第一行第三字，及第五行第二十八字。諦視之，"勿"字形框架及殘筆尚存。

② 《佛教文明》於"部"後衍"珣"，其他家無。按，原石此處無"珣"字。

③ "郭謙光文及書"，《金石文字》闕"謙光"，《潛研堂》始補全，《金石萃編》《天龍山石窟》《鏡花水月》《韓古研究 32》《西江人文 25》《佛教文明》等録存，《全唐文》《移民研究》釋文脱。按，功德記題首下有篆書"郭謙光文及書"六字，可補入記文。

④ "蓋"，《移民研究》釋作"葢"，其他家釋爲"蓋"。按，功德記原文作"蓋"，當以"蓋"爲是。

⑤ "廣"，《金石萃編》《韓古研究 32》釋作"廣"，《天龍山石窟》《鏡花水月》《西江人文 25》、《天龍山窟藝》《佛教文明》等釋作"广"，《全唐文》《移民研究》等釋作"厂"。按，以文義核之，"广"字爲勝。且諦視原文，"广"上一點爲原字筆畫，非石花，是爲佐證。現按整理體例寫作"廣"。

⑥ "峰"，《金石萃編》《全唐文》《西江人文 25》釋作"峯"，《天龍山石窟》《鏡花水月》《韓古研究 32》《天龍山窟藝》《移民研究》《佛教文明》釋作"峰"。按，"峯""峰"古通，原文作"峯"，"峰"之異體。

⑦ "磔"，《金石萃編》《全唐文》《鏡花水月》《韓古研究 32》《移民研究》《佛教文明》等釋作"磔"，《西江人文 25》釋作"石業"二字，《天龍山窟藝》釋作"磔"。按，此字拓本已泐損，殘筆似"磔"。又，"磔""業"通，"岌業"，高壯貌，習見載籍，而"岌砾"詞義不明，故以"磔"爲是。

⑧ "喧"，《佛教文明》釋作"誼"，其他家釋作"諠"。按，功德記原文作"諠"，"喧"之異體。

⑨ "嘩"，《金石萃編》《全唐文》《天龍山石窟》《鏡花水月》《韓古研究 32》《西江人文 25》《天龍山窟藝》等釋作"譁"，《移民研究》等釋作"嘩"。按，功德記原文作"譁"，"嘩"之異體。

⑩ "虛"，《金石萃編》釋作"虗"，其他家釋作"虛"。按，該字原石"虍"下作"业"，即"丘"之小篆寫法。"丘"，從北從一，因字形與"业"相近，故"虛"訛變爲從虍從业。今謂"虛""虗"古同，抑或正俗異體，皆本於此。

⑪ "閴"，《天龍山窟藝》未釋，其他家釋作"閴"，可從。

⑫ "勿"，《金石萃編》《全唐文》《譯注韓石》《移民研究》等未釋，《天龍山石窟》《鏡花水月》《韓古研究 32》《西江人文 25》《天龍山窟藝》《佛教文明》釋作"勿"。

⑬ "枝"，《金石文字》跋文引作"支"，其他家釋作"枝"。按，該字原石清晰，以"枝"爲是。

東①海，世食舊德。相虞不臘，之奇族行；太上懷邦，由余載格。歷官內外，以貞勤驟徙②。天兵重鎮，實佐中軍。于神龍二年三月，與內子樂浪郡夫人黑齒氏，即大將軍燕公之中女也，躋京陵，越巨壑，出入坎窞③，牽攀莖蔓，再休再咽，乃詹夫淨域焉。於是接足禮已④，却住一面，瞻眺⑤觀⑥歷，嘆⑦未⑧曾有。相與俱時，發純善誓，博施財目，富以食⑨上。奉爲先尊及見存姻族，敬造三世佛像，并諸賢聖。刻雕衆⑩相，百福⑪莊嚴。冀藉⑫勝因，圓資居往。暨三年⑬八月，功斯畢焉。夫⑭作而不記，非盛德也。遵化公資孝爲忠，杖⑮義而勇，憔悴⑯以

---

① “東”，《金石文字》釋作“京”，《潛研堂》正其誤，始作“東”，後釋者從之。按，“東”字中部略殘，所留筆畫確實與“京”相似。但該字上部筆畫爲“丨”起筆，與“京”之“丶”起筆區別明顯。此外，與固定方位名稱“東海”相比，“京海”罕見傳世文獻所載，又可爲佐證。

② “徙”，《韓古研究 32》《佛教文明》釋爲“徒”，其他家等釋作“徙”。按，此謂勿部珣遷職官升遷之語，“驟徒”不類，原石文作“徙”。

③ “窞”，《天龍山窟藝》未釋，其他家釋作“窞”。按，此字雖略殘，尚可識，當釋爲“窞”。《易·習坎》有“入於坎窞”之語，喻險境，與文義合。

④ “已”，《金石萃編》《天龍山窟藝》《佛教文明》釋作“巳”，《全唐文》《譯注韓石》《天龍山石窟》《鏡花水月》《韓古研究 32》《西江人文 25》《移民研究》等釋作“已”。按，該字拓本作“巳”，但以文義推之，應作“已”字。“接足禮已，却住一面”乃言佛教徒頭面接足作禮，禮已畢則退下，停留在旁邊。此類詞於佛經及佛教禮儀記錄文獻中習見，可爲證。“已”“巳”字形相近，書寫刊刻及風化泐損皆可造成誤讀。

⑤ “眺”，《金石萃編》《全唐文》《譯注韓石》《鏡花水月》《西江人文 25》《天龍山窟藝》等釋作“覜”，《天龍山石窟》《韓古研究 32》《佛教文明》釋作“頫”，《移民研究》釋作“眺”。按，該字從兆從見，右部非爲“頁”，當以“覜”爲是。“覜”、“頫”字形相近，經典中多相訛。又，“覜”古有二義，一爲諸侯三年大相聘曰“覜”，二爲遠望之義，與“眺”古同，爲“眺”之異體。

⑥ “觀”，《金石萃編》《全唐文》《譯注韓石》《移民研究》等未釋，《天龍山石窟》《鏡花水月》《韓古研究 32》《西江人文 25》《天龍山窟藝》《佛教文明》等釋作“履”。按，此字已殘，然左右結構之右部“見”仍可辨識，釋“履”未安，應釋作“觀”。“觀歷”於釋家著述中屢見，且與“嘆未曾有”相連文，如《付法藏因緣傳》卷六“遍觀肴饍，嘆未曾有”、《阿毘達磨大毘婆沙論》卷一八三“時衆觀者，嘆未曾有”、《宗鏡錄》卷九九“歷觀供饌，嘆未曾有”等。

⑦ “嘆”，《金石萃編》《全唐文》《譯注韓石》《鏡花水月》《西江人文 25》《佛教文明》釋作“嘆”，《天龍山石窟》《韓古研究 32》《移民研究》等釋作“叹”，《天龍山窟藝》釋作“歡”。按，功德記原文作“嘆”。

⑧ “未”，《天龍山石窟》釋作“末”，其他家釋爲“未”。按，功德記原文作“未”。

⑨ “食”，此字原石已損，諸家未釋。今以下部殘留“㇏”畫觀之，似爲“食”字。

⑩ “衆”，《金石萃編》《全唐文》《譯注韓石》《移民研究》等未釋，《天龍山石窟》《鏡花水月》《韓古研究 32》《西江人文 25》《天龍山窟藝》《佛教文明》等釋作“衆”。按，此字上部殘損，下部仍可見“衆”字下筆。《大莊嚴論經》卷一一“又善知裁割，刻雕成衆像”，與此文合。

⑪ “福”，《金石萃編》《全唐文》《移民研究》等未釋，《譯注韓石》《天龍山石窟》《鏡花水月》《韓古研究 32》《西江人文 2009‑25》《天龍山窟藝》《佛教文明》等釋作“福”。按，此字當爲“福”。該字殘留筆畫與“福”字上部相符，“百福莊嚴”爲佛家用語，於典籍習見。

⑫ “藉”，《金石萃編》《譯注韓石》《天龍山石窟》《鏡花水月》《韓古研究 32》《西江人文 25》《天龍山窟藝》《佛教文明》等作“籍”，《全唐文》《移民研究》等釋爲“藉”。按，此字拓本所見部首爲“艹”，非“𥫗”，應作“藉”。

⑬ “年”，《西江人文 25》釋作“季”，《天龍山窟藝》釋作“季”，其他家釋爲“年”。按，功德記原文作“季”，“年”之別體。

⑭ “夫”，《韓古研究 32》釋作“不”，其他家釋爲“夫”。按，功德記原文作“夫”。

⑮ “杖”，《金石萃編》《全唐文》《譯注韓石》《移民研究》等未釋，《天龍山石窟》《韓古研究 32》《西江人文 25》《佛教文明》釋作“仗”，《鏡花水月》《天龍山窟藝》釋作“杖”。按，今見該字“木”旁尚存，右部殘留筆畫亦與“丈”相合，應是“杖”字。

⑯ “憔悴”，《天龍山石窟》釋作“憔悴”，其他家釋爲“顦顇”。按，功德記原文作“顦顇”，“憔悴”之異體。

功德記

國，塞連匪躬。德立⸢刑⸣①行，事時禮順。塞既清只，人亦寧只。大搜之隙，且閱三乘。然則居業定功，於斯爲盛。光昭將軍之令德，可不務乎②？故刻此樂石，以旌厥問。其辭③曰：

⸢於⸣④鑠明德，知終至而。忠信孝敬，元亨利而。總戎衛服，要荒謐而。乘緣詣⑤覺，歸⸢於⸣⸢一⸣⸢而⸣。⑥

大唐景⑦龍元年歲在鶉首十月乙丑朔十八日壬⑧午建。

⸢長⸣⸢子⸣⑨吏部選宣德郎昕，次子吏部選上柱國暕，次子上⸢柱⸣⸢國⸣⑩旼⑪，次子□，□⸢公⸣⸢婿⸣⑫兵部選仲容，公婿天⸢兵⸣⸢中⸣⑬軍總管祢⑭義。

---

① "刑"，該字全泐，唯留左上一橫筆，諸家未釋。今觀功德記之文，引經據典，皆有出處。按，《左傳》宣公十二年云"德立刑行，政成事時"，與記文"德立刑行，事時禮順"相似，推測所闕文字爲"刑"。

② "乎"，《天龍山石窟》釋作"舜"，其他家釋爲"虖"。按，原文作"虖"，古通"乎"。

③ "辭"，《金石萃編》《譯注韓石》釋作"嗣"，《全唐文》《天龍山石窟》《鏡花水月》《西江人文25》《天龍山窟藝》《移民研究》《佛教文明》等釋作"辭"，《韓古研究32》作"詞"。按，功德記原文作"嗣"，同"辭"。

④ "於"，此字原石已毀，不得見，諸家未釋。按，"鑠明德"見於漢《尹宙碑》銘文首句"於鑠明德"。"於"爲句首之語氣詞，表感嘆與贊美，相類句式還有《谷朗碑》"於鑠府君"等。溯其本源，出自《詩·周頌·酌》"於鑠王師"，傳云："鑠，美也。"以句式及文義推之，記文闕字當爲"於"。

⑤ "詣"，《韓古研究32》釋作"指"，其他家釋爲"詣"。按，功德記原文作"詣"。

⑥ "歸於一而"，後三字原石已殘，諸家無釋。按，此句首字爲"歸"，第三字似"一"，佛典中有習語"歸於一乘"，此處第四字依句例定爲"而"。

⑦ "景"，《移民研究》釋作"神"，其他家釋爲"景"。按，功德記原文作"景"。

⑧ "壬"，《金石萃編》《天龍山石窟》《韓古研究32》《天龍山窟藝》《佛教文明》等未釋，《譯注韓石》《鏡花水月》《西江人文25》釋作"壬"。按，以陳垣先生《二十史朔閏表》推之，景龍元年十月十八日爲壬午。《舊唐書》卷七《中宗本紀》云："（景龍元年）冬十月壬午，彗見於西，月餘而滅。"《舊唐書》卷三六《天文志》作"景龍元年十月十八日，彗見西方，凡四十三日而滅"，《唐會要》卷四三《彗孛》載同，可爲其證。

⑨ "長子"，二字所在原石已毀，諸家無釋。按，下文有"次子"若干，祢部昕居首位，則爲長子，故據例補之。

⑩ "柱國"，二字原石殘泐，諸家無釋。按，"次子"後有四字，依前文例，應爲職官與名字。以"上"起名職官無多，上祢部暕又官"上柱國"，今據例補。

⑪ "旼"，此字殘泐，諸家無釋。按，該字僅存右下"文"字餘筆。上文祢部昕、祢部暕諸名皆帶"日"，推測此字亦爲"日"旁，合之以"文"，則爲"旼"。《史記·司馬相如列傳》："旼旼穆穆，君子之能。"裴駰集解引徐廣曰："旼旼，和貌也。""旼"亦習爲人名，今見唐有郭旼、吉旼等。

⑫ "公婿"，二字殘泐不可識讀，諸家無釋。按，以功德記容字情況觀之，上"次子"距"兵"之間有五字空間，是二者不可連讀。依前文例，"兵"前應有"次子"二字，然"仲容"與前"昕""暕""旼"有異，當與下文"祢義"相當，爲祢部珣之婿。

⑬ "兵中"，二字已泐，殘留右邊筆畫，《金石萃編》未釋，《譯注韓石》《天龍山石窟》《韓古研究32》《天龍山窟藝》《佛教文明》補"兵中"。按，"兵中"之補可從。此二字上下分別爲"天""軍"，"天兵中軍"爲固有名稱，於詞例可通。

⑭ "祢"，《金石萃編》未釋，《譯注韓石》釋爲"彌"，《天龍山石窟》《鏡花水月》等釋作"珍"，《佛教文明》釋作"褵"。按，此字右部從"尔"，左部殘留。諦視之，此偏旁似"王"旁而豎筆明顯下行，當爲"礻"旁隸書體寫法，是該字應釋爲"祢"。今見唐《祢軍墓誌》《祢寔進墓誌》中"祢"字，均可爲證。

　　　　　　　　　　　　　　　　　　　　　　　　　　　　上編·整理編

49　　扶餘氏造像記

造像記

唐刻，無紀年。

楷書，6 行，行 2 字，高 7 厘米，寬 18 厘米。

石在河南洛陽龍門石窟第 877 窟。

［目］　　龍門彙録 142

［圖］　　北圖藏龍 1148

［文］　　法音 1984－2；龍門彙録 304；東北史地 2007－2；集刊 13；佛考 322；洛銘 563；集刊 21；東考 283

［研］　　法音 1984－2；東北史地 2007－2；集刊 13；洛陽大典上 377；洛陽大典下 954；佛考 322；洛銘 563；集刊 21；東考 283；洛博論文集

│ 記文 │　一文郎將妻扶餘氏敬造兩區。

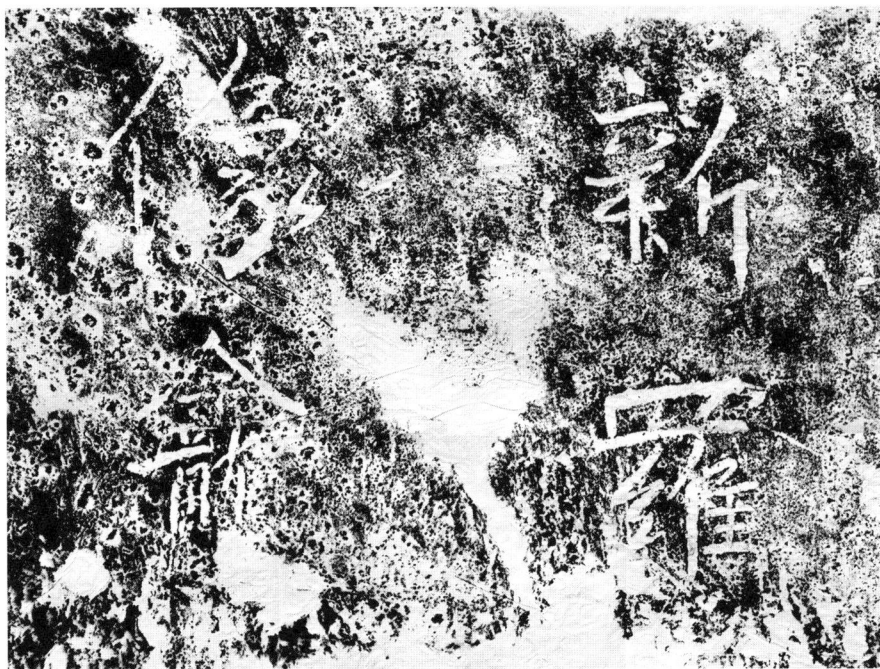

唐刻，無紀年。

楷書，3行，行2字。

石在河南洛陽龍門石窟第 484 窟。

［目］　　中原文物 1996－3；沈陽師大 2022 碩論

［圖］　　龍門彙録 114

［文］　　中原文物 1996－3；龍門彙録 114；尹容鎮紀念；佛學研究 1997；日本歷史 620；陝博館
　　　　　刊 10；文獻解釋 2003 冬；中流 2005；文史知識 2010－6；山東師大 2020 碩論；沈陽師大
　　　　　2022 碩論

［研］　　中原文物 1996－3；尹容鎮紀念；佛學研究 1997；日本歷史 620；陝博館刊 10；文獻解釋
　　　　　2003 冬；中流 2005；文史知識 2010－6；山東師大 2020 碩論；沈陽師大 2022 碩論

│ 記文 │　新羅像龕

51　高延福碑

開元十五年（727）五月葬。

陝西西安長樂原出土，出土時間及收藏地不詳。

[目]　唐文編年 127

[文]　張燕公集 19—30；張説文集 17；文苑英華 931‐1；全唐文 227‐20；信陽師院 2011 碩
　　　論：25

[研]　華中學報 1985‐3；集刊 3（張伯齡）；首師大 2003 碩論：68；南師大 2006 碩論：18；安
　　　大 2006 碩論：53；綏化學院學報 2007‐1；古籍整理 2007‐5；川大 2007 博論（周睿）：
　　　244；川大 2007 博論（胡燕）：34；文物世界 2008‐4；廈大 2008 博論：64；華僑 2009 碩
　　　論：36；湖大 2014 碩論：20；河師學報 2016‐6；中國書法 2019‐10

| 碑文 |　唐故高内侍碑

　　孝足動天，義堪變地。河中見三州之姓，炳彼精誠；南亭聞再逢之母，彰茲奇事。不有陰
德，曠代誰鄰？内侍高延福者，將軍力士之慈①父也。粵自西雲干呂，東明銜璧②，以亡王之
族，處巷伯之官，而將軍本繫③馮亭，代家南越，未知父母，來奉宮闈。老而無子曰悲，幼而
失親曰苦④。調之悲者，笙磬異器而同音；貌之苦者，秦胡別狀而共色。從此斷金合要，投漆
相受。承順莫違，日嚴生乎本性；仁慈匪飾，天屬由乎自我。父子之名既定，姓氏之目因⑤
移。大將軍之家，去鄭而取衛；平原侯之室，變郭而從甄。亦猶是也。既而内侍以鴻漸登朝，
苒蒻⑥朱紱；將軍以龍樓得主，艷耀金章。其訓子也，溫室之樹無言，車中之馬數對；其事親
也，三牲有養志之樂，百行無匪疾之憂。至矣哉！高氏之子也，以思親之願而展親，以欲報之
誠而報德，神明翕而哀懇，荒裔竦而慕義。乃有傍求聖善，提挈炎洲，二紀積離，萬里遙至，
音容莫識，涕對茫然，驗七星於子心，認雙環於母臂。而後深傷頓感，若墜谷而登⑦天；蘊怨
都除，類愈朦而睹日。於是盡歡二娉，兼敬三人。均養之恩，咸不寐於十起；反哺之志，齊色
難於一堂。群公賀虞潭之親，天子嘆馮勤之母，此復然矣。内侍事主四朝，歷官七政，專良恭

---

①　"慈"，《張燕公集》《張説文集》作"慈"，《文苑英華》作"茲"。
②　"璧"，《張燕公集》《文苑英華》作"璧"，《張説文集》作"壁"。
③　"繫"，《張燕公集》《文苑英華》作"繫"，《張説文集》作"擊"。
④　"苦"，《張燕公集》《文苑英華》作"苦"，《張説文集》作"若"。
⑤　"因"，《張燕公集》《張説文集》作"因"，《文苑英華》作"遂"。
⑥　"蒻"，《張燕公集》《張説文集》作"蒻"，《文苑英華》作"弱"。
⑦　"登"，《張燕公集》《張説文集》作"等"，《文苑英華》作"騰"。

肅，著美綸言，冲①謙儉讓，得名朝列。年六十有四，開元十四年，終於來庭里。明年五②月，葬於長樂原。繼子力士，喪孺慕而加等，葬馨誠而備物。義方之經，鬱爲稱首；孝德之傳，今見其人。永惟先恩，追綴餘烈。若夫慈羈旅之稚童，仁也；約詩禮之尊教，義也；貴不居而要避權，禮也；生推心而死有托，信也。仁爲德本，義爲行先，禮爲身宅，信爲意田。故仁之報也壽，義之報也樂，禮之報也安，信之報也順。履順居安，乘樂享壽，此四者，生人之偉事，自天③之深致者矣。於戲！領④賜冠，馳寵勢，偃蹇俗上，煜爥君傍者，豈不思景行高山，慎視前轍？如或少選亡禮，顛沛違仁，瞻言四報，咫尺千里，揚芳樹淑，其不難乎？予⑤固《春秋》之徒也，懲不濫而勸不僭，義重天綱，孝崇人紀，樂諄諄之成訓，善哀哀之父母，不著倚相之書，將受丘明之恥。九原⑥上，千月⑦深，覽碑版⑧，傷知音，有以見古史之心也。銘曰：

　　高堂樂未散，重壤哀已擗。寶帳吹靈衣，金樽照塵席。苦長夜之易泯，怨寸景之難惜。列⑨義聲與孝心，萬古千齡傳此名⑩。

---

① "冲"，《張燕公集》《張説文集》作"冲"，《文苑英華》作"温"。
② "五"，《張燕公集》《張説文集》作"某"，《文苑英華》作"五"。
③ "自天"，《張燕公集》作"自天"，《張説文集》《文苑英華》作"目牛"。
④ "領"，《張燕公集》《文苑英華》作"領"，《張説文集》作"頷"。
⑤ "予"，《張燕公集》作"予"，《張説文集》作"子"，《文苑英華》作"余"。
⑥ 《文苑英華》衍"之"，其他家無。
⑦ "月"，《張燕公集》《張説文集》作"月"，《文苑英華》作"目"。
⑧ "碑版"，《張燕公集》《張説文集》作"碑版"，《文苑英華》作"俾攀"。
⑨ "列"，《張燕公集》《張説文集》作"慈"，《文苑英華》作"列"。
⑩ "名"，《張燕公集》作"名"，《張説文集》《文苑英華》作"石"。

天寶十三載（754）正月二十五日葬。

隸書，5 行，滿行 6 字，高寬 36 厘米。

2009 年陝西西安灞橋區席王蕭家寨出土。

石藏西安市文物考古研究院。

［圖］　　世界宗教 2015－1

［文］　　世界宗教 2015－1；遼宋金元 2017；文博 2022－3

［研］　　世界宗教 2015－1；遼宋金元 2017；文博 2022－3

| 銘文 |　唐清簡先生尊師泉君諱景仙藏劍之所。中元，天寶甲午歲，建寅月，卜日辛酉。

53　　金可記磨崖碑

大中十二年（858）二月二十五日卒。

楷書，16 行，滿行 21 字，高 200 厘米，寬 190 厘米。

原在陝西長安縣至子午鎮子午峪北口山崖。

石藏西安長安區博物館。

［圖］ 　 西北歷史 1987；白山學報 48；文史論叢 2006－1

［文］ 　 西北歷史 1987；人文論叢 7；白山學報 48；白山學報 53；文史論叢 2006－1

［研］ 　 西北歷史 1987；人文論叢 7；白山學報 48；白山學報 53；考文 1999－6；關係史文集 2004；文史論叢 2006－1；人文雜志 2017－1

| 碑文 | 杜甫贊元逸人玄壇歌

故人昔隱東蒙峰，已佩含景蒼精龍。故人今居子午谷，獨向陰巖結茅屋。屋前太古玄都壇，青石漠漠長風寒。子規夜啼山竹裂，王母晝下雲旗翻。知君此計誠長往，芝草琅玕日應長。鐵鎖高垂不可攀，致身福地何蕭爽。

金可記傳

金可記者，新羅人。宣宗朝以文章賓于國，遂擢進士第。性沉默，有意於□□□□□因隱終南山子午谷。好花果，於所□□□□□□□□及煉形服氣。凡數年，歸本國。未幾，□□□□□□□隱修養愈有功。大中十一年十二 月 □□□□□言奉玉皇詔，爲英文臺待 郎 ，明年二月二 十 五 日 當 上升。宣宗異之，召，不起。又 索 玉皇詔，辭以別 仙 所 掌 ， 不 留 人 間 。遣中使監護。可記獨居 靜 室 ，□□□□□□□□□□中使竊窺之，見仙官□□□□□□□□□□□肅。及期，果有五雲□□□□□□滿空。須臾，升天 而 去。

扶餘氏夫嗣虢王李邕墓誌

開元十五年（727）十二月二十九日葬。

楷書，32 行，滿行 32 字，高寬 87 厘米。

2004 年陝西富平縣杜村鎮北呂村出土。

石藏陝西省考古研究院。

| 誌蓋 | 大唐故嗣虢王墓誌銘
| 誌文 | 唐故贈荆州大都督嗣虢王墓誌并序

銀青光禄大夫行黄門侍郎兼太原尹李暠撰。

王諱邕，字邕，隴西成紀人也。因封譜系，國史存焉。太武皇帝之曾孫，贈司徒、揚州大都督、號莊王之孫，曹州刺史、定襄郡公之嗣子也。生而惠，幼而敏，以捧雉之歲，遇亢龍之期。宗社鼎移，門閥巢覆，特以童孺，免於淫刑。流落江淮，漸讀《詩》《禮》，秉心有節，飾道履屯。交天下之賢，擊古人之劍，思鞭楚墓，欲報韓冤。屬神龍之初，興復之泰，載闢寰宇，寵雪幽靈。王遂祗命登朝，始解衣而寢。年廿八起家，授右衛左郎將，尋封嗣虢王，食實封四百户。加國子司業，榮兼土宇，光啓邦家。然慶父仍存，魯難未已。武三思外擅朝政，誅剪忠良；韋庶人内掩天聰，共圖表裏。更貽洪業，有甚綴旒，宗室憂虞，衣冠憤激。王窮神之智，如彼涌泉；察奸之明，同于懸鏡。僉以周公之德，猶亮采於金縢；朱虚之功，亦憑資於右戚。遂承恩命，娶韋庶人妹崇國夫人，加銀青光禄大夫、行光禄少卿、秘書監、殿中監兼内外閑廐使，贈封汴王，榮開幕府。息盈禮縟，門貴地尊，雖寵盛日崇，而謙冲益固。于時，公主等出入無度，夫人輩詭伏多途，工言之狀萬端，離間之詞千變。以紊朝政，以蕩主心，使君臣將乖，骨肉爲阻。王時陪鞫鞠，或奉盤游，得申造膝之言，以盡牽裾之諫，導于未達，陳諸未聞。朝廷寬數年之憂，睿宗免群邪之難者，王之力也。然惡邪者寡，醜正者多，中宗竟以毒禍而崩。王師復以討賊而卒，遂使蒼黄未究，玉石同焚，緣累出爲沁州刺史。迨天保已定，朝命克宣，癉惡以誅，疇庸以賞，是用復階三品，贈封百户。除隴州刺史，遷宗正卿，移號州刺史，改太僕卿，轉衛尉卿，出守貝州刺史，入爲秘書監，又拜衛尉卿。下車則理，憩樹猶存。在邦必聞，長裾可托。君子不器，無乃是乎。負杖爲吟，疑蛇有疾。天藥不絶，中使相望。福善無徵，奄歸大化。開元十五年七月八日薨於東都嘉善里之私第，春秋五十。皇上存家人之禮，特爲舉哀，念保護之功，仍加震悼。贈荆州大都督，賜物二百，米、粟各二百石。葬事所須，并令官給。生榮没哀，暉今振古。王寬厚植性，博愛兼懷，孝于其家，義形於國，仁必及物，敬必及心。雖東平之多才，無以爲喻；河間之樂善，未始同年。知與不知，識與不識，聞乎即世，莫不稱嗟。以其年十二月廿九日祔富平縣宜成原，禮也。有子巨、昭等，雖或登朝，而年在總角，率情過禮，擗地窮哀。餘慶所鍾，寔惟才子，恭撰遺事，以誌於文。乃爲銘曰：

於穆我先，肇自玄元。惟寂惟寞，德不諼兮。天啓盛唐，累聖重光。鴻懿景鑠，福祚長兮。影派潢水，枝分戚里。賢王之孫，名公子兮。呂氏僭盜，竊我天兮。王室中微，淫刑瀑兮。沿河浮濟，播潛江澧。嘗膽枕戈，居淹涕兮。人厭虐政，龍興啓聖。日月再明，萬邦慶兮。帝曰女宅，纂于舊虢。作蕃維城，鎮磐石兮。白日不借，青春忽謝。夢奠兩楹，歸長夜兮。楚挽晨催，虞歌曉哀。佳城鬱鬱，何時開兮。幽隧既封，泉扃又重。平生令德，空青松兮。

銀青光禄大夫宗正卿上柱國嗣彭王志暕書。

劉元貞夫人王氏墓誌

天寶七載（748）十二月三十日葬。

楷書，25 行，滿行 25 字，高寬 60 厘米。

河南洛陽出土，時間不詳。

石藏千唐誌齋博物館。

| 誌蓋 | 闕

| 誌文 | 大唐左龍武大將軍劉公夫人晉陽郡夫人王氏墓誌銘并序

　　夫人姓王氏，襄平人也。營州別駕景昌，其曾。左豹韜衛郎將德徽，其祖。處士諶，其父也，不幸短命。夫人生數月而并孤，終鮮伯叔，保養于從姊。藐在童齓，婉其成人。既笄，而適于劉公。事舅後姑，饘於是粥，於是而以孝聞。唐元之初，皇帝掃清中禁，劉公佐命將行，密訪于夫人。夫人曰："人臣之義君，爲社稷死則死，爲社稷亡則亡。又況大聖勃興，天之所與，反正皇極，大庇生人，在此舉矣！"公其勉旃。既濟，公拜雲麾將軍、右驍衛中郎，夫人邑封太原郡。昔僖妻禮文，克減胥靡之禍；陵母固漢，卒成苴土之勛。終或藝宮，始或伏劍，猶若史策稱之，橋杌榮之。夫人方之，無亦綽綽之有裕乎！劉公尋加本衛將軍，兼掌環列。改封晉陽郡夫人。自爾劉公位望益崇，夫人每加揖損，君子賴之，助成室家，以之和平。椒聊衍其實，鳲鳩均我生。故閨門之內，莫適奚之其母，不知孰者其子。歡如也，穆如也，宗族莫不仰其德焉。天寶三載春，劉公由左武大將軍薨。夫人銜恤哀慕，僅以形立，因遇心疾，彌載不豫。以天寶七載七月十六日薨于東京承義坊宅之小寢，享年六十有六。閨門孺慕，仁里廢音。遂以其載十二月卅日合葬于洛陽縣平陰鄉奇溪北平原舊塋。大行設次，而左右衛尉供儀以導引；太僕巾車，而凤駕有司陳饋而庭薦。生也則德義爲榮，没也乃備物爲哀。有子曰承休，十五而志學，十年而有聞。承光、承福、承嗣等，叙倫則十，厥德維一。或文章政事歸其能，或環衛閭資其幹。所在而稱，賴聖善歟。諸子知適者早預升堂之拜，敢備旌旐之闕文。其詞曰：

　　歲將暮兮，寒風凄然。徒御悲兮，旌旐翩翩。塋域不改兮，古木蒼烟。以時合葬兮，路通黃泉。徒恨物化之無故，去來非我兮，何患乎後先。

高延福養子高力士墓誌

寶應二年（763）四月十二日葬。

行書，45 行，滿行 34 字，高 78 厘米，寬 112 厘米。

1997 年陝西蒲城縣保南鄉山西村出土。

石藏蒲城縣博物館。

| 誌蓋 | 唐故開府儀同三司贈揚州大都督高公墓誌

| 誌文 | 大唐故開府儀同三司兼內侍監上柱國齊國公贈揚州大都督高公墓誌銘并序

尚書駕兵部員外郎知制誥潘炎奉敕撰。

太中大夫將作少監翰林待詔張少悌奉敕書。

事君之難，請言其狀：盡禮者，或以爲諂；納忠者，時有不容。直必見非，謂之譖上；嚴又被憚，不得居中。古所謂爲臣不易者以此。至有排金門，上玉堂，出入五紀，近天子之光，周旋無違，獻納必可。言大小而皆入，事曲折而合符。恭而不勞，親而不黷；諫而不忤，久而不厭。美暢於中，聲聞於外。開元之後，見之於高公矣！公本姓馮，初諱元一。則天聖后賜姓高，改名力士。馮之先，北燕人也。衣冠屢遷，不常厥所，章甫適越，遂爲强家。曾祖盎，皇唐初高州都督、耿國公、廣韶等十八州總管，贈荆州大都督。干旟特建，嶺嶠爲雄。頤指萬家，手據千里。有三子，曰智戣、智戴、智玼。耿公知而內舉，請以分憂，朝廷許之。戣爲高州刺史，戴爲恩州刺史，玼爲潘州刺史。聖曆中，潘州府君捐館舍，子君衡襲其位焉。父沒子繼，南州故事。且持棨戟，方俟絲綸。按察使摧折高標，摘抉瑕釁，禍心潛構，飛語上聞。帝閽難叫，家遂籍沒。及公之鼎貴，恩贈廣州大都督。公即廣州之少子也。年未十歲，入於宮闈。武后期壯而將之，別令女徒鞠育，將復公候之慶，俾加括羽之深。令受教於內翰林。學業日就，文武不墜。必也射乎！五善既閑，百發皆中，因是有"力士"之稱。自文林郎、宮教博士轉內府丞。至尊以公夙遭閔凶，弱喪何怙，倍年存父事之禮，三州有天屬之恩。帝曰："渝！以汝爲內侍高延福男。"由是，遂爲高氏。君命，天也，天所授焉！子楚大不韋之門，齊姜育有嬀之後，兆自真宰，成於主恩。孝和忽其升遐，韋氏紛以干命。玄宗至道大聖皇帝，中夜提劍，遲明登天。斗杓未移，沴氣如掃。攀龍附鳳，公實親焉。錄其翼戴之勣，遂有驟遷之命。特加朝散大夫、內給事，充內弓箭庫使。尋遷內常侍，兼三宮使。又加雲麾將軍、右監門衛大將軍。恭以橋梓之心，懼過車馬之賜，乞迴所授，進父之班。聖心嘉之，用獎名教，父子并受內侍。公仍加銀青光祿大夫。又屬萬乘東巡，柴于岱嶽，更授雲麾大將軍、左監門衛大將軍，申前命也。兼充內飛龍廏大使。公艱疚之歲，太夫人在堂。夫人麥氏，宿國猛公之曾孫也。覆巢之下，陟屺無從，寒泉切莫慰之心，永初無隨子之賦。德均聖善，孝感神明。瘴海炎山，不爲疵厲。板輿萬里，來就高堂。歡甚如初，和樂且孺。兄元璀、元珪等，雁行而至，當代榮之，慶吊相隨，風樹增嘆！無何，丁太夫人憂。絕漿之日，恩制起奪。先夫人有越國之贈，崇錫類也。累遷冠軍、鎮軍、輔國、驃騎等大將軍，特拜内侍監。内侍有監，自公始也。王鉷之亂，輦轂震驚。禁軍一舉，玉石同碎。公親執桴鼓，令於顏行曰："斬級者無戰功，擒生者受上賞！"俶擾之際，人無橫酷者，由公一言也！屬胡羯僭逆，天王居于成都。跋涉艱難，扶護警蹕。蜀有南營之叛，公討而平之。加開府儀同三司，封齊國公，食邑三千戶。文明武德皇帝再造區夏，奉迎皇輿。太上高居，復歸于鎬，賞從行者，加食實封三百戶。公左右明主，垂五十年，布四海之宏綱，承九重之密旨。造膝之議，削藁之書，不可得而知也。其寬厚之量，藝業之尤，宣撫之才，施捨之迹，存於長者之論，良有古人之風。上元初，遭謗遷謫，安置巫州。知與不知，皆爲嘆息。寶應元年，有制追赴上都。中路聞天崩地坼，二聖下席。長號泣血，勺飲不入口。惜攀髯而無及，俄易簀而長辭。其八月八日，終於朗州龍興寺，享年七十三。輿櫬至京，恩制贈開府議同三司、揚州大都督，仍陪葬泰陵。書王命，褒之也。公以寶應二年四月十二日安厝。夫人呂氏，道備公宮，天寶中封齊國夫人，方貴而逝。封樹已久，安而不遷。嗣子正議大夫、前將作少監、上柱國、渤海郡開國公承悅，猶子爲繼，克家有光，時稱雅才，喪善執禮。以先父出遠，表請黜官。皇鑒至明，俾復舊職。封章屢上，改恒王府長史，時議多之。養子内給事承信等，永言孝思，敬奉先訓。炎今之述者，天所命焉，用刊青壟之銘，長紀黃陵之側。詞曰：

五嶺之南歌大馮，桂林湘水神降公。君門九重閶闔通，開元神武英復雄。雲天雨露恩渥崇，帷扆籌謀心膂同。五十年間佐聖躬，無瑕遇謫遷巴東。來歸未達鼎湖空，撫膺一絕如有窮。魂隨仙駕游蒼穹，托塋山足茂陵中，君臣義重天地終！

懋官，事有嫌累，微瑕有玷。

高延福養子高力士墓碑

大曆十二年（777）五月十一日立。

行書，30 行，滿行 55 字，高 400 厘米，寬 150 厘米。

原在陝西蒲城縣保南鄉山西村高力士墓前。

石藏蒲城縣博物館。

| 碑文 | 唐故開府儀同三司兼内侍監贈揚州大都督陪葬泰陵高公神道碑并序

初有適越者，請觀南方之樂。主人爲之歌，馮賓曰："遠矣，□□□□之人乎！"式是炎州，代爲諸侯，衣冠甚偉，弈葉濟美。有甲三屬，有田千里，數代之後，衰而復起，一飛冲天。伯服有子不在外，其爲中貴乎！不在□□於他族乎！公本姓馮，諱元一，則天聖后賜姓高，改名力士，廣管潘州人也。馮之先有自北而南者，自宋懷化，□業以至于盎，五嶺之表，推□名族。皇唐初，盎使持節高州，都督廣、韶等十八州總管，封耿國公。耿公有三子，智戣爲高州刺史，智戴爲恩州刺史，智垈爲潘州刺史。咸有德義，實爲人豪，家雄萬石之榮，囊有千金之直。潘州府君生君衡。潘州薨而君衡襲位。象賢之禮，主記守封。且有舊章，斯爲代禄。使有輶軒□察者，不知承式，高下在心。因以矯誣罪成，於乎！裂冠毀冕，藉没其家。開元中，天子廣錫類之恩，覽先賢之狀。初贈潘州刺史，又贈廣州大都督。公即廣州之少子也。南溟地遠，北極天高。超然而來，飛不待翼。年在童齓，入侍玉階。則天矜其覆巢，知必成器，選内官。而母之命近侍，以□之，錫之以嘉名，教之以美藝。業且將就，乃遷厥官。及孝和棄群臣，韋氏窺大寶，不利王室，已成禍梯。玄宗赫然提劍而起。公實勇進，□龍上天，扶皇運之中興，佐大人之利見。自是之後，恩遇特崇，公卿宰臣，因以決事。中立而不倚，得君而不驕，順而不諛，諫而不犯。□王言而有度，持國柄而無權，近無間言，遠無横議。君子曰："此所謂事君之美也！"公弱冠之日，太夫人□滯于南，荒服遐陬，晨昏問絶。折葼之教，□而無及；嚙指之感，遠而遂通。自神而發于人，欲養而得其親。承初升輿，萬里而至，稱觴拜慶，兄等雁行。自閩葵而就養王城，當表罕有。終堂之□，恩制贈越國夫人。哀且榮矣，孝之終矣。便繁左右，拜將進階。又以慈父官卑，乞迴所授。上允其請，時議稱多。君子曰："此所謂事親之孝也！"君親之道備，臣子之行高，其餘則素業之丹青，立身之枝葉矣。曾扈從車駕幸三山宮，天子講藝呈材，威戎夸狄。有二雕食鹿，上命取之。射聲之徒，相顧不進。公以一箭受命，雙禽已飛，控弦而滿月忽開，飲羽而片雲徐下。壯六軍而增氣，呼萬歲以動天。英主愜心，□其中鎊，其絶倫之技，又如此者。京有王鉷之亂，蜀有南營之叛，倉卒起變，削而平之。臨大事而有大功，皆此類也。歷宣教博士、内府令、朝散大夫、内給事、内常侍、内侍，再授雲麾將軍、右監門衛將軍及大將軍。内侍置監，公首爲監。遷冠軍、鎮軍、輔

國、驃騎大將軍、開府儀同三司，封齊國公，食邑三千户，又加實封三百户。累充内屬箭及三宮内飛龍廐大使，又充開漕使。歷官授任五十餘年，從蒙塵幸蜀，梁棧護法，駕歸長安。一心貫乎神明，萬乘同其休戚。於戲！公之德形於外，可得而言也；公之美暢於中，不可得而聞也。上元初，避嫌請出放巫州，然貞臣之心，常在魏闕。寶應初，制命追赴上都。聞二聖升遐，絕漿七日，毀不能哭，銜哀而絕，終于朗州龍興寺，享年七十有三。夫崩天之喪，至於滅性；斬刻之痛，何忠烈焉！上士聞之，皆爲流涕。主上恩深録舊，澤及漏泉，贈揚州大都督，仍陪葬泰陵。以寶應元年四月十二日安厝，成其志也。夫人吕氏，齊國夫人，天寶中不幸先逝，宅兆于白鹿原。行楸已深，合葬非古，封樹既久，因而不遷。嗣子正議大夫、前將作少監、渤海郡開國公承悦，禮謂猶子，承陰而繼之，襲以芝蘭之芳，增其蓼莪之慼。養子内給事兼泰陵使承信等，周旋有加，奉孝謹丕。伏撰刊貞石之文，用紀黄陵之側。大君有命，俾予徽猷。臣炎不才，朱顔當御。殁而不朽，其在兹乎。銘曰：

惟公之本，南海雄豪。身得藏星，家傳擁旄。有馮之後，遂育于高。惟公之束，一命而俯。武后初眷，開元得主。萬乘腹心，三天門户。惟公之貴，出入紫宸。宮闈父事，階陛日親。歷載五紀，奉兹金綸。惟公之忠，心與上合。朱丹可書，純粹不雜。有言必從，有可必納。惟公之孝，達于神明。板輿萬里，自越徂京。爰及風樹，備其哀榮。惟公之藝，弦不再控。雙雕入雲，一發而中。三軍心伏，天子目送。惟公之勛，會合風雲。竊盜符命，戈矛紛紛。一麾而平，剗定褪氛。惟公之節，凌雲霜雪。負軛劍門，清宮魏闕。歲聿云暮，森彰行潔。唯公之殁，路正荆巫。二聖宴駕，長號鼎湖。哀而遂絕，痛入黄墟。惟公之葬，泰陵之下。存殁義同，忠貞無捨。書詞刊石，永示來者。

大曆十二年歲次丁巳五月辛亥朔十一日辛酉奉敕立石。

京兆府户曹參軍李陽冰篆額，太常徐霽刻字。

虢王妃扶餘氏曾孫李濟墓誌

寶曆元年（825）閏七月十九日葬。

楷書，30 行，滿行 30 字，高寬 63.5 厘米。

陝西西安長安區出土，時間不詳。

石藏西安長安區博物館。

| 誌蓋 | 唐宗正少卿李公墓銘

| 誌文 | 唐故宗正少卿上柱國賜紫金魚袋李公墓銘并序

通直郎守尚書水部郎中賜緋魚袋李仍叔撰。

公諱濟，字恕躬，隴西成紀人也。六代祖神堯高皇帝，生元鳳，爲虢王。王生宏，爲定襄郡公。郡公生邕，爲銀青光禄大夫、秘書監，嗣封虢國，贈荊州大都督。都督生承晊，皇漢州刺史。使君生望之，皇大理評事，贈工部侍郎。侍郎即公先考也。先夫人弘農楊氏，贈華陰郡君。夫人外祖諱瑀，開州刺史，娶京兆華原縣令彭城劉偓女，先公歿十四年，殯于鎮州真定縣，今則不及祔公之墓。生子九人：長曰同辰，右司御率府倉曹參軍；次同師，同贊，同玄，同行，同文，同泰，同賓，同証。女六人：長弟廿二，已下五人皆未字也。自同辰而冠者，性懷善良，克奉家法，哭泣之節，頗見孝道。公初任試太祝，次轉金吾倉曹，遷監察御史，賜緋魚袋，爲成德軍節度巡官，轉殿中爲推官，又改侍御史，仍帶舊職，遷戶部外郎，轉爲判官，皆以公事修舉，序進賓府也。貞元中，德宗文皇帝初平賊寇，歸復京邑，録定功德，以趙帥太師大變艱危，却立東夏，撥正將亂，自建殊庸，禮加寵崇，許婚宗族。公從伯姊，得至于趙。太師知公之賢，邀領賓職，歲月淹久，官至外郎。旋因太師薨落，公不得離去舊職，而將死者數矣。元和歲末，鎮有帥喪，三軍將亂，欲立其弟，今鳳翔節度僕射公也。公竭忠謀，潛咨伯姊，全置王氏之族，亟列忠臣之家，使太師之業復光，僕射之名不墜，得非公之力焉。朝廷擢拜宗正少卿，制詞褒稱此績。公自筮仕，至于登朝，曾無兼月之糧，盡入俸而足也。及兹喪歿，儀宇莫容，伯姊晉國太夫人哀傷生疾，徹虛正寢，安公柩焉。送往存生，情禮皆備，豈不道高人倫，義激風俗。與公游者，莫不揮涕而感之。公享五十，寶曆元年正月十日寢疾而歿，閏七月十九日葬於萬年縣義善鄉舊塋之東北。維刻石銘墓以難朽也。銘曰：

好古耽書，名從軍立。投筆論功，侯封不及。奔波敷奏，差池憂悒。迹爲賓寮，道皆伍什。款忠事泄，割地功集。疑責俾死，詞拒血泣。仰諸鴻翔，悲同虫蟄。人多閑閑，公常汲汲。星氣生躔，下應人間。王氏忠烈，忽然昭宣。僕射承家，舉族朝天。公隨伯姊，乃得生還。寵錫斯極，擢貳卿寺。日星半紀，未移官理。榮衛疾生，沉然不起。魂神銷離，嗚呼已矣！

鄉貢進士周漢賓書。

研究編

第一章

移民之始：唐太宗親征高句麗

有唐一代，數以十萬計的高句麗、百濟、新羅移民進入唐王朝的遼東、山東、河南、關中、隴西、江淮等地區定居，形成中國古代史上一次重要的移民潮。追溯三國移民潮之出現，其發端於高句麗移民，而高句麗移民之形成又開始於唐太宗親征。高句麗是漢唐統治時期由高句麗族建立的少數民族地方政權，自建立伊始，就與中原王朝保持着宗藩關係，接受册封，成爲中原王朝朝貢體制下的一個重要成員。貞觀十六年（642），高句麗東部大人蓋蘇文弑君攘國，勾結倭國，夥同百濟，攻占新羅，拒絕唐廷調解，破壞宗藩關係。貞觀十九年二月，唐太宗總帥六軍，水陸并進，親征高句麗，意圖恢復海東統治秩序。自此後，唐王朝連年征伐，至總章元年（668）攻破平壤城，最終滅亡高句麗。作爲唐麗戰爭的開端，唐太宗御駕親征，連剋十城，移民七萬三千餘人，給高句麗以極大震懾，彰顯了唐王朝收復故土的決心，開創了唐麗戰爭移民的先例，推動了唐麗戰爭的發展進程，在中國古代移民史上占有重要地位。略爲遺憾的是，相對於高句麗滅亡後移民問題研究，唐太宗親征高句麗帶來的移民發生、移民人數、移民影響等問題并未受到學術界的足夠重視，尚無專題研究。鑒於唐太宗親征高句麗移民的重要意義，本章擬結合傳世文獻及出土材料對該問題進行系統梳理。

一、移民的發生

貞觀十九年（645），唐太宗親征高句麗，相關事迹見載於《貞觀政要》《唐會要》《通典》《舊唐書》《新唐書》《資治通鑒》《資治通鑒考異》《太平寰宇記》《唐大詔令集》《册府元龜》《文獻通考》《三國史記》等。在史料豐富的同時，部分記載真偽混雜，訛誤較多，需要謹慎選擇和認真核對，適宜使用時間較早且來源可靠的史籍。就此而言，唐太宗在親征結束後，班師途中頒布的《班師詔》，具有極高史料價值。今見《班師詔》收錄於《唐大詔令集》《册府元龜》等，謄錄其文如下：

> 憤角遼陽，躬親節度，撼金海表，震曜威靈。剋其玄菟、橫山、蓋牟、磨迷、遼東、白巖、卑沙、麥谷、銀山、後黃等，合一十城，凡獲戶六萬，口十有八萬。覆其新城、駐驆、建安，三大陣前後斬首四萬餘級，降其大將二人、裨將及官人酋帥子弟三千五伯人。

<u>兵士十萬人</u>，并給程糧，放還本土。①

之所以重視這條史料，在上舉時間較早且來源可靠之外，還存在兩方面原因：一是從身份來看，唐太宗位居統帥，係戰爭親歷者；二是以時間觀之，唐太宗關於戰果的總結，距離戰爭結束不遠。時人記時事，可信度較高。審查《班師詔》覆城、獲戶等内容，可以確定唐太宗親征高句麗過程中，確實發生了移民。接下來，對移民相關記載略作分析。

首先，"凡獲戶六萬，口十有八萬"。《班師詔》言唐軍攻剋玄菟、橫山、蓋牟、磨迷（米）、遼東、白巖、卑沙、麥谷、銀山、後黃等十城，"凡獲戶六萬，口十有八萬"。其一，這條史料有異文。按，《資治通鑒考異》卷十《唐紀一》"十月徙遼、蓋、巖三州户口入中國者七萬人"條云："實録上云：'徙三州户口入内地者，前後七萬人。'下癸丑詔書云：'獲户十萬，口十有八萬。'蓋并不徙者言之耳。"② 顯然，《考異》所見詔書文是"獲户十萬"。關於"六"與"十"的差别，有學者認爲一户五口，十萬户即五十萬人，超過十八萬人總數，故以"六"爲正。③ 實際上，即便以一户五人來計算，"六"萬户即三十萬人，也超過十八萬數字。若再改以一户三人爲標準，使數字接近十八萬，則有强爲之説的嫌疑。戰爭時期，人口流亡，不適合以户數逆推人口。而且，"六萬"在《册府元龜·親征》載同之外，别無新證。④ 所以，這個問題暫時存疑較爲穩妥。其二，"户六萬"與"口十有八萬"的關係。對此，部分學者解讀爲"'户十萬'，應該是這次出征收服的全部人口，而'口十有八萬'，則應是已經降服，但留居高句麗的人數"⑤。按，"户""口"連文，再加俘虜人數，是史籍表述戰爭俘虜數量的常規模式。計家曰户，計人曰口，所指相同，是爲一體。換言之，"獲户六萬"與"口十有八萬"是以兩種計算方式，來表述唐太宗親征俘虜高句麗人口數，不存在全部人口與降服人口的區别。這也是上文没有過度解讀"六""十"區别的主要原因。如此，按照《班師詔》的記載，唐太宗親征高句麗俘獲高句麗百姓十八萬人。當然，這衹是唐軍俘虜高句麗百姓的總數，因爲唐太宗并未將所有俘虜進行移民，所以移民數要小於這個總數。

其次，"裨將及官人酋帥子弟三千五伯（百）人"。唐太宗在《班師詔》中，講到唐軍在新城、駐蹕、建安三大戰役中，斬首高句麗士兵四萬餘，降其大將二人，裨將及官人酋帥子弟三千五百人。其中，"三千五百人"是一個值得注意的數字，與駐蹕山之戰有關。貞觀十九年（645）二月，唐軍渡遼後，接連攻破蓋牟、遼東、白巖諸城。六月，唐軍在安市城，今遼寧海城英城子山城東南山地，與高句麗援軍展開激戰，史稱駐蹕山之戰。關於戰役過程，《唐會要》等史籍記叙一致，均載唐太宗指揮唐軍擊敗高句麗北部耨薩高延壽、南部耨薩高惠真率領

---

① 宋敏求：《唐大詔令集》卷一三〇《討伐》，北京：中華書局，2008年，第704頁。
② 司馬光：《資治通鑒考異》卷一〇《唐紀一》，上海涵芬樓景宋刊本。
③ 趙智濱：《唐太宗親征之役高句麗人移民内地人數考》，《通化師範學院學報》2015年第9期，第8—12頁。
④ 王欽若等：《册府元龜》卷一一七《帝王部·親征二》，北京：中華書局，1960年，第1406頁。
⑤ 苗威：《高句麗移民研究》，長春：吉林大學出版社，2011年，第97頁。

的十五萬援軍，將來降三千五百高句麗部落首領，授以武官，遷往内地。① 較之前文所言唐軍俘獲十八萬高句麗降户，"三千五百人"具有兩個特點：一、這些移民不是平民百姓，《唐會要》稱之爲"酋首"，《班師詔》細化爲"大裨將及官人酋帥子弟"，均指高句麗部落首領、貴族子弟；二、三千五百人在被賜予相應職官後，全部遷徙至唐王朝内地，進而成爲唐太宗親征高句麗的第一批戰争移民。

最後，"兵士十萬人"。《班師詔》載唐軍受降三千五百高句麗部落首領、貴族子弟之外，在攻占諸城過程中還俘獲"兵士十萬人"。根據唐太宗的陳述，這些兵士配給糧食後，放還本土，并未遷往内地。此處存在兩個需要確證的問題。第一，是否存在十萬人。相對於"三千五百人"，"十萬人"數字太過齊整，應該是一個概數。而且從戰争記録上來看，遼東城之戰俘獲士兵萬餘，白巖城之戰獲二千四百人，駐蹕山之戰獲三萬六千八百人，其他諸城均無記載，人數也不會很多。總計這些數字，唐軍俘獲高句麗士兵應該不到十萬。第二，是否放還本土。以目前所見史料觀之，唐太宗確實釋放了俘獲的高句麗士兵。如唐軍渡遼後，攻破蓋牟城，俘獲前來增援戍守的加尸城七百人，唐太宗"皆廩賜遣之"②，"悉令放還"③。後唐軍攻剋白巖城，"他城之兵在白巖者悉慰諭，給糧仗，任其所之"④。最後在駐蹕山之戰中，高句麗耨薩高延壽、高惠真率三萬六千八百人來降。唐太宗以酋首等三千五百人，授以戎秩，遷之内地，"餘三萬人悉放還平壤城"⑤。唐太宗將近十萬高句麗士兵俘虜盡數遣返，自然不在移民之列。

總體而言，根據《班師詔》等史料的記載，唐太宗在貞觀十九年（645）親征高句麗，連剋玄菟等十城，俘獲高句麗百姓十八萬人。經過新城、駐蹕、建安等戰役，唐軍斬殺高句麗士兵四萬餘人，受降三千五百人，遷往内地，其餘近十萬士兵發放糧食，放還本土。《班師詔》雖然文辭簡要，略記大概，但可以確定唐太宗親征高句麗過程中，確實進行了移民。

二、移民的人數

關於唐太宗親征高句麗移民人數，最先作出統計的是房玄齡。據《唐會要》《太平寰宇記》《舊唐書》《册府元龜》等所載，貞觀二十二年（648）七月，房玄齡晚年抗表勸諫，曾追述唐太宗親征高句麗之事："未經旬日，即滅遼東，前後虜獲，數十萬計，分配諸州，無處不

---

① 《唐會要》卷九五《高句麗》："遂引軍次安市城，進兵以攻之。會高麗北部耨薩高延壽、南部高惠真率靺鞨之衆十五萬來援，於安市城東南八里，依山爲陣。上令所司張授降幕於朝堂之側曰，明日午時，納降虜於此。上夜召文武，躬自指麾。是夜，有流星墜賊營中。明日，及戰，大破之。延壽、惠真率三萬六千八百人來降。上以酋首三千五百人，授以戎秩，遷之内地，餘三萬人悉放還平壤城。收靺鞨三千三百人，并坑之。獲馬五萬匹，牛五萬頭，甲一萬領。因名所幸山爲駐蹕山，命許敬宗爲文勒石，以紀其迹。"（王溥：《唐會要》卷九五《高句麗》，北京：中華書局，1955年，第1705—1706頁。）
② 司馬光：《資治通鑒》卷一九八《唐紀》"貞觀十九年六月"條，北京：中華書局，1956年，第6223頁。
③ 劉昫等：《舊唐書》卷一九九上《東夷·高麗傳》，北京：中華書局，1975年，第5324頁。
④ 司馬光：《資治通鑒》卷一九八《唐紀》"貞觀十九年六月"條，第6223頁。
⑤ 王溥：《唐會要》卷九五《高句麗》，第1706頁。

滿。"① 抗表勸諫類奏章，贊美歌頌君主豐功偉績，難免誇大事實，戰事前後歷時六月，何止
"旬日"，故"數十萬計"不可信據。有鑒於此，學界對唐太宗親征高句麗移民數量也多有統
計，今存在"七萬三千"說、②"九萬三千九百"說、③"八萬四千"說、④"四十萬七千九百"
說、⑤"二十四萬"說⑥等等。

通過上文的史料分析，可以確知唐太宗曾將高句麗大褲將及官人酋帥子弟三千五百人遷往
內地。這很容易造成一種假象，即唐太宗親征祇移民了三千五百人。而真實的情況是，在此三
千五百人之外，還存在其他移民。對此，《唐會要》《通典》《資治通鑑》等史籍均有所載。如
《唐會要·高句麗》云：

> 九月，遂班師。先遣遼、蓋二州戶口渡遼。乃召兵馬，歷于城下而旋。城主升城拜
> 辭。太宗嘉其堅守，賜縑百匹，以勵事君者。十一月，至幽州。初入遼也，將十萬人，各
> 有八馱，兩軍戰馬四萬匹。及還，死者一千二百人，八馱及戰死者十七八。張亮水軍七萬
> 人，沉海溺死數百人。凡徙遼蓋巖二州戶口入內地，前後七萬餘人。⑦

相類的記載還見於《資治通鑑》卷一九八《唐紀》"貞觀十九年十月條"：

> 上以遼左早寒，草枯水凍，士馬難久留，且糧食將盡，癸未，敕班師。先拔遼、蓋二
> 州戶口渡遼，乃耀兵於安市城下而旋，城中皆屏迹不出。……凡征高麗，拔玄菟、橫山、
> 蓋牟、磨米、遼東、白巖、卑沙、麥谷、銀山、後黃十城，徙遼、蓋、巖三州戶口入中國
> 者七萬人。⑧

可見，戰爭進行到九月，唐軍久攻安市城不下，時天寒地凍，糧食將盡，唐太宗宣布班師
回朝，并先將遼、蓋、巖三州百姓七萬餘人遷徙內地。爲便於全面統計移民人數，下面依次對
三州移民情況進行分析。

---

① 王溥：《唐會要》卷九五《高句麗》，第 1706 頁。
② 秦升陽：《唐代對高句麗的政策及其演變》，《通化師院學報》1996 年第 1 期，第 56—60 頁。吳松弟：《中國移民
　史》第三卷《隋唐五代時期》，福州：福建人民出版社，1997 年，第 138 頁。耿鐵華：《中國高句麗史》，長春：
　吉林人民出版社，2002 年，第 325 頁。李德山：《高句麗族人口去向考》，《社會科學輯刊》2006 年第 1 期，第
　146—151 頁。
③ 馬大正、楊保隆、李大龍、權赫秀、華立：《古代中國高句麗歷史叢論》，哈爾濱：黑龍江教育出版社，2001 年，
　第 52 頁。拜根興：《唐代高麗百濟移民研究：以西安洛陽出土墓誌爲中心》，北京：中國社會科學出版社，2012
　年，第 33 頁。
④ 劉春英、姜維東：《唐王朝對内遷高句麗人的安置措施》，《長春師範學院學報》2001 年第 4 期，第 19—22 頁。
⑤ 苗威：《高句麗移民研究》，第 97 頁。
⑥ 趙智濱：《唐太宗親征之役高句麗人移民内地人數考》。
⑦ 王溥：《唐會要》卷九五《高句麗》，第 1706 頁。
⑧ 司馬光：《資治通鑑》卷一九八《唐紀》"貞觀十九年十月"條，第 6230 頁。

首先，蓋牟城，今遼寧沈陽南蘇家屯區塔山高句麗山城。① 關於蓋牟城移民，《通典》《舊唐書》《册府元龜》《新唐書》《資治通鑒》《三國史記》等均有所載。其中，成書時間較早的《通典》卷一八六《邊防·高句麗》云："四月，李勣攻拔蓋牟城，獲口二萬，以其城置蓋州。"② 諸書記事大略相同，唯俘獲人數有所差别：《舊唐書·高麗傳》作"生口二萬"③，《册府元龜·攻取》作"獲户口二萬餘人"④，《新唐書·高麗傳》作"得户二萬"⑤，《資治通鑒》作"獲二萬餘口"⑥，《三國史記·高麗本紀》作"獲一萬人"⑦。相比之下，二萬餘人數字出現時間較早，頻率較高，相對準確。《新唐書》等應該是漏掉"口"字，導致數據差異過大。此外，關於二萬餘人的構成，學界也存在不同看法。有學者認爲二萬餘人是戰俘，不包括百姓。⑧ 也有學者主張蓋牟城有二萬餘人，其中士兵約有數千人。⑨ 按，上舉諸條史料在表述蓋牟城之戰俘獲人數時，以"户口"或"口"爲單位，所指高句麗百姓之義分明。據《舊唐書》《資治通鑒》等所載，蓋牟城之戰後，唐太宗對參與守城的加尸城七百高句麗士兵賜予糧食，悉令放還。這也説明，唐軍攻拔蓋牟城後，釋放士兵，獲口二萬，都是高句麗百姓。

其次，遼東城，今遼寧遼陽老城。在攻剋蓋牟城之後，唐軍開始圍攻遼東城，歷時十三天破城。關於遼東城攻戰過程，史籍記載較爲一致，惟在俘獲人數表述上存有差異。如《資治通鑒》載爲"得勝兵萬餘人，男女四萬口"⑩。與《資治通鑒》記載相同，《册府元龜·親征》作"俘其勝兵萬餘人，口四萬"⑪。以"口"代指"男女"，同上文用例。《舊唐書·高麗傳》作"俘其勝兵萬餘口"⑫，漏記"四萬"民衆。相比之下，《新唐書·高麗傳》作"獲勝兵萬，户四萬"⑬，"户"後又脱"口"字。按，上文言《資治通鑒考異》卷十《唐紀二》引實録云"徙三州户口入内地者，前後七萬人"。若如《新唐書》所載遼東城之戰即俘獲四萬户，其人數已經遠遠超過七萬人，可佐證"户口四萬"爲正確數字。有學者認爲"收服遼東城百姓四萬户，在其地置遼州，而一萬餘戰俘，則遷往内地"⑭。該説在"四萬户"數字認定錯誤之外，所言一萬餘戰俘遷往内地的推斷也不準確。

最後，白巖城，又稱白崖城，即今遼寧遼陽燈塔縣之巖州城。⑮ 在攻占遼東城之後，李勣

① 王綿厚：《高句麗古城研究》，北京：文物出版社，2002 年，第 213 頁。
② 杜佑撰，王文錦等點校：《通典》卷一八六《邊防》，北京：中華書局，1992 年，第 5017 頁。
③ 劉昫等：《舊唐書》卷一九九上《東夷·高麗傳》，第 5323 頁。
④ 王欽若等：《册府元龜》卷三六九《將帥部攻取二》，第 4386 頁。
⑤ 歐陽修、宋祁：《新唐書》卷二二〇《東夷·高麗傳》，北京：中華書局，1975 年，第 6190 頁。
⑥ 司馬光：《資治通鑒》卷一九七《唐紀》"貞觀十九年"條，第 6220 頁。
⑦ 金富軾著，楊軍校勘：《三國史記》，長春：吉林大學出版社，2015 年，第 256 頁。
⑧ 苗威：《高句麗移民研究》，第 92 頁。
⑨ 趙智濱：《唐太宗親征之役高句麗人移民内地人數考》。
⑩ 司馬光：《資治通鑒》卷一九七《唐紀》"貞觀十九年五月"條，第 6221 頁。
⑪ 王欽若等：《册府元龜》卷一一七《帝王部親征二》，第 1401 頁。
⑫ 劉昫等：《舊唐書》卷一九九上《東夷·高麗傳》，第 5323 頁。
⑬ 歐陽修、宋祁：《新唐書》卷二二〇《東夷·高麗傳》，第 6191 頁。
⑭ 苗威：《高句麗移民研究》，第 93 頁。
⑮ 王綿厚：《高句麗古城研究》，第 211 頁。

又率唐軍進攻白巖城。關於白巖城移民人數，《舊唐書·高麗傳》載云"獲士女一萬，勝兵二千四百"①，諸家典籍記載相同。士女，泛指男女。《楚辭·招魂》："吳歈蔡謳，奏大吕些；士女雜坐，亂而不分些。"王逸注："言醉飽酣樂，合尊促席，男女雜坐，比肩齊膝，恣意調戲，亂而不分別也。"《舊唐書》所謂"士女"即是百姓，相對之"勝兵"則代指士兵而言。有學者主張白巖城之戰後，"獲士女一萬安置於巖州，戰俘二千餘則移民於内地"②。今按，上文引《唐會要》《資治通鑒》《資治通鑒考異》等均明言"遷遼、蓋、巖三州户口入内地"，説明内遷移民祇是百姓，不包括士兵。

經過上文的考證，可知蓋牟城虜獲百姓二萬，遼東城四萬，白巖城一萬，總計七萬，與《唐會要》《資治通鑒》等所載七萬餘高句麗移民數量相符。這説明唐太宗將蓋牟城、遼東城、白巖城俘獲的民户全部遷徙到内地。加上已經内遷的三千五百高句麗部落首領、貴族子弟，史籍所載唐太宗親征高句麗移民七萬三千五百餘人。

此外，還有一處移民需要交代一下。根據《舊唐書》《新唐書》《資治通鑒》《册府元龜》《太平御覽》等記載，唐太宗曾將遼東城降户一萬四千人聚集幽州，後赦爲百姓。其中，記載較爲全面的《資治通鑒》卷一百九十八《唐紀》"貞觀十九年十月條"云：

> 諸軍所虜高麗民萬四千口，先集幽州，將以賞軍士，上愍其父子夫婦離散，命有司平其直，悉以錢布贖爲民，歡呼之聲，三日不息。十一月，辛未，車駕至幽州，高麗民迎於城東，拜舞呼號，宛轉於地，塵埃彌望。③

與移民數量問題相關的是，有學者主張遼、蓋兩州的户口不包括這一萬四千人。④ 换言之，在統計唐太宗親征移民數據時，還要加上一萬四千人。這種觀點值得商榷。首先，諸典籍在表述一萬四千人來源時，《舊唐書》《册府元龜》《太平御覽》定義爲"抗拒王師，應没爲奴婢者"，《新唐書》作"遼降口"，《資治通鑒》稱爲"諸軍所虜高麗民"，均指民户，而不是士兵。也就是説，這些人與唐軍在遼東城所"得勝兵萬餘人"没有關係，屬於"男女四萬口"之中。其次，上舉諸書均言"先集"，很容易造成唐軍攻剋遼東城後，即遷徙一萬四千高句麗民户到幽州的錯覺。實際上，所謂"先"是與唐太宗班師相對而言。前文徵引《唐會要》等史籍所載唐太宗九月下詔班師時，都明確提到"先遣遼、蓋二州户口渡遼"。顯然，遼東城等民户内遷先行於班師。稽查唐軍班師日程，也確實如此：唐太宗先將遼東城等民户内遷，然後九月十八日下詔班師，九月二十日到遼東城，二十一日過遼水，十月初至渤錯水，十月十一日至營州，舉行慶功會，下《班師詔》，赦免先至幽州的一萬四千高句麗移民爲百姓，十一月到幽州，受到高句麗百姓的熱烈歡迎。可見，高句麗内遷移民步步先於唐太宗班師部隊，此即

---

① 劉昫等：《舊唐書》卷一九九上《東夷·高麗傳》，第5324頁。
② 苗威：《高句麗移民研究》，第94—95頁。
③ 司馬光：《資治通鑒》卷一九八《唐紀》"貞觀十九年十月"條，第6231頁。
④ 苗威：《高句麗移民研究》，第95頁。

所謂"先集"的真正含義。而且，這一萬四千高句麗百姓屬於遼東城四萬移民之中，并非單獨存在，祇是因爲没爲奴婢，又被唐太宗赦免，才被史籍特別提及。

三、移民原因與影響

關於唐太宗親征高句麗移民原因，學界多習慣性地歸納爲掠奪人口及破壞生産力。這種思考角度没有問題，戰爭歷來被視爲移民産生的重要原因之一，隨之而來的戰爭移民也多見於古代移民史。當然，這也是一般意義上的移民原因解釋。但就唐代高句麗、百濟、新羅移民的宏觀研究而言，唐太宗親征高句麗移民原因之分析，又有着特殊意義。具體而言，貴族移民是慣例，百姓移民則非唐太宗本意，乃是唐麗戰爭局勢發展變化的産物，代表着唐王朝對高句麗征伐攻略的轉變，并對唐高宗時期高句麗、百濟移民産生了重要影響。

首先，高句麗貴族的慣性移民。駐蹕山之戰後，唐王朝將歸降的三千五百餘名高句麗人遷入内地。前文已言，"三千五百人"不是平民百姓，而是"酋首""大裨將及官人酋帥子弟"，均係高句麗部落首領、貴族子弟。按照慣例，對於此類身份歸附者，唐王朝通常會授予職官，遷往長安。如貞觀"五年，阿史那阿咄苾敗走後，其酋及首領至者，皆拜將軍，布列朝廷，五品已上，有百餘人，殆與朝士相半"[1]。唐王朝將這些部落首領、貴族子弟遷入内地的"慣例"，大體受三方面因素的影響。一是遷徙移民的古制。秦漢時期，秦始皇曾遷六國舊族、地方豪强於咸陽，劉邦也徙齊諸田，楚昭、屈、景及諸功臣家於長陵。二是質子政策的孑餘。唐襲漢晉之制，施行邊疆少數民族地方政權質子宿衛政策，在提高與地方政權的溝通效率之外，也能保持一定程度上的牽制。相比之下，蕃將的軍事功用更是唐太宗移民的主要原因。唐代蕃將是一個特殊群體，在唐王朝政權穩定及邊疆安全維護中發揮了重要作用。[2] 上舉史料記載唐太宗在遷徙高句麗部落首領、貴族子弟遷入内地之前，特別提到"授以戎秩"。"戎秩"，即武職。《文選·沈約〈齊故安陸昭王碑文〉》"還居近侍，兼饗戎秩"，吕延濟注："戎秩，謂武職也。"李德裕《〈異域歸忠傳〉序》亦云："制授嗢没斯特進，檢校工部尚書、左金吾衛大將軍同正，封懷化郡王，其酋遍加戎秩，賜之金紫。"這些被授予武職的高句麗降將，進入内地後，身份即轉變爲蕃將，進而發揮出軍事功用。根據史籍及出土文獻所載，唐代高句麗籍蕃將高仙芝、王思禮、高鐃苗、李他仁、高玄、高足酉、高慈、高質、高乙德、李隱之、南單德等都曾建功立業，加官進爵。

其次，高句麗百姓的臨時性移民。與三千五百名部落首領及貴族子弟的慣性移民不同，七萬餘高句麗百姓屬於臨時性移民。前文已言，高句麗蓋蘇文弑王高建武，自立莫離支，總攬朝政，内侵新羅，外結倭國，造成朝鮮半島政局動蕩，打破了唐王朝邊疆地區穩定統治秩序。因此，唐太宗決定親征，并明確提出"遼東故中國地，而莫離支賊殺其主，朕將自行經略之"[3]。

---

① 王溥：《唐會要》卷七三《安北都護府》，第 1311 頁。
② 馬馳：《唐代蕃將》，西安：三秦出版社，2011 年。
③ 歐陽修、宋祁：《新唐書》卷二二〇《東夷·高麗傳》，第 6189 頁。

意即收復故土，恢復唐王朝在海東地區的統治秩序。所以從戰爭發展態勢上看，唐太宗收復遼東，自行經略之目的得到了很好的貫徹。以上舉諸山城之戰爲例：四月，破蓋牟城後，"以其地爲蓋州"①；五月，剋遼東城，"以其城爲遼州"②；六月，下白巖城，"以其城置巖州，授孫伐音爲巖州刺史"③；直到總章元年（668），唐王朝滅亡高句麗後，"分其地置都督府九、州四十二、縣一百，又置安東都護府以統之。擢其酋渠有功者授都督、刺史及縣令，與華人參理百姓"④。收復故地，重置郡縣，自行經略最終得以實現。唐王朝既然要對高句麗實行直接的郡縣管理，自然不會遷徙其民衆進入内地。換言之，唐王朝討伐高句麗，原本没有掠奪人口、遷徙百姓的計劃。至於計劃的改變，應該歸因於安市城之敗。駐蹕山之戰後，唐軍行進，勢如破竹，本應直取平壤，但唐太宗錯誤地選擇先攻安市城。結果，唐軍圍攻安市城兩月有餘，不僅未能破城，還造成先前所剋諸城復入高句麗之手，前功盡棄。這也讓唐太宗清醒地意識到滅亡高句麗絶非一朝一夕之事，進而轉變攻略。而當時最務實的做法，即是移民高句麗百姓，減少其勢力，削弱其國力。正是在此背景下，唐太宗決定在班師前將遼、蓋、巖三州七萬餘高句麗百姓遷徙至内地。

唐太宗親征，前後遷徙七萬三千五百餘高句麗人進入唐王朝内地。這次移民雖然規模不大，範圍也不廣，但對唐麗雙方均産生了深遠的影響。

對高句麗而言，首先是經濟損失。高句麗本是農業之國，多山地，百姓勤於稼穡。被遷入唐王朝内地的七萬餘人多是農業人口，對高句麗經濟衝擊較大。在百姓之外，唐軍攻城中斬殺高句麗士兵衆多，加之三千五百部落首領及貴族子弟被遷徙至唐内地，高句麗人口損失嚴重。其次是心理震懾。帝王親征，彰顯了唐王朝收復遼東，經略邊疆的決心，給高句麗以極大的震懾。史載"破駐蹕之陳，降高延壽，聲震戎狄"⑤。高句麗也意識到問題嚴重性，遂於貞觀二十年（646）遣使謝罪，貢獻寶物。

較之高句麗，唐太宗親征移民對唐王朝的影響也較大。客觀地説，貞觀十九年（645）唐麗戰爭歷時六個月，唐軍雖然連剋高句麗數城，但在回撤後，這些山城又復爲高句麗所控制，七萬三千五百餘移民顯然是最爲直接的勝利果實。唐王朝貞觀年間戶不滿三百萬，永徽初戶三百八十萬，人口增長迅速，内遷高句麗移民應該發揮了積極作用。相應地，高句麗移民對遷入地的經濟發展也作出了貢獻。前文引房玄齡語"數十萬計，分配諸州，無處不滿"，雖有誇張，也可足觀。此外，高句麗籍蕃將在唐王朝政權穩固中也多有功績，上文已言，此不贅述。相比高句麗移民帶來的諸多貢獻，貞觀十九年唐太宗親征移民還代表着唐王朝對麗攻略的轉變，對唐麗戰爭的走向産生了深遠影響。安市城之役久戰不勝，唐太宗意識到不能迅速征服高句麗，故而進行七萬三千五百餘高句麗移民。這個決定暗示出唐王朝開始轉變征麗攻略，即從

---

① 歐陽修、宋祁：《新唐書》卷二二〇《東夷·高麗傳》，第 6190 頁。
② 劉昫等：《舊唐書》卷一九九上《東夷·高麗傳》，第 5323 頁。
③ 劉昫等：《舊唐書》卷一九九上《東夷·高麗傳》，第 5324 頁。
④ 劉昫等：《舊唐書》卷一九九上《東夷·高麗傳》，第 5327 頁。
⑤ 王溥：《唐會要》卷九六《薛延陀》，第 1727 頁。

大規模兵團作戰轉變爲形式更爲靈活的騷擾、掠奪等破壞戰。征麗攻略的改變，在隨後的戰爭中得到全面的體現。貞觀二十一年，唐太宗決定再伐高句麗，朝議以爲：“高麗依山爲城，攻之不可猝拔。前大駕親征，國人不得耕種，所剋之城，悉收其穀，繼以旱灾，民太半乏食。今若數遣偏師，更迭擾其疆場，使彼疲於奔命，釋耒入堡，數年之間，千里蕭條，則人心自離，鴨綠之北，可不戰而取矣。”① 於是，唐太宗命牛進達、李勣水陸并進，進攻高句麗，虜兵焚郛，凡百餘戰，無不捷獲。貞觀二十二年，唐太宗又詔薛萬徹率甲士三萬自萊州泛海伐高句麗，進破泊灼城，俘獲甚衆，高句麗震懼。二次征戰，皆非大規模兵團作戰，重在掠民，影響生産，破壞戰性質明顯。就此而言，唐太宗親征高句麗移民七萬三千五百餘人可視爲唐麗戰爭的重要轉折點，改變了戰爭形勢，爲最終滅亡高句麗奠定了基礎。

---

① 司馬光：《資治通鑒》卷一九八《唐紀》“貞觀二十一年（647）二月”條，第6245頁。

第二章

"悔不讀書" 與 "書劍雙傳":
泉男生的雙面人生

　　泉男生是唐麗交往史上一位特殊人物:作爲蓋蘇文之子,他獨知國政,頑抗唐廷征伐,堅決維護高句麗安全;作爲首批歸降者,泉男生又積極參戰,引導唐軍攻占平壤,最終導致高句麗滅亡。由獨裁者到歸降者,再回遼東,最終卒於故地,泉男生跌宕起伏的人生經歷充満傳奇色彩,可視爲内遷海東統治階層移民的代表性人物。特別是隨着其墓誌在河南洛陽城北東嶺頭村出土,泉男生越發地受到古今中外學者的關注。① 梳理相關學術成果,可以發現當下研究多集中於墓誌相關史實及泉氏家族事迹考證,具體到泉男生入唐後的生活情況,特別是對其重大政治事件下心理活動的探尋,相關研究略顯薄弱。本章擬結合傳世文獻與出土碑誌材料,對泉男生的多面人生進行探討,以期於唐代移民及相關問題研究有所裨益。

　　關於泉男生的人生軌迹,代表官方態度的《新唐書》本傳與墓誌有着較爲一致的記叙:總章元年(668)泉男生在協助唐廷平滅高句麗後,即居於長安爲官,後於儀鳳二年(677)奉命重返遼東,并卒於安東府,再未返回長安。在人物形象上,史誌均爲正面書寫。如《新唐書·泉男生傳》云:"男生純厚有禮,奏對敏辯,善射藝。"與之相統一,《泉男生墓誌》總結其一生爲 "書劍雙傳"。不同的是,宋人王欽若等人編撰的《册府元龜》卷九七《帝王部·獎善》存在一條泉男生 "悔不讀書" 的史料,值得關注。今爲行文之便,謄録如下:

---

① 羅振玉:《唐代海東藩閥誌存》,清光緒三年(1877)刻本。内藤湖南:《近獲二三史料——扶餘隆墓誌、扶餘隆新羅王盟文、泉男生、泉男産墓誌銘、高慈墓誌》,《藝文》第 11 卷第 3 號,1920 年。柳翼謀:《泉男生墓誌跋》,《史地學報》第三卷第 3 期,1924 年,第 307 頁。稻葉君山:《朝鮮文化史研究》,東京:雄山閣,1925 年。葛城末治:《朝鮮金石考》,大阪:屋號書店,1935 年。許平石:《唐泉男生墓誌跋》,《河南博物館館刊》1937 年第 10 期。陳忠凱:《唐三藩將墓誌銘文之研究》,《碑林集刊》第 5 輯,西安:三秦出版社,1998 年,第 73—78 頁。連劭名:《唐代高麗泉氏墓誌史事考述》,《文獻》1999 年第 3 期,第 191—199 頁。杜文玉:《唐代泉氏家族研究》,《渭南師範學院學報》2002 年第 3 期,第 34—40 頁。張福有、趙振華:《洛陽、西安出土北魏與唐高句麗人墓誌及泉氏墓地》,《東北史地》2005 年第 4 期,第 2—20 頁。王綿厚:《唐泉男生泉獻誠父子墓誌補釋》,《遼寧省博物館館刊》第 1 輯,2006 年,第 347—353 頁。牛致功:《有關泉男生降唐的問題——讀〈泉男生墓誌銘〉和〈泉獻誠墓誌銘〉》,《碑林集刊》第 11 輯,2005 年,西安:三秦出版社,第 149—154 頁。姜清波:《入唐三韓人研究》,廣州:暨南大學出版社,2010 年。拜根興:《唐代高麗百濟移民研究:以西安洛陽出土墓誌爲中心》,北京:中國社會科學出版社,2012 年。金榮官、曹凡焕:《對高句麗泉男生墓誌銘的解讀和研究》,《韓國古代史探究》第 22 輯,2016 年。王旭:《泉男生與唐麗兩方之淵源》,《學問》2016 年第 6 期,第 70—73 頁。馮立君:《高句麗泉氏與唐朝的政治關係》,《社會科學戰綫》2018 年第 8 期,第 137—150 頁。

高宗咸亨元年六月，帝御冷泉宮亭子，召許敬宗、泉男生及東西臺三品舉酒作樂。帝謂男生曰："聞卿悔不讀書，信乎？"男生奏稱："臣生在海隅，莫知善惡，自沐皇化，方欲自新，既恥面墻，始學讀書是實。"敬宗奏曰："男生夷人，豈知好學！雖欲自强，亦無及也。"帝曰："夫學，植也，不學將落。玉不琢不成器，人不學不知道。如欲化人成俗，其必繇於學乎！故曰：'困而不學，斯爲下矣。'"乃賜男生興寧坊之田第及美女寶貨。①

時唐高宗召集許敬宗、泉男生及東西臺三品官於冷泉宮亭子飲酒作樂。在宴會進行中，唐高宗聽聞泉男生"悔不讀書"事，并求證之。泉男生確認其事，自謙地處邊隅，進入唐廷後始好讀書，知善惡。高宗感其困而就學，賞賜田第及美女寶貨若干。與官方編撰的史誌描述不一致，《册府元龜》相關記載對泉男生有着截然相反的評價——"不讀書"，在豐滿泉男生人物形象的同時，也爲全面揭示入唐高句麗等移民真實生活狀態提供了新的視角。

首先，"悔不讀書"的真實性。

在探討"悔不讀書"的真實性之前，有必要介紹一下該事件發生的場合，即咸亨元年（670）唐高宗及其衆臣的冷泉宮宴會。唐高宗李治，唐廷皇帝，時二聖臨朝局面尚未出現，是爲唐王朝的最高統治者。許敬宗，隋禮部侍郎許善心之子，幼善屬文，詞彩甚麗，先後爲太宗、高宗、武后所賞識，龍朔二年（662）拜右相，次年任太子少師、加同東西臺三品，咸亨元年以特進致仕。泉男生，高句麗降臣，官右衛大將軍，卞國公。其他東西臺三品，即同中書門下三品。龍朔二年，唐改中書、門下爲東、西臺，故名。咸亨元年，復爲同中書門下三品。從官員品秩來看，參加宴會者級別都很高。上自皇帝，下至三省六部長官，悉數齊聚冷泉亭。可見，這既是一次君臣私宴，同時也是一次高級官吏的行政聚餐，具有半公半私性質，因而適合探討"悔不讀書"這種既是私事又不完全是私事的話題。

接下來分析"悔不讀書"的真實性，可以分爲兩個維度。一是泉男生是否表示過"悔不讀書"。核之以《册府元龜》記載情況，該行爲應該真實存在。一方面唐高宗對泉男生"悔不讀書"行爲已經有所聽聞，另一方面也得到了當事人泉男生本人的確認。二是泉男生是否真的"悔不讀書"。答案顯然是否定的。如果泉男生真心後悔不曾讀書，事非光彩，悄然讀書即可，大可不必上傳至高宗之耳。更爲重要的是，泉男生入唐之前已是讀書之人。其一，就高句麗教育發展情況而言，泉男生應該受過良好教育。高句麗中後期，其教育體系已經非常完善，太學、國子學及私學并立，高句麗人"俗愛書籍，至於衡門厮養之家，各於街衢造大屋，謂之扃堂，子弟未婚之前，晝夜於此讀書習射。其書有《五經》及《史記》、《漢書》、范曄《後漢書》、《三國志》、孫盛《晉春秋》、《玉篇》、《字統》、《字林》，又有《文選》，尤愛重之"②。泉男生作爲貴族子弟，自幼便進入諸學，接受系統教育。其二，從泉男生言行舉止來看，其曾

① 王欽若等：《册府元龜》卷九七《帝王部·獎善》，北京：中華書局，1960年，第1154—1155頁。
② 劉昫等：《舊唐書》卷一九九上《東夷·高麗傳》，北京：中華書局，1975年，第5320頁。

熟讀詩書，博聞多識。如《新唐書》本傳載泉男生十八歲任中裏大兄，"知國政，凡辭令，皆男生主之"①。又如高句麗滅國後，泉男生"伏斧鑕待罪，帝宥之"②。"獻捷之日，男建將誅，公（泉男生）内切天倫，請重閽而蔡蔡叔。上感皇眷，就輕典而流共工。友悌之極，朝野斯尚"③。是泉男生純厚有禮，精於典故。有鑒於此，《泉男生墓誌》謂其"書劍雙傳，提菰與截蒲俱妙；琴棋兩玩，雁行與鶴翅同傾"，誠非虛言。

其次，"悔不讀書"的原因。

泉男生既然學富五車，"書劍雙傳"，爲什麼要做出"悔不讀書"的舉動呢？顯然，該事件存在深層次原因。在出於高句麗移民身份認同考慮，時刻處於自省狀態之外，泉男生"悔不讀書"更與當時政治形勢密切相關。總章元年（668），唐廷滅亡高句麗後，在其故地設置安東都護府進行管理。但是，隨着南部新羅的侵蝕，以及唐軍兵力的抽調，高句麗遺民反叛活動開始集中爆發。其中，規模最大的就是咸亨元年（670）劍牟岑叛亂。《通典》卷一八六《邊防·高句麗》載："咸亨元年四月，其餘類有酋長劍牟岑者率衆叛，立高藏外孫安舜爲王，令左衛大將軍高侃討平之。"④《唐會要》、兩《唐書》、《資治通鑒》、《三國史記》載同。從時間上來看，四月高句麗故地劍牟岑叛亂，六月冷泉宫唐廷宴會。顯然，不論是唐高宗還是泉男生，以及其餘衆臣，都已經知道劍牟岑叛亂之事。比較之下，這則高句麗遺民叛亂消息，會讓泉男生更加坐立不安。作爲曾經的高句麗政權執掌者，泉男生身份敏感自不必説。使事情變得複雜的是，劍牟岑掀起高句麗復興運動，擁立安舜爲王。安舜的身份并不簡單，⑤既是高藏外孫，又是泉男生叔淵净土之子。同時，淵净土也參加了劍牟岑叛亂。在此背景之下，作爲歸誠高句麗移民，泉男生做出"悔不讀書"的舉動，顯然不是巧合。特別是，泉男生在解釋"悔不讀書"原委時，以"臣生在海隅，莫知善惡，自沐皇化，方欲自新，既耻面墙，始學讀書是實"爲由，一方面將未讀書的原因歸於地理因素，以身在海隅，莫知善惡，把高句麗地位拉低，另一方面又將原因升華，強調自沐皇化，方欲自新，有意拔高唐王朝的地位。一低一高，一前一後，泉男生明確地與劍牟岑、安舜、淵净土等叛亂分子劃清界限。就此而言，泉男生的"悔不讀書"更是在傳遞一種信號，即向唐高宗等統治階層表明誠意和忠心。

再次，"悔不讀書"的反應。

在泉男生解釋"悔不讀書"原委後，宴會中有兩個人對該事作出反應。一是許敬宗，另一是唐高宗。緊接泉男生話尾，許敬宗認爲"男生夷人，豈知好學！雖欲自強，亦無及也"。上文曾簡要介紹許敬宗生平，實際上，許敬宗在太宗朝曾仕著作郎，兼修國史，在廢王立武等

① 歐陽修、宋祁：《新唐書》卷一一〇《泉男生傳》，北京：中華書局，1975 年，第 4123 頁。
② 歐陽修、宋祁：《新唐書》卷一一〇《泉男生傳》，第 4124 頁。
③ 周紹良：《唐代墓誌彙編》，上海：上海古籍出版社，1992 年，第 668 頁。
④ 杜佑：《通典》卷一八六《邊防·高句麗》，北京：中華書局，1988 年，第 5019 頁。
⑤ 池内宏：《高句麗滅亡後遺民的叛亂及唐與新羅關係》，原刊《滿鮮史研究》，東京：吉川弘文館，1960 年；後馮立君譯，刊於《中國邊疆民族研究》第九輯，北京：中央民族大學出版社，2016 年，第 225—253 頁。苗威：《高句麗移民研究》，第 211 頁。鄭好燮：《高句麗歷史上的移居和移民社群》，《東北亞研究論叢》第 11 輯，北京：商務印書館，2018 年，第 173—194 頁。孫煒冉：《高句麗末王高藏入唐行迹考》，《中華文化論壇》2016 年第 7 期，第 129—134 頁。

重要政治事件中多次發揮重要作用，擁有極高的話語權。許敬宗的反應，有兩點需要關注。一是對移民文化水平的整體否定。坦誠而言，海東三國文化水平不至於低到許敬宗所説的程度。前面曾對高句麗教育情況略作介紹，在此之外，海東三國貴族子弟還可以入唐學習。貞觀五年（631），太宗數幸國學，遂增築學舍千二百間。國學、太學、四門亦增生員，其書、算各置博士，凡三千二百六十員。高句麗、百濟、新羅、高昌、吐蕃諸國酋長亦遣子弟請入國學，於是國學之内八千餘人，"國學之盛，近古未有"①。同樣是歸附唐廷的百濟王扶餘義慈，時稱"海東曾子"，即是海東諸國文化發展之例證。二是對泉男生文化水平的個體否定。許敬宗否定移民文化水平，自然也包括泉男生在内。但泉男生與一般高句麗移民有所區別，即在高句麗移民身份之外，又身爲唐廷右衛大將軍、卞國公。在君臣群聚的宴會場合，許敬宗如此公開貶低泉男生，固然有其居功自傲、恃才放曠的原因，但也真實地反映出泉男生在唐廷的尷尬地位。泉男生尚且如此，其他海東移民在唐處境更可想而知。如果聯繫到楊再思"高麗舞"②、高仙芝"高麗奴"③ 等辱麗事件，情況大抵如此。

在許敬宗之後，唐高宗對泉男生"悔不讀書"進行了總結。從發言内容來看，唐高宗没有糾纏夷人身份，而是將讀書問題進行了升華，上升至理論層面。在短短五十二字的訓話中，唐高宗用到了《尚書大傳》"學者將植，不學者將落"、《韓詩外傳》"玉不琢，不成器；人不學，不成行"、《禮記·學記》"君子如欲化民成俗，其必由學乎"、《論語·季氏》"生而知之者，上也；學而知之者，次也；困而學之，又其次也；困而不學，民斯爲下矣"，經典頻現，句句有出處，在展示漢文化博大精深的同時，也明確指示泉男生要熟讀《詩》《書》《禮》《論語》等。那麽，唐高宗爲何要讓泉男生去學習這些儒家經典呢？答案很簡單，即是泉男生自言的"知善惡"。儒家思想體系對"善惡"有着明確闡釋，與高句麗移民泉男生存在直接關係的"善惡"就是忠君愛國。對此，唐太宗在征伐高句麗的詔書中有着形象説明："故上柱國遼東郡王高麗王高建武，夙披丹款，早奉朝化。忠義之節，克著於嵋夷；職貢之典，不愆於王會。而其臣莫離支蓋蘇文，包藏凶慝，招集不逞，潛懷異計，奄行弑逆，冤酷纏於滅貊，痛悼徹於諸華。"④ 在唐太宗看來，臣服唐廷的高建武是"善"，抵抗唐廷的蓋蘇文則是"惡"。同樣在唐高宗的立場上，協助平滅高句麗的泉男生是"善"，擁兵反叛的劍牟岑就是"惡"。此外，在辨別善惡的具象目的之下，讀書還存在深層次的理論思考，即"書"所代表的儒家仁義忠信觀念。唐人程晏《内夷檄》曾講到夷名與華心問題："四夷之民長有重譯而至，慕中華之仁義忠信。雖身出異域，能馳心於華，吾不謂之夷矣。……夷其名有華其心者。"⑤ 泉男生"始學讀書"，辨明善惡，即是接受儒家仁義忠信觀念，達到夷名華心境界。此舉得到唐高宗的肯定，於是便有了田第、美女、寶貨之賞賜。

---

① 杜佑：《通典》卷五三《禮·大學》，第 1468 頁。
② 劉肅：《大唐新語》，北京：中華書局，1984 年，第 143 頁。
③ 劉昫等：《舊唐書》卷一〇四《高仙芝傳》，第 3205—3206 頁。
④ 董誥等：《全唐文》卷七《命將征高麗詔》，北京：中華書局，1983 年，第 87 頁。
⑤ 董誥等：《全唐文》卷八二一《内夷檄》，第 8650 頁。

最後，"悔不讀書"的影響。

通過上文的梳理，泉男生"悔不讀書"事件過程大致清晰：咸亨元年（670）四月，劍牟岑在高句麗故地起兵叛亂，擁立泉男生堂弟安舜爲王。消息傳至長安，引起唐高宗的敏感，也導致泉男生的不安。泉男生遂做出"悔不讀書"舉動，向唐高宗傳遞善意信息。同年六月，唐高宗與高級臣僚在冷泉宫舉行宴會，詢問泉男生"悔不讀書"原委。泉男生以讀書知善惡爲由，向唐高宗表示忠心，爲後者所滿意，并得到嘉獎。事情至此，迎來了較爲圓滿的結局。但"悔不讀書"的效果遠不僅如此，對泉男生及遼東政局發展都有着深遠影響。

"悔不讀書"事件，一方面展現了入唐高句麗移民泉男生的真實生活狀況，另一方面也反映出唐廷對他的態度。追根溯源，雙方的彼此戒備由來已久，在"悔不讀書"事件之前就已經存在。前文已言，蓋蘇文病卒及泉氏兄弟内訌事發突然，由高句麗執政者到大唐歸降者，泉男生身份轉化過快，令唐廷措手不及，以致於心存不信任。泉男生當初退守國内城時，先後派弗德、冉有等大臣入朝求助，唐廷一直觀望。直到泉男生再遣子泉獻誠入朝請兵，唐高宗才賞賜官爵，發兵伐麗，其謹慎程度可見一斑。隨着泉男生親自參加滅麗戰爭，表現英勇，作用突出，唐廷才慢慢放鬆對他的戒備，但也沒有完全信任。唐滅高句麗初期，"分其地置都督府九、州四十二、縣一百，又置安東都護府以統之。擢其酋渠有功者授都督、刺史及縣令，與華人參理百姓"[1]。泉男生作爲有功的酋渠，未被安置高句麗故地爲官，而是遷入内地，賦予閑職，久居長安。本已平静的局面，在劍牟岑叛亂之後，再起波瀾。這次叛亂也牽動了唐高宗和泉男生之間的信任神經，使其越發緊張起來。泉男生機智地率先做出"悔不讀書"舉動，傳遞善意信號，并向唐高宗完美地解釋了讀書與知善惡的因果關係，不僅使自己擺脱尷尬處境，也獲得了後者的信任。經歷此事後，唐高宗感受到泉男生夷名華心，已經徹底歸順朝廷，效忠大唐。於是，儀鳳二年（677），唐高宗毅然做出敕命泉男生重返遼東，安撫高句麗餘眾的決定。而泉男生也不負唐高宗信任，鞠躬盡瘁，卒於所官，以報主知。及泉男生卒，唐廷贈官厚葬，賜謚曰"襄"，勒碑著功。據《逸周書·謚法》所載：襄者，辟地有德，甲胄有勞。顯然，這是唐廷對泉男生"書劍雙傳"人生的官方定論。若再加之以其自身的"悔不讀書"，由外而内、公私并舉，有機地構成了泉男生的雙面人生。推廣開來，不惟泉男生，其他海東移民也面臨着同樣的人生抉擇，"悔不讀書"的不同形式會不斷上演。

---

[1]　劉昫等：《舊唐書》卷一九九上《東夷·高麗傳》，第 5327 頁。

第三章

由王子到宦官：高延福的傳奇往事

月有陰晴圓缺，海有潮起潮落，花有花開花謝，人有悲歡離合。遠離故土的海東移民，進入唐王朝後，生活發生翻天覆地的變化。幸運者加官進爵，榮華富貴；失意者時運不濟，命途多舛。如果說泉男生屬於前者，那麼高延福就是後者的代表。高延福，武后時期宦官，行迹見載於史籍無多，惟以高力士養父之故，有微名，今見墓誌及碑銘傳世，[①] 遂爲世人所關注。據碑誌所載，高延福本係高句麗王子，總章元年（668），國滅移民，入長安爲宦官，歷高宗、武后、中宗、睿宗、玄宗數朝，官至内侍，人生經歷豐富。高延福以高句麗勳貴之身，仕唐朝之閹宦，落差懸殊，可視爲海東移民代表類型之一，值得言説。

一、高句麗王子

關於高延福高句麗族屬問題，相比史籍記載，碑誌文獻記叙更爲詳悉。如《高延福墓誌》開篇即言："府君諱福，字延福，渤海人也。啓土受氏，明諸典籍。"所謂"啓土受氏"，係指高句麗先祖朱蒙建國命氏。此事於傳世文獻習見，《魏書·高句麗傳》云："朱蒙至紇升骨城，遂居焉，號曰高句麗，因以爲氏焉。"[②]《北史》《隋書》《周書》等載同，可相互印證。此外，其他碑誌文獻亦有近似表述。如東晉義熙十年（414）《好太王碑》謂朱蒙"于沸流谷忽本西，

---

① 趙紹祖《金石文鈔》，清光緒十二年（1886）杭州朱氏抱經堂刻本。董誥等：《全唐文》，北京：中華書局，1983 年，第 2298—2299 頁。王昶：《金石萃編》，清嘉慶十年（1805）經訓堂刻本。黄本驥：《古誌石華》，清道光二十七年（1847）三長物齋刻本。端方：《匋齋藏石記》，清宣統元年（1909）商務印書館石印本。羅振玉：《淮陰金石僅存録補遺》，清光緒十八年（1892）鉛印本。周紹良：《唐代墓誌彙編》，上海：上海古籍出版社，1992 年，第 1286—1287 頁。楊殿珣：《石刻題跋索引》，《石刻史料新編》第一輯，第 30 册，臺北：新文豐出版公司，1982 年，第 22522 頁。北京圖書館金石組：《北京圖書館藏中國歷代石刻拓本匯編》第 22 册，鄭州：中州古籍出版社，1989 年，第 45 頁。隋唐五代墓誌彙編總編輯委員會：《隋唐五代墓誌彙編》，天津：天津古籍出版社，1991 年，第 143 頁。毛漢光：《唐代墓誌銘彙編附考》第 18 册，"中研院"歷史語言研究所，1994 年，第 45—46 頁。周紹良：《全唐文新編》第 2 部第 2 册，長春：吉林文史出版社，2000 年，第 3485—3486 頁。
② 魏收：《魏書》卷一○○《高句麗傳》，北京：中華書局，1974 年，第 2214 頁。

城山上而建都焉"①。《高震墓誌》②《高乙德墓誌》③ 等高句麗移民墓誌追述先祖事迹多見相類描寫。相比之下，最有力的佐證是《唐故高內侍碑》④，碑文明確指出高延福族出高句麗："粵自西雲干吕，東明銜璧，以亡王之族，處巷伯之官"。"西雲干吕"，語出《海內十洲記·聚窟洲》"東風入律，百旬不休，青雲干吕，連月不散"。古人名律爲陽，以吕爲陰，"干吕"義謂陰氣調和。"東明"，即朱蒙。《三國史記·高句麗本紀》謂"始祖東明聖王，姓高氏，諱朱蒙"。"銜璧"見於《左傳》僖公六年"許男面縛銜璧"，喻指國君投誠降服。結合高句麗國史觀之，"西雲干吕，東明銜璧"，乃寓指總章元年（668）唐軍圍攻平壤，高句麗王高藏出降之事。因此緣故，延福才"以亡王之族，處巷伯之官"。"亡王"始見《國語·周語》"此一王四伯，豈緊多寵？皆亡王之後也"。一王，謂禹，鯀之子。四伯，言四嶽，共工從孫。鯀、共工皆稱王，又以無道而亡，故一王四伯皆亡王之後。碑言延福爲"亡王之族"，義在強調延福族源顯貴，出自高句麗王室。如此，墓誌與碑文互證，輔以文獻所載，說明高延福確係高句麗人。

高延福家族世系，墓誌追溯三代，即曾祖權、祖祖、父護。《三國史記·高句麗本紀》載榮留王二十三年（640）二月，"遣世子桓權，入唐朝貢。太宗勞慰，賜賚之特厚"。此桓權爲榮留王高建武之子，貞觀十四年（640）以使臣身份入唐，應已成年，其年紀與延福曾祖權相仿。高桓權、高權同出王室，身份相類，名字亦同，似爲一人。加之，上文引《唐故高內侍碑》云高延福爲"亡王之族"，均證明高延福乃高句麗王室後裔。

至於高延福移民長安原委，墓誌有所記載："府君幼而晦名，長而藏用，體敬仲之慎，兼伯楚之忠。解褐拜文林郎，守奚官丞。"謂延福幼時隱名，及長堪用，并喻以田敬仲亡國之身，居寺人披宦者之職，幼年時即移民長安。這一點也爲前文所證，上引《唐故高內侍碑》明確記載高延福於"東明銜璧"，即高句麗滅國時來到長安。史載總章元年（668）唐滅高句麗，其年九月二十一日，遼東道行軍總管英國公李勣"以王寶藏、王子福男、德男、大臣等二十餘萬口迴唐"⑤，至"十二月丁巳，俘高藏以獻"⑥。以此次內遷長安的高句麗移民數量及身份觀之，作爲王室成員的高延福應該列於其中。據墓誌所載卒年開元十一年（723）及享年六十三歲推算，高延福生於高宗顯慶六年（661）。由此可知，高延福總章元年移民長安時年僅八歲。

---

① 耿鐵華：《好太王碑新考》，長春：吉林人民出版社，1994 年，第 161 頁。
② 周紹良：《唐代墓誌彙編》，第 1814 頁。
③ 王連龍：《唐代高句麗移民〈高乙德墓誌〉及相關問題研究》，《吉林師範大學學報》2015 年第 4 期，第 32—35 頁。
④ 張説：《張燕公集》，清文淵閣《四庫全書》鈔兩淮馬裕家藏本。李昉：《文苑英華》，北京：中華書局 1966 年影印本。董誥等：《全唐文》，第 2298—2299 頁。
⑤ 金富軾著，楊軍校勘：《三國史記》卷六《新羅本紀》，長春：吉林大學出版社，2015 年，第 85 頁。
⑥ 歐陽修、宋祁：《新唐書》卷三《高宗本紀》，北京：中華書局，1975 年，第 67 頁。

二、長安宦官

身在韶年的高延福來到長安後，并未直接入宦宮禁，而是先服役於武三思家。此事爲碑誌漏記，可據傳世文獻略作補充。按，《舊唐書·高力士傳》載延福入宮前，"出自武三思家"。武三思，武則天兄武元慶子，"少以後族累轉右衛將軍。則天臨朝，擢拜夏官尚書。及革命，封梁王，賜實封一千戶"①。以唐王朝處理戰俘的慣例推測，其時高延福應該身爲奴僕。唐平諸藩之亂，習以降俘爲奴婢，即以征伐高句麗之役爲例：貞觀十九年（645），唐太宗親征高句麗，"攻陷遼東城，其中抗拒王師，應没爲奴婢者一萬四千人，并遣先集幽州，將分賞將士"②，衹是後來太宗准以布帛贖之，赦爲百姓。但是戰爭中軍功卓著者，仍多有奴婢之賞，如薛仁貴賜"生口"十人，③ 李道宗賜奴婢四十人，④ 及元仁基賜"遼口"五十人，⑤ 此"遼口"顯然爲高句麗俘虜。此外，張鷟《朝野僉載》亦載唐軍破平壤城日，中書舍人郭正一曾"得一高麗婢，名玉素，極姝艷，令專知財物庫"⑥，及玉素下毒逃脱云云。是證高句麗滅亡後，其遺民降爲奴婢者甚衆。在此背景下，高延福以奴婢身份入役武三思家。至於高延福緣何以高句麗王室子弟淪爲奴婢，或因其父祖抗擊唐軍未曾投誠之故，墓誌於延福父祖宦績用語模糊，似有隱情，可爲輔證。

八歲的高延福隨高句麗移民來到長安後，先入武三思家爲奴，再進宮仕宦。以唐代宦官習見"少爲閹"⑦"幼爲宦"⑧ 等記載推之，延福入宮亦應在幼年，即入武三思家後不久。這種情況的出現，一方面緣於宦官幼年閹割之習慣，另一方面也出於武三思謀求仕途通達之安排。史載武三思"性傾巧便僻，善事人"⑨，爲求富貴，曾折節事武則天男寵薛懷義、張易之、張昌宗等人，又爲武則天造三陽宮於嵩高山，興泰宮於萬壽山，極盡阿諛奉承之事。總章元年（668），高延福入役武三思家時，三思并未發達，正值仕途發展初期。武三思安排高延福入侍武則天左右，既爲諂媚逢迎，又可窺探聖心，以求平步青雲。事實證明，武三思果然"特蒙信任，則天數幸其第，賞賜甚厚"⑩。推測個中緣由，當不乏高延福之功勞。就此而言，武三思可謂高延福生命中一個重要人物，由奴入宮，改變了延福的人生軌迹。墓誌漏記高延福與武三思關係諸事，當因墓誌成於唐睿宗廢除武三思謚號，開棺戮尸之後，避其惡名，爲之隱諱之故。

---

① 劉昫等：《舊唐書》卷一八三《武承嗣傳附武三思傳》，北京：中華書局，1975 年，第 4734 頁。
② 劉昫等：《舊唐書》卷一九九上《東夷·高麗傳》，北京：中華書局，1975 年，第 5326 頁。
③ 劉昫等：《舊唐書》卷八三《薛仁貴傳》，第 2780 頁。
④ 劉昫等：《舊唐書》卷六〇《江夏王道宗傳》，第 2356 頁。
⑤ 歐陽修、宋祁：《新唐書》卷一四三《元結傳》，北京：中華書局，1975 年，第 4681 頁。
⑥ 張鷟：《朝野僉載》，北京：中華書局，1979 年，第 108 頁。
⑦ 劉昫等：《舊唐書》卷一八四《李輔國傳》，第 4759 頁。
⑧ 劉昫等：《舊唐書》卷一八四《楊復恭傳》，第 4774 頁。
⑨ 劉昫等：《舊唐書》卷一八三《武承嗣傳附武三思傳》，第 4735 頁。
⑩ 同上。

延福入宮後，仕途發展較爲順利：解褐拜文林郎守奚官丞，秩滿，遷本局令，稍轉宮闈令兼謁者監，後特拜朝議大夫守内侍員外置，尋遷中大夫，正除本官。奚官局掌宮人疾病死喪，其令正八品下，掌奚隸二役、宮官品命，丞二人，正九品下，爲之貳。宮闈令掌侍奏宮闈，出入管鑰，秩從七品下，高於奚官令，是爲升遷。謁者監，即内謁者監，異於内侍省五局，其令正六品下，掌内宣傳，凡諸親命婦朝會，所司籍其人數，送内侍省。内侍，從四品上，掌在内侍奉、出入宮掖宣傳之事，總掖廷、宮闈、奚官、内僕、内府五局之官屬。貞觀中，太宗定制，内侍省不置三品官，以内侍爲首。天寶十三載（754），玄宗以中官高力士、袁思藝承恩遇，特置内侍監兩員，秩三品，以授之。高延福除授諸官中，文林郎、朝議大夫、中大夫、上柱國等爲文散官，奚官丞、奚官令、宮闈令、謁者監、内侍員外置、内侍屬職事官，即墓誌所謂"出入四代，凡更六職"，神道碑言"歷官七政"，有誤。

三、義子高力士

言說高延福，自然離不開其養子高力士。關於延福、力士義養關係，傳世文獻及碑誌史料皆有所載，今并考之。按，《舊唐書·高力士傳》載，高力士於聖曆元年（698）入宮，曾因小過遭逐，隨即爲"内官高延福收爲假子"。《新唐書》本傳補之以"中人高延福養爲子，故冒其姓"。相比之下，高力士墓誌及神道碑不言力士被逐事，但記"帝曰：'渝！以汝爲内侍高延福男。'由是，遂爲高氏"云云，[1] 則有所隱諱，徒爲美譽之文。《高延福神道碑》言"父子之名既定，姓氏之目因移"，與傳世文獻記載相仿佛，可爲佐證。高延福收養高力士之年，史誌不載。按，《舊唐書·高力士傳》謂力士入養高延福"歲餘，則天復召入禁中，隸司宮臺，廩食之"。司宮臺即内侍省。《唐會要·内侍省》載："光宅元年，改爲司宮臺。神龍元年，復爲内侍省。"[2] 由此推算，高延福收養高力士當在聖曆元年至神龍元年（705）之間，時年四十歲左右。

延福既收力士爲養子，仕途愈加發達。觀高延福除授諸職，以内侍品秩最高，爲内侍省長官，《唐六典》謂"中官之貴，極於内侍"。從墓誌記載來看，高延福擢升内侍與養子高力士有關："府君之寵嗣曰力士，……以功拜右監門大將軍兼食本邑。……府君以大將軍之故，特拜朝議大夫守内侍員外置。尋遷中大夫，正除本官。"高延福雖然父以子貴，因數升遷，但如何獲官，碑誌言之不清。按，《舊唐書·高力士傳》載："先天中，預誅蕭、岑等功，超拜銀青光禄大夫，行内侍同正員。開元初，加右監門衛將軍，知内侍省事。……天寶初，加力士冠軍大將軍、右監門衛大將軍，進封渤海郡公。"以力士授右監門衛大將軍在天寶初。與傳世文獻相印證，《高力士墓誌》亦載其事："……韋氏紛以干命。玄宗至道大聖皇帝，中夜提劍，遲明登天。斗杓未移，沴氣如掃。攀龍附鳳，公實親焉。録其翼戴之勛，遂有驟遷之命。特加

① 陝西省考古研究所：《唐高力士墓發掘簡報》，《考古與文物》2002 年第 6 期，第 21—32 頁。
② 王溥：《唐會要》卷六五《内侍省》，北京：中華書局，1955 年，第 1130 頁。

中編·研究編

朝散大夫、內給事，充內弓箭庫使。尋遷內常侍，兼三宮使。又加雲麾將軍、右監門衛大將軍。"① 相比之下，墓誌所敘更爲詳實。高力士歷任職官中，朝散大夫、內給事等皆爲平韋氏叛亂所賜，史籍皆有明載，此不贅述。值得注意者，《高力士墓誌》有"又加"之語，未有明釋。梳理高力士仕途可知，其協助臨淄王李隆基平定韋后之亂後，又參加了誅除太平公主謀反集團的行動。《舊唐書·玄宗本紀》載，先天二年（713）七月三日，竇懷貞、岑羲、蕭至忠等與太平公主同謀，期以其月四日以羽林軍作亂，"上密知之，因以中旨告岐王範、薛王業……內侍高力士、果毅李守德等親信十數人，……執蕭至忠、岑羲於朝，皆斬之"。顯然，高力士"又加"之雲麾將軍、右監門衛大將軍，皆因平叛太平公主之功。《高力士墓誌》不記太平公主叛亂事，當以其事涉皇室而諱之。又，唐玄宗於先天二年十二月改元"開元"，是"先天中"與"開元初"爲同一時間。換言之，高力士右監門衛大將軍之授在開元初，高延福亦隨之除授內侍之職，時年五十三歲。至於除授的過程，則略有波折。根據《高力士墓誌》記載，力士因功除授雲麾將軍、右監門衛大將軍之後，"恭以橋梓之心，懼過車馬之賜，乞迴所授，進父之班。聖心嘉之，用獎名教，父子並受內侍"。是可知，高延福本無除授之命，祇因高力士擢升諸職時，以養父官卑，乞迴所授，玄宗嘉獎其誠，二人皆授內侍之職。

衆所周知，唐代"宦者之禍，始於明皇，盛於肅、代，成於德宗，極於昭宗"②。自中唐伊始，宮廷內亂不斷，多有宦官介入其中，閹黨勢力逐漸壯大。高延福是否參與宮門，值得關注。從碑誌記載高延福行迹觀之，這種可能性很小。首先就宦績而言，高延福執掌皆在內侍，並無內外使職，既無使職差遣，則無內諸司使諸權。與高延福同時的薛思簡、楊思勖、高力士，及後來的李輔國、程元振、魚朝恩等權閹，皆授三品左右監門將軍，兼帶諸使職，至守三公，封王爵，干預國政。相比之下，高延福仕途平穩，中規中矩，即使擢升內侍，也乃因養子力士之故。其次以信仰來看，墓誌載高延福"旁通物情，往往造極"，精於龜筮之道；"每持專一之行，深入不二之門"，篤信佛教。可見高延福清心寡欲，淡泊於仕途追求。故每有宮廷爭門，高延福亦能平步青雲，獨善其身，與其信仰及性格多有關係。

關於高延福家室，在養子高力士之外，還應有其他成員。東京國立博物館藏唐長安三年（703）高延貴造像，其銘記云高延貴爲渤海人，③ 篤信佛教，延福、延貴籍貫一致，名字相類，時代接近，爲兄弟關係亦未可知。此外，高延福還曾娶妻一人。《舊唐書·高力士傳》言："力士義父高延福夫妻，正授供奉。"《新唐書》本傳載同。高力士幼與母麥氏相失，後嶺南節度使得之隴州，高力士於延福與妻侍養，亦與麥氏均，《唐故高內侍碑》即謂"於是盡歡二媪，兼敬三人：均養之恩，咸不寐於十起；反哺之志，齊色難於一堂"。可推知，在高力士關照之下，延福生活無憂，頤養天年。

① 陝西省考古研究所：《唐高力士墓發掘簡報》，第21—32頁。
② 司馬光：《資治通鑒》卷二六三《唐紀》"天復三年春正月"條，北京：中華書局，1956年，第8598頁。
③ 王昶：《金石萃編》。

四、喪 葬 之 事

　　歷經坎坷，得以終年，墓誌言高延福在"開元十一年十二月廿五日，終於來庭里之私第，春秋六十有三。……明年太歲在甲子正月壬戌朔廿一日壬午，遷窆於京兆府白鹿原之西隅"。高延福卒年、享年及葬期，《唐故高內侍碑》記載略異："年六十有四，開元十二年終於來庭里，明年五月葬於長樂原。"關於二者之不同，王昶曾據《通鑒目録》所載干支繫年，推定墓誌記叙準確。[①] 今核之以陳垣先生《二十史朔閏表》，[②] 甲子歲爲開元十二年，正月是壬戌，與墓誌相一致。此外，《大唐故馮翊嚴府君墓誌銘》載誌主"以大唐開元十二年歲次甲子正月壬戌朔廿一日甲申"[③]，與夫人傅氏合葬於洛陽之邙山，以及《大唐故錦州刺史趙府君墓誌文》紀年"開元拾貳年歲在甲子貳月辛卯朔壹日辛卯"[④]，所載干支紀年均與《高延福墓誌》相合，皆可佐證墓誌記載爲是。高延福所居長安來庭里，即來庭坊，朱雀門街東第三街從北第二坊。該坊逼近東内，故閹人多居之，内常侍孫志廉宅、知内侍省劉宏規宅、行内侍省内常侍孫君宅、内侍省内寺伯劉氏宅等均在此坊。[⑤] 又，來庭坊所在本永昌坊一坊之地，與翊善坊同分，二坊南北毗鄰，高力士即居翊善坊。[⑥] 史載高力士曾於來庭坊造寶壽佛寺，"作齋以慶之，舉朝畢集。擊鐘一杵，施錢百緡，有求媚者至二十杵，少者不減十杵"[⑦]，亦與高延福篤信佛教相契合。關於高延福葬地，墓誌謂"白鹿原之西隅"，神道碑作"長樂原"。長樂原，其名應以長樂坡得名。《太平寰宇記》載："長樂坡在滻水之西岸，舊名滻阪。隋文帝惡有反字，改名長樂坡。"與之相關聯，白鹿原在京兆府藍田縣西，位於滻水、灞水之間之狹長地帶，西盡滻水。墓誌既謂高延福葬於白鹿原之西隅，其地與長樂坡相近，或謂同地而異名。讀碑誌可知，因養子力士之貴，及高延福喪，唐玄宗遣中使詔慰，以禮賵贈，葬事所需，并皆官給。

　　高延福事迹，全賴其碑誌所載，亦值得言説。乾隆年間，高延福墓誌出土於西安白鹿原，後移至西安府儒學，[⑧] 及畢沅巡撫陝西，據爲己有。[⑨] 乾隆五十三年（1788），畢沅命錢泳携高延福墓誌等四石至蘇州樂圃之賜閑堂，後置靈巖山館。嘉慶四年（1799），畢沅卒後革職抄家，墓誌爲錢塘馮鷺亭購去。道光六年（1826），墓誌又爲嘉興張廷濟所得，

---

① 王昶:《金石萃編》。
② 陳垣:《二十史朔閏表》，北京:古籍出版社，1956 年，第 94 頁。
③ 周紹良、趙超:《唐代墓誌彙編續集》，上海:上海古籍出版社，2001 年，第 496 頁。
④ 周紹良:《唐代墓誌彙編》，第 1288 頁。
⑤ 徐松撰，李健超增訂:《增訂唐兩京城坊考》，西安:三秦出版社，1996 年，第 80—82 頁。
⑥ 段成式:《酉陽雜俎》，北京:中華書局，1981 年，第 257 頁。
⑦ 司馬光:《資治通鑒》卷二一六《唐紀》"天寶七載夏四月"條，第 6889 頁。
⑧ 朱楓:《雍州金石記》，清道光二十年（1840）惜陰軒叢書本。
⑨ 畢沅:《關中金石記》，清乾隆四十六（1781）經訓堂刻本。

石藏新篁里。① 及太平天國戰亂，墓誌得以入藏淮安蔣清翊之抱布新築。② 不久，墓誌又爲端方匋齋所獲。③ 高延福墓誌輾轉千里，數易其主，今藏淮安楚州區博物館。④

墓誌爲麗正殿修撰學士校書郎孫翌撰文。孫翌，字季良，河南偃師人，《舊唐書·尹知章傳》附本傳，開元中爲左拾遺、集賢院直學士，撰《正聲詩集》三卷，今見《奉酬張洪州九齡江上見贈》⑤《蘇州常孰縣令孝子太原郭府君墓誌銘》⑥ 及《應文詞雅麗策對問》⑦ 等傳世。麗正殿修撰學士，職屬麗正修書院。開元五年（717），乾元殿寫四部書，置乾元院使。六年，乾元院更號麗正修書院。八年，加文學直，又加修撰、校理、刊正、校勘官。十一年，置麗正院修書學士。十三年，改麗正修書院爲集賢殿書院。高延福墓誌撰於開元十二年，故仍名麗正殿修撰學士。葉昌熾推測墓誌撰書皆出孫翌一人之手，⑧ 或爲可能。

觀墓誌書法，筆力雄健，神采飛揚，洵屬有養之品。行書入碑始於唐太宗，而風氣相扇，上行下效，乃漸成規模。然則所見多用"王體"，當與懷仁《集王聖教序》的傳拓流布有關。此誌之出，表明其時亦有不甘隨俗者，觀之如沐清風，爲之一振。墓誌楷體基礎儼然唐人作法，與張旭、徐浩有相似之處。其體勢方闊，奄有北書古法，足以上叙隋人《龍藏寺碑》。及其闌入行書筆勢，遂覺劈殺斬斫，流漓酣暢，縱橫往來，無以克當。筋骨强健，神采飛揚，目無勃亂，盛唐氣象。此雖非名家勝流之迹，而骨體峻快，似有李北海之風氣。若與其他宗王之迹相比，有特立獨行之感。若與王書相較，則貌合而神離，宜爲上上之選。所不足者，字勢端正，在一定程度上影響了行書用筆的自然發揮，未能盡展其長。同時，字形謹守界欄，束縛頗多。若《急就章》、智永草書《千字文》，亦皆循其繩墨而字字獨立，小大相若，未能盡其書體優長。風俗相延，不必苛求。高延福墓誌以書法精美，後世木本⑨、重模本⑩、翻刻本⑪衆，亦不可不知。

① 錢泳：《履園叢話》，清道光十八年（1838）述德堂刻本。洪頤煊：清光緒十一年（1885）德化李氏木犀軒刻本。張廷濟：《清儀閣金石題識》，清光緒二十年（1900）徐氏觀自得齋刻本。黃本驥：《古誌石華》，清道光二十七年（1847）三長物齋刻本。黃浚：《花隨人聖庵摭憶》，上海：上海古籍出版社，1983年，第473頁。
② 羅振玉：《淮陰金石僅存録補遺》。
③ 端方：《匋齋藏石記》。張彥生：《善本碑帖録》，北京：中華書局，1984年，第124頁。
④ 淮楚：《清末淮安收藏家蔣清翊》，《淮海晚報》2009年4月12日。
⑤ 曹寅等：《全唐詩》，北京：中華書局，1999年，第1152頁。
⑥ 董誥等：《全唐文》，第3103—3105頁。
⑦ 李昉：《文苑英華》。
⑧ 葉昌熾：《語石》，北京：中華書局，1994年，第440頁。
⑨ 黃本驥：《古誌石華》。
⑩ 毛鳳枝：《關中金石文字存逸考》，清光緒二十七年（1901）顧氏刊本。
⑪ 羅振玉：《淮陰金石僅存録補遺》。張彥生：《善本碑帖録》，第124頁。

/ 第四章 /

戰争與命運：饒陽王南單德的逆襲之路

內遷海東移民生存狀况不盡相同，有如泉男生等，因爲早期歸順唐廷，入唐後一直延續家族地位和榮耀。還有如高延福等，緣於滅麗戰争中的頑抗，没身爲奴，入宦宫禁。以上兩者是海東移民中較爲極端的代表類型，介於兩者之間的多數移民均在通過自身的奮鬥去努力改善生存狀况，饒陽王南單德即是其中之一。南單德，內遷高句麗人，傳世文獻無載，其墓誌近年出土於西安市灞橋區紅旗鄉，現藏西安碑林博物館。① 根據墓誌記叙，高句麗滅亡後，南單德家族被唐王朝配住安東。開元初，南單德留內供奉射生，從薛楚玉平定奚、契丹之亂，以功授折衝果毅、中郎將軍。天寶末，南單德參加安禄山叛軍，後率衆歸誠，獲封饒陽郡王。大曆十一年（776），南單德卒於長安，享年七十八歲。縱觀南單德一生，雖亡國之人出身，憑藉戰功，改變命運，終爲顯爵王侯，豐富的人生經歷中，濃縮着衆多高句麗人的身影，極具代表意義。

一、配　住　遼　東

對於高句麗人而言，總章元年（668）平壤之戰是一段難以忘懷的經歷。戰争過後，高句麗人失去了自己的家園，在遷徙及逃亡中，遠離故地，配住異鄉。根據《南單德墓誌》記載，南單德家族"分隸遼東，子弟郡縣散居。公之家，子弟首也，配住安東"，開始降户遷徙生活。宏觀分析唐王朝海東移民政策，除了少數王室貴族遷居長安之外，多數移民都以"配住"方式遷徙唐王朝內地及降户州。

關於戰後唐王朝安置高句麗降户情况，以《舊唐書·高麗傳》記載最爲全面："高麗國舊分爲五部，有城百七十六，户六十九萬七千；乃分其地置都督府九、州四十二、縣一百，又置安東都護府以統之。擢其酋渠有功者授都督、刺史及縣令，與華人參理百姓。"② 此外，《新唐

---

① 趙力光：《西安碑林博物館新藏墓誌續編》，西安：陝西師範大學出版社，2014年，第380—382頁。樓正豪：《新見唐高句麗遺民南單德墓誌銘考釋》，《西部考古》第8輯，北京：科學出版社，2015年，第185—193頁。王菁、王其禕：《平壤城南氏：入唐高句麗移民新史料——西安碑林新藏唐大曆十一年南單德墓誌》，《北方文物》2015年第1期，第80—85頁。拜根興、宋麗：《新見高句麗、百濟移民墓誌的新探索》，《陝西歷史博物館館刊》第22輯，2015年，第236—245頁。

② 劉昫等：《舊唐書》卷一九九上《東夷·高麗傳》，北京：中華書局，1975年，第5327頁。

186 　　　　　　　　　　　　　　　　　　　　　　　　　　　　　　中編·研究編

書‧地理志》載安東都護府下轄“高麗降戶州十四”①，《舊唐書‧地理志》又羅列出南蘇州等十州、新城州都督府等四府。比較而言，兩《唐書》之《地理志》記載雖然細緻，但在州縣數目上與《舊唐書‧高麗傳》出現差異，即“州四十二”與“州十四”的不同。對此，《新唐書‧地理志》解釋爲“高宗滅高麗，置都督府九，州四十二，後所存州止十四”②。這種觀點在當今學術界也頗具代表性。③ 衆所周知，因爲高句麗遺民叛亂及新羅侵掠，唐廷在上元三年（676）將安東都護府的治所從平壤遷到遼東。此後雖然幾經遷徙，但在神龍元年（705）之前，安東都護府的治所大體都在遼東地區之内。這表明唐廷雖然失去對高句麗東部、南部故地的控制，但仍然保持着對遼東地區的有效統治。兩《唐書》之《地理志》所載十四高句麗降戶州均在遼東地區，即是例證。這也是《新唐書‧地理志》所謂“州四十二，後所存州止十四”説法的由來。但《新唐書‧地理志》的解釋也很容易掩蓋另外一個事實，即這十四個降戶州爲高句麗降戶最初安置地所在。因爲從《南單德墓誌》記載來看，總章元年後唐王朝曾將部分高句麗貴族豪酋降戶集中安置於遼東地區。換言之，這十四個州最初即作爲降戶州用以安置高句麗移民。可以提供輔證的是，《舊唐書‧地理志》在羅列安東都護府所轄諸高句麗降戶羈縻州時，明確講到“初置領羈縻州十四，戶一千五百八十二。去京師四千六百二十五里，至東都三千八百二十里。……凡此十四州，并無城池。是高麗降戶散此諸軍鎮，以其酋渠爲都督、刺史羈縻之”④。可見，在安東都護府設置初期，十四個高句麗降戶州也隨之出現在遼東了。至於出現“州四十二，後所存州止十四”的現象，祇是唐王朝在高句麗故地控制情況的動態反映，與高句麗降戶州的最初設置情況不能混淆。

南單德家族雖然被唐廷安置於遼東，但與其他高句麗移民有所區別，南單德“祖狄，皇磨米州都督。父于，皇歸州刺史”⑤，即作爲貴族領導階層在安東協助唐廷管理移民。其中，“子弟首”南狄除授磨米州都督之職。磨米州，安東都護府所領高句麗降戶十四州之一，地在今遼寧本溪下堡山城。⑥ 與《南單德墓誌》所載高句麗降戶分居遼東及職官除授情況相印證，其他史料中也存在一些關於唐王朝在遼東安置高句麗貴族豪酋的記載。如高句麗移民高欽德和高遠望的墓誌記載，高欽德曾祖高瑗曾任建安州都督。⑦ 建安州與磨米州同屬遼東高句麗降戶十四州之一，治所在今遼寧蓋州東北青石關堡高句麗城山城。值得注意的是，高氏家族中高瑗、高懷、高千、高欽德等世襲建安州都督之職。比較《舊唐書‧高麗傳》所載安東都護府羈縻州

① 歐陽修、宋祁：《新唐書》卷四三下《地理志》，北京：中華書局，1975年，第1128頁。
② 歐陽修、宋祁：《新唐書》卷四三下《地理志》，第1128頁。
③ 姜維公：《兩唐書及資治通鑒關於安東都護府記載的不同》，《古籍整理研究學刊》1990年第2期，第20—21頁。程妮娜：《唐代安東都護府研究》，《社會科學輯刊》2005年第6期，第127—132頁。趙智斌：《安東都護府初建時行政建置考略——兼論高句麗末期政區與安東都護府行政建置的關係》，《東北史地》2014年第1期，第71—81頁。
④ 劉昫等：《舊唐書》卷三九《地理志》，第1527頁。
⑤ 趙力光：《西安碑林博物館新藏墓誌續編》，第380—382頁。
⑥ 王綿厚：《高句麗古城研究》，北京：文物出版社，2002年，第214頁。
⑦ 周紹良：《唐代墓誌彙編》，上海：上海古籍出版社，1992年，第1416頁。吳鋼：《全唐文補遺》第八輯，西安：三秦出版社，2005年，第47頁。

職官任命原則，"擢其酋渠有功者授都督、刺史及縣令，與華人參理百姓"①，以及《新唐書·地理志》所載羈縻州中"其部落列置州縣，其大者爲都督府，以其首領爲都督、刺史，皆得世襲"②，可以推測出，南狄與高瑗俱爲高句麗貴族豪酋，同在總章元年（668）後被唐王朝配居遼東。加之，唐王朝屢次命令高藏、高德武、泉男生等高句麗王室貴族經略遼東移民等情況，也説明當時在遼東郡縣散居着衆多高句麗移民。

此外，墓誌提到"子弟郡縣散居"，即海東移民散居遼東磨米州、建安州等郡縣，也反映出遼東地區高句麗降户的配居方式。這種移民降户安置方式由來已久，秦漢時期，秦始皇曾遷六國舊族、地方豪強於咸陽，劉邦也徙齊諸田，楚昭、屈、景及諸功臣家於長陵。東晉成帝咸康八年（342），慕容皝掠高句麗男女五萬餘口，③ 置於都城附近。時記室參軍封裕諫議"今户垂十萬，狹湊都城，恐方將爲國家深害，宜分其兄弟宗屬，徙於西境諸城，撫之以恩，檢之以法，使不得散在居人，知國之虚實"④，主張打破移民兄弟宗屬關係，把移民散居西境諸城。這與唐王朝安置高句麗移民"子弟郡縣散居"如出一轍。至於遷居後高句麗移民的組織形式，《南單德墓誌》中的"子弟"可與傳世文獻記録高句麗降户時出現的"城傍子弟"相契合，透露出南單德家族等貴族豪酋應該以城傍形式配居於遼東地區。關於唐代城傍，學術界多有研究，結論不一。⑤ 以筆者所見，城傍至少可以從兩個角度進行解析：就地域來説，城傍是指唐王朝設立於軍鎮城旁用以安置諸蕃降户的區域範圍；以身份而言，城傍又與"城傍子弟""城傍少年""大家子弟""旁側土軍"等詞一樣，代指兵農合一的蕃籍民兵。查閲傳世文獻所見高句麗降户安置方式，也以城傍聚居爲多見。如《新唐書·王晙傳》載開元三年（715）唐廷討論突厥降户安置問題，時隴右群牧使、原州都督王晙曾講到"高麗舊俘置沙漠之西，城傍編夷居青徐之右"⑥。是唐王朝在安置高句麗降户時，曾將部分高句麗降户聚居於青州、徐州之西諸城傍。在營州地區，唐王朝也存在用以安置高句麗降户的城傍。武周萬歲通天元年（696）"營州之亂"，高句麗末代王高藏之子、遼東都督高德武曾率領"營州士人及城傍子弟"，阻擊營州契丹叛軍，"破逆賊孫萬斬十有餘陣，并生獲夷賊一千人"⑦。此外，唐司空、霍國公王思禮即出身"營州城傍高麗人"⑧。與上述高句麗降户安置方式相一致的是，在遼東地區也存在一定數量的高句麗城傍。《舊唐書·高麗傳》載儀鳳二年（677），高宗封高藏爲遼

---

① 劉昫等：《舊唐書》卷一九九上《東夷·高麗傳》，第 5327 頁。

② 歐陽修、宋祁：《新唐書》卷四三下《地理志》，第 1119 頁。

③ 房玄齡等：《晋書》卷一○九《慕容皝載記》，北京：中華書局，1974 年，第 2822 頁。

④ 房玄齡等：《晋書》卷一○九《慕容皝載記》，第 2824 頁。

⑤ 日野開三郎：《東洋史學論集》第 1 卷《唐代藩鎮的統治體制》，東京：三一書房，1980 年，第 220—225、238—241 頁。方積六：《關於唐代團結兵的探討》，《文史》第 25 輯，北京：中華書局，1985 年，第 100—108 頁。張澤咸：《唐五代賦役史》第五章《兵役》，北京：中華書局，1986 年，第 432 頁。李錦繡：《大唐帝國與城傍》，《唐代的歷史與社會》，武漢：武漢大學出版社，1997 年，第 198—235 頁。王義康：《唐代城傍辨析》，《中國邊疆史地研究》2002 年第 1 期，第 38—43 頁。

⑥ 歐陽修、宋祁：《新唐書》卷一一一《王晙傳》，第 4155 頁。

⑦ 陳子昂：《爲建安王與遼東書》，董誥：《全唐文》卷二一四，北京：中華書局，1983 年，第 2160 頁。

⑧ 劉昫等：《舊唐書》卷一一○《王思禮傳》，第 3312 頁。

東都督、朝鮮郡王，命其經略遼東，但高藏到遼東後企圖謀反，被唐朝召還放邛州，"并分徙其人，散向河南、隴右諸州，其貧弱者留在安東城傍"①。所謂貧弱者留在安東城傍，引申其義，是原來部分高句麗貴族豪酋也居於安東城傍，祇是後來被遷入河南、隴右諸州之地。至於遷徙到河南、隴右諸州的高句麗大家豪族，亦見史籍所載。如《命呂休璟等北伐制》載"防禦群牧大使臨洮軍使甄亶領當軍、莫門、積石等軍馬，募及秦、蘭、渭、城等州大家子弟總二萬騎"②。這個"大家子弟"與《大唐六典·兵部郎中》所言"秦、成、岷、渭、河、蘭六州有高麗、羌兵"③ 相對應，也與南單德墓誌中的"子弟"相一致，都是指聚居城傍的高句麗降户子弟。這些遼東高句麗城傍的大量存在，説明了遷居而來的南單德家族等降户應該配居於這些城傍之中。

二、歸　州　射　生

遠離故土，遷居配所，安於命運，最終客死異鄉，灰飛烟滅於歷史長河中，不留一點痕迹，應該是多數内遷高句麗人的人生軌迹。就配居遼東的南單德家族而言，南于没有繼承其父南狄磨米州都督之職，而是遠任歸州刺史，家族走向没落。作爲連鎖反應之一，南單德在少年時期選擇爲内供奉射生，離開歸州，進入長安，開啓人生新道路。錯綜複雜的生存環境下，每個人都在努力地改善着自己的處境，内遷的高句麗人更是如此，不斷地進行自我調整以獲得世人更多的認同。

南于轉任歸州刺史，是南單德家族發展的一個轉折點，對南單德個人發展有着重要影響。刺史本是漢武帝所置全國十三部之督查地方職官，魏晋沿漢制，於要州置都督兼領刺史。至隋唐時期，刺史成爲州之行政長官。稽查傳世文獻及碑誌所載，總章元年（668）後高句麗人除授刺史情況可作集中考證。目前已見高支于易州刺史、④ 李洧徐州刺史、⑤ 高拱毅左領軍衛將軍兼刺史、⑥ 泉男生并州刺史、⑦ 高足酉幽州刺史⑧等。其中，李洧徐州刺史爲李正己私署，泉男生、高足酉刺史爲卒後贈官，三者可以忽略不計。高支于任易州刺史，《高提昔墓誌》解釋爲"貞觀年中，天臨問罪。祖（高支于）乃歸誠款塞，率旅賓庭"，封易州刺史、長岑縣開國伯、上柱國。是高支于係貞觀年間唐太宗征伐高句麗戰爭中率衆投誠入唐。既謂"率旅賓庭"云云，是易州應該聚集了相當數量的高句麗移民，故高支于才能成爲易州地方長官。至於高拱毅之任刺史，也與高句麗移民歸附有關。開元三年（715），"（默啜）婿高麗莫離支高文

① 劉昫等：《舊唐書》卷一九九上《東夷·高麗傳》，第 5328 頁。
② 董誥等：《全唐文》卷二五三《命呂休璟等北伐制》，第 2563 頁。
③ 李林甫等撰，陳仲夫點校：《唐六典》卷五《兵部郎中》，北京：中華書局，1992 年，第 157 頁。
④ 王連龍：《新見隋唐墓誌集釋》，沈陽：遼海出版社，2013 年，第 73 頁。
⑤ 歐陽修、宋祁等：《新唐書》卷一四八《李洧傳》，第 4779 頁。
⑥ 歐陽修、宋祁等：《新唐書》卷二一五《突厥傳》，第 6048 頁。
⑦ 周紹良：《唐代墓誌彙編》，第 667 頁。
⑧ 周紹良、趙超：《唐代墓誌彙編續集》，上海：上海古籍出版社，2001 年，第 348 頁。

簡，與跌跌都督思太，吐谷渾大酋慕容道奴，郁射施大酋鶻屈頡斤、苾悉頡力，高麗大酋高拱毅，合萬餘帳相踵款邊，詔內之河南。……引拜文簡左衛大將軍、遼西郡王，……拱毅左領軍衛將軍兼刺史、平城郡公，將軍皆員外置，賜各有差"①。高文簡、高拱毅率領歸附者應爲總章元年後逃亡至突厥的高句麗民衆，其數目雖然不詳，但根據高文簡、高拱毅所除授官職勛爵來看，"合萬餘帳"中高句麗人應占相當之比例。這些內遷高句麗人被唐王朝安置於河南地區，在此情況下，高拱毅被授予左領軍衛將軍兼刺史、平城郡公。

鑒於高支于、高拱毅等刺史除授慣例，推測南于之任歸州刺史也應與高句麗移民安置有關。稽查史籍所載，總章元年（668）後唐廷多次進行高句麗遺民內遷。其中以總章二年五月的移民最爲值得注意："移高麗戶二萬八千二百，車一千八十乘，牛三千二百頭，馬二千九百匹，駝六十頭，將入內地，萊、營二州般次發遣，量配于江、淮以南及山南、并、涼以西諸州空閑處安置。"② 這次移民發生在唐王朝重新劃分高句麗政區，安置遺民之後，因爲高句麗人離叛，故不得不再次進行人口遷徙。在移民方向上，這次移民主要遷往江、淮以南及山南、并、涼以西諸州空閑處。反觀南于之歸州刺史，歸州，屬山南東道。《舊唐書·地理志》載：武德二年（619），割夔州之秭歸、巴東二縣，分置歸州；天寶元年（742），改爲巴東郡；乾元元年（758），復爲歸州，仍治秭歸縣。與總章二年五月移民相印證的是，歸州正好位於此次移民範圍中的山南道。這說明南于是在總章二年隨移民來到歸州，并被任命爲歸州刺史，管理該地區高句麗移民。目前高句麗移民地研究中，遼寧、河南、陝西、甘肅等移民多有史籍記載，江淮地區移民遺跡發現無多，墓誌關於歸州移民的記載具有重要史料價值。

與歸州相關的是南單德出生地及仕途問題。《南單德墓誌》言南單德"生居平壤"，"累在邊鄙"。按，墓誌載南單德卒於大曆十一年（776），享年七十八歲。以卒年逆推，南單德當生於武周聖曆二年（699），時高句麗滅亡三十餘年，其家族也已配居遼東，是南單德不可能生於平壤。以南于歸州刺史任職情況觀之，南單德應該生於歸州。墓誌所謂"生居平壤"徒爲溢美之辭，"累在邊鄙"却是真實記錄。

根據墓誌記載，"累在邊鄙"的南單德最終選擇內供奉射生，走出歸州，來到長安。射生，原是唐太宗從"官戶蕃口中少年驍勇者"選取的射獵服務生，後來逐漸發展成爲中央禁軍。③ 官戶即指犯罪沒身於官，戶籍隸屬於官府的罪隸。其中一免爲蕃戶，再免爲雜戶，三免爲良人。因此，唐初戰爭俘獲的戰俘、亡國內遷的少數民族，身爲官戶，且驍勇善騎射者，成爲早期射生來源之一。如高句麗官奴王毛仲、人奴李守德等，早年都曾爲唐玄宗射生。此外，還有范陽城旁奚人李寶臣④、諾思計⑤等都曾擔任射生及相關職官。值得注意的是，南單德選爲射生也與唐王朝對羈縻州府的重視有關係。如前文曾言《大唐六典》載秦、成、岷、渭、

① 歐陽修、宋祁等：《新唐書》卷二一五《突厥傳》，第 6048 頁。
② 劉昫等：《舊唐書》卷五《高宗紀》，第 92 頁。
③ 賀忠：《唐代射生軍小考》，《清華大學學報》2010 年第 1 期，第 157—159 頁。黃樓：《唐代射生軍考》，《史林》2014 年第 1 期，第 61—67 頁。
④ 劉昫等：《舊唐書》卷一四二《李寶臣傳》，第 3865 頁。
⑤ 董延壽、趙振華：《洛陽、魯山、西安出土的唐代百濟人墓誌探索》，《東北史地》2007 年第 2 期，第 2—12 頁。

河、蘭六州有高句麗、羌兵。時唐廷規定“諸州城傍子弟，亦常令教習，每年秋集本軍，春則放散”，并設置專門官員進行例行檢查，如高句麗移民高玄在永昌元年（689）“奉敕差令諸州簡高麗兵士”①。南單德如墓誌描述“素有藝能，兼閑武略”，理所應當會受到唐廷的重視。

在傳統歷史因素之外，南單德選爲射生還要更多地考慮現實問題。前文已言，南單德以南于遠任歸州，遷離遼東安東都護府磨米州。地點的變化也代表着州府屬性發生了變化：磨米州等九都督府、四十二州治於安東都護府下，屬於羈縻州府。比較之下，歸州爲內地一般州府。這個區別直接關係到南單德的仕途發展。前文已言，羈縻州府職官可以世襲，但內地州府職官均爲朝廷任命，不存在世襲制度。換言之，身在歸州的南單德不能繼任其父南于刺史之職。實際上，即便是羈縻州府的職官世襲，也僅是在初期得到很好的貫徹，隨着內遷少數民族逐漸融入中華民族大家庭，羈縻州府開始向一般州府轉化，職官任命方式也逐漸告別世襲制。如上引高氏家族中高瑗、高懷、高千、高欽德等世襲建安州都督，但發展到高欽德長子高遠望時就不再繼承建安州都督。這個變化及其帶來的問題，不僅僅困擾着南單德，也對其他內遷高句麗人產生影響。當然南單德的情況也比較特殊，歸州地處偏荒，山高林密，終唐一代，爲罪人配流之地。縱使南單德有其父庇護，常年居於歸州之地，前途發展終究有限。而開元初，射生已經進入北衙羽林禁軍系統，成爲長安重要武裝力量。同時，射生又侍衛禁中，接近帝王，榮升幾率更高，也成爲仕途發達的熱門之選。如上言奚人李寶臣即被節度使安禄山選作射生官，隨之入朝，留作玄宗射生子弟。《劉升朝墓誌》載誌主劉升朝“選爲射生”②，及《李永定墓誌》也謂誌主李永定“奏事玉階，恩敕便留內供奉射生”③，均與南單德“留內供奉射生”相一致。此外，也要注意到，內遷高句麗人中驍勇善武，被任以重用者多有先例。如唐滅高句麗戰爭中投誠的高文協即授以右衛高陵府長上折衝都尉，④ 高足酉、⑤ 高質、⑥ 高慈⑦等都除授左武衛翊衛府中郎將，擔當京城守衛重任。射生武將，建功立業，對於“有力氣，習戰鬥”⑧ 的內遷高句麗人應該是一個上佳的選擇。

三、幽州汾陰公

南單德選爲射生，進入禁中，期待有朝一日飛黃騰達，然而一場不期而遇的戰爭再次改變了他的命運。《南單德墓誌》言“兩蕃亂離，詔付夔祖汾陰公驅使，頻立功郊，授折衝果毅，次至中郎將軍”。從南單德仕途履歷來看，參加平定奚、契丹兩蕃叛亂的戰爭是其人生的一個

---

① 周紹良、趙超：《唐代墓誌彙編續集》，第317頁。
② 周紹良、趙超：《唐代墓誌彙編續集》，第761頁。
③ 周紹良、趙超：《唐代墓誌彙編續集》，第635頁。
④ 王連龍：《新見隋唐墓誌集釋》，第73頁。
⑤ 周紹良、趙超：《唐代墓誌彙編續集》，第348頁。
⑥ 吳鋼：《全唐文補遺》（千唐志齋新藏專輯），西安：三秦出版社，2006年，第79頁。
⑦ 周紹良：《唐代墓誌彙編》，第959頁。
⑧ 陳壽：《三國志》卷三〇《東夷·高句麗傳》，北京：中華書局，1959年，第884頁。

重要轉機。從此，南單德離開長安，來到幽州，後又參加叛軍，經歷安史之亂。在幽州期間，南單德得到"汾陰公"的關照，因功擢升。這個"汾陰公"不僅是探尋南單德入唐經歷的一條綫索，也是改變南單德命運的一個重要人物，正是他帶領着南單德走向了另外一條人生道路。

根據《南單德墓誌》所載，墓誌撰文者薛夔稱"平陽公"（薛仁貴）爲曾祖，稱"汾陰公"爲祖，是此"汾陰公"應係薛仁貴之子。查諸唐史，薛仁貴有子五人，依次爲薛訥、薛慎惑、薛楚卿、薛楚珍和薛楚玉。其中薛訥、薛楚玉見載於史籍，可作進一步考證。薛訥，兩《唐書》有傳，最早參加平定契丹叛亂可追溯至萬歲通天二年（697）"營州之亂"[1]，然其時南單德并未出生。後景雲元年（710），時任幽州都督的薛訥追擊奚、霫犯塞，南單德也僅十二歲。至開元二年（714），薛訥率領二萬唐軍討伐契丹，全軍覆没，訥脱身走免，官爵等并從除削，時年十六歲的南單德似乎不能"頻立功郊，授折衝果毅，次至中郎將軍"。後薛訥年老致仕，開元八年卒，其時南單德方二十歲。可見，南單德與薛訥交集無多。此外，今見史籍載薛訥有"平陽郡公"及"河東郡公"之封，[2] 未見"汾陰公"爵位，故墓誌所謂"汾陰公"非指薛訥。比較之下，薛訥弟薛楚玉曾在"開元中，爲幽州大都督府長史"[3]，後兼"范陽、平盧節度使"[4]。按，開元十三年，唐王朝以幽州都督府爲大都督府。依唐制，凡大都督府，置大都督一人，親王爲之，多遥領，其任亦多爲贈官，長史居府以總其事，秩從三品。幽州節度使，原本兼本軍州經略大使，并節度河北諸軍大使，至開元二十年，又兼河北采訪處置使，增領衛、相、洛、貝、冀、魏、深、趙、恒、定、邢、德、博、棣、營、鄭十六州及安東都護府。平盧節度使，升自據平盧軍使，而平盧軍原爲幽州節度諸北大軍使轄屬，開元七年唐始設平盧節度使，治營州（今遼寧朝陽），"經略河北支度、管内諸蕃及營田等使，兼領安東都護及營、遼、燕三州"[5]。後平盧軍節度使許可權日益增大，并取代營州都督成爲東北地區最高行政長官。由此可見，薛楚玉兼任幽州（天寶元年〔742〕，幽州節度使更名爲范陽節度使）、平盧節度使，主要職責爲維繫奚及契丹兩蕃邊疆地區安全。此外，薛楚玉執掌東北邊疆之政時，多次帶領唐軍與契丹、奚交戰。今見《全唐文》卷三百五十二《爲幽州長史薛楚玉破契丹露布》載薛楚玉曾連勝契丹三十餘陣，多有勝績。此外，與"汾陰公"爵位有關的是《新唐書·宰相世系表》"楚玉字瑶，左羽林將軍、汾陰縣伯"[6]。汾陰伯，與誌文"汾陰公"同屬勛爵，僅有伯、公之别。從上文論證的情況來看，左羽林將軍之職及汾陰縣伯之爵均爲薛楚玉任幽州、平盧節度使之前除授，及其升遷後，以功晉封郡公，也在情理之中。所以，從薛楚玉主政幽州、營州時間，抗擊兩蕃事迹，以及獲封勛爵等角度來看，墓誌所言"汾陰公"當指薛楚玉。

---

① 董誥：《全唐文》卷二一四《爲建安王與遼東書》，第 2160 頁。
② 王溥：《唐會要》卷八〇《朝臣復謐》，北京：中華書局，1955 年，第 1484 頁。
③ 劉昫等：《舊唐書》卷九二《薛訥傳》，第 2985 頁。
④ 劉昫等：《舊唐書》卷一二四《薛嵩傳》，第 3525 頁。
⑤ 歐陽修、宋祁等：《新唐書》卷六六《方鎮表》，第 1833 頁。
⑥ 歐陽修、宋祁：《新唐書》卷七三下《宰相世系表》，第 2993 頁。

在確定"汾陰公"爲薛楚玉之後，繼而可以推斷出南單德參加平叛的"兩蕃亂離"係指開元十八年（730）契丹貴族可突于叛亂。據兩《唐書》和《資治通鑑》所載，時松漠都督府牙官靜析軍副使可突于殺松漠府都督李邵固，率部落并脅奚衆降於突厥，唐廷數次出兵剿滅，前後長達四年之久。其時正值薛楚玉任幽州節度使，主導平叛兩蕃的戰爭。根據上文引《爲幽州長史薛楚玉破契丹露布》所載，薛楚玉曾指揮唐軍打破契丹三十一陣，獲牲畜三十餘萬口匹頭，斬敵將三萬餘級。此外，《露布》中還詳細地羅列了參加平亂的兵種，在中央府兵、地方軍之外，中央禁軍占相當大的比例。上文已言，南單德在開元初選爲射生，其時射生已經成爲中央禁軍的射生軍，隸屬於羽林禁軍。禁軍參加地方征戰，亦有先例。如貞觀十九年（645）唐太宗征高句麗，時檢校北門左屯營的右軍大將軍阿史那社爾即領屯衛飛騎及長上宿衛之兵參加戰鬥，并屢建奇功。① 《全唐文》卷二百二十五《爲河內郡王武懿宗平冀州賊契丹等露布》載神功元年（697）武懿宗大破契丹之役，也有北衙禁軍參加。據此可以推斷，身爲射生的南單德隨中央禁軍參加了平叛兩蕃的戰爭。墓誌文用"詔付"二字，亦可爲佐證。

對比前文推算南單德生年，其參加平可突于之叛時，年方三十二歲。南單德以而立之年，出入疆場，建立戰功，除授折衝果毅，次至中郎將軍。稽查唐史，高句麗人參加抗擊兩蕃戰爭多有先例。目前史志所載抗擊契丹、奚的高句麗藩將可追溯到高足西。高足西係唐征伐高句麗中投誠的高句麗將領，其墓誌記載"大周天授元年（690），拜公爲鎮軍大將軍，行左豹韜衛大將軍，……卷彼二蕃，如湯沃雪"②。可知，高足西對兩蕃作戰多有軍功。此外，萬歲通天元年（696）遼西契丹李進忠、孫萬榮"營州之亂"時，高句麗投誠將領高質及其子高慈協助武攸宜討伐契丹，父子最後以城破被俘，終於磨米城南，事見載於《高質墓誌》③ 及《高慈墓誌》④。墓誌還特別提到"高麗婦女三人，固守城隍，與賊苦戰"，可證內遷的高句麗城傍民衆也參加了戰鬥。與此同時，營州契丹叛軍也遭到高句麗末代王高藏之子、遼東都督高德武的阻擊。高德武率領"營州士人及城傍子弟"，"破逆賊孫萬斬十有餘陣，并生獲夷賊一千人"。⑤在唐王朝東北邊疆地區抗擊契丹、奚兩蕃的戰爭中，屢見高句麗藩將建功立業。究其原因，一方面緣於高句麗人驍勇善戰，另一方面也與高句麗移民、契丹、奚等同處營、幽之地，便於唐王朝指揮平亂有很大關係。

宏觀地看，亡國的高句麗人在遷居唐王朝內地初期，較爲集中地保持了聚族而居的生存方式，但在融入中華民族大家庭進程中，逐漸與其他民族產生更多的交流活動。其中，友情一直占據着主流，南單德與薛楚玉的交往即是一例。上文已述，《新唐書·宰相世系表》載薛楚玉以左羽林將軍之職掌管禁軍，大體在開元二十年（732）任幽州、平盧節度使之前，與南單德留爲內供奉射生的時間段正好重合。這種情況說明，身爲射生的南單德曾在薛楚玉麾下效力，

① 劉昫等：《舊唐書》卷一○九《阿史那社爾傳》，第 3289 頁。
② 周紹良、趙超：《唐代墓誌彙編續集》，第 348 頁。
③ 吳鋼：《全唐文補遺》（千唐志齋新藏專輯），第 79 頁。
④ 周紹良：《唐代墓誌彙編》，第 959 頁。
⑤ 董誥：《全唐文》卷二一四《爲建安王與遼東書》，第 2160 頁。

爲其日後升遷帶來了極大的便利。如果進一步探討二人的關係，薛楚玉父薛仁貴在總章元年（668）率領唐軍滅亡高句麗後，以右威衛大將軍檢校安東都護，總兵二萬鎮撫安東，時任磨米州都督的南單德祖父南狄正是薛仁貴屬下。及南單德選爲射生及參加平反兩蕃叛亂，又是在薛仁貴子薛楚玉麾下效力。品味墓誌行文，辭藻婉轉，結構精緻，出自薛楚玉孫薛夔之手。可謂時光轉換，未改南、薛幾番義理；物是人非，不變薛、南數世人情。

四、洛陽封王

戰爭對於軍人而言，既意味着危險，也代表着機遇。南單德能在戰爭中全身而退，并因功獲得升遷，從一名普通禁軍射生，擢升爲四品中郎將。恰逢其時，"安史之亂"爆發。這場持續八年之久的戰爭，不但使唐朝由盛而衰，也再次改變了南單德的命運。根據《南單德墓誌》記載，南單德在"安史之亂"中，追隨安禄山，參加了叛軍。稽查目前所見傳世文獻，尚未發現有内遷高句麗人參加"安史之亂"。墓誌所載南單德相關行迹，可以使學界重新審視"安史之亂"中幽州、營州地區高句麗人的生存狀態，從而具有較高的史料價值。

因爲南單德參與"安史之亂"非爲榮光之事，《南單德墓誌》對其緣由叙述較爲簡略："旋以禄山背恩，俶擾華夏，公在麾管，常懷本朝。""旋"，旋即之義，顯然是在强調南單德平兩蕃之亂，除授折衝果毅，升遷中郎將軍，直到參加叛軍的連續性。這個細節揭示出，南單德在參加平叛戰爭後，并未返回長安，而是選擇留在幽州發展。墓誌所謂"公在麾管，常懷本朝"，更是印證了這個判斷。至於南單德在哪位將領麾下效力，墓誌并未直言。前文已證，南單德原本在幽州（范陽）、平盧節度使薛楚玉統領之下，即"汾陰公驅使"。但這個時間段不是很長，因爲張守珪在開元二十一年（733）任幽州長史，兼御史中丞、營州都督、河北節度副大使，[①] 接薛楚玉之任。值得注意的是，張守珪的接任者正是"安史之亂"的主角安禄山。安禄山先於開元二十八年除授平盧兵馬使、營州都督、平盧軍使，後在天寶元年（742）升至平盧爲節度，兼柳城太守，押兩蕃、渤海、黑水四府經略使。天寶三載，安禄山代裴寬爲范陽節度，河北采訪、平盧軍等使如故，[②] 全面掌控東北地區行政事務。由此可見，墓誌所言南單德"在麾管"，即言在安禄山麾下效力。從墓誌文的措辭來看，意在爲南單德參加叛軍開脱罪名，脅從叛軍、身不由己之義明顯。爲尊者諱、爲逝者諱，也是墓誌文常見筆法。

仔細分析南單德的處境，在《南單德墓誌》主張其脅從叛亂的官方説法之外，還應該存在其他原因。其一，南單德參加叛軍是一種從衆行爲。上文已言，遼東係南單德家族配居所在，但隨着安東都護府内遷，營州地區聚居了大量的内遷高句麗民衆。在安禄山掌控營州、幽州軍政大權之後，聚集在營、幽地區的東北諸蕃降胡都被納入安禄山統治之下。加之，安禄山善於籠絡人心，凡降蕃夷皆接以恩，時有"二聖"[③] 之稱。所以"自燕以下十七州，皆東北蕃

---

① 劉昫等：《舊唐書》卷一〇三《張守珪傳》，第3194頁。
② 劉昫等：《舊唐書》卷二〇〇《安禄山傳》，第5368頁。
③ 歐陽修、宋祁等：《新唐書》卷一二七《張嘉貞附張弘靖傳》，第4448頁。

降胡散諸處幽州、營州界內，以州名羈縻之，無所役屬，安祿山之亂，一切驅之爲寇，遂擾中原"①。如此，南單德隨營州城傍高句麗人參加叛軍也在情理之中。相信隨着新史料的發掘，有關參加"安史之亂"的高句麗人信息將會逐漸呈現。其二，南單德參加叛軍也是出於前途的考慮。安祿山自天寶十四載（755）十一月自范陽起兵反唐，距離南單德因平叛之功除授折衝果毅已經過去二十三年，年已五十七歲的南單德在二十三年間僅僅升遷到四品中郎將，而且此中郎將之授也爲安祿山所助力，可見其仕途之曲折。當改變命運的戰爭再次發生時，南單德義無反顧地選擇了參加叛軍。實際上不祇是南單德，前文提及的幽州、營州行政長官薛楚玉之子薛嵩、張守珪之子張獻誠等都出於功利目的參加了安史叛軍。

南單德雖然參加了叛軍，但關鍵時刻迷途知返，歸降唐廷，從而開啓了人生新的一頁。《南單德墓誌》記載"復遇燕郊妖氛，再犯河洛，元首奔竄，公獨領衆歸降"，指出南單德在安史叛軍"再犯河洛"之時，棄暗投明，率衆起義。考察安史之亂過程，可知所謂"再犯河洛"是指乾元二年（759）史思明繼安祿山之後再次攻陷洛陽。乾元元年十月，郭子儀領九節度圍安慶緒於鄴城，久攻不下。次年三月史思明自范陽救援安慶緒，與郭子儀戰於安陽河北，後者以朔方軍斷河陽橋退保洛陽。《資治通鑒》記載當時的形勢："東京士民驚駭，散奔山谷，留守崔圓、河南尹蘇震等官吏南奔襄、鄧，諸節度各潰歸本鎮。"② 這與墓誌"元首奔竄"正好吻合。關鍵時刻，身爲叛軍將領的南單德領衆歸降唐廷。關於南單德歸降的原因，墓誌概言"常懷本朝"。結合當時戰爭進程來看，南單德歸降應該是順勢而行。在安慶緒被困鄴城之前，隨着軍事上的節節敗退，叛軍多有歸順事件發生，如青齊節度能元皓、德州刺史王暕、貝州刺史宇文寬等先後投奔唐廷。加之，史思明在救援鄴城後，殺安慶緒，幷有其衆，使南單德失去了靠山。在戰爭形勢向利於唐軍方向發展時，南單德迷途知返顯然是明智之舉。此外，唐軍中高句麗將領的存在也是影響南單德歸順的一個重要因素。如在"安史之亂"早期，高句麗人高仙芝就曾以副統帥之職領兵討逆，祇是兵敗潼關，爲監軍宦官誣殺。後又有戶部尚書、霍國公王思禮率領關內及潞府行營步卒三萬、馬軍八千圍困安慶緒於鄴城，當時南單德即在鄴城內。王思禮爲"營州城傍高麗人"，與南單德家族同屬安東都護，皆爲城傍子弟。其時，高句麗人李正己也參加了平亂戰爭，戰後同樣獲封饒陽郡王。這些高句麗將領與南單德多有交集，對其歸順唐廷應該有所影響。

南單德以投誠之功，獲封饒陽郡王、開府儀同三司、左金吾衛大將軍，食邑三千戶。依唐制，"皇兄弟、皇子爲王，皆封國之親王。……太子男封郡王，其庶姓卿士功業特盛者，亦封郡王"③。稽查史籍所載入唐高句麗人封王，惟見儀鳳中唐高宗授高句麗王高藏朝鮮王、開府儀同三司、遼東都督，垂拱二年（686）封高藏孫寶元朝鮮郡王，④ 及大曆年間李正己封饒陽

① 劉昫等：《舊唐書》卷三九《地理志》，第 1527 頁。
② 司馬光：《資治通鑒》卷二二一《唐紀》"乾元二年"條，北京：中華書局，1956 年，第 7067 頁。
③ 杜佑：《通典》卷三一《職官》，北京：中華書局，1988 年，第 869 頁。
④ 劉昫等：《舊唐書》卷一九九上《東夷·高麗傳》，第 5328 頁。

郡王。① 比較之下，無論是高句麗末代王高藏，還是地方割據軍閥李正己，南單德的地位及名望顯然低得多。但南單德封王也有其合理之處。首先，封王與當時戰爭形勢有關。上文已言，時郭子儀率九節度使圍困安慶緒於鄴城，仍爲史思明所敗，退保洛陽。後史思明殺安慶緒，繼續西進，唐軍形勢嚴峻。南單德此時率衆歸降，不僅影響雙方軍事力量對比，也在氣勢上給安史叛軍以沉重打擊。其次，封王與當時民族矛盾有關。衆所周知，安祿山自范陽起兵，其所轄幽州、營州歷爲東北邊疆奚、契丹、突厥、高句麗等少數民族羈縻州所在，矛盾複雜，這也是衆多少數民族參加安史叛軍的一個重要原因。在這個時候，唐廷給歸降高句麗人南單德封王，其安撫意義重大，進而可以達到分化瓦解叛軍之目的。最後，封王與戰時特殊政策有關。依唐初之制，“非李氏不王”②，但在戰爭時期有所改變。即以“安史之亂”爲例，乾元元年（758），史思明部將烏承玼奔李光弼，表爲冠軍將軍，封昌化郡王。③ 上言薛楚玉子薛嵩，初參加安史叛軍，後於廣德元年（763）歸順唐廷，大曆初封高平郡王。④ 這些人都與南單德一樣歸降自叛軍，因戰時特殊獎勵政策，封以王爵。其他如開府儀同三司，爲文散官之最高階，從一品，高句麗將領中高仙芝、⑤ 王思禮⑥等都曾獲授此官。左金吾衛大將軍，南衙衛軍，秩正三品，“掌宮中及京城晝夜巡警之法，以執御非違，凡翊府及同軌等五十府皆屬之”⑦。南單德原爲四品中郎將，此授正三品左金吾衛大將軍也在擢升之列。

結　語

南單德以大曆十一年（776）三月二十七日卒於長安永寧里私第，享年七十八歲。回顧南單德一生，從一名高句麗亡國貴族子弟，逐漸成長爲唐王朝的郡王，跌宕起伏，充滿戲劇性，最終結局圓滿。雖然時光不能倒流，但不妨以大曆十一年（776）爲起點，用倒叙的方式去重新梳理一下南單德的傳奇人生，去尋找衆多入唐高句麗人的身影。

假設時間回到一百零八年前，即公元668年，那一年南單德還沒有出生。如果不發生唐滅高句麗的戰爭，南單德族人會和其他高句麗人一樣，生活在自己的家鄉，沒有遠離故土，也沒有配居他鄉。假設時間回到七十八年前，即公元699年，那一年南單德一歲。如果沒有大規模戰爭移民，南單德會和家人生活在一起，繼承祖父官爵，成爲磨米州都督，沒有骨肉分離，也沒有長安射生。假設時間回到四十六年前，即公元730年，那一年南單德三十二歲。如果沒有平叛奚、契丹的戰爭，南單德會在長安禁軍服役，出入禁中，侍衛皇帝，有朝一日飛黄騰達，不會參加叛軍，也不會背叛唐廷。假設時間回到二十一年前，即公元755年，那一年南單德五

① 劉昫等：《舊唐書》卷一二四《李正己傳》，第3535頁。
② 劉昫等：《舊唐書》卷一八七《蘇安恒傳》，第4880頁。
③ 歐陽修、宋祁等：《新唐書》卷一三六《李光弼傳附烏承玼傳》，第4596—4597頁。
④ 歐陽修、宋祁等：《新唐書》卷一一一《薛仁貴傳附薛嵩傳》，第4144頁。
⑤ 劉昫等：《舊唐書》卷一〇四《高仙芝傳》，第3206頁。
⑥ 劉昫等：《舊唐書》卷一一〇《王思禮傳》，第3312頁。
⑦ 劉昫等：《舊唐書》卷四四《職官志》，第1901頁。

十七歲。如果没有"安史之亂"的戰争，南單德會生活在幽州之地，没有背叛，也没有歸降，當然也没有封王。

　　但是歲月不會倒流，人生也没有如果。南單德伴隨戰争成長，不能簡單地説戰争改變了他的命運，還是他利用戰争改變了命運，因爲戰争給他提供了機遇，也帶來了危險。可以確信的是，在每一次人生抉擇面前，南單德都作出了最有利於自己的選擇，從而成爲"人生贏家"。從平壤到安東，從安東到歸州，從歸州到長安，從長安到幽州，從幽州到洛陽，地點不斷在改變；從貴族子弟到亡國移民，從移民到射生，從射生到折衝果毅，從折衝果毅到中郎將軍，從中郎將軍到叛軍將領，從叛軍將領到饒陽郡王，職位不斷在改變。這是南單德的生活軌迹，也是所有内遷高句麗人的生活軌迹：位置的改變、職位的改變，改變，以及準備着改變，最真實地展現了總章元年（668）後高句麗人的生存狀態。

/ 第五章 /

姬人逸事：薛瑤其人其事的多角度解讀

在入唐海東移民研究中，或據之以傳世文獻，或徵之以出土碑誌，抑或二者兼而證之。比較之下，關於新羅移民薛瑤的考論，則略有特殊，因爲其人其事僅見於傳世文集中的《館陶郭公姬薛氏墓誌銘》。薛瑤，新羅人，有唐名將郭元振之妾。薛氏墓誌係唐代文學名家陳子昂所作，《陳拾遺集》《文苑英華》《文章辨體彙選》《全唐文》等傳世文獻多有著録，以文涉新羅移民、名將婚姻、女性詩歌等，爲文史學家所關注。① 有鑒於此，本章擬對墓誌所載内容進行多角度的解讀，以還原這位傳奇新羅女性的真實人生。

一、族 屬 世 系

關於薛瑤族屬，墓誌有着清晰記叙：“姬人姓薛氏，本東明國王金氏之胤也。昔金王有愛子，別食於薛，因爲姓焉。世不與金氏爲姻，其高、曾皆金王貴臣大人也。”是薛瑤出自新羅薛氏。新羅政權形態早期，部落聯盟，村社林立，後逐漸兼并爲六部。《三國史記·新羅本紀》載：“朝鮮遺民分居山谷之間，爲六村：一曰閼川楊山村，二曰突山高墟村，三曰觜山珍支村（或云干珍村），四曰茂山大樹村，五曰金山加利村，六曰明活山高耶村，是爲辰韓六部。”② 至東漢建武八年（32）春，“改六部之名，仍賜姓。楊山部爲梁部，姓李；高墟部爲沙梁部，姓崔；大樹部爲漸梁部，姓孫；干珍部爲本彼部，姓鄭；加利部爲漢祇部，姓裴；明活部爲習比部，姓薛”③。可知薛氏係明活部賜姓，新羅有薛支、薛夫、薛烏儒、薛聰等，均屬

---

① 盧重國：《新羅時代姓氏的分枝化和食邑的實施——以薛瑤墓誌銘爲中心》，《韓國古代史研究》第 15 輯，第 185—234 頁。岑仲勉：《陳子昂及其文集之事迹》，《岑仲勉史學論文集》，北京：中華書局，1990 年，第 11—12 頁。李鍾文：《對薛瑤“返俗謡”的考察》，《漢文學研究》第 9 輯，1994 年，第 1—21 頁。樊波：《碑刻所見唐長安尼寺資料輯述》，《碑林集刊》第 6 輯，西安：陝西人民美術出版社，2000 年，第 168—179 頁。拜根興：《七世紀中葉唐與新羅關係研究》，北京：中國社會科學出版社，2003 年，第 240 頁。柳晟俊：《今觀〈全唐詩〉的新羅人詩》，《當代韓國》2006 年春季號，第 64—69 頁。莊秀芬、馬東峰：《論古代朝鮮女性漢詩創作的感傷特色》，《延邊大學學報》2007 年第 2 期，第 44—48 頁。于賡哲：《薛瑤墓誌研究》，《第三屆世界新羅學國際學術研討會論文集》，2009 年，第 269—283 頁。郭海文：《藩屬關係下的戰爭與愛情——以新羅兩女詩人爲討論中心》，《河北師範大學學報》2020 年第 1 期，第 109—118 頁。
② 金富軾著，楊軍校勘：《三國史記》卷一《新羅本紀》，長春：吉林大學出版社，2015 年，第 1 頁。
③ 金富軾著，楊軍校勘：《三國史記》卷一《新羅本紀》，第 6 頁。

198 中編·研究編

其族。至於墓誌所謂"金王有愛子，別食於薛，因爲姓"云云，皆是仿效中原王朝分封制之筆法，渲染薛瑤族出顯貴，不必盡信。

在世系方面，墓誌未作更遠追溯，但言薛瑤"父永冲，有唐高宗時，與金仁問歸國，帝疇厥庸，拜左武衛大將軍"。薛永冲之名，史籍所載，略有差異：《陳伯玉集》《全唐文》《陳拾遺集》《文章辨體彙選》等作"永冲"，《文苑英華》《全唐詩》等作"承冲"，存在"永""承"之別。對此，于賡哲先生認爲"永""承"二字差異大約形成於印刷術完全普及之前，因爲手書時代造成"永"與"承"誤讀的可能性大於印刷時代，學界在稱呼薛氏之父時兩説并存似乎更妥善一些。[1] 應該説，這是一種考慮比較全面的觀點。即便是印刷術普及之後，"永""承"也因字形相似，在傳抄過程中容易産生訛誤，很難判斷孰是孰非。若要進一步探究，筆者以"承"字爲是。一則《文苑英華》《全唐詩》等小傳介紹薛氏之父時，都明確作"薛承冲"。二則新羅人名有用"承"者，如新羅孝成王諱承慶，相比之下，"永"用例不多。三則"承冲"文義通順。《説文》謂"冲，涌繇也"。《小雅》："攸革冲冲。"毛云："冲冲，垂飾貌。"此涌搖之義。《豳風》傳曰："冲冲，鑿冰之意。"義亦相近。凡用"冲虚"字者，皆作空虚無所知之意。相比"永冲"，"承冲"意境更佳。

二、薛 瑤 之 辨

與薛承冲一樣，薛氏之名亦多争議。世人多稱薛氏爲"薛瑤"，始見《全唐詩》小傳："薛瑤，東明國人，左武衛將軍承冲之女，嫁郭元振爲妾。詩一首。"不過，拜根興先生認爲"遍檢墓誌銘，并未看到薛氏名'瑤'之載録。以薛氏'還俗謠'中的'瑤草芳兮思芃芃'中的'瑤'字定薛氏的名諱顯然難於成立"[2]。之後，于賡哲先生也主張"薛氏名'瑤'是一種誤解，除了'仙子'的乳名外，薛氏并沒有留下大名。這個錯誤來自於《全唐詩》的編纂者。所以這篇墓誌銘還是保留它原本的名字《薛氏墓誌銘》爲好"[3]。拜、于兩位先生都認爲《全唐詩》編纂者錯誤地以墓誌中的"瑤"爲薛氏之名。目前看，這個問題還可以再深入探討。

從誌文内容上看，《館陶郭公姬薛氏墓誌銘》中出現過兩處"瑤"字：第一處是"聞嬴臺有孔雀鳳凰之事，瑤情悦之。年十五，大將軍薨，遂剪髮出家，將學金仙之道"；第二處是"瑤草芳兮思芃芃，將奈何兮青春"。拜根興先生認爲不能以第二處"瑤草芳兮思芃芃"中的"瑤"字來確定薛氏名諱，是正確的。瑤草，即玉芝，中古文獻多見。且"瑤草芳兮思芃芃"主謂賓文句結構完整，意義通順。但關於第一處"瑤"，拜先生沒有提及，于先生繼之以清代詩人厲鶚《清明日過朱姬湖上權厝》"瑤情兼玉色"句，提出"瑤情"極可能是一個完整的詞組，其中"瑤"是形容詞，"瑤情"的意思應該是"美玉一般的感情（或内心）"。于先生的

---

① 于賡哲：《薛瑤墓誌研究》，第 269—283 頁。
② 拜根興：《七世紀中葉唐與新羅關係研究》，第 240 頁。
③ 于賡哲：《薛瑤墓誌研究》，第 269—283 頁。

觀點貌似成立，但也存在幾個問題。其一，"瑶情"作爲一個詞組，出現時間較晚，詞例甚少。于先生采用明代羅洪先《康盤峰、陸北川兩方伯，沈陸川、馮養白兩憲使，見柱敝廬，予自蓮洞追趨不及，謝以是詩》與陳良貴《七夕》中的"瑶情"作爲例證。但明人上距唐代已遠，以明代始見之詞證唐人之事，證據略顯不足。而且，"瑶情"詞例不多，在上舉羅洪先、陳良貴詩句二例之外，他例罕見。若以此證明唐代即存在"瑶情"，説服力不强。其二，若"瑶情"作爲一個詞組，"瑶情悦之"文句結構失調。如果"瑶"是形容詞，義爲"美玉一般的感情（或内心）"的"瑶情"就是"悦"的發動者，即文句的主語，但在古代漢語中，"悦"的發動者祇能是人，或者代指人的身心等，而不能是感情。如《後漢書》張晧傳"人情悦服，南州晏然"，及曹植《洛神賦》"余情悦其淑美兮，心振蕩而不怡"，即是明證。由此觀之，墓誌文中，"瑶情"不是一個詞組，"瑶情悦之"之"瑶"應該是人名，即薛瑶。

關於"瑶"是薛氏之名的判斷，在上舉兩個例證之外，還有墓誌的内證和外證。首先，在内證方面。墓誌言"姬人幼有玉色，發於穠華，若彩雲朝升，微月宵映也。故家人美之，少號'仙子'"。是薛氏幼有玉色，小名"仙子"。與之對應，"瑶"，玉之美者。從"瑶"者，皆美好之屬。若《列子·周穆王》"遂賓於西王母，觴於瑶池之上"，牛希濟《臨江仙》"瑶姬宮殿是仙踪"，瑶池、瑶宮等係西王母等仙人所居。如此，"瑶"與薛氏身體特征及少時小名都若符契合。其次，在外證方面。上文已言，"薛瑶"之名始見《全唐詩》編者所作小傳。這就涉及《全唐詩》的編撰問題，清康熙四十四年（1705），清廷詔曹寅刊刻《全唐詩》，以彭定求等十人分校，次年十月刻成，全書九百卷，收詩 49 403 首，作者 2 576 人。《全唐詩》皇皇巨著，之所以能在兩年内完成，一方面是因爲曹寅、彭定求、沈三曾、楊中訥、汪士鋐、汪繹、俞梅、徐樹本、車鼎晉、潘從律、查嗣瑮等編撰者均是碩學鴻儒，學術水平有保障；另一方面該書亦有明胡震亨《唐音統簽》及清季振宜《唐詩》等爲底本，淵源有自，增補校勘可成。換言之，《全唐詩》編者根據薛氏墓誌所載，也認爲薛氏名瑶。

<h2 style="text-align:center">三、出 家 修 道</h2>

作爲大將軍之女的薛瑶，原本在大唐過着衣食無憂的生活，却在十五歲出家修道，遁入空門。對此，墓誌記叙爲："姬人幼有玉色，發於穠華，若彩雲朝升，微月宵映也。故家人美之，少號'仙子'。聞嬴臺有孔雀鳳凰之事，瑶情悦之。年十五，大將軍薨，遂剪髮出家，將學金仙之道，而見寶手菩薩。"

關於薛瑶出家之地，墓誌没有記載，不明所在。不過，白居易《龍花寺主家小尼》云："頭青眉眼細，十四女沙彌。夜静雙林怕，春深一食飢。步慵行道困，起晚誦經遲。應似仙人子，花宮未嫁時。"并謂："郭代公愛姬薛氏，幼嘗爲尼，小名'仙人子'。"[①] 白居易將龍花寺小尼與薛瑶相比對，似證明後者出家於龍花寺。龍花寺，即龍華尼寺，位於長安朱雀街東第

---

① 曹寅等：《全唐詩》卷四四二《白居易·龍花寺主家小尼》，北京：中華書局，1999 年，第 4964 頁。

五街、皇城之東第三街昇道坊，近有曲江池。相比之下，墓誌在薛瑤出家緣由上有着明確解釋，即薛氏幼小即有佛緣，加之父卒，遂遁迹空門。這樣的説辭文通句暢，貌似合理。但從行文規律上講，通常佛教信徒墓誌銘中都充斥着這樣的套語，學界已有論説。[1] 所以，導致薛瑤出家爲尼的關鍵因素不在於佛性慧根，而是其父薛承冲的死亡。

稽查墓誌叙述，薛承冲是在唐高宗時期與金仁問一起來到長安。衆所周知，金仁問係新羅武烈王金春秋次子，文武王金法敏之弟，多次出使唐廷，爲維護唐新關係穩定發展作出了重要貢獻。[2] 至於薛承冲來唐具體時間，筆者傾向於總章元年（668）高句麗滅亡之際。薛承冲與金仁問一起入唐，再也没有返回新羅，二人關係自然親密。在上元元年（674）唐高宗發兵討新，削金法敏官爵，立金仁問爲王，令歸國以帶其兄的背景下，薛承冲與金仁問的命運更加緊密地聯繫在一起。一方面，薛承冲因與金仁問歸唐，以功授左武衛大將軍之職。左武衛大將軍掌宫禁宿衛，秩正三品，時"前後滅三國，皆生擒其主"的蘇定方才授此職，可見薛承冲權位之高。另一方面，上元元年金法敏迫於唐廷軍事壓力，入貢謝罪，爲高宗所赦，即將回新羅赴任的金仁問中途返回唐朝内地，留居長安。作爲金仁問親密夥伴的薛承冲不得不仕於唐廷，直至病亡。總結上舉諸多因素，薛氏因金仁問之故不能歸返新羅，加之父卒導致家道中落，貧無所依，在此背景之下，擇寺出家爲尼，也是一個無奈的選擇。

四、婚 配 郭 氏

薛瑤在父卒之後，陷入困頓，無奈入寺爲尼。但在六年後，薛瑤又還俗，婚配郭元振爲妾。郭元振，兩《唐書》有傳，《張燕公姬》《全唐文》亦有張説撰《兵部尚書代國公贈少保郭公行狀》。郭元振本太原陽曲人，祖父任相州湯陰令，遂居魏州貴鄉，即今河北大名。咸亨三年（673），郭元振在十八歲時，舉進士，自請外官，授梓州通泉尉。後元振得武則天賞識，逢吐蕃請和，乃授右武衛鎧曹，充使聘於吐蕃。郭元振在蜀地爲官近二十年後，約在證聖元年（695）來到長安。[3] 關於薛郭聯姻時間，根據上述郭元振事迹，及薛瑤長壽二年（693）二月十七日卒於通泉縣，推測在咸亨三年至長壽二年之間。

這樣就會出現一個問題：郭元振一直任官通泉縣，即居今四川省射洪縣一帶；薛瑤於龍花寺出家，在長安修行佛法。相距千里的薛、郭二人如何實現聯姻？對此，墓誌記叙簡單："遂返初服，而歸我郭公。郭公豪蕩而好奇者也。"前半句係中古婚姻關係習語，不足爲奇。惟後

---

[1] 焦傑：《從唐墓誌看唐代婦女與佛教的關係》，《陝西師範大學學報》（哲學社會科學版）2000 年第 1 期。嚴耀中：《墓誌祭文中的唐代婦女佛教信仰》，《唐宋女性與社會》，上海：上海辭書出版社，2003 年。

[2] 姜鎬妍：《關於金仁問》，《韓國史論叢》第 3 輯，1978 年。權惪永：《古代韓中外交史——遺唐使研究》，漢城：一潮閣，1997 年。金壽泰：《羅唐關係與金仁問》，《白山學報》第 52 輯，1999 年。陳景富：《新羅著名的外交家——金仁問》，《新羅文化祭學術論文集》第 23 輯，2022 年。拜根興：《金仁問研究中的幾個問題》，《海交史研究》2003 年第 2 期。姜維東：《金仁問事迹考》，《博物館研究》2003 年第 2 期。王霞：《新羅外交家金仁問入唐時間考析》，《唐史論叢》第 18 輯，2014 年。姜清波：《入唐三韓人研究》，廣州：暨南大學出版社，2010 年。李波：《金仁問史事考》，東北師範大學 2017 年碩士學位論文。

[3] 吳明賢：《郭震入蜀考》，《西華大學學報》（哲學社會科學版）2009 年第 5 期。

半句陳子昂言郭元振"豪蕩而好奇",值得玩味。這裏順及說一下墓誌書寫者陳子昂。陳子昂,梓州射洪人,與郭元振年紀相仿,志趣相投,交往甚密。寶應元年（762）,杜甫拜謁陳子昂舊居,作《陳拾遺故宅》"同游英俊人,多秉輔佐權。彦昭超玉價,郭振起通泉"①,可佐證陳子昂、郭元振等人皆是好友。長壽二年（693）,薛瑶卒,時陳子昂"以母喪去官"②,守孝故里,受郭元振之托,故爲薛氏作銘。可見,陳子昂、郭元振相熟相知,"豪蕩而好奇"雖然隱晦,却是薛郭聯姻狀態之真實寫照。薛瑶墓誌涉及郭元振無多,但對讀兩《唐書》及《郭公行狀》,便可發現端倪。如《舊唐書·郭元振傳》言"舉進士,授通泉尉。任俠使氣,不以細務介意,前後掠賣所部千餘人,以遺賓客,百姓苦之",《新唐書》本傳載同。比較之下,《郭公行狀》謂"授梓州通泉尉,至縣,落拓不拘小節,嘗鑄錢,掠良人財,以濟四方,海内同聲合氣,有至千萬者",雖有美譽,但對盜鑄銅錢、販賣人口等行爲未有掩飾,均可視爲郭元振"豪蕩而好奇"之具體表現。那麽,薛瑶是否屬於被販賣的人口呢? 墓誌并未直言,不好作進一步猜測。不過,與此有關的是,唐中後期人口販賣問題嚴重,特別是新羅奴婢問題,已引起唐廷和新羅的重視。長慶元年（821）三月,平盧軍節度使薛平上奏:"應有海賊詃掠新羅良口,將到當管登、萊州界及緣海諸道,賣爲奴婢者。伏以新羅國雖是外夷,常禀正朔,朝貢不絕,與内地無殊,其百姓良口等,常被海賊掠賣,於理實難。"③ 在唐新羅人張保皋也曾向興德王進言:"遍中國以新羅人爲奴婢,願得鎮清海,使賊不得掠人西去。"④ 應該說,薛瑶存在被販賣的可能,其婚姻亦非你情我願的自然結合。據許堯佐《柳氏傳》所載,李生"其幸姬曰柳氏,艷絕一時,喜談謔,善謳咏",屬意韓翊。"天寶末,盜覆二京,士女奔駭。柳氏以艷獨異,且懼不免,乃剪髮毁形,寄迹法靈寺","有蕃將沙吒利者,初立功,竊知柳氏之色,劫以歸第,寵之專房"。⑤ 艷麗、善咏、出家、被劫,都是薛、柳二人的共同之處。與薛氏婚嫁蜀地,卒於異鄉不同的是,柳氏與韓翊後來在侯希逸幫助下,得以才子佳人團圓。關於薛氏與郭元振聯姻問題,囿於史料所限,還有諸多問題尚需解決,期待將來新材料的逐漸發現。

薛瑶是不幸者:父卒家落,生無所依,不能歸國,遁迹空門。須知薛承冲正三品左武衛大將軍之授,本是唐新矛盾的產物,及唐新關係穩定後,屬於金仁問派系的薛承冲不爲所重,也是自然。就此而言,薛瑶的不幸是時代散落在這個新羅女子身上的一粒塵。薛瑶又是幸運者:貌美如玉,多才多藝,偶遇郭振,結爲伉儷,雖身爲妾,仍受郭氏鍾愛。所謂:姬人曰姬,一則以伎,一則以婢,憑伎晋身爲妾,其命猶過婢。爲人婦,願作青鳥長比翼;爲移民,魂魄歸來游故國。

① 曹寅等:《全唐詩》卷二二〇《杜甫·陳拾遺故宅》,第 2319 頁。
② 歐陽修、宋祁:《新唐書》卷一〇七《陳子昂傳》,第 4077 頁。
③ 王溥:《唐會要》卷八六《奴婢》,北京:中華書局,1955 年,第 1571 頁。
④ 歐陽修、宋祁:《新唐書》卷二二〇《東夷·新羅傳》,第 6206 頁。
⑤ 李昉等:《太平廣記》卷四八五《柳氏傳》,北京:中華書局,1961 年,第 3996 頁。

第六章

益重青青志，昭我唐家光：使者金日晟

　　"昭我唐家光"，出新羅真德王《太平頌》。永徽元年（650）六月，新羅大破百濟，新羅真德王遣其弟法敏告捷，織錦作五言《太平頌》，以獻唐高宗，"昭我唐家光"爲頌之末句。與此對應，"益重青青志"，乃唐玄宗賜新羅王詩。時天寶十五載（756）"安史之亂"，玄宗避難巴蜀，新羅聖德王遣使溯江至成都，入唐朝貢。玄宗以新羅不遠千里，朝聘行在，嘉其至誠，御制御書五言十韻詩賜新羅王。二詩之作，工整對仗，雖間隔百年，亦相得益彰，唐新之誼，源遠流長。本章所論述的金日晟就是唐新友好往來見證人之一，近年，其墓誌出土於陝西西安雁塔區三爻村一帶，2010年入藏大唐西市博物館。① 墓誌記載，金日晟係新羅王從兄，歸奉唐朝，官至從三品光禄卿，大曆九年（774）卒於長安，人生富有傳奇色彩，可視爲入唐新羅人代表人物，對於探討唐、新關係史具有重要學術意義。

　　金日晟，傳世文獻無載，墓誌首言："公姓金氏，諱日晟，字日用，新羅王之從兄也。"按，日者，君也。《詩・邶風・柏舟》"日居月諸"，鄭箋："日，君象也。"日以太陽之精，乃至尊之物，故爲人君之喻。"日晟"，即君之明，"日用"，爲君所用，《周易・繫辭上》有"百姓日用而不知"之句。金日晟名字深含寓意，值得玩味。遍稽唐史，載籍不録"金日晟"之名，《三國史記》等文獻亦未見新羅王室子弟有名"金日某"者，疑此名係入唐後改名。有唐一代，帝王賜名習見，特以諸藩酋來唐者爲衆。如唐太宗以阿史那蘇尼失子擒頡利有功，拜左屯衛將軍，妻以宗女定襄縣主，賜名爲忠，單稱史氏。② 至唐玄宗時賜名漸多，黑水靺鞨都督李獻誠、③ 安禄山子安慶緒、④ 突厥首領李獻忠、⑤ 南詔蠻帥歸義⑥等皆爲玄宗賜名。金日晟屬

---

① 胡戟、榮新江：《大唐西市博物館藏墓誌》，北京：北京大學出版社，2012年，第622—623頁。金榮官：《在唐新羅人金日用墓誌銘檢討》，《新羅史學報》第27輯，2013年，第159—195頁。楊思奇：《羈旅唐朝的新羅王族——〈金日晟墓誌〉初探》，《中古墓誌胡漢問題研究》，銀川：寧夏人民出版社，2013年，第240—278頁。拜根興：《新公布的在唐新羅人金日晟墓誌考析》，《唐史論叢》第17輯，西安：陝西師範大學出版社，2014年，第173—185頁。
② 劉昫等：《舊唐書》卷一〇九《阿史那社爾傳附阿史那忠傳》，北京：中華書局，1975年，第3290頁。
③ 劉昫等：《舊唐書》卷一九九下《北狄・靺鞨傳》，第5359頁。
④ 劉昫等：《舊唐書》卷二〇〇上《安禄山傳附安慶緒傳》，第5372頁。
⑤ 劉昫等：《舊唐書》卷一八七下《程千里傳》，第4903頁。
⑥ 劉昫等：《舊唐書》卷一九七《南詔蠻傳》，第5280頁。

三韓人來唐者，賜名亦有例可循。新羅聖德王本名隆基，與玄宗諱同，先天中敕改興光。^① 高句麗人李正己，本名懷玉，因代宗之賜而改名。^② 值得注意的是，“金日晟”與“金日磾”相近，改名應有所本。今見高句麗移民高鐃苗、^③ 王景曜、^④ 李他仁^⑤等墓誌，及百濟移民禰寔進、^⑥ 禰軍、^⑦ 扶餘隆、^⑧ 黑齒常之^⑨等墓誌均以誌主之德行比擬金日磾，以上諸墓誌皆爲唐廷官方所制，是證其時唐廷於來唐三韓人皆習慣性地冠以金日磾之美譽。金日晟以新羅王室子弟身份入唐侍奉帝王左右，官至從三品之光禄卿，與金日磾操行相似，賜改相類名字，亦在情理之中。此外，墓誌謂金日晟“姓金氏”，與《漢書》金日磾本傳“姓金氏”若符契合，亦可佐證“金日晟”之名改自“金日磾”。若此爲改後之名，則其本名失於史志所載，已不可詳知。

從兄，謂父之兄弟之子大於己者，亦即從父兄。因從父親疏不同，從兄又可細分爲“從父兄”“從祖兄”及“三從兄”等。《唐律疏議》卷一“名例”：“袒免者，據禮有五：高祖兄弟、曾祖從父兄弟、祖再從兄弟、父三從兄弟、身之四從兄弟是也。”與《金日晟墓誌》相關，“從兄”這種親緣關係在新羅也普遍存在。如金陽有“從父兄昕，字泰”^⑩，曾於長慶二年（822）入唐宿衛，并詔授金紫光禄大夫試太常卿。又，《三國史記》卷四《新羅本紀》載智證王爲“照知王之再從弟”。再從弟，意爲同曾祖而年少於己者。智證王、照知王同曾祖奈勿王，是二人爲同曾祖從兄弟。相類的記載還有如神武王爲“僖康王之從弟”^⑪。按，神武王、僖康王均係元聖大王孫，前者爲均貞上大等之子，後者爲伊湌憲貞之子，故神武王乃僖康王之從弟。關於從兄身份，拜根興先生認爲金日晟是孝成王、景德王的從兄，在孝成王或景德王在位期間入唐^⑫目前看，這個問題還可以再探討。按，《金日晟墓誌》載晟“以大曆九年夏四月廿八日，薨於長安崇賢里之私第，春秋六十有二”。若以卒年逆推，可知金日晟生於唐玄宗先天二年（713），亦即新羅聖德王十二年。稽查新羅王世系，從先天二年至大曆九年（774），共涉及聖德王（金興光）、孝成王（金承慶）、景德王（金憲英）、惠恭王（金乾運）等四王。關於從兄關係，首先可以排除聖德王，因爲聖德王即位十二年（713），金日晟才出生，自然不能成爲聖德王從兄。其次關於孝成王、景德王，金日晟與二王年齡相仿，最有可能是他們的從兄。最後是惠恭王，《三國史記》卷九《新羅本紀》載其永泰元年（765）即位，時年八歲，是當生於乾元元年（758）。比較之下，金日晟年長金乾運達四十五歲。但結合新羅王室貴族

① 金富軾著，楊軍校勘：《三國史記》卷八《新羅本紀·聖德王》，長春：吉林大學出版社，2015 年，第 113 頁。
② 歐陽修、宋祁：《新唐書》卷二一三《李正己傳》，北京：中華書局，1975 年，第 5989 頁。
③ 張彦：《唐高麗遺民〈高鐃苗墓誌〉考略》，《文博》2010 年第 5 期。
④ 周紹良：《唐代墓誌彙編》，上海：上海古籍出版社，1992 年，第 1441—1442 頁。
⑤ 孫鐵山：《唐李他仁墓誌銘考釋》，陝西省考古研究所編《遠望集》，西安：陝西人民美術出版社，1998 年，第 736—739 頁。
⑥ 董延壽、趙振華：《洛陽、魯山、西安出土的唐代百濟人墓誌探索》，《東北史地》2007 年第 2 期。
⑦ 王連龍：《百濟人〈禰軍墓誌〉考論》，《社會科學戰線》2011 年第 7 期。
⑧ 周紹良：《唐代墓誌彙編》，第 702 頁。
⑨ 周紹良：《唐代墓誌彙編》，第 941—943 頁。
⑩ 金富軾著，楊軍校勘：《三國史記》卷四四《金陽傳》，第 632 頁。
⑪ 金富軾著，楊軍校勘：《三國史記》卷一〇《新羅本紀》，第 148 頁。
⑫ 拜根興：《新公布的在唐新羅人金日晟墓誌考析》。

多妻、子女年齡相差較大等情況來看，①還不能貿然排除金日晟係惠恭王從兄的可能。就此而言，金日晟最有可能是孝成王、景德王的從兄，其次是惠恭王。

綜合分析史籍所載孝成王、景德王、惠恭王時期新羅王室子弟入唐情況，可以看到派出時間集中於聖德王在位期間，特別是執政後期。入唐理由以宿衛朝貢爲主，同時兼配國子監習業。金日晟既爲新羅王從兄，入唐自然屬於王室子弟宿衛學習之列。按，新羅王室子弟入唐年齡應該較小，文獻中屢以"子弟"稱之，即是明證。當然，這個問題還可以參證唐國子監生入學年齡規定。《新唐書》卷四四《選舉志上》載："凡生，限年十四以上，十九以下；律學十八以上，二十五以下。"即規定國子監生入學在十四歲至十九歲之間，律學生年齡要求寬一點。金日晟這般新羅王室子弟既入國學，自然也要遵守入學年齡等相關規定。統計以往新羅子弟入唐求學年齡記載，情況確實如此。如金仁問年二十三歲入唐宿衛，②崔致遠十二歲入唐求學，③崔彥撝年十八歲入唐游學。④如此，假設金日晟以國子監律學生入學年齡最上限之二十五歲入唐宿衛求學，那應該在唐玄宗開元二十五年（737），也就是聖德王三十六年。從這個角度來說，金日晟入唐事應該發生在聖德王在位期間。換言之，金日晟爲聖德王派遣入唐宿衛朝貢。此外，這一點也可以得到《金日晟墓誌》記載的佐證。如誌文言金日晟"歸奉中朝，率先萬國"，重在強調其表率之義，與墓誌後文的"新羅慕義，萬里朝謁"相契合。"慕義"，即傾慕仁義，多用於溢美歸附之事。如萬歲通天二年（697）的《高足酉墓誌》即言高句麗貴族子弟高足酉"慕義而來，妙曰通人"⑤。巧合的是，開元十九年，聖德王遣金志良入唐賀正，唐玄宗授以太僕少卿員外置，賜帛六十匹，并下詔贊謂"慕義克勤，述職愈謹。梯山航海，無倦於阻修"云云，與《金日晟墓誌》"新羅慕義，萬里朝謁。駿奔滄海，匍匐絳闕"如出一轍，是爲同時期常用語。《金日晟墓誌》還載金日晟妻張氏於天寶末先卒。以天寶最後一年（756）計算，其時金日晟方四十歲左右，若再逆推婚配生子時間，也可佐證金日晟入唐時年紀較輕。

如果金日晟爲聖德王派遣入唐宿衛學習，這一時期有兩個人物值得關注。第一位是金志廉。根據《唐會要》《册府元龜》《三國史記》等的記載，金志廉係聖德王之姪，在開元二十一年（733）入唐宿衛，兩年後卒於唐。《全唐文》卷二八四《敕新羅王金興光書》提到"一昨金志廉等到，緣事緒未及還期，忽嬰瘰疾，遽令救療而不幸殂逝"云云，可爲證。第二位是金志滿。《册府元龜》卷九七五《外臣部·褒異二》云："（開元十八年）二月甲戌，新羅國王金興光遣姪志滿獻小馬五匹、狗一頭、金二千兩、頭髮八十兩、海豹皮十張，乃授志滿太僕卿員外置同正員，絹一百匹，紫袍銀鈿帶魚袋，留宿衛。"《三國史記》卷八《新羅本紀·聖德王》載同。金志滿係新羅聖德王之姪，與孝成王、景德王可以構成從兄弟關係。重要的是，

① 李賢淑：《羅末麗初崔彥撝的政治活動和位相》，《梨花史學研究》第22輯，1995年。
② 金富軾著，楊軍校勘：《三國史記》卷四四《金仁問傳》，第628頁。
③ 金富軾著，楊軍校勘：《三國史記》卷四六《崔致遠傳》，第654頁。
④ 金富軾著，楊軍校勘：《三國史記》卷四六《薛聰傳附崔彥撝傳》，第658頁。
⑤ 周紹良、趙超：《唐代墓誌彙編續集》，上海：上海古籍出版社，2001年，第348—349頁。

金志滿在入唐後，也獲得宿衛的資格，并久居唐廷，祇是入唐後事迹史籍載之不詳。當然，目前的史料還不足以證明金日晟就是金志滿，但二人存在諸多重合的因素還是顯而易見的。

根據《金日晟墓誌》所載，金日晟入唐後累授銀青光禄大夫、光禄卿。前者爲從三品文散官，後者爲光禄寺正卿，秩從三品，掌邦國酒醴、膳羞之事，總太官、珍羞、良醞、掌醢四署之官屬，修其儲備，謹其出納。① 綜合分析唐代新羅王室子弟入唐宿衛授官，多集中在九寺諸職，如金法敏曾授太府寺卿，② 金志滿、金志良、金思蘭等授太僕寺卿及少卿，③ 金端竭丹、金忠相等授衛尉寺少卿及正卿，④ 此外還有金志廉鴻臚少卿員外置、⑤ 金昕試太常寺卿⑥等職官除授。關於光禄卿的除授，除了開元二十三年（735）新羅副使金榮在唐身死，⑦ 贈光禄少卿之外，目前文獻記載僅見金日晟累授光禄寺卿之職。九寺諸卿掌禮樂祭享、民族外交等事務，與新羅王室子弟宿衛觀禮所學大體相一致。

從上文推證的結論來看，金日晟爲聖德王派遣入唐，官至光禄寺卿，姻親張氏，并最後卒於長安。綜合分析唐、新交往史，金日晟這般長期滯留并卒於唐的情況并非個案。上文已言，金日晟以王室子弟身份宿衛留學。關於新羅王室子弟入唐宿衛留學的時限，學術界一般根據崔致遠《遣宿衛學生首領等入朝狀》等文獻記載，推斷爲十年。⑧ 但事實上，很多新羅宿衛生超過了這個年限。如永徽二年（651），金仁問二十三歲入唐宿衛，延載元年（694）卒於長安，先後七次入唐，在朝宿衛凡二十二年。⑨ 相類的還有金雲卿，從長慶（821—824）初登賓貢科，至會昌元年（841）回國，在唐滯留二十來年。⑩ 崔彦撝年十八歲入唐游學，四十二歲學成回國，留唐二十四年。⑪ 之外，金允夫也曾入唐充質二十六年。⑫ 這些人都與金日晟一樣，久居唐廷，且有終老於唐者。也正是基於這種情況，開元十一年（723），唐玄宗以"今外蕃侍子，久在京國"，詔令"充質宿衛子弟等量放還國"。⑬ 在長期滯留唐廷之外，最終卒於唐的新羅人也很多，除了上舉的金仁問外，還有良圖、⑭ 金孝方、⑮ 金榮、金忠相⑯等都先後卒於唐，史有所載，此不贅述。

關於金日晟爲何久居唐廷，其墓誌并未提供明確的解釋，可略作推測。前面所舉諸多久居

① 劉昫等：《舊唐書》卷四四《職官志》，第 1877 頁。
② 金富軾著，楊軍校勘：《三國史記》卷五《新羅本紀》，第 67 頁。
③ 金富軾著，楊軍校勘：《三國史記》卷八《新羅本紀》，第 117、118 頁。
④ 金富軾著，楊軍校勘：《三國史記》卷八《新羅本紀》119、120 頁。
⑤ 金富軾著，楊軍校勘：《三國史記》卷八《新羅本紀》，第 120 頁。
⑥ 金富軾著，楊軍校勘：《三國史記》卷四四《金陽傳》，第 632 頁。
⑦ 金富軾：《三國史記》卷八《新羅本紀》，第 120 頁。
⑧ 嚴耕望：《新羅留唐學生與僧徒》，《嚴耕望史學論文集》，上海：上海古籍出版社，2009 年，第 936 頁。
⑨ 金富軾著，楊軍校勘：《三國史記》卷四四《金仁問傳》，第 628 頁。
⑩ 金富軾著，楊軍校勘：《三國史記》卷一一《新羅本紀》，第 150 頁。
⑪ 金富軾著，楊軍校勘：《三國史記》卷四六《薛聰傳附崔彦撝傳》，第 658 頁。
⑫ 王欽若等：《册府元龜》卷九九六《外臣部·納質》，北京：中華書局，1989 年，第 4022 頁。
⑬ 王欽若等：《册府元龜》卷九九六《外臣部·納質》，第 4022 頁。
⑭ 金富軾著，楊軍校勘：《三國史記》卷四四《金仁問傳》，第 630 頁。
⑮ 金富軾著，楊軍校勘：《三國史記》卷八《新羅本紀》，第 119 頁。
⑯ 金富軾著，楊軍校勘：《三國史記》卷八《新羅本紀》，第 120 頁。

唐廷者，或因納質宿衛，或爲求學及第，但最終的決定因素在於政治需要和帝王個人好惡。所謂政治需要，是指諸藩納質以表忠款之外，宿衛生還要爲維護自己政權的利益而充當諸如使節、翻譯等不同的角色，[1] 甚至隨着兩政權關係及外部政治形勢的變化而發生命運的改變。如金仁問宿衛期間多次往返唐與新羅之間，即與當時政治形勢有關。質子長期滯留的另外一個原因是帝王的個人好惡。藩酋子弟來唐，宿衛宮廷，賜宴觀禮，才能殊異及功績卓著者易爲帝王所發現，故有機會長期侍奉禁中。史載金仁問以行藝純熟，忠誠可尚，爲唐高宗所喜愛，永徽五年（654）隨高宗避暑萬年宮，名列御書《萬年宮銘》碑陰；[2] 乾封元年（666），扈駕登封泰山，加授右驍衛大將軍，被高宗譽爲"爪牙良將，文武英材"[3]，侍衛宮禁，多歷年所。還有新羅宿衛生梁悅，於建中三年（783）"涇原之變"時，以從難有功，授右贊善大夫。目前還沒有發現金日晟出現在唐、新交往活動中，墓誌文也未見這方面的記載。相反，在金日晟居唐期間，唐廷屢有事變發生，其中最著名者即"安史之亂"。天寶十五載（756）六月，亂軍攻長安，唐玄宗避亂入蜀。雖然不能確定以光祿卿之職，掌管酒醴、膳羞之事的銀青光祿大夫金日晟是否追隨玄宗入蜀，但這一期間有一個不能忽略的事件：新羅景德王聞玄宗在蜀，曾遣使入唐，溯江至成都朝貢，唐玄宗特御書賜詩"益重青青志，風霜恒不渝"[4]，以嘉其至誠。新羅王如此重視唐、新之誼，身爲新羅王室子弟宿衛生出身的金日晟是否也應該在蜀地護駕呢？如果是這樣，《金日晟墓誌》所謂"陪奉軒墀，出入簪纓。義感君臣，禮沾榮悴"，顯然不是溢美虛辭，而是有所實指。

按照墓誌記載，金日晟以大曆九年（774）四月二十八日薨於長安崇賢里私第。唐代宗遣中使詔慰，以禮賵贈，贈官兗州都督，夫人張氏天寶末亡，遷厝合葬，哀事官給，并命萬年令監護。按，金日晟秩從三品，依唐制，喪葬事皆有政府專門機構職官負責。如《新唐書》卷四六《百官制》載："禮部郎中、員外郎，掌禮樂、學校、衣冠、符印、表疏、圖書、冊命、祥瑞、鋪設，及百官、官人喪葬贈賻之數，爲尚書、侍郎之貳。……凡喪，三品以上稱薨，五品以上稱卒，自六品達於庶人稱死。皇親三等以上喪，舉哀，有司帳具給食。諸蕃首領喪，則主客、鴻臚月奏。"又，《唐會要》卷三八《服紀下》云："凡詔喪：大臣一品則鴻臚卿護其喪事，二品則少卿，三品丞，人往皆命司儀示以制。舊制：應給鹵簿。職事四品以上，散官二品以上，及京官職事五品以上，本身婚葬皆給之。"以墓誌所載金日晟喪葬事觀之，皆合禮制。惟三事略需贅言。其一，中使吊喪。此雖不在典制，然中使爲皇帝侍從，持帝命巡禮，亦在情理之中，且於中晚唐常見。其二，萬年令監護遷葬。金日晟官三品光祿寺卿，其喪事應由從六品鴻臚丞一級官員護喪，唐廷能以正五品上萬年令官爲之，即墓誌所謂"寵蕃酋"。稽查史

① 王欽若等：《册府元龜》卷九九六《外臣部·納質》，第 4020 頁。
② 王昶：《金石萃編》，清嘉慶十年（1805）經訓堂刻本。此碑陰文作"左領軍將軍□仁□"，毛鳳枝《關中金石文字存逸考》卷十、岑仲勉《證史補遺·萬年宮碑碑陰補證》、羅爾綱《文史稽考集·〈金石萃編〉唐碑補訂偶記》、拜根興《唐朝與新羅往來研究二題》等皆證此人即金仁問，可從。
③ 金富軾著，楊軍校勘：《三國史記》卷四四《金仁問傳》，第 630 頁。
④ 金富軾著，楊軍校勘：《三國史記》卷九《新羅本紀》，第 126 頁。

籍，這個萬年令應該是崔漢衡。① 其三，墓誌規格。金日晟墓誌文辭簡略，尺寸較小，似與金日晟職官級别不符。然觀誌文所載，似爲張氏遷葬後再撰之夫妻合葬誌。此外，此誌非經科學考古發掘，是否還有他誌，尚待時日驗證。

最後探討一下金日晟葬地問題。據墓誌所載，金日晟以大曆九年（774）八月五日"葬於長安永壽之古原"。"長安永壽"即長安縣永壽鄉。永壽鄉，傳世文獻不載，惟《新唐書·列女傳》記唐高祖曾詔封王蘭英爲永壽鄉君，似與此無涉。武伯綸、史念海兩位先生曾根據碑誌所載，劃定永壽鄉大致在今西安城南杜城西北姜村附近。② 此外，程義先生也推測永壽鄉位於今姜村附近的神禾原上。③ 拜根興先生對此未有申論，於永壽鄉設置、轄境及"古原"諸問題存疑。④

按，永壽鄉之始置可追溯至隋代。2009 年出土於西安長安區韋曲街道辦事處東側鳳棲原的《長孫公妻周城郡君薛氏墓誌》載誌主以仁壽三年（603）"葬於大興縣永壽鄉小陵原"⑤。又，大業四年（608）《高奣墓誌》有"葬於大興縣永壽鄉黄原里小陵原"之文。⑥ 由此可見，隋代大興縣下已置永壽鄉。據《隋書》《舊唐書》之《地理志》所載，大興，隋開皇三年（583）置，後周舊郡置縣曰萬年，隋文帝即位前封號大興，故至是改稱，時屬雍州，大業三年屬京兆郡。唐武德元年（618）復改爲萬年縣，天寶七載（748）改爲咸寧，乾元復舊。此處細陳大興縣至萬年縣之沿革，要在考論永壽鄉於唐縣之所在。入唐後，永壽鄉應改變轄屬，置於長安縣下。如龍朔三年（663）的《雍州萬年縣故大明府校尉（世通）墓銘》、⑦ 開元二十年（732）的《大唐故和上大善知識輪自在（慈和）誌銘》、⑧ 天寶十四載的《唐故武部常選韋（瓊）府君墓誌銘》、⑨ 大和元年（827）的《大唐故朝議大夫試沔州司馬滎陽郡鄭（溥）府君墓誌銘》、⑩ 大和六年的《唐左金吾判官前華州司户參軍李公夫人新野庾氏墓誌銘》、⑪ 大中四年（850）的《唐故潁川陳氏（蘭英）墓記》⑫ 以及大中八年的《唐朝議郎漢州什邡縣令京兆田行源亡室隴西李氏墓誌銘》⑬ 等，均記載誌主葬於長安縣永壽鄉。當然也有例外，如天寶五載《故宣城郡司兵參軍事楊（惠）府君墓誌銘》載誌主"葬於京兆府萬年縣永壽鄉之

---

① 劉昫等:《舊唐書》卷一二二《崔漢衡傳》，第 3502 頁。

② 武伯綸:《唐萬年、長安縣鄉里考》，《考古學報》1963 年第 2 期。史念海:《西安歷史地圖集》，西安: 西安地圖出版社，1995 年。

③ 程義:《隋唐長安轄縣鄉里考新補》，《中國歷史地理論叢》2006 年第 4 期。

④ 拜根興:《新公布的在唐新羅人金日晟墓誌考析》。

⑤ 周曉薇、王其禕:《新見隋代〈尚衣奉御尹彦卿墓誌〉研讀——兼説"小陵原"與"少陵原"的名稱沿革》，《考古與文物》2011 年第 4 期。

⑥ 王連龍:《新見北朝墓誌集釋》，北京: 中國書籍出版社，2013 年，第 147 頁。

⑦ 周紹良、趙超:《唐代墓誌彙編續集》，第 132 頁。

⑧ 西安市長安博物館編:《長安新出墓誌》，北京: 文物出版社，2011 年，第 163 頁。

⑨ 周紹良:《唐代墓誌彙編》，第 1719 頁。

⑩ 周紹良、趙超:《唐代墓誌彙編續集》，第 884 頁。

⑪ 周紹良、趙超:《唐代墓誌彙編續集》，第 908 頁。

⑫ 周紹良:《唐代墓誌彙編》，第 2285 頁。

⑬ 周紹良、趙超:《唐代墓誌彙編續集》，第 1001 頁。

原"①。對此，潘萍先生認爲"天寶五載的時候，永壽鄉屬萬年縣，而到了天寶十四載的時候劃歸長安縣了"②。此觀點似乎不能成立，因爲上舉天寶五載後諸墓誌仍記載永壽鄉屬長安縣。《楊惠墓誌》之誤記當與前文所言隋代永壽鄉屬大興縣有關，且該墓誌出土於永壽鄉之長安區三爻村，地處長安、萬年兩縣交界，劃分不清，記載混淆，應有可能。

關於永壽鄉區劃，今可根據墓誌記載來推定。金日晟墓誌所出之長安區三爻村是永壽鄉一個重要地標，上舉葬於"永壽鄉"的《故宣城郡司兵參軍事楊（惠）府君墓誌銘》也出土於三爻村。與此相關，《唐故武部常選韋（瓊）府君墓誌銘》有謂："天寶十四載五月十三日卜葬於長安縣永壽鄉畢原，附先塋，禮也。南臨太乙，北帶皇城，地勢起於龍蛇，山形開於宅兆。"既言"北帶皇城"，當可證永壽鄉北界可以推至長安城郊。在南向方面，永壽鄉又可推至韋曲，上舉隋《長孫公妻周城郡君薛氏墓誌》即出土於長安區韋曲街道辦事處東側鳳棲原。此外，開元二十年（732）《大唐故和上大善知識輪自在（慈和）誌銘》載誌主"以開元十九年十一月二日，寂滅於京兆府長安縣永壽鄉遵善寺净土院之北堂，……以明年二月十二日，葬於本寺之東園也"。由誌文可知，慈和葬於長安縣永壽鄉遵善寺東園，其地在今長安區塔坡村。如此，由三爻村至鳳棲原，即順着天門街，可形成永壽鄉之東界。向西方向，永壽鄉可至姜村一帶，上舉《大唐故朝議大夫試沔州司馬榮陽郡鄭（溥）府君墓誌銘》載誌主以大和元年（827）"十二月九日歸葬於長安縣永壽鄉姜尹村神禾原"。又《關中金石文字存逸考》卷四"長安縣下"著録《佛頂尊勝陀羅尼經幢》："大中九年十二月陳鴻爲亡妻武氏建於永壽鄉姜村。"兩石刻都應該出土於姜村附近。這樣一來，永壽鄉範圍大致清晰，向北至長安城郊，東以天門街爲界，南界可達韋曲，西面將姜村一帶納入轄屬。

此外，拜根興先生還提到《金日晟墓誌》"長安永壽之古原"具體轄屬難以確定。③ 這裏推測一下，此"古原"當指畢原。1966年在西安南郊三爻村出土的《唐九華觀道師銘》載誌主"永貞元年歲次乙酉八月廿四日窆於萬年縣之畢塋地□"④。《金日晟墓誌》既然與《唐九華觀道師銘》同出三爻村，則應同葬畢原。此外，《唐朝議郎漢州什邡縣令京兆田行源亡室隴西李氏墓誌銘》謂墓主李夫人"大中八年十一月二十五曰窆於長安縣永壽鄉畢原"，及同出三爻村的《故宣城郡司兵參軍事楊（惠）府君墓誌銘》"永壽鄉之原"語例相同，皆可佐證金日晟所葬之"古原"即是畢原。

---

① 趙力光：《西安碑林博物館新藏墓誌彙編》，北京：綫裝書局，2007年，第462頁。
② 潘萍：《長安區出土唐楊惠墓誌銘述略》，《碑林集刊》第9輯，西安：陝西人民美術出版社，2003年，第186—188頁。
③ 拜根興：《新公布的在唐新羅人金日晟墓誌考析》。
④ 周紹良、趙超：《唐代墓誌彙編續集》，第795頁。

第七章

舊時王謝堂前燕，飛入尋常百姓家：
入唐扶餘氏的婚姻世界

婚姻關係雖然由個體組成，但又不限於個體之間的簡單結合，還包括個體背後的文化水平、經濟條件、政治地位、社會觀念等因素的認同。所以在社會學、民族學等研究領域，婚姻通常被用作移民族群交流融合的重要參考指標，進而成爲社會關係研究的切入點。從一般規律上來看，移民聯姻在族群形成初期通常以群內婚爲主，隨着族群交流深入，開始出現族際婚。無論是族內婚還是族際婚，都可視爲族群關係動態發展變化的客觀反映。與族群成員自我認同的族內婚相比，族際婚則反映出深層次的族群交流與融合。在唐代海東移民活動中，百濟移民是最先遷入中原王朝的移民族群。百濟移民的婚姻構成，不僅涉及百濟移民族群關係的變化，而且對於後來的高句麗及新羅移民婚姻選擇也形成了深遠的影響。有鑒於此，本章擬在結合出土碑誌材料及傳世文獻所載基礎上，對入唐百濟王室扶餘氏的婚姻進行系統研究，以期對唐代移民婚姻關係及相關問題研究有所裨益。

一、扶餘氏家族

作爲百濟王族，扶餘氏在顯慶五年（660）百濟滅亡後，被大規模地移民至唐王朝內地，形成一個龐雜的移民族群。梳理入唐扶餘氏譜系，可以自扶餘義慈始。扶餘義慈，百濟末代王，百濟王扶餘璋之元子，貞觀十五年（641）嗣位，唐太宗“遣使册命義慈爲柱國，封帶方郡王、百濟王”①。及顯慶五年百濟亡國，義慈及子隆、泰等獻俘於東都洛陽。據《舊唐書·百濟傳》所載，“及至京，（義慈）數日而卒。贈金紫光禄大夫、衛尉卿，特許其舊臣赴哭。送就孫皓、陳叔寶墓側葬之，并爲豎碑”。近年來，中外學者一直努力尋找扶餘義慈墓地位置，② 期待有更多新發現。在扶餘義慈之後，入唐扶餘氏主要分爲兩大支：一支是扶餘豐，有子扶餘忠勝、扶餘忠志，及女扶餘氏；另一支是扶餘隆，有子扶餘文思、扶餘文宣、扶餘德

---

① 劉昫等：《舊唐書》卷一九九上《東夷·百濟傳》，北京：中華書局，1975 年，第 5330 頁。
② 忠南大學校博物館：《尋找百濟義慈王墓地調查報告》，大田：韓國國立忠南大學出版，1995 年。張劍：《百濟王扶餘義慈墓位置考》，《河洛春秋》1996 年第 4 期。陳長安：《唐代洛陽的百濟人》，趙振華主編《洛陽出土墓誌研究論文集》，北京：朝華出版社，2002 年。拜根興：《唐代高麗百濟移民研究：以西安洛陽出土墓誌爲中心》，北京：中國社會科學出版社，2012 年。

璋，扶餘文思又有子扶餘敬，扶餘德璋又有二女。

扶餘豐，義慈王之子，又名扶餘豐璋，事迹散見於兩《唐書》和《資治通鑒》《通鑒紀事本末》《冊府元龜》《日本書紀》《三國史記》等傳世文獻。綜而述之如下：貞觀五年（631）三月，扶餘豐以質子身份出使倭國，長期滯留，後爲天智天皇禮遇，妻以多臣蔣敷之妹。顯慶五年（660），唐王朝滅百濟後，命熊津都督王文度總兵鎮守。尋文度病卒，百濟僧道琛、舊將福信率衆據周留城以叛，遣使往倭國，迎立扶餘豐爲王，掀起復國運動。後福信殺道琛，扶餘豐又誅福信，并遣使往高句麗及倭國請兵以抗唐廷。龍朔三年（663）八月，倭國援軍及百濟餘衆在白江口爲唐軍所敗，扶餘豐隻身逃亡高句麗。至總章元年（668），唐王朝滅高句麗，扶餘豐被擒，移俘東都洛陽，後流放嶺南。按，《唐六典》卷三《尚書户部》云："凡嶺南諸州稅米者，上户一石二斗，次户八斗，下户六斗；若夷、獠之户，皆從半輸。輕稅諸州、高句麗、百濟應差征鎮者，并令免課、役。"[1] 嶺南應該存在一定數量的百濟移民，扶餘豐等人即在其中。

在扶餘豐諸多行迹中，最值得注意的是其太子身份。關於扶餘義慈王時期百濟太子廢立情況，學界多有探討。[2] 依史籍所載，《三國史記》等謂扶餘隆立太子在前，扶餘孝在後。《大唐平百濟國碑銘》[3]《唐劉仁願紀功碑》[4] 及兩《唐書》等祇言扶餘隆爲太子。此外，《日本書紀》卷二十四 "皇極天皇二年（643）" 條記錄扶餘豐曾爲太子："是歲，百濟太子餘豐，以蜜蜂房四枚放養於三輪山，而終不蕃息。"[5] 近年發現的扶餘豐女及女婿合葬墓誌亦與《日本書紀》等傳世文獻相印證，記載扶餘豐身份爲 "帶方太子"[6]。凡此可説明，至少在貞觀十七年（643）之前，扶餘豐係百濟太子。然而次年，扶餘隆替代扶餘豐，成爲新太子。囿於史料所限，改立太子事件已不可詳考，但推測與當時東北亞政治形勢發展密切相關。貞觀十五年，扶餘義慈嗣王位，隨即得到唐王朝的册封。作爲回報，義慈王在貞觀十八年之前，連續四年向唐廷朝貢，維繫親密關係。在唐王朝之外，義慈王又與高句麗和親，奪取新羅四十餘

---

① 李林甫等撰，陳仲夫點校：《唐六典》卷三《尚書户部》，北京：中華書局，2005 年，第 77 頁。
② 李基白：《百濟王位繼承考》，《歷史學報》第 11 輯，1959 年。金壽泰：《百濟義慈王時代的太子册封》，《百濟研究》第 23 輯，1992 年。梁起錫：《百濟扶餘隆墓誌銘檢討》，《國史館論叢》第 62 輯，1995 年。李道學：《〈日本書紀〉義慈王代政變記事檢討》，《韓國古代史研究》第 11 輯，1997 年。青木和夫：《最後的百濟王》，1972 年，《日本古代的政治與人物》，1977 年，東京：吉川弘文館。胡口靖夫：《關於百濟豐璋王——以所謂 "人質" 生活爲中心》，1979 年，《近江朝與渡來人》，1996 年，東京：雄山閣。西本昌弘：《豐璋與翹岐——大化改新前夜的倭國與百濟》，1985 年，《歷史》107，1985 年，大阪歷史學會。鈴木英夫：《大化改新之前的倭國與百濟——以百濟王子翹岐與大佐平智積的來倭爲中心》，1990 年，《古代的倭國與朝鮮諸國》，1996 年，京都：青木書店。高寬敏：《百濟王子豐璋與倭國》，1995 年，《古代朝鮮諸國與倭國》，1997 年，東京：雄山閣。鈴木靖民：《七世紀中葉的百濟的政變》，1993 年，《日本的古代國家形成與東亞》，2011 年，東京：吉川弘文館。拜根興、林澤傑：《〈大唐平百濟國碑銘〉關聯問題新探》，《陝西師範大學學報》（哲學社會科學版）2016 年第 4 期。陳佳：《扶餘隆史事考》，東北師範大學 2017 年碩士學位論文。
③ 王昶：《金石萃編》卷五三，清嘉慶十年（1805）經訓堂刻本。
④ 董誥：《全唐文》，北京：中華書局，1983 年，第 10249—10250 頁。
⑤ 舍人親王等：《日本書紀》，東京：吉川弘文館，1979 年，第 202 頁。
⑥ 王連龍、叢思飛：《唐代百濟太子扶餘豐女夫妻合葬墓誌考論》，《古典文獻研究》第二十四輯下，南京：鳳凰出版社，2021 年，第 166—173 頁。

城，國勢日盛，漸而減弱對倭國的依賴，二者關係轉爲冷淡。在倭國方面，貞觀十六年，齊明天皇即位。貞觀十九年，中大兄皇子（天智天皇）發動政變，擁立孝德天皇，開始大化革新，調整對朝鮮半島外交政策，積極發展與唐王朝的良好關係。在百濟親唐廷、聯高句麗、攻新羅、疏倭國的形勢下，常年質子於倭國的扶餘豐已失去利用價值。義慈王廢除扶餘豐太子之位，更立扶餘隆爲新太子，也是順勢而爲。在此之後，扶餘豐故太子身份再無提起。直到開元十七年（729），扶餘豐外孫女，即玄宗朝宰相源乾曜妻天水郡夫人，主持刊刻父母合葬墓誌時，公然書寫扶餘豐“太子”身份，個中緣由值得玩味。

　　與扶餘豐一樣，扶餘隆亦爲義慈王之子，繼扶餘豐後被立爲太子。1919 年，扶餘豐墓誌在洛陽北邙出土，誌石藏河南博物院，誌蓋藏洛陽古代藝術博物館，爲扶餘氏研究提供了更多的史料。① 扶餘隆入唐之前事迹，史誌記載無多。顯慶五年（660）八月二十三日，唐軍攻陷泗沘城，扶餘隆與義慈王均被俘獲，隨蘇定方獻俘於東都洛陽。扶餘隆進入唐王朝內地後，并未獲得赦免，而是被判決流放嶺南。不過，扶餘義慈的突然去世改變了扶餘隆的命運。唐廷考慮到百濟故地餘衆的安撫問題，以及國家政治活動安排，需要樹立新的扶餘氏王室代言人，又授隆官司稼正卿，即其墓誌所謂“款誠押至，褒賞薦加，位在列卿，榮貫藩國”②。隨着扶餘豐等人復興運動聲勢浩大，唐廷以扶餘隆爲熊津都督，封百濟郡公，加熊津道總管兼馬韓道安撫大使，俾使歸國，招慰遺人。扶餘隆返迴百濟故地後，參加了白江口之戰，并與新羅結白馬之盟。但在劉仁願等返朝後，扶餘隆畏衆携散，亦歸京師，隨高宗於泰山封禪。儀鳳二年（677）春二月，唐廷又授扶餘隆爲熊津州都督，封帶方郡王，令往建安安輯百濟餘衆。當時百濟已爲新羅所占，扶餘隆祇能寓居高句麗之境。此後，根據墓誌記載，扶餘隆享年六十八歲卒。關於扶餘隆卒地，史誌未有明載。不過，根據兩《唐書》所云“隆竟不敢還舊國而卒”③“隆不敢入舊國，寄治高麗死”④ 等事迹，扶餘隆應該卒於遼東。扶餘隆卒後，唐廷贈以輔國大將軍，永淳元年（682）十一月二十四日葬於洛陽北邙清善里。

① 羅振玉：《唐代海東藩閥誌存》，清光緒三年（1877）刻本。李基白：《百濟王位繼承考》，《歷史學報》第 11 輯，1959 年。金壽泰：《百濟義慈王時代的太子册封》，《百濟研究》第 23 輯，1992 年。黃清連：《從〈扶餘隆墓誌〉看唐代的中韓關係》，《大陸雜誌》1992 年第 6 期。梁起錫：《百濟扶餘隆墓誌銘檢討》，《國史館論叢》62 輯，1995 年。李道學：《〈日本書紀〉義慈王代政變記事檢討》，《韓國古代史研究》第 11 輯，1997 年。李之龍：《跋唐扶餘隆墓誌文》，《華夏考古》1999 年第 2 期。姜清波：《仕唐三韓人事迹考述》，陝西師範大學 2002 年碩士學位論文；《入唐三韓人研究》，暨南大學 2005 年博士學位論文。鄭巧俊：《在唐百濟遺民》，《百濟文化研究》2007 年第 12 輯。董延壽、趙振華：《洛陽、魯山、西安出土的唐代百濟人墓誌探索》，《東北史地》2007 年第 2 期。鄭大偉：《百濟遺民問題探析》，延邊大學 2010 年碩士學位論文。拜根興：《唐代高麗百濟移民研究：以西安洛陽出土墓誌爲中心》，北京：中國社會科學出版社，2012 年。金榮官、宋麗：《百濟遺民入唐經緯及其活動》，《碑林集刊》第 21 輯，西安：陝西人民出版社，2015 年。寧三福：《入唐百濟遺民活動探析》，延邊大學 2016 年碩士學位論文。朴淳發：《入唐百濟遺民流向與連雲港封土石室墓》，《東南文化》2016 年第 4 期。王曉宇：《在唐百濟人的歸化研究——以王室及將士爲中心》，延邊大學 2021 年碩士學位論文。
② 周紹良：《唐代墓誌彙編》，第 702 頁。
③ 劉昫等：《舊唐書》卷一九九上《東夷·百濟傳》，第 5334 頁。
④ 歐陽修、宋祁：《新唐書》卷二二〇《東夷·百濟傳》，第 6201 頁。

二、扶餘氏婚姻之實

按照傳世文獻所載，扶餘豐、扶餘隆子嗣衆多，但相關記叙不甚詳細，近年出土的碑誌爲揭示扶餘氏婚姻情况提供了更多史料。因爲超過適婚年齡，傳世文獻及出土材料未見扶餘義慈及其子嗣婚姻記載，直到第三代扶餘氏，婚姻關係開始集中出現，并發生改變。

首先，扶餘豐一支。扶餘豐被唐廷流放嶺南後，事迹不詳。近年發現的扶餘豐女扶餘氏及其夫合葬墓誌，是扶餘豐家族成員的重要遺物，彌足珍貴。墓誌云：

> 夫人扶餘氏，皇朝帶方王義慈之孫，帶方太子豐之□女也。……有女曰天水郡夫人，主饋於丞相源公，内則母儀，柔明婉嬺。豈唯譽流邦族，抑亦聲聞天朝。故特降渥恩，以夫人所生男尚主。……以開元十七年二月卅日傾背於京宣陽里之第，春秋八十三。[1]

墓誌未載扶餘氏名諱，但言"皇朝帶方王義慈之孫，帶方太子豐之□女也"。關於扶餘氏，墓誌不吝文辭，多有溢美，皆因誌文出自扶餘氏女，源乾曜妻天水郡夫人之手。誌末言扶餘氏以開元十七年（729）二月三十日卒於京宣陽里私第，享年八十三歲，同年四月二十五日與夫趙因本合葬於京兆府萬年縣義善鄉少陵之原。以卒年、享年及扶餘豐質留倭國三十年計算，扶餘氏係貞觀二十一年（647）生於倭國，顯慶五年（660）隨父扶餘豐迴到百濟。扶餘氏如何來到長安，墓誌没有明確記載。考慮到龍朔三年（663）八月白江口之戰後，扶餘豐隻身逃亡高句麗，作爲子嗣的扶餘氏，應該在當年被唐軍帶迴長安。如果這種推測成立，龍朔三年到達長安時，扶餘氏年僅十六歲。扶餘氏來到中原王朝後，嫁與趙因本爲妻，一直居於長安。趙因本，天水西縣人，族出天水趙超宗，以貞觀年間征遼東戰功，歷授丹州雲巖縣令、黔州彭水縣令，後加朝散大夫，行肅州司馬，以天壽（授）元年（690）遷葬於洛陽，享年六十三歲。關於因本死因，墓誌用語模糊，但云"禍起沙洹，殯遷臨汝"，推測卒於所任，并事涉隱情。在扶餘氏、趙氏聯姻之外，這段史料中還存在兩處婚姻關係：一是扶餘氏之女婚嫁源乾曜，即刑部尚書源直心之子；二是扶餘氏之外孫源清尚真陽公主，係唐玄宗李隆基之女。

其次，扶餘隆一支。扶餘隆有孫女扶餘氏，嫁虢王李邕爲妃。扶餘氏事迹史籍無載，其墓誌2004年出土於陝西省咸陽市獻陵李邕墓。[2] 按，墓誌云：

> 太妃扶餘氏諱，皇金紫光禄大夫、故衛尉卿、帶方郡王義慈之曾孫，皇光禄大夫、故太常卿、襲帶方郡王隆之孫，皇朝請大夫、故渭州刺史德璋之女也。……地靈挨茂，齊大晋偶，我所以言歸虢國，王所以克正閨門。王諱邕，神堯皇帝之曾孫，皇故司徒虢王鳳之

---

① 王連龍、叢思飛：《唐代百濟太子扶餘豐女夫妻合葬墓誌考論》。
② 陝西省考古研究所：《唐嗣虢王李邕墓發掘報告》，北京：科學出版社，2012年。

孫，皇故曹州刺史、定襄公宏之子。……開元中，有制封爲王妃。……十九年，有制冊爲太妃，復以子也。……以廿六年八月九日薨于崇賢之王第，春秋冊九，其年戊寅建子之月既望歸祔于先王之塋。①

根據墓誌所載，扶餘氏乃扶餘隆之孫女，唐隆元年（710）稍後嫁與李邕爲妻。李邕，唐高祖李淵之曾孫，虢王鳳之孫，曹州刺史、定襄公之子，乃宗室子弟，事迹見載《舊唐書》之《李鳳傳》《李巨傳》，其本人墓誌亦見出土。② 李邕原娶韋皇后之妹，及唐隆元年韋氏之亂，邕殺妻以示忠心，爲時人所詬病，李氏、扶餘氏聯姻當在此後。墓誌又載開元十五年（727）李邕卒，扶餘氏晉封太妃。及開元二十六年（738）八月九日，扶餘氏薨於崇賢之王第，享年四十九歲，同年十一月十五日葬於李邕墓。以卒年、享年相推，扶餘氏應該生於天授元年（690），即百濟滅國後生於大唐，屬於第二代百濟移民。此外，墓誌言扶餘氏有子嗣五人：長子太子家令虢王巨，次子太子典設郎承昭，三子太子通事舍人承曦，四子左金吾兵曹承晙，小子典設郎承晊。

在扶餘氏之外，扶餘隆還有一個孫女，嫁與吉琚爲妻。按，《舊唐書》卷一一二《李巨傳》載：

> 李巨，曾祖父虢王鳳，高祖之第十四子也。鳳孫邕，嗣虢王，巨即邕之第二子也。……巨母扶餘氏，吉溫嫡母之妹也。③

上文有述，李巨係虢王李邕與扶餘隆孫女扶餘氏所生之子。《李巨傳》提到巨母有姐，嫁給吉溫之父即吉琚爲妻。吉琚，事迹不顯。相比之下，其兄吉頊及其子吉溫更爲著名，兩《唐書》有傳。如《舊唐書》卷一八六下《吉溫傳》云："吉溫，天官侍郎頊弟琚之孽子也。"④ 孽子，是謂庶妻所生之子。考慮到吉溫稱扶餘氏爲"嫡母"，即庶妻子於父正妻稱謂，可推知扶餘氏係吉琚正妻，非爲吉溫之親母。今之學者多以二人爲母子關係，均誤。聖曆元年（698），唐軍平息突厥默啜之亂，時吉頊爲監軍使。初默啜陷趙、定等州，武則天詔天官侍郎吉頊爲相州刺史，發諸州兵以討之，略無應募者。中宗時在春宮，則天制皇太子爲元帥，親征之。吏人應募者，日以數千。賊既退，頊征還，以狀聞，則天命於衆中説之，朝士聞者喜悦。諸武怨其附太子，共發其弟冒官事，由是坐貶，吉琚及扶餘氏也應該受到牽連。事在兩《唐書》《大唐新語》《資治通鑒》等。

---

① 張蘊、汪幼軍：《唐〈故虢王妃扶餘氏墓誌〉考》，《碑林集刊》第 13 輯，西安：陝西人民美術出版社，2008 年，第 95—104 頁。
② 陝西省考古研究所：《唐嗣虢王李邕墓發掘報告》。
③ 劉昫等：《舊唐書》卷一一二《李巨傳》，第 3346 頁。
④ 劉昫等：《舊唐書》卷一八六下《吉溫傳》，第 4854 頁。

三、聯 姻 之 義

"死生契闊，與子相悦；執子之手，與子偕老"，詩歌中的婚姻多是建立在感情基礎上的自願結合。但這種理想的婚姻模式在移民族群中很難得到實現。一方面，婚姻關係自出現之日起，即帶有與生俱來的功能性因素，使其很難擺脱實用性的價值追求；另一方面，移民等特殊身份人士的婚姻，通常會將利益需求放在首位，追求移民群體的利益最大化。

上文已言，趙因本娶扶餘豐女扶餘氏爲妻。從族群遷徙角度來看，趙氏是來自西北天水的小姓家族，扶餘氏則爲東北邊地國滅内遷的百濟王室，二者之間原本不存在關聯。但趙氏、扶餘氏却實現了聯姻，其中一個重要原因是隨着百濟滅亡，趙因本與扶餘氏的生活軌迹出現了交集。總章元年（668），扶餘豐獻俘洛陽。依唐律，"謀反及大逆者，皆斬。父子年十六以上皆絞，十五以下及母女、妻妾、祖孫、兄弟、姊妹，若部曲、資財、田宅并没官"[1]。扶餘豐自立爲王，係謀反之罪，按律當斬。扶餘氏作爲子女，一并緣坐没爲官奴。但事實上，扶餘豐并未被處以極刑，而是保留了性命，配流嶺南。同泉男生求情赦免泉男建一樣，扶餘豐的寬宥處罰應該是手足扶餘隆斡旋的結果。在這種情況下，扶餘氏與趙因本聯姻就存在兩種可能。一種可能是賜婚。墓誌記載趙因本隨唐高宗平滅百濟、高句麗戰争，軍功卓著。時年十六歲的扶餘氏，作爲罪隸賞賜給趙因本，屬於合理推測。當然，還存在另外一種可能。趙因本以功績授丹州雲巖縣令後，又擢升爲黔州彭水縣令，巧合的是，唐廷在流放扶餘豐的同時，也將高句麗王子泉男建流放黔州。時黔中道未置，黔州尚屬江南道，領縣及所督羈縻州衆多，是唐廷在江南地區設置的重要行政建制。加之，黔州地在嶺南道之北，亦爲江南諸道通往京師的交通樞紐。如此，趙因本與扶餘氏在滅國、遷流等一系列活動中有所交集，繼而結緣，終成婚姻。但無論是哪一種可能，扶餘氏與趙因本的聯姻都不可能是基於愛情的自然結合，而是建立在利益基礎上的共同體。在這段婚姻關係中，扶餘氏是完全被動的一方，喪失了曾經的榮華富貴後，已經不再具有主動選擇權。父親流放，家族没落，擺在她面前最大的奢望是生存下去。所以扶餘氏毅然地委身於小吏趙因本，以求他日東山再起，家族重焕榮光。墓誌所謂"比敬姜之守節，同孟母之擇鄰"，是其内心世界的真實寫照。蒼天不負，扶餘氏含辛茹苦，終將其女嫁入豪門，成功聯姻權貴。

相比之下，扶餘隆子嗣的婚姻要更爲隆重。根據前文的梳理，身爲帶方郡王扶餘隆之孫、渭州刺史扶餘德璋之女的扶餘氏，嫁給唐嗣號王李邕，歷封王妃、太妃。同樣，扶餘德璋另一女也嫁與宰相吉頊弟吉琚爲妻。對比宗室子弟李邕，及相弟吉琚，縣姓出身的趙因本自然不在同一個等級。當然，不惟扶餘隆，其他百濟移民的聯姻對象也非富即貴。如熊津州都督府長史難汗之孫、支潯州刺史難武之子難元慶娶丹徒縣君甘氏，係唐左玉鈐衛大將軍甘羅之長女。[2]

---

[1] 長孫無忌撰，劉俊文點校：《唐律疏議》卷一七《賊盗》，北京：中華書局，1983 年，第 321—322 頁。

[2] 中國文物研究所、河南文物研究所：《新中國出土墓誌·河南（壹）》，北京：文物出版社，1994 年，第 219—220 頁。

左威衛大將軍、來遠郡開國公祢寔進之孫，左武衛將軍、襲封來遠郡開國公祢素士之子祢仁秀娶綏州刺史祁陁之女。① 在族際婚之外，也存在百濟移民内部聯姻情況。如天兵中軍副使、右金吾衛將軍、上柱國、遵化郡開國公勿部珣娶黑齒常之女爲妻，其二女又分別嫁給同樣來自百濟的仲容和祢義。與上舉百濟移民族際聯姻略有區別的是，勿部氏與黑齒氏、勿部氏與仲氏及祢氏的聯姻，均受職業影響，屬於百濟武將系統的内部聯姻。② 比較而言，扶餘豐女嫁與趙因本，自然是受到罪人身份的影響。但作爲亡國移民，無論是扶餘豐爲了繼續生存的聯姻，還是扶餘隆等意在擴張勢力的通婚，都可視爲通過婚姻改善生存環境的諸多努力。這也在一定程度上反映出，百濟移民族群逐漸融入華夏民族大家庭之中。

如果説，扶餘氏嫁與趙因本爲身份所迫，那麼，在其子嗣的婚姻選擇上，扶餘氏則擁有了更多的話語權。天授元年（690）趙因本卒後，扶餘氏獨自持家近四十年。在此期間，其女嫁與源乾曜爲妻，即上舉墓誌所謂"有女曰天水郡夫人，主饋於丞相源公"。源乾曜，兩《唐書》有傳，相州臨漳人，刑部尚書源直心之子，開元四年（716）拜相，十七年擢太子少傅，封安陽郡公，十九年病逝於長安，追贈幽州大都督。乾曜爲官清慎恪敏，職當機密，雖無所是非，終以功成身退。不惟其女婚配丞相源乾曜，扶餘氏之外孫源清亦尚玄宗女真陽公主，墓誌文"特降渥恩，以夫人所生男尚主"云云，其事亦見載於《新唐書》《文獻通考》《册府元龜》等。趙、源聯姻，史志無載，不過，源乾曜"父直心，高宗時爲司刑太常伯，坐事配流嶺南而卒"③。源直心、扶餘豐流放地相同，流放時間接近，因同流之誼而聯姻，或爲可能。可以看到，扶餘氏女嫁宰相爲妻，封天水郡夫人，外孫尚李唐公主，與皇室聯姻，家勢日隆。

而在同一時期，扶餘隆一支則日漸衰落。扶餘隆之孫扶餘敬在則天朝襲封帶方郡王、衛尉卿之後，進入玄宗朝則再無消息。扶餘隆之孫婿李邕，雖然受寵於中宗，但唐隆元年（710）臨淄王李隆基政變成功，韋皇后敗亡，逐漸失勢。後李邕誅殺妻韋氏，以表忠心，又深爲物議所鄙，貶沁州刺史，不知州事，削封邑。至於吉頊，聖曆二年（699）拜相，同年十月，以弟作僞官，貶琰川尉，後改安固尉，尋卒所任。比較而言，扶餘隆及諸姻親，顯自高宗始，盛於則天朝，進入玄宗朝後勢力逐漸衰微。與其相反，扶餘豐一支，雖然前期式微，但通過聯姻，在玄宗朝開始出現復興。

在此背景下，再來分析扶餘豐女扶餘氏墓誌中提到的"帶方太子豐"，更有益於深入了解百濟扶餘氏的婚姻情況。稽查史籍所載，百濟王帶方郡爵號之封始於北齊。武平元年（570），齊後主以百濟王扶餘昌爲使持節、侍中、車騎大將軍，封帶方郡公，百濟王如故。隋代沿封。至唐武德七年（624），唐高祖封百濟王扶餘璋爲帶方郡王、百濟王。其後，扶餘義慈襲封帶方郡王、百濟王。至百濟滅國後，帶方郡王逐漸替代百濟王，成爲百濟王族扶餘氏專有封爵，

① 張全民：《新出唐百濟移民祢氏家族墓誌考略》，《唐史論叢》第 14 輯，西安：三秦出版社，2012 年，第 52—68 頁。
② 王連龍：《〈大唐勿部將軍功德記〉研究》，《社會科學戰線》2019 年第 10 期。
③ 劉昫等：《舊唐書》卷九八《源乾曜傳》，第 3070 頁。

側重於政治影響力，儀鳳二年（677）扶餘隆襲封"帶方郡王，令往安輯百濟餘衆"①，及隆孫扶餘敬"則天朝襲封帶方郡王，授衛尉卿"②，即是這種功能的具體體現。就此角度而言，帶方王也可視爲百濟王換代的稱謂。聯想到開元十二年（724）封禪大典中再次出現伯（百）濟帶方王，反映出"帶方王"仍在國家政治生活中扮演特殊角色。而對於繼承者而言，"帶方王"不僅是延續財富和地位，也關乎家族的興旺發達。根據前面的論述，早期"帶方王"一直以扶餘隆一支爲正統。但隨着扶餘豐一支通過聯姻，恢復家族勢力，開元十七年扶餘豐女扶餘氏墓誌中扶餘豐百濟"太子"身份舊事重提，其目的何在，不言自明。但隨後的開元二十六年扶餘隆孫女扶餘氏墓誌謂"太妃扶餘氏諱，皇金紫光禄大夫、故衛尉卿、帶方郡王義慈之曾孫，皇光禄大夫、故太常卿、襲帶方郡王隆之孫，皇朝請大夫、故渭州刺史德璋之女也"③，再次重申扶餘隆"襲帶方郡王"身份，意味着百濟太子正統之争并未隨着百濟滅亡而停止，仍在延續。

---

① 劉昫等：《舊唐書》卷五《高宗本紀》，第 102 頁。
② 劉昫等：《舊唐書》卷一九九上《東夷·百濟傳》，第 5334 頁。
③ 張蘊、汪幼軍：《唐〈故虢王妃扶餘氏墓誌〉考》。

/ 第八章 /

遼西地區高句麗移民問題研究

　　魏晋南北朝及隋唐時期，數十萬高句麗人被中原王朝及北族政權遷徙至遼西地區，繼而進入河北、河南、山東、山西、陝西等地。[①] 作爲集散地和中轉站，遼西地區在高句麗移民活動中發揮着重要作用。在以往研究中，遼西地區尚未發現大規模的高句麗移民遺迹，相比洛陽、西安等高句麗移民聚居區研究，學術界對遼西地區高句麗移民及相關問題也没有給予充分的關注。在這種情况下，1975 年在遼寧省朝陽縣西大營子公社河南大隊（今龍城區西大營子鎮河南村）唐代墓葬出土的高句麗移民後裔高英淑的墓誌，[②] 爲遼西地區高句麗移民問題研究提供了新契機，可謂意義重大。據墓誌所載，高英淑係前燕高句麗移民高和後裔，其家族自高和開始，世居遼西，曾祖、祖、父歷仕魏、隋、唐爲高官，兼任本蕃大首領，其夫亦官唐游騎將軍、左金吾衛遼西府折衝都尉，揭示出十六國、北朝及隋唐時期遼西地區聚居有相當數量的高句麗移民及其後裔，并在政治活動中扮演着重要角色。

　　關於高英淑高句麗移民身份，墓誌有着明確交代："夫人諱，字英淑，昌黎孤竹人也。原夫五聖枝分，高辛以之纂頊；三邊草昧，高雲於是滅燕。"昌黎爲政區之名，始見《漢書·地理志》遼西郡"交黎"應劭注"今昌黎"[③]。魏齊王正始五年（244）"九月，鮮卑内附，置遼東屬國，立昌黎縣以居之"[④]，尋改昌黎郡，治昌黎縣，今遼寧省義縣。晋武帝太康年間，鮮卑慕容廆經略昌黎，"遷於徒河之青山。廆以大棘城即帝顓頊之墟也，元康四年乃移居之"[⑤]，故得封昌黎公。鮮卑慕容盤踞昌黎郡既久，後移治龍城，今遼寧朝陽市，屬營州。前燕慕容皝、後燕慕容寶、北燕慕容雲相繼都之，昌黎之名漸盛。北魏亦置昌黎郡，領龍城、廣興、定荒三縣。後又置營州於和龍城，領建德、冀陽、昌黎等郡。至北齊唯留建德、冀陽二郡，昌黎郡等并廢。昌黎郡之設，始於曹魏，終於北齊，歷代多有沿革，其核心區域大致在今遼寧朝

---

① 王連龍：《十六國時期高句麗移民族群研究》，（日本）《唐代史研究》21 號，2018 年。
② 朝陽市博物館：《朝陽歷史與文物》，沈陽：遼寧大學出版社，1996 年，第 90—91 頁。張洪波：《試述朝陽唐墓形制及其相關問題》，《遼海文物學刊》1996 年第 1 期，第 98—103、97 頁。田立坤：《朝陽的隋唐紀年墓葬》，遼寧省文物考古研究所、日本奈良文化財研究所《朝陽隋唐墓葬發現與研究》，北京：科學出版社，2012 年，第 115—144 頁。王晶辰：《遼寧碑誌》，沈陽：遼寧人民出版社，2002 年，第 103—104 頁。
③ 班固：《漢書》卷二八下《地理志》，北京：中華書局，1964 年，第 1625 頁。
④ 陳壽：《三國志》卷四《魏書·齊王芳紀》，北京：中華書局，1959 年，第 120 頁。
⑤ 房玄齡等：《晋書》卷一〇八《慕容廆載記》，北京：中華書局，1974 年，第 2804 頁。

陽、義縣、錦州地區。孤竹，殷商諸侯國。《史記·伯夷列傳》云：“伯夷、叔齊，孤竹君之二子也。”司馬貞《索隱》：“孤竹君，是殷湯三月丙寅日所封。”孤竹勢力範圍包括遼西地區，《通典》卷一七八《州郡》有謂“營州，今理柳城縣，殷時爲孤竹國地”，可爲證。唐於遼西置有孤竹縣，《舊唐書·地理志》：“帶州，貞觀十九年，於營州界内置，處契丹乙失革部落，隸營州都督。……（領縣一）孤竹，舊治營州界。”是唐代孤竹轄屬於營州。同出遼西朝陽的《唐故平遼府校尉上柱國楊君墓誌銘》載誌主楊律“字蕭容，其先弘農人也。後述職北遷，避地柳城，故今爲帶州孤竹縣人焉”[1]。可見，《高英淑墓誌》所言“孤竹”即孤竹縣。接上文所言，唐於遼西設營州，不置昌黎郡，然時人常以古地名其所出，史誌文獻習見郡望昌黎者。1988 年朝陽出土的《大周故左金吾衛遼西府果毅都尉上柱國駱府君墓誌銘》亦謂誌主駱英爲“昌黎孤竹人”[2]，可爲佐證。高英淑情況略爲特殊的是，其先祖高和初遷之地即爲昌黎，後文有詳述。

如果説，墓誌在記叙高英淑籍貫時會考慮出生地等現實因素，那麼在表述族源時，就已經在中原文化影響下，完全發生改變，即墓誌所謂“原夫五聖枝分，高辛以之纂頊；三邊草昧，高雲於是滅燕”。所謂五聖，即指五帝。《大戴禮記·五帝德》：“五帝用記，三王用度。”《史記·五帝本紀》張守節《正義》：“太史公依《世本》《大戴禮》，以黃帝、顓頊、帝嚳、唐堯、虞舜爲五帝。譙周、應劭、宋均皆同。”五帝中，以帝嚳高辛最爲值得注意。據《世本》《史記》等所載五帝世系，帝嚳高辛爲黃帝之曾孫，顓頊高陽之族子。墓誌將高英淑族源追溯至高辛，顯然是以高句麗爲黃帝後裔。關於高句麗族源問題，中古史籍有着較爲統一的表述，[3] 其中概括最全面的《魏書·高句麗傳》云：“高句麗者，出於夫餘，自言先祖朱蒙。……朱蒙至紇升骨城，遂居焉，號曰高句麗，因以爲氏焉。”即以高句麗出於夫餘，先祖朱蒙建國，號高句麗，以高爲氏。這樣的表述内容及方式還見於《周書·高麗傳》《北史·高句麗傳》《隋書·高麗傳》及《通典·高句麗》等。此外，《好太王碑》[4]《冉牟墓誌》[5] 等出土碑誌中也有相類表述。顯然，這在當時是一種通行的説法，也代表着其時高句麗人對自己族源的認識。

比較黃帝與夫餘的差異，可以看出《高英淑墓誌》在族源表述上明顯發生了改變。實際上，這種族源表述的改變，自高英淑先祖高和就已經開始出現。據《晉書·慕容雲傳》《十六國春秋·後燕録》《三國史記·高句麗本紀》等史籍所載，高句麗人高和在移民前燕後，“自云高陽氏之苗裔，故以高爲氏”[6]，已經將先祖追溯至高陽氏，乃至黃帝。與高和、高英淑移

① 王晶辰：《遼寧碑誌》，第 102 頁。
② 王晶辰：《遼寧碑誌》，第 327 頁。
③ 關於高句麗祖源問題研究，目前學界有“穢貊説”“夫餘説”“高夷説”“炎帝族系説”“商人説”“高夷—貊部説”“多元説”等觀點，見何海波《國内高句麗族源研究綜述》，《長春師範學院學報》2008 年第 4 期，第 37—41 頁。
④ 王健群：《好太王碑研究》，長春：吉林人民出版社，1984 年，第 202 頁。
⑤ 國史編撰委員會：《韓國古代金石文資料集Ⅰ》（高句麗·百濟·樂浪篇），漢城：時事文化社，1995 年，第 74 頁。
⑥ 房玄齡等：《晉書》卷一二四《慕容雲傳》，第 3108 頁。

民身份相一致的是，隋唐時期高句麗移民關於族源表述的改變更爲集中。在《高英淑墓誌》之外，同爲高句麗移民的《高乙德墓誌》① 將族源追溯至高辛氏子闊伯。《高足酉墓誌》②《高遠望墓誌》③ 等認爲先祖出於商人。根據《大戴禮記》《史記》等所載諸帝世系，帝嚳高辛娶有娀氏之女簡狄，簡狄吞玄鳥之卵生契，封於商。是高足酉、高遠望等墓誌關於先祖出於商人的表述，還是將族源追溯至黃帝。可見，高句麗移民族源意識的變化并不是個別現象，而是一種族群性的改變。探求其原因所在，這種改變首先是基於高句麗發展過程中曾經吸收的漢文化因素，④ 其次與族群遷徙活動密切相關。高句麗移民族群從高句麗遷徙至遼西，與其他族群，特別是與族群構成中處於核心位置的漢人族群發生交流及融合，逐漸接受了黃帝後裔的族源認同。此外，中古時期高句麗移民族群族源意識的改變還有一個特別因素，即統治階層意識形態的灌輸。曾經對高句麗移民進行遷徙、管理的十六國、北魏及隋唐政權，都自認爲是黃帝後裔。⑤ 顯然，統治階層意識形態的變化對高句麗移民的影響要更爲直接一些。這也反映出高句麗移民在與漢族等其他民族交流及融合過程中，逐漸形成統一的文化認同和身份歸屬感。

相比族源表述中對華夏文化五帝的依附，《高英淑墓誌》也保存了高句麗早期移民高雲的若干事迹，即墓誌所云"三邊草昧，高雲於是滅燕"，可視爲族群文化中英雄記憶的殘留。三邊，語出《史記·律書》"高祖有天下，三邊外畔"，義謂匈奴、南越、朝鮮，後泛指邊疆。高雲，即前文所言之北燕慕容雲，慕容寶之養子，本姓高，因軍功賜姓慕容氏。據《晉書·慕容雲載記》所載，雲"祖父和，高句驪之支庶，自云高陽氏之苗裔，故以高爲氏焉"⑥。高雲祖高和出自高句麗支庶，是雲亦爲高句麗人。關於高氏家族遷居遼西，《資治通鑒》卷一九〇《晉紀》"隆安元年（402）"條載："燕王跋破高句麗，徙於青山，由是世爲燕臣。"青山，即今義縣東北醫巫閭山西麓之大青山。此外，《晉書》亦詳録其事：東晉成帝咸康七年（341），慕容皝南北兩路討伐高句麗，"掘釗父利墓，載其尸并其母妻珍寶，掠男女五萬餘口，焚其宮室，毀丸都而歸"⑦。是可佐證，高氏即存在於五萬俘虜之中，并被遷徙至昌黎，即今義縣一帶。後前燕遷都龍城，高氏家族等高句麗俘虜又移民到都城龍城附近。時記室參軍封裕曾諫議："句麗、百濟及宇文、段部之人，……狹湊都城，恐方將爲國家深害，宜分其兄弟宗屬，徙於西境諸城。"⑧ 封裕認爲高句麗移民等集中安置於都城附近，時間既久，已經給國家安全帶來不安定因素，應該再徙於西境諸城。這與上文引《資治通鑒》所言"燕王跋破高句麗，徙於青山"相互發明，説明高句麗高氏先遷青山，再徙至龍城，成爲遼西移民。如此，高雲之祖高和係高句麗支屬，高雲即爲高句麗人，高英淑又爲高雲之後，自然屬於高句麗移民後裔。

① 王連龍：《唐代高麗移民高乙德墓誌及相關問題研究》，《吉林師範大學學報》2015 年第 4 期，第 32—35 頁。
② 李獻奇、郭引强：《洛陽新獲墓誌》，北京：文物出版社，1996 年，第 219—221 頁。
③ 吳鋼：《全唐文補遺》第八輯，西安：三秦出版社，2005 年，第 47—48 頁。
④ 孫進己：《高句麗的起源及前高句麗文化的研究》，《社會科學戰線》2002 年第 2 期，第 162—175 頁。
⑤ 李憑：《黃帝歷史形象的塑造》，《中國社會科學》2012 年第 3 期，第 149—181 頁。
⑥ 房玄齡等：《晉書》卷一二四《慕容雲載記》，第 3108 頁。
⑦ 房玄齡等：《晉書》卷一〇九《慕容皝載記》，第 2822 頁。
⑧ 房玄齡等：《晉書》卷一〇九《慕容皝載記》，第 2824 頁。

至於墓誌所謂"滅燕"，乃指後燕建初元年（407），高雲即天王位，斬殺慕容熙之事。時後燕主慕容熙虐政，中衛將軍馮跋與從兄萬泥等結盟，趁機叛亂，推高雲爲主。高雲初以疾推脱，跋等強迫之，遂即天王位，殺慕容熙，復姓高氏，改元曰正始，國號大燕。事詳見《晋書》《資治通鑒》等。慕容熙未亡時，有童謠曰："一束藁，兩頭然，禿頭小兒來滅燕。"[1] "藁"字上有草，下有禾，兩頭燃則禾草俱盡而成"高"字。雲父名拔，小字禿頭，有三子，雲爲季子。此即墓誌所謂"高雲於是滅燕"，是其族群英雄憶由來已久。

《高英淑墓誌》在追溯高英淑族源之後，逐一介紹其曾祖、祖及父輩履宦，進一步揭示出北朝時期遼西地區高句麗移民及後裔的生存狀况。英淑曾祖會仕魏金紫光禄大夫，祖農官隋雲麾將軍、右武侯中郎將。光禄大夫之置源於戰國中大夫，漢武帝時改稱今名，掌顧問應對，屬光禄勛，魏晋以後爲加官及褒贈之官，加金章紫綬者，稱金紫光禄大夫，至唐宋爲文職階官稱號。雲麾將軍始置於南朝梁，陳隋沿設，唐宋定爲武散階。隋之右武侯中郎將，"掌車駕出，先驅後殿，晝夜巡察，執捕奸非，烽候道路，水草所置。巡狩師田，則掌其營禁"[2]。隋煬帝改左右武侯爲左右侯衛，是爲十二衛。唐初仍爲左右侯衛，高宗改爲左右金吾衛。以此推知，高農任右武侯中郎將在隋煬帝之前。相比其他職官，高會、高農父子都曾任本蕃大首領。既言"本蕃"，則説明高會、高農所在之遼西高句麗人仍有"蕃"，即以部族形式聚居。考察魏晋時期高句麗人內遷情况，可與墓誌記載相印證。晋元帝太興二年（319），慕容廆遣將軍張統掩擊河城高句麗將如奴子，俘其衆千餘家，以崔燾、高瞻、韓恒、石琮歸於棘城，待以客禮。[3]咸和九年（334），"（慕容）皝自征遼東，剋襄平。……分徙遼東大姓於棘城，置和陽、武次、西樂三縣而歸"[4]。此外，安帝隆安四年（400），慕容盛"率衆三萬伐高句驪，襲其新城、南蘇，皆剋之，散其積聚，徙其五千餘户於遼西"[5]。加上前文已言咸康七年（341）被慕容皝遷徙而來的五萬餘口高句麗人，在遼西地區聚居有大量的高句麗移民。高會、高農能連任內遷高句麗人大首領，也説明其出自世族高門，地位顯赫。

關於唐以前高句麗移民情况，筆者有專論。[6]簡言之，十六國及北朝時期，數十萬高句麗移民以戰爭移民、歸附移民等方式，自發及非自發地進入北族政權及中原王朝。這些高句麗移民首先在三燕初期進入遼西地區，以青山、棘城爲起點，後至龍城，再到薊城及鄴城地區，聚族而居，形成移民族群。及前秦滅前燕，高句麗移民又被遷徙至關中長安等地區。前秦落敗後，聚居在關中的高句麗移民又隨西燕政權遷移至山西長子地區。隨着後燕慕容垂滅西燕，這些高句麗移民又被遷回中山、鄴城地區。最終，在後燕政權滅亡之後，北魏政權將這些高句麗移民遷徙至盛樂、平城等地區。這部分高句麗移民應該在北魏孝文帝遷都洛陽後，隨其他民衆進入中原地區，最後融入中華民族大家庭之中。在這條主綫之外，高句麗移民還存在其他兩條

---

① 房玄齡等：《晋書》卷一二四《慕容熙載記》，第 3107 頁。
② 魏征等：《隋書》卷二八《百官志》，北京：中華書局，1973 年，第 778 頁。
③ 司馬光：《資治通鑒》卷九一《晋紀》"太興二年（319）"條，北京：中華書局，1956 年，第 2874 頁。
④ 房玄齡等：《晋書》卷一〇九《慕容皝載記》，第 2816 頁。
⑤ 房玄齡等：《晋書》卷一二四《慕容盛載記》，第 3103 頁。
⑥ 王連龍：《十六國時期高句麗移民族群研究》。

分支遷徙路綫：一支爲北魏征伐北燕過程中將龍城地區部分高句麗移民遷徙至幽州、平城地區，還有一支是北燕部分高句麗移民隨馮弘返回高句麗。需要説明的是，這些移民路綫并不能完全代表高句麗移民的最終去向。根據史籍文獻記載及考古發現，在高句麗移民曾經聚居過的遼西、鄴城、中山、關中及平城等地區，在移民再遷徙之後，仍然有部分高句麗移民定居下來。① 對高和—高英淑一支高句麗移民活動軌迹的梳理，再次説明唐以前遼西地區存在着人口衆多的高句麗移民族群。

在高會、高農之後，高英淑父高路仕唐銀青光禄大夫、行師州刺史、諸軍事、上柱國，爵封安陵縣開國公。比較之下，高路職官最大的變化是不再兼任本蕃首領，而是行師州刺史、諸軍事。據兩《唐書》之《地理志》所載，師州置於貞觀三年（629），領契丹、室韋部落，隸營州都督，僑治營州之廢陽師鎮，萬歲通天元年（695）遷於青州安置，神龍初自青州還，寄治於良鄉之故東閭城，改隸幽州都督。按，高英淑卒於天授二年（691），推算之下，時師州仍治遼西。高路之所以行師州刺史、諸軍事，應該是基於當時高氏家族的强大勢力。從高路所帶散官文階、勛級爵位來看，已近極致，説明唐初高氏家族在遼西地區仍然具有較大的勢力和影響力。隋唐時期，中原王朝安置内遷少數民族部落，設置羈縻州府，皆准首領世襲。雖然羈縻州長官的任命以本族首領爲主，但也不排除外族人擔任長官。如唐王朝安置奚族的順化州，安禄山、② 漢人劉瓌③等都曾任刺史。又如安置契丹内稽部落的遼州，鮮卑人獨孤開遠也曾任刺史。④ 此外，漢人李懷仁也曾除授靺鞨羈縻州慎州刺史。⑤ 當然師州刺史的任命也與高路個人能力存在密切關係，墓誌謂其“五袴成謡”“三韓慕德”“棠陰之英風未泯，柳塞之生氣猶存”。在這種情況下，家族勢力顯赫、個人能力突出的高路被唐王朝任命爲師州刺史。

在高氏家族發展情況之外，高路職官的變化更與遼西地區高句麗移民族群的變化密切相關。上文已言，高路任師州刺史大致在萬歲通天元年（695）之前。這段時間内，一個重要事件是遼東高藏謀叛。時高句麗故地遺民叛亂加劇，吐蕃持續入侵，唐王朝將安東都護府遷置於遼東古城，即今遼陽地區，并任命高藏前往遼東，治理高句麗移民。據《新唐書·高麗傳》所載，“儀鳳二年（677），授藏遼東都督，封朝鮮郡王，還遼東以安餘民，先編僑内州者皆原遣，徙安東都護府於新城。藏與靺鞨謀反，未及發，召還放邛州，斯其人於河南、隴右，弱寠者留安東”⑥。可以看到，不僅高藏來到遼東，原來被遷入内地的高句麗遺民也隨之返回遼東，即所謂“先編僑内州者皆原遣”。《資治通鑒》載其事謂“高麗先在諸州者，皆遣與藏俱歸”⑦。從當時的情況來看，與遼東緊鄰的遼西高句麗遺民應該在原遣之列。高藏謀反未及發

① 王連龍、叢思飛：《北魏平城時代高句麗移民史事考略——以〈申洪之墓誌〉爲綫索》，《考古與文物》2021 年第 5 期。
② 劉昫等：《舊唐書》卷二○○《安禄山傳》，北京：中華書局，1975 年，第 5367 頁。
③ 周紹良：《全唐文新編》第 10 册，長春：吉林文史出版社，2000 年，第 7004 頁。
④ 吳鋼：《全唐文補遺》第三輯，西安：三秦出版社，1996 年，第 326 頁。
⑤ 北京圖書館金石組、中國佛教圖書文物館石經組：《房山石經題記彙編》，北京：書目文獻出版社，1987 年，第 200 頁。
⑥ 歐陽修、宋祁：《新唐書》卷二二○《東夷·高麗傳》，北京：中華書局，1975 年，第 6198 頁。
⑦ 司馬光：《資治通鑒》卷二○二《唐紀》“儀鳳二年（677）”條，第 6382—6383 頁。

生，便被唐王朝剿滅，放逐邛州，高句麗遺民再次被遷徙至河南、隴右地區。這也説明原來聚居於遼西的高句麗遺民有一部分并未返回遼西，而是陸續遷往内地。遼東地區高藏的陰謀叛亂、遼西地區高句麗遺民數量的鋭減，以及唐王朝對羈縻州管理體制的改革，都使高路接任本蕃首領成爲不可能，繼而被任命爲師州刺史。這次劇變可視爲遼西地區高句麗移民族群的一次轉折性變化，此後，遼西地區高句麗移民規模縮小，數量減少，殘留的高句麗移民也快速地融入漢人族群之中。

關於高英淑的婚姻情況，墓誌着墨不多，祇言其夫官游騎將軍、左金吾衛遼西府折衝都尉。游騎將軍，前身爲游擊將軍，梁武帝天監六年（507）改置，北魏、北齊沿設，置爲侍衛牙職。唐初以游騎等十將軍爲散號將軍，以加武士之無職事者，秩從五品上，如高句麗人王毛仲之父[1]和高仙芝[2]等都曾除授此官。相比之下，遼西府折衝都尉更值得關注。折衝都尉，折衝府最高長官，“掌領五校之屬，以備宿衛，以從師役，總其戎具、資糧、差點、教習之法令”[3]。以墓誌所載，遼西府名隸左金吾衛，然此府未見傳世文獻所載。稽查出土碑誌文獻，發現在高英淑墓誌之外，前文已引朝陽出《大周故左金吾衛遼西府果毅都尉上柱國駱府君墓誌銘》載駱英“總章二年，授上柱國，其三月，授遼西府左果毅都尉”[4]。由此可推斷，至少在總章二年（669）之前，營州地區已經設置遼西府。若進一步言之，高英淑卒年距總章二年已經過去二十年，其夫當不是駱英之上級長官。至於高英淑夫姓氏，墓誌未載，可略作推測。按，墓誌文在描述高英淑婚嫁時，所用誌文值得玩味：“六禮斯屬，方納采於高門。”[5] 高門，雖習謂富貴之家，然亦可作他解。如高句麗移民高提昔的墓誌載誌主嫁與泉氏爲妻，云“結媾泉門”。兩誌一般語例，則“高門”可釋爲高姓之門。如此，高淑英夫君應姓高氏。如果進一步言之，游騎將軍、左金吾衛遼西府折衝都尉高某可能是高句麗人。唐初内遷的高句麗、百濟、新羅人除授折衝校尉者多見，也可提供佐證。[6] 倘若這種推斷成立，即涉及唐初内遷高句麗人婚姻等問題。換言之，高英淑仍然保持着移民族群族内婚，進而反映出留居在遼西地區的高句麗移民婚姻狀態。當然，這一系列推測還需要更堅實的史料支持，姑且存疑。

上面以唐代高句麗移民後裔《高英淑墓誌》爲綫索，對遼西地區高句麗移民族群存在情況略作探討。其意義大致有以下兩項。

其一，《高英淑墓誌》對於探討唐代高句麗移民研究中石刻文獻的重要價值具有積極意義。近年來，移民問題研究逐漸成爲學術界研究的熱點。特別是中古時期内遷高句麗移民相關研究不斷得到學者的重視，相關研究著述頗豐。在這些研究中，關於高句麗移民及其後裔墓誌的研究格外引人關注。根據統計，目前已經發現相關墓誌超過三十方，誌主包括高句麗王室貴

---

[1] 劉昫等：《舊唐書》卷一〇六《王毛仲傳》，第 3252 頁。
[2] 劉昫等：《舊唐書》卷一〇四《高仙芝傳》，第 3203 頁。
[3] 劉昫等：《舊唐書》卷四四《職官志》，第 1906 頁。
[4] 王晶辰：《遼寧碑誌》，第 327 頁。
[5] 王連龍：《新見隋唐墓誌集釋》，沈陽：遼海出版社，2013 年，第 117 頁。
[6] 王連龍：《一個新羅人的傳奇往事——以新見唐代新羅移民金日晟墓誌爲角度》，韓國東方藝術大學院大學校《文化與藝術研究》2016 年第 7 輯。

族、高級將領及平民、僧侶等各個階層。在與傳世文獻相補充之外，這些墓誌可以更爲直觀地展現出高句麗移民的真實生活狀態。[①] 值得説明的是，目前所見高句麗移民墓誌集中發現於西安、洛陽等地。相比之下，高英淑墓誌係遼寧朝陽地區出土的高句麗移民後裔墓誌，填補了河南、關中地區以外高句麗移民石刻遺迹的空白，對於中古時期遼西地區高句麗移民及相關問題研究具有重要意義。

其二，《高英淑墓誌》進一步揭示出了中古時期遼西地區高句麗移民及其後裔的生存狀態和民族融合情況。據史所載，在魏晋南北朝時期就有大量高句麗人被遷至遼西地區。至唐滅高句麗後，又有部分高句麗人進入遼西。隨着與其他民族的交流，這些内遷高句麗人逐漸融入中華民族大家庭中。相比傳世文獻關於遼西高句麗移民情況記載不詳，今見《高英淑墓誌》系統地記叙了東晋咸康年間被慕容皝遷徙至遼西的高和一支高句麗人的生存狀態。高英淑曾祖會、祖農、父路及其夫分仕北魏、隋、唐，其中高會、高農皆任本蕃大首領，一方面説明高氏出自世族高門，地位顯赫，另一方面也揭示出中古時期遼西高句麗人活躍於社會生活中，具有較大的政治影響力。此外，墓誌關於黄帝等族源問題的表述，也體現了内遷少數民族在與漢族等其他民族交流及融合過程中，逐漸形成統一的文化認同和身份歸屬感，這對於移民族群認同問題研究有着積極意義。

① 王連龍、叢思飛：《戰争與命運：總章元年後高句麗人生存狀態考察——基於高句麗移民南單德墓誌的解讀》，《社會科學戰綫》2017 年第 5 期，第 121—131 頁。

第九章

高乙德家族尋踪

唐初，高句麗政權已經處於末期，風雨飄搖，動蕩不止，外與唐廷關係惡化，劍拔弩張，內部兄弟鬩墻，危機四伏。先是貞觀十六年（642）蓋蘇文弒榮留王建武，立其侄高藏爲王，自爲莫離支，總攬朝政。接着乾封元年（666）泉氏內訌，泉男建、泉男産擁兵平壤，泉男生退保國內城，遣使求援。唐王朝趁機征伐高句麗，最終在總章元年（668）將其滅亡。一場戰爭，改變了高句麗的命運，也改變了無數人的命運。二十年間，高句麗政局經歷了怎樣的變化？以往學界較多關注高句麗王族高氏及貴族泉氏的活動軌迹，[①] 而新近發現的高句麗移民高乙德墓誌，[②] 揭示出高乙德家族在高句麗政權機器運行中扮演了重要角色，爲全面分析高句麗末期政局發展提供了全新視角。

一、東 部 望 族

關於高乙德家族所出，墓誌記叙爲"卞國東部人"。這和一般高句麗移民墓誌族源表述方式略有不同。稽之已見高句麗移民墓誌，追溯籍貫大致有"遼東人"[③] "遼東郡平壤城人"[④]

---

① 連劭名：《唐代高麗泉氏墓誌史事考述》，《文獻》1999 年第 3 期，第 191—199 頁。杜文玉：《唐代泉氏家族研究》，《渭南師範學院學院》2002 年第 3 期，第 34—40 頁。紀宗安、姜清波：《論武則天與原高麗王室和權臣泉氏家族》，《陝西師範大學學報》2004 年第 6 期，71—75 頁。祝立業：《從貴族交替執政到泉氏家族專柄國政——試析高句麗後期國內政治局面的形成》，《東北史地》2007 年第 6 期，第 25—28 頁。馮立君：《從國王到囚徒——論高句麗王高藏"政不由己"及其入唐軌迹》，《暨南史學》2015 年第 2 期，第 50—66 頁。《高句麗泉氏與唐朝的政治關係》，《社會科學戰綫》2018 年第 8 期，第 137—150 頁。孫煒冉：《高句麗末王高藏入唐行迹考》，《中華文化論壇》2016 年第 7 期，第 129—134 頁。董健：《泉氏家族及其對高句麗後期政局的影響》，《黑河學刊》2017 年第 5 期，第 93—95 頁。
② 王連龍：《唐代高麗移民高乙德墓誌及相關問題研究》，《吉林師範大學學報》2015 年第 4 期，第 32—35 頁。葛繼勇、李裕杓：《新出土入唐高句麗人〈高乙德墓誌〉與高句麗末期的內政和外交》，《韓國古代史研究》第 79 輯，2015 年，第 303—343 頁。李成制：《一位高句麗武將的家世和生平傳記——對新發現〈高乙德墓誌〉的譯注和分析》，《中國古中世史研究》第 38 輯，2015 年，第 177—219 頁；《通過移民墓誌看高句麗的中裏小兄——以中裏小兄的歷任者和職責爲中心》，《中國古中世史研究》第 42 輯，2016 年，第 431—458 頁。余昊奎：《從新發見〈高乙德墓誌〉看高句麗末期的中裏制和中央官制》，《洛陽學國際學術研討會論文彙編》，2015 年，洛陽師範學院。鄭東俊：《高乙德墓誌銘》，《木簡與文字》第 17 輯，2016 年，第 255—274 頁。
③ 張彥：《唐高麗遺民〈高饒苗墓誌〉考略》，《文博》2010 年第 5 期，第 46—49 頁。
④ 周紹良：《唐代墓誌彙編》，上海：上海古籍出版社，1992 年，第 667 頁。

"遼東三韓人"①"朝鮮人"②"高句麗國人"③"渤海脩人"④等。相比之下，"卞國東部人"的提法較爲特殊。按，上古有卞明國。《山海經·大荒北經》云："黃帝生苗龍，苗龍生融吾，融吾生弄明，弄明生白犬，白犬有牝牡，是爲犬戎。"郭璞謂："'弄'，一作'卞'。"郝懿行云："《漢書·匈奴傳》注引此經作'弄明'，《史記·周本紀》正義引此經作'并明'，'并'與'卞'疑形聲之訛轉。"⑤是故"弄明"即"卞明"。少昊氏后裔所建卞明國，亦稱卞國，後爲湯所滅，但留其祀，事詳見《荀子》《吕氏春秋》《路史》等。此外，西周分封亦有卞國。《元和姓纂》卷九："卞，姬姓，曹叔振鐸之後，支庶食采於卞，因以氏焉。"⑥《世本》載同。與以上二"卞國"存在繼承關係，墓誌之"卞國"出自"三韓"之弁韓。按，《三國志》卷三〇《魏書·東夷傳》記載："韓，在帶方之南，東西以海爲限，南與倭接，方可四千里。有三種，一曰馬韓，二曰辰韓，三曰弁韓。""弁"與"卞"同，《國語·魯語》"魯有弁、費"，韋昭注曰："'弁'即'卞'。"《後漢書·光武帝紀》："東夷韓國人率衆詣樂浪內附。"李賢注："東夷有辰韓、卞韓、馬韓，謂之三韓國也。"又《續高僧傳》卷一三："釋圓光，俗姓朴，本住三韓：卞韓、馬韓、辰韓，光即辰韓新羅人也。"皆可爲證。卞韓之形成，學者有謂周族東渡而來，⑦可爲信據。漢武帝元封三年（前108），漢滅衛滿，設置四郡，韓屬樂浪郡，四時朝謁。及建安中，公孫康置帶方郡，以韓屬之。"景初中，明帝密遣帶方太守劉昕、樂浪太守鮮于嗣越海定二郡，諸韓國臣智加賜邑君印綬，其次與邑長。……臣智激韓忿，攻帶方郡崎離營。時太守弓遵、樂浪太守劉茂興兵伐之，遵戰死，二郡遂滅韓。"⑧三韓滅亡，地入樂浪、帶方。時值高句麗勢力南下，侵蝕樂浪、帶方轄屬郡縣。至晉愍帝建興元年（313），"遼東張統據樂浪、帶方二郡，與高句麗王乙弗利相攻，連年不解。樂浪王遵說統帥其民千餘家歸虓，虓爲之置樂浪郡，以統爲太守，遵參軍事"⑨。張統內遷，標明樂浪、帶方二郡覆亡，韓地亦爲高句麗所占，故墓誌所謂"卞國"又可代指高句麗。此爲墓誌稱高乙德爲卞國人之來由。參閱其他高句麗移民墓誌，雖然沒有直接追溯"卞國人"，但"卞國"提法時有出現，如《高鐃苗墓誌》"族高辰卞，價重珣琪"，《李他仁墓誌》"鯤壑景靈，卞韓英伐"⑩等，以及蓋蘇文子泉男生"卞國公"之封，皆是其證。

"東部"，來自高句麗政權形成過程中出現的血親組織五族，具體指五族之順奴部。按，《三國志》卷三〇《魏書·東夷傳》載高句麗"本有五族，有涓奴部、絶奴部、順奴部、灌奴

① 周紹良、趙超：《唐代墓誌彙編續集》，上海：上海古籍出版社，2001年，第317頁。
② 周紹良：《唐代墓誌彙編》，第959頁。
③ 周紹良：《唐代墓誌彙編》，第984—985頁。
④ 周紹良、趙超：《唐代墓誌彙編續集》，第520頁。
⑤ 袁珂：《山海經校注》，上海：上海古籍出版社，1991年，第434—435頁。
⑥ 林寶撰，岑仲勉校記：《元和姓纂（附四校記）》，北京：中華書局，1994年，第1301頁。
⑦ 羅繼祖：《辰國三韓考》，《北方文物》1995年第1期，第73—75、22頁。
⑧ 陳壽：《三國志》卷三〇《東夷·韓傳》，北京：中華書局，1964年，第851頁。
⑨ 司馬光：《資治通鑒》卷八八《晉紀》"建興元年（313）四月"條，北京：中華書局，1956年，第2799頁。
⑩ 孫鐵山：《唐李他仁墓誌銘考釋》，陝西省考古研究所編《遠望集》，西安：陝西人民美術出版社，1998年，第736—739頁。

部、桂婁部。本涓奴部爲王，稍微弱，今桂婁部代之"。《後漢書·高句麗傳》載同，唯"涓奴部"作"消奴部"。李賢注《後漢書》："案今高驪五部：一曰内部，一名黄部，即桂婁部也；二曰北部，一名後部，即絶奴部也；三曰東部，一名左部，即順奴部也；四曰南部，一名前部，即灌奴部也；五曰西部，一名右部，即消奴部也。"《新唐書》《通典》等亦載謂"五部"。從政權形成角度來看，"族""部"區别在於：前者重其血親組織，爲早期國家形態之氏族組織；後者與方位、五行相涉，已經演變爲地方行政區劃。但是在與高句麗移民相關的石刻文獻中，"五部""五族"并無嚴格區分，如《高慈墓誌》中出現"種落五族"，《高質墓誌》"携五族而稱賓"[1]、《李他仁墓誌》"五族九官"等，相比之下，也有《泉男生墓誌》"五部三韓"、《泉獻誠墓誌》"聲雄五部"等提法。若進一步言之，"五部"内之諸部地位不盡相同，存在着尊卑等差。如原五部之中，本涓奴部爲王，稍微弱，後桂婁部代之。這種情況在高句麗後期又發生變化，《翰苑·藩夷部》"高麗"條注謂"東部，即順奴部，一名左部，或名上部，又名青部。……内部雖爲王宗，列在東部之下，其國從事以東爲首，故東部居上"[2]。是順奴部即東部的地位日漸尊崇。墓誌言高乙德出自五部之東部，説明其乃高句麗勛貴，族出名門。

二、泉門新貴

從墓誌反映的時間階段來看，高乙德家族主要活躍於高句麗後期榮留王及寶藏王時期。榮留王，諱建武，墓誌稱之建武太王，嬰陽王異母弟，爲高句麗第二十七代王。武德七年（624），榮留王被唐册封爲"上柱國、遼東郡公、高句麗國王"[3]。在榮留王執政的二十四年中，唐麗和睦相處，没有戰事衝突發生。但是這一切在貞觀十六年（642）發生了改變，其年冬十月，蓋蘇文弑榮留王，立王弟大陽王之子藏爲王，是爲寶藏王，自爲莫離支，號令遠近，專制國事。與泉氏執掌高句麗政局相同步，高乙德家族成員開始受到重用，家族勢力逐漸上升。根據《高乙德墓誌》記載，高乙德"祖岑，東部受建武太王中裏小兄，執坰事。緣教責追坰事，降黜外官，轉任經歷數政，遷受遼府都督。即奉教追受對盧官，依舊執坰事，任評臺之職"。高岑在榮留王時期曾因失職，被降黜外官，依據墓誌文"轉任經歷數政"云云，其遷受遼府都督及任評臺之職，應該在寶藏王時期。與此同時，高乙德"父孚，受寶藏王中裏小兄，任南蘇道史。遷陟大兄，任海谷府都督。又遷受太相，任司府大夫，承襲執坰事"。關於諸職官，筆者已有專文考證：高氏家族世襲執坰事，負責高句麗後期土地賦税之事，至高孚任司府大夫，掌管全國財政大權；家族成員中高岑官至評臺之職，管理京畿内外政務，亦位高權重；在中央職官之外，高氏子弟還除授地方行政長官，任職於邊防要地。[4] 在高句麗後期複雜

---

① 吴鋼：《全唐文補遺》（千唐誌齋新藏專輯），西安：三秦出版社，2006 年，第 79 頁。
② 張楚金撰，雍公叡注：《翰苑·蕃夷部》"部貴五宗"條，金毓黼編《遼海叢書》第四册，沈陽：遼沈書社，1985 年，第 2518 頁。
③ 金富軾著，楊軍校勘：《三國史記》卷二〇《高句麗本紀》，第 251 頁。
④ 王連龍：《唐代〈高乙德墓誌〉所見高句麗官制考》，《文史》2021 年第 1 輯，第 279—288 頁。

的政治環境下，這些具有戰略地位的邊防重鎮在高句麗疆域擴展及抵禦外敵等方面發揮了重要作用，也反映出泉氏對高乙德家族的倚重。下面以高岑遼府都督和高孚南蘇道史及海谷府都督爲例，略作説明。

首先，高岑擔任的遼府都督。遼府之名源自遼城州都督府，即遼東城，在今遼寧遼陽市老城區。梳理高句麗疆域擴展史，可以發現其對遼東覬覦已久，并與慕容燕展開長期的爭奪，最終在四世紀末、五世紀初好太王執政時期占據遼東。[①] 此後，遼東城也成爲高句麗勢力西部擴張中的重要軍事據點，憑之與隋唐政權相抗衡。從高句麗設置諸大城情況來看，遼東城也居於高句麗後期西境最前沿，戰略地位重要。高岑任遼府都督，作爲遼東城最高行政長官，其地位可見一斑。關於高岑除授遼府都督的時間，墓誌無載。按，貞觀十九年（645）唐太宗征高句麗，五月攻剋遼東城，改名遼州。據此推測，高岑應該爲遼東城最後一任都督。高句麗失去對遼東城的控制後，高岑回歸中央管理層，仍然受到重用，任評臺之職，掌管高句麗內外政務。

其次，高孚除授的南蘇道史及海谷府都督。南蘇城即今遼寧省鐵嶺市催陣堡山城，雖不若遼東城級別高，但也屬於戰略要地。在地理位置上，南蘇城與新城，以及高乙德道史所在的貴端城，自北向南，形成高句麗保護腹地的最後一道屏障。總結唐麗戰事，唐太宗數征高句麗，陸路基本爲渡遼河之後，取遼東城，然後重點攻占南蘇城、新城，方能深入高句麗內境。至高宗再伐高句麗時，"時高麗兵十五萬屯遼水，引靺鞨數萬衆據南蘇城"[②]，可見其重要性。根據史籍記載，唐軍最終攻占南蘇城是在乾封二年（667）九月。時蓋蘇文子泉男生率衆內附，高宗遣將軍龐同善、高偘等迎接之，爲泉男建等逆擊，薛仁貴受命統兵爲後援，"大破之，斬首五萬餘級，拔南蘇、木底、蒼巖三城，與泉男生軍合"[③]。高孚卸任南蘇道史後，又升遷至海谷府都督。這是一個值得注意的現象，因爲根據二城位置顯示，高孚是從高句麗西境轉任至南境。高孚的調防應該與新羅、百濟的北侵，以及後來百濟的滅亡都存在着密切關係。高句麗與新羅的爭執由來已久，榮留王時期兩國即時有衝突發生，至寶藏王時期越發嚴重。貞觀十八年（644），蓋蘇文公然違背唐命，持續侵占新羅。在高句麗大舉南進的野心之下，高孚任海谷府都督，既是爲了防禦，更是爲了擴張。而且就位置而言，海谷城是高句麗與新羅、百濟之間的交通要道，也具有戰略意義。《新唐書·高麗傳》《三國史記·新羅本紀》載乾封二年高宗命新羅金待問自海谷道進攻高句麗，即是明證。在後來的戰事發展中，自南綫挺進的卑列道行軍總管、右威衛將軍劉仁願在總章元年（668）六月攻占"高句麗大谷城（海谷城）、漢城等二郡十二城"[④]，與李勣合攻平壤城，也證明海谷城係高句麗之南境重鎮，無不反映出泉氏對高乙德家族的重視。

---

① 金毓黼：《東北通史》，長春：社會科學戰綫雜誌社，1980 年，第 148 頁。佟冬：《中國東北史》，長春：吉林文史出版社，1998 年，第 599 頁。耿鐵華：《中國高句麗史》，長春：吉林人民出版社，2002 年，第 211 頁。
② 歐陽修、宋祁：《新唐書》卷一一〇《契苾何力傳》，第 4120 頁。
③ 司馬光：《資治通鑒》卷二〇一《唐紀》"乾封二年（667）九月"條，第 6353 頁。
④ 金富軾著，楊軍校勘：《三國史記》卷六《新羅本紀》，第 84 頁。

對高岑、高孚邊境重鎮職官除授情況的梳理，再次印證了高乙德家族在高句麗後期具有較高的政治地位。那麼，一個疑問隨之而來：高氏家族既非王族，又無先祖功勛，緣何受此重用？細審墓誌，有一個記載值得注意，即高乙德家族來自高句麗東部順奴部。與此相關的是，高句麗後期，順奴部地位日漸尊崇，國事以東部爲首。而東部順奴部地位的提升，又與高句麗東部泉氏家族勢力興起相伴始終。① 上文已言，貞觀十六年（642）蓋蘇文弑王自重。今以史誌所載觀之，泉氏家族在蓋蘇文之前已經染指高句麗朝政。如《泉男生墓誌》言“曾祖子遊，祖太祚，并任莫離支。父蓋金，任太大對盧。乃祖乃父，良冶良弓，并執兵鈐，咸專國柄”。是蓋蘇文之祖子游、父太祚都曾任莫離支之職，位高權重。顯然，以同出東部順奴部的關係，高氏家族得到了泉氏家族的信任。這就很好地解釋了前文提到的高岑失職降黜外官還能升遷至遼府都督，以及高孚自南蘇道史轉任海谷府都督。在職官之外，泉氏家族對高乙德家族的關照，還表現在高氏子弟階官除授上。根據墓誌所載，高岑、高孚及高乙德“兄”官除授，皆始自“中裏小兄”。其中，高孚升遷“大兄”後，又至“太相”，官階序列最爲完整。“中裏”之義，學界論説不一。② 筆者認爲“中裏”制承中原王朝的“中朝”而來，又稱“内朝”，爲高句麗王宮廷內朝官系統。稽查泉氏仕途發展情況，以泉男生與高孚最爲接近。《泉男生墓誌》載其“年十五，授中裏小兄。十八，授中裏大兄。年廿三，改任中裏位頭大兄”。《新唐書》本傳載同。二人仕途發展相似，而且均在寶藏王時期進入内朝官系統。更爲巧合的是，高孚父高岑除授對盧之職時，正值泉男生父蓋蘇文任太大對盧，説明蓋蘇文對高岑也有提携之恩。

三、失　意　降　臣

高乙德家族在高句麗滅亡後的發展情況，墓誌沒有記叙。其中，高岑、高孚的職官也止於高句麗除授，未見有唐官敕封，推測高乙德家族在高句麗末期出現較大變故。結合史誌所載，變故發生的起因應是高乙德歸順唐廷。

高乙德入唐，略有曲折，係爲唐軍俘虜所致。墓誌載其事：“大唐龍朔元年，天皇大帝敕發義軍，問罪遼左。公率兵敵戰，遂被生擒。”按，龍朔元年（661），唐廷以蘇定方東征高句

① 關於泉氏出自高句麗東部順奴部，史籍多有記載。如《通典》卷一八六《邊防·高麗傳》：“其後東部大人蓋蘇文弑其王高武，立其侄藏爲主，自爲莫離支。”《新唐書》卷二二〇《東夷·高麗傳》：“有蓋蘇文者，或號蓋金，姓泉氏，自云生水中以惑衆。性忍暴。父爲東部大人、大對盧，死，蓋蘇文當嗣，國人惡之，不得立，頓首謝衆，請攝職，有不可，雖廢無悔，衆哀之，遂嗣位。”《資治通鑒》卷一九六《唐紀》“貞觀十六年十一月”條：“丁巳，營州都督張儉奏高麗東部大人泉蓋蘇文弑其王武。”《三國史記》卷四九《蓋蘇文傳》：“姓泉氏。自云生水中，以惑衆。儀表雄偉，意氣豪逸。其父東部大人大對盧死，蓋蘇文當嗣，而國人以性忍暴，惡之不得立。”唯《舊唐書》卷一九九上《東夷·高麗傳》云：“十六年，西部大人蓋蘇文攝職有犯，諸大臣與建武議欲誅之。”略異。
② 日本學者武田幸男認爲“中裏”是指直屬於國王的近侍集團的制度上的稱呼，（見武田幸男《高句麗官位制及其展開》。）韓國學者李文基主張“中裏”爲高句麗特有的國王近侍職務之用語，（見李文基《高句麗莫離支的官制性質與職能》，《白山學報》第 55 號，白山學會，2000 年，第 93 頁。）中國學者楊軍等推測“中裏”就是“中部”，（見楊軍、高福順、姜維公、姜維東《高句麗官制研究》，第 174 頁。）

麗，事見兩《唐書》之《高宗本紀》《蘇定方傳》《契苾何力傳》等。其中，《舊唐書·契苾何力傳》記敍龍朔元年九月，遼東道行軍大總管契苾何力屯兵鴨綠江，"其地即高麗之險阻，莫離支男生以精兵數萬守之，衆莫能濟。何力始至，會層冰大合，趣即渡兵，鼓噪而進，賊遂大潰，追奔數十里，斬首三萬級，餘衆盡降，男生僅以身免"[1]。推測此役中高乙德隨泉男生迎戰，爲唐軍所俘獲。根據墓誌記載，高乙德雖被生擒，但受到唐廷禮遇，以歸降之禮待之，次年"蒙授右衛藍田府折衝長上"。所謂"折衝長上"，即指長上折衝都尉。唐初李淵廢十二軍，改驃騎曰統軍，《武德令》規定統軍正四品下。後太宗貞觀十年（636），更號統軍爲折衝都尉，別將爲果毅都尉，諸府總曰折衝府。至《垂拱令》始分爲上中下府，改定官品。高乙德于龍朔二年所受藍田府長上折衝都尉，雖無上中下府之別，但以藍田轄屬京兆府，級別自然不低。推測其緣由，高句麗人驍勇善武，唐代歸化高句麗人多被委以重任是慣例。就高乙德個人而言，家族勢力強大，能在唐麗戰事中發揮關鍵作用，是唐廷授予高官的一個重要因素。

核之《高乙德墓誌》所載卒年及享年，龍朔元年（661）高乙德歸順唐廷，時年四十四歲。以此年齡推測，高乙德父高孚，甚至祖高岑都應該健在，其家族勢力正值發達時期。但是高乙德的投降，給其家族帶來了負面影響，甚至是滅頂之災。這樣的判斷并非沒有依據，因爲高句麗對於反叛者通常都會給予極爲嚴酷的懲罰。在高乙德歸降之前，已有高句麗貴族投誠唐廷。貞觀十九年（645）唐太宗親征高句麗，駐蹕山之戰中，"延壽、惠真率三萬六千八百人來降。上以酋首三千五百人，授以戎秩，遷之內地"[2]。選擇來降的高延壽被唐廷除授鴻臚卿，高惠真賜予司農卿，均屬高官厚祿，但二人卻很失意，"高延壽自降後，常積嘆，尋以憂死。惠真竟至長安"[3]，再無消息。原因很簡單，在承受背叛者的心理折磨之外，其家族親人均在高句麗，悲慘下場可想而知。及乾封元年（666）泉氏家族內訌，泉男生退守國內城自保，其子嗣泉獻忠等盡爲泉男產、男建殺害。直系血親尚且如此，何況乎其他人！即便是投誠者，入唐後生活也并非一直平安順利。據《三國史記·高麗本紀》所載，總章元年（668）李勣破平壤城，擒獲寶藏王，曾得城內僧信誠、高鐃苗等人助力。作爲內應有功人員，僧信誠、高鐃苗都得到唐廷獎賞。不過，新發現的《高鐃苗墓誌》揭示出，高鐃苗入唐官左領軍員外將軍，事迹不顯，匆匆而卒，誌文簡短，事涉隱晦，推測係招致入唐高句麗不同派別移民人士的追殺。[4] 在此種背景下，以及考慮到高乙德後來官至正三品冠軍大將軍，墓誌仍未見其祖父仕唐經歷，基本可確定在高乙德投降後，其家族在高句麗遭受了毀滅性打擊。

遠離家族，隻身一人的高乙德自龍朔元年（661）歸順唐廷後，一直生活在長安。根據墓誌記載，隨着總章元年（668）高句麗的滅亡，高乙德又被任命爲"檢校本土東州長史"，重返遼東。此"東州"，應該是指遼東州，也稱遼城州，係唐滅高句麗後所設九州都督府之一。

---

① 劉昫等：《舊唐書》卷一〇九《契苾何力傳》，第 3293 頁。
② 王溥：《唐會要》卷九五《高句麗》，第 1706 頁。
③ 劉昫等：《舊唐書》卷一九九《高麗傳》，第 5326 頁。
④ 金榮官：《高句麗遺民高鐃苗墓誌檢討》，《韓國古代史研究》第 56 輯，2009 年。拜根興：《入唐高麗移民墓誌及其史料價值》，《陝西師範大學學報》2013 年第 2 期。

高乙德除授遼城州長史之職，與唐代高句麗移民政策有關。唐廷將大部分高句麗王室貴族內遷至長安、洛陽等地後，還將部分高句麗移民分散安置於遼東半島，"以其酋渠爲都督、刺史羈縻之"①。這種移民安置政策，也得到出土文獻記載的證實。如高句麗移民南單德的墓誌載高句麗滅亡後，"分隸遼東，子弟郡縣散居。公之家，子弟首也，配住安東。祖狄，皇磨米州都督"。南單德家族配居安東之後，作爲"子弟首"的南狄除授磨米州都督之職。磨米州，安東都護府所領高麗降户十四州之一，地在今遼寧本溪下堡山城。② 此外，其他高句麗移民如高欽德和高遠望的墓誌皆記載，高欽德曾祖高瑗曾任建安州都督。③ 建安州與遼城州、磨米州同屬遼東高麗降户十四州之一，治所在今蓋州東北青石關堡高麗城山城。前文已言，高乙德出身高句麗東部順奴部，亦屬望族勛貴，自然也有資格擔任降户州長官。

在檢校東州長史六年之後，高乙德於咸亨五年（674）升遷至左清道率府頻陽府折衝都尉。六年中高乙德之活動軌迹，墓誌載之不詳。不過，這期間却發生了一起和高乙德有關的事件。咸亨元年四月，高句麗酋長劍牟岑率衆反叛，立高藏外孫安舜爲王。高宗命"左監門衛大將軍高偘爲東州道行軍總管，右領軍衛大將軍李謹行爲燕山道行軍總管，以伐之"④，歷時四年，至咸亨四年方剿滅叛亂餘黨。以同屬東州道關係推測，高乙德應隨高偘參加了平叛活動，事畢後，於咸亨五年（674）重返長安，授左清道率府頻陽府折衝。同藍田府一樣，頻陽府亦不爲史籍所載。羅振玉《唐折衝府考補》增以《康留買墓誌》及《齊士員造像記》所載頻陽折衝府，并謂該府必隸京兆。⑤ 按，《史記·秦本紀》："二十一年，初縣頻陽。"《正義》引《括地志》云："頻陽故城在雍州同官縣界，古頻陽縣城也。"可證羅説不誣。藍田所屬之右衛、頻陽所屬之左清道率府俱在西京，則高乙德一直駐節長安。從墓誌記載情況來看，從咸亨五年之後近十七年間，未見高乙德有明顯升遷，直到天授二年（691），加授秩正三品的冠軍大將軍。對於已經七十三歲的高乙德，此散官更多地代表着安慰和獎掖。

聖曆二年（699）二月八日，高乙德卒於所任，享年八十二歲，至大足元年（701）九月二十八日葬於杜陵之北。相比高乙德家族早期發達史，墓誌并未記載高乙德家庭及子嗣情況，推測仕途發展有限。至此以後，高乙德及其家族成員於史誌中再無任何記録，仿佛流星遁入歷史蒼穹，消失得無影無踪。

① 劉昫等：《舊唐書》卷三九《地理志》，第 1527 頁。
② 王綿厚：《高句麗古城研究》，第 214 頁。
③ 周紹良：《唐代墓誌彙編》，第 1416 頁。吳鋼：《全唐文補遺》第 8 輯，第 47 頁。
④ 歐陽修、宋祁：《新唐書》卷三《高宗本紀》，第 68 頁。
⑤ 羅振玉：《唐折衝府考補》，《二十五史補編》第 6 册，北京：中華書局，1998 年，第 7631 頁。

/ 第十章 /

百濟勿部珣家族考論

顯慶五年（660），唐王朝聯合新羅，滅亡百濟，以其地置熊津、馬韓、東明、金漣、德安五都督府，各統州縣，立其酋長爲都督、刺史、縣令，又命左衛郎將王文度爲都統，總兵以鎮之。至麟德末年，百濟故地爲新羅、靺鞨所分，百濟之種遂絶。在百濟滅亡過程中，數以萬計的百濟移民被遷徙至唐王朝内地，其中占比例較大的百姓淹没在歷史長河中，惟有王室貴族在史志文獻中存在着或多或少的記載。對此，學界多有梳理，并取得了較爲豐碩的成果。① 比較之下，學者們集中關注百濟扶餘氏、黑齒氏、祢氏等家族之外，對於本章將要考論的勿部珣家族探討無多。勿部珣家族相關事迹見載於《命姚崇等北伐制》《大唐勿部將軍功德記》等文獻中，以勿部珣爲中心，通過軍功、姻親、信仰等方式，構建出一張關係緊密的網絡，在入唐百濟移民家族中具有較強代表性。

---

① 内滕雋輔：《朝鮮人在唐代中國的活動狀况》，《朝鮮史研究》1956年第19輯。李文基：《對百濟黑齒常之父子墓誌的探討》，《韓國學報》第64輯，1991年，第142—172頁。李道學：《百濟黑齒常之墓誌銘檢討》，《我們的文化》第8輯，1991年。梁起錫：《百濟夫餘隆墓誌銘檢討》，《國史館論叢》第62輯，1995年；《百濟扶餘隆墓誌銘"百濟辰朝人"》，《金顯吉教授定年紀念鄉土史學論叢》，1997年。束有春、焦正安：《唐代百濟黑齒常之、黑齒俊父子墓誌文解讀》，《東南文化》1996年第4期，第58—69頁。馬馳：《黑齒常之事迹考辨》，《武則天與偃師》，天津：歷史教學社，1997年。馬馳、李文基：《〈舊唐書·黑齒常之傳〉補闕與考辨》，《百濟研究論叢》第5輯，忠南大學校百濟研究所，1997年。俞元載：《百濟黑齒氏檢討》，《百濟文化》第28輯，1999年。李文基：《百濟遺民難元慶墓誌介紹》，《慶北史學》第23輯，慶北史學會，2000年，第493—596頁。趙超：《唐代墓誌中所見的高句麗與百濟人士》，《揖芬集——張政烺先生九十華誕紀念文集》，北京：社會科學文獻出版社，2002年。姜仲元：《百濟黑齒家的成立和黑齒常之》，《百濟研究》第38輯，2003年，第119—137頁。董延壽、趙振華：《洛陽、魯山、西安出土的唐代百濟人墓誌探索》，《東北史地》2007年第2期，第2—12頁。金榮官：《百濟移民〈祢寔進墓誌〉介紹》，《新羅史學報》第10輯，2007年，第365—380頁。尹龍九：《祢寔進墓誌銘與百濟祢氏家族》，《傳統文化論叢》第5輯，2007年。鄭巧俊：《在唐百濟遺民》，《百濟文化研究》第12輯，2007年。鄭大偉：《百濟遺民問題探析》，延邊大學2010年碩士學位論文。姜清波：《入唐三韓人研究》，廣州：暨南大學出版社，2010年。拜根興：《唐代高麗百濟移民研究：以西安洛陽出土墓誌爲中心》，北京：中國社會科學出版社，2012年。王連龍：《百濟人〈祢軍墓誌〉考論》，《社會科學戰綫》2011年第7期，第123—129頁。田中勝：《日本國號的新史料：百濟人〈祢軍墓誌〉》，《古代史海》第68號，2012年，第2—12頁。張全民：《新出唐百濟移民祢氏家族墓誌考略》，《唐史論叢》第14輯，西安：三秦出版社，2012年，第52—68頁。金榮官、宋麗：《百濟遺民入唐經緯及其活動》，《碑林集刊》第21輯，西安：三秦出版社，2015年。寧三福：《入唐百濟遺民活動探析》，延邊大學2016年碩士學位論文。忠清南道歷史文化研究院編：《百濟人墓誌集成》，2016年。朴淳發：《入唐百濟遺民流向與連雲港封土石室墓》，《東南文化》2016年第4期。王連龍：《〈大唐勿部將軍功德記〉研究》，《社會科學戰綫》2019年第10期，第120—136頁。王曉宇：《在唐百濟人的歸化研究——以王室及將士爲中心》，延邊大學2021年碩士學位論文。王連龍、叢思飛：《唐代百濟太子扶餘豐女夫妻合葬墓誌考論》，《古典文獻研究》第二十四輯下，南京：鳳凰出版社，2021年，第166—173頁。

中編·研究編

一、族 出 海 東

作爲勿部氏家族的核心人物，勿部珣見載於《唐大詔令集》《文苑英華》《全唐文》所錄之《命姚崇等北伐制》，但記事略顯簡略。相比而言，石刻文獻《大唐勿部將軍功德記》（下文簡稱《功德記》）中有着較爲詳細的敘述："大唐天兵中軍副使、右金吾衛將軍、上柱國、遵化郡開國公勿部珣，本枝東海，世食舊德。相虞不臘，之奇族行。太上懷邦，由余載格。歷官內外，以貞勤驟徙。天兵重鎮，實佐中軍。"① 關於勿部珣族屬，學界有所爭議。如顧炎武、錢大昕、洪頤煊等清賢認爲勿部珣原係百濟人，國滅後入唐爲百濟移民。② 這一觀點也爲小野勝年、馬馳、顔娟英、李裕群、李鋼、姜清波、拜根興等當代學者所繼承。③ 與之不同的是，近年來，韓國的尹龍九、日本的李成市等學者又提出勿部珣爲倭系百濟官僚，是百濟的倭國歸化人。④ 此外，韓國學者朴現圭主張勿部珣是倭國人，白江口海戰之後歸附唐朝。⑤

韓日學者關於勿部珣倭國人的認定，依據是日本有"物部氏"，以及《功德記》中出現"本枝東海"等文句。從文字學角度來看，古代文獻中"勿""物"古字通用，應該是"勿部氏"等同於"物部氏"觀點產生的主要原因。眾所周知，"勿""物"皆爲物部明紐，屬雙聲疊韻，故可通假。不過，在"物部氏""勿部氏"所代表的姓氏中，"勿""物"并非物部明紐，即不讀爲 wu，而是讀爲 mo。日語中"物部"讀爲"もののべ"，羅馬拼音爲 mononobe。同樣，"勿部"中的"勿"也讀爲 mo，《集韻》莫勃切，入末明。必須指出的是，在讀 mo 的情況下，"勿""物"不能通假。所以，日本古代文獻中"物部"未見有寫成"勿部"者。同樣，在中國史籍中所見唐代"勿鄧夢冲"⑥ "物理多"⑦ 等姓氏中，也没有出現"物""勿"通假的例證。所以，"勿部氏"并不等同於"物部氏"。此外，六世紀前半葉，把持大和朝政

---

① 王昶：《金石萃編》卷六八，清嘉慶十年（1805）經訓堂刻本。

② 顧炎武：《金石文字記》卷三，清光緒十四年（1888）上海掃葉山房刻本。錢大昕：《潛研堂金石文跋尾》卷五，清光緒十年（1884）長沙龍氏刻本。洪頤煊：《平津讀碑記》卷五，清光緒十一年（1885）德化李氏木犀軒刻本。

③ 小野勝年：《關於右金吾將軍勿部珣的功德記——天龍山的百濟歸化人》，《史林》第 71 卷第 3 號，1988 年，第148—152 頁。馬馳、李文基：《〈舊唐書·黑齒常之傳〉補闕與考辨》，《百濟研究論叢》第 5 輯，忠南大學校百濟研究所，1997 年。顔娟英：《天龍山石窟的再省思》，《中國考古學與歷史學之整合研究》，"中研院"歷史語言研究所會議論文集《中國考古學與歷史學之整合研究》，1997 年，第 839—928 頁；後收入顔娟英《鏡花水月：中國古代美術考古與佛教藝術的探討》，臺北：石頭出版有限公司，2016 年。李裕群、李鋼：《天龍山石窟》，北京：科學出版社，2003 年。姜清波：《入唐三韓人研究》，廣州：暨南大學出版社，2010 年，第 125—127 頁。拜根興：《唐代高麗百濟移民研究——以西安洛陽出土墓誌爲中心》，北京：中國社會科學出版社，2012年，第 92—93、140—142、300—301 頁。

④ 尹龍九：《中國出土韓國古代移民資料數種》，《韓國古代史研究》第 32 輯，2003 年，第 293—395 頁。李成市：《天龍山勿部珣功德記所見東亞人類的移動》，《佛教文明與世俗秩序》，東京：勉誠出版社，2015 年，第 240—260 頁。

⑤ 朴現圭：《天龍山石窟第十五窟勿部將軍功德記——以前代學者研究動向爲中心》，《西江人文論叢》第 25 輯，2009 年，第 39—68 頁。

⑥ 劉昫等：《舊唐書》卷一九六下《吐蕃傳》，北京：中華書局，1975 年，第 5256 頁。

⑦ 歐陽修、宋祁：《新唐書》卷二二一下《西域傳》，北京：中華書局，1975 年，第 6256 頁。

的物部氏與蘇我氏圍繞佛教展開激烈爭論：物部氏排佛，推崇原始神道；蘇我氏崇佛，希望引進佛教。爭論最後演變成政治鬥爭，蘇我氏與聖德太子聯盟擊敗物部氏，幷將之消滅殆盡。如果勿部珣來自倭國排佛的物部氏，他能信仰佛教，幷於天龍山開鑿三世佛像，信仰轉變過大，不符合情理。所以，勿部珣不是倭國人，更不是百濟的倭國歸化人。

相比文字學及佛教態度的論證，勿部珣同時代人，即唐人關於其族屬的認定同樣值得信據。在這一點上，《功德記》的相關記載至關重要。首先便是"本枝東海，世食舊德"句。需要説明的是，作爲東方濱海區域泛稱的"東海"，不獨倭國，也可以代指百濟、新羅及高句麗。如《山海經·海内經》云："東海之内，北海之隅，有國名曰朝鮮、天毒，其人水居，偎人愛之。"郭璞注："朝鮮今樂浪郡也。"[1] 是古人將今朝鮮半島納入"東海"範疇之内。與此相印證，永徽二年（651）唐高宗稱百濟、新羅、高句麗爲"海東三國"[2]，百濟義慈王故有"海東曾子"[3] 之號。至於唐代詩歌中泛指朝鮮半島在内的"東海"，例證更多，此不備舉。"世食舊德"語出《周易·訟卦》："食舊德，貞厲，終吉。"《正義》曰："'食舊德'者，六三以陰柔順從上九，不爲上九侵奪，故保全己之所有，故食其舊日之德禄位。"記文既謂"世食舊德"，言語間透露出"東海"爲唐廷藩屬之邦，册封之國。如此，勿部珣本枝之"東海"更傾向於高句麗、新羅、百濟三者。可以提供佐證的是，類似叙説也習見於唐代海東移民墓誌。如高句麗移民泉獻誠的墓誌"濱海之東兮，昔有朱蒙。濟河建國兮，世業崇崇。崇崇世業，扶木枝葉"[4]，百濟移民難元慶的墓誌"昔伯仲枝分，位居東表"[5]，及百濟義慈王曾孫號王妃扶余氏的墓誌"家本東方之貴世"[6] 等，皆是其證。

在"本枝東海，世食舊德"之外，"相虞不臘，之奇族行。太上懷邦，由余載格"對於勿部珣族屬的解讀也有功用。"相虞不臘，之奇族行"，典出《左傳》僖公五年："晋侯復假道於虞以伐虢。"時晋侯假道於虞以伐虢，宫之奇諫虞公，弗聽，以其族行，曰"虞不臘也"。及晋師還，遂襲虞，果滅之。"太上懷邦，由余載格"事見《韓非子·十過》《吕氏春秋·不苟》等。由余，晋鄂侯之曾孫。晋侯緡二十八年（前678），曲沃武公滅晋，代晋爲諸侯，由余亡入戎，後爲秦穆公引爲上卿，用其謀伐戎，益國十二，開地千里，遂霸西戎。宫之奇、由余皆爲古之賢人，功德記以勿部珣相比擬，是喻其豐功偉績。然以身份而言，二人均屬亡國移民，是勿部珣亦當如此。時"東海"之中，倭國、新羅尚存，百濟、高句麗已亡，故"本枝東海"的勿部珣祇能是百濟人或高句麗人。這一點也爲高句麗、百濟移民墓誌所證明：《高英淑墓誌》謂曾祖高會歸附中原若"由余之對穆公，有悝宫室"[7]；《泉獻誠墓誌》也形容泉男生投誠唐廷

---

① 袁珂：《山海經校注》，上海：上海古籍出版社，1980 年，第 441 頁。

② 劉昫等：《舊唐書》卷一九九上《東夷·百濟傳》，第 5330 頁。

③ 歐陽修、宋祁：《新唐書》卷二二〇《東夷·百濟傳》，第 6199 頁。

④ 周紹良：《唐代墓誌彙編》，上海：上海古籍出版社，1992 年，第 984—985 頁。

⑤ 吳鋼：《全唐文補遺》第六輯，西安：三秦出版社，1999 年，第 420—421 頁。

⑥ 張蘊、汪幼軍：《唐〈故號王妃扶餘氏墓誌〉考》，《碑林集刊》第 13 輯，西安：陝西人民出版社，2008 年，第 95—104 頁。

⑦ 王連龍、叢思飛：《唐代〈高英淑墓誌〉考釋——兼論遼西地區高句麗移民問題》，《古典文獻研究》第二十一輯下，南京：鳳凰出版社，2018 年，第 287—295 頁。

類"由余之去人歸秦，先優客禮"；《王景曜墓誌》言王景曜才類"由余入秦，日磾仕漢"[1]；《扶餘隆墓誌》亦云扶餘隆亡國歸唐，"比之秦室，則由余謝美；方之漢朝，則日磾慚德"，《祢寔進墓誌》《祢軍墓誌》[2] 載同。

通過上文的論述，可以看到：勿部珣首先與倭國物部氏無關，其次縮小爲"世食舊德"的高句麗、新羅、百濟人，最後圈定於國滅入唐的百濟或高句麗人。再以勿部珣姻娶百濟黑齒常之女，以及與百濟仲氏、祢氏聯姻（後文有詳述）推之，勿部珣是百濟人。至於勿部珣是否爲百濟土著居民，已無法確切考證。但值得注意的是，前文在論述"勿"字讀 mo 時，還有一個例證。《通志》卷一八六《邊防二》"勿吉"云："勿吉，一曰靺鞨……隋開皇初，靺鞨國有使來獻，謂即勿吉也。"注云："'勿吉''靺鞨'，其音相近。"[3] 史載勿吉在高句麗北，有"粟末部"等七種，與百濟等多有交戰。"勿部"若爲"勿吉"諸部，則勿部珣或其先祖有可能爲勿吉人入百濟者。當然，這個推論還需更多的史料來證明。

二、百 濟 蕃 將

百濟移民勿部珣進入中原王朝後，官至天兵中軍副使、右大金吾衛將軍，勛上柱國，爵封遵化郡開國公。勿部珣功勛卓著，位高權重，史志未載其由，推測係因其爲百濟勛貴投誠所賜，《功德記》以宮之奇、由余相擬，當非虛言。勿部珣歷任職官，多與其他百濟移民活動軌迹相交織，既具代表性，也可拓展百濟移民仕途研究的角度和視野。

天兵軍，聖曆二年（699）置於太原府，以備突厥。依唐初兵制，"兵之戍邊者，大曰軍，小曰守捉，曰城，曰鎮，而總之者曰道。……其軍、城、鎮、守捉皆有使，而道有大將一人，曰大總管，已而更曰大都督"[4]。其中，"諸軍各置使一人，五千人已上置副使一人，萬人已上置營田副使一人"[5]。按，《通典》卷一七二"州郡"條載天兵軍理太原府城內，管兵二萬人，[6] 馬五千五百匹。依《李靖兵法》所言七兵制，戍邊軍通常分爲中軍、左右虞候軍、左右廂二軍。其中，"中軍"人數最多，爲統軍統帥及指揮機構所在。勿部珣爲天兵中軍副使，秉旄仗鉞，軍事大權在握。此外，勿部珣原官右金吾衛將軍，後升至大將軍，秩正三品，"掌宮中及京城晝夜巡警之法，以執御非違"[7]。同時，唐兵制以衛統府，凡翊府及同軌等五十府皆屬之，礦騎衛士應番上者，各領所職，故勿部珣景龍元年（707）以右金吾衛將軍，領天兵中軍副使。上柱國，勛級十二轉，視正二品。遵化郡開國公，爵封正二品。從入唐百濟移民封爵

---

① 周紹良：《唐代墓誌彙編》，第 1441—1442 頁。
② 王連龍：《百濟人〈祢軍墓誌〉考論》，《社會科學戰綫》2011 年第 7 期，第 123—129 頁。
③ 杜佑：《通志》卷一八六《邊防二》，北京：中華書局，1988 年，第 5023 頁。
④ 歐陽修、宋祁：《新唐書》卷五〇《兵志》，第 1328—1329 頁。
⑤ 李林甫等撰，陳仲夫點校：《唐六典》卷五《尚書兵部》，北京：中華書局，2014 年，第 158 頁。
⑥ 《舊唐書》卷三八《地理志》作"三萬人"。
⑦ 劉昫等：《舊唐書》卷四四《職官志》，第 1901 頁。

情況來看，祢寔進曾封來遠郡開國公，① 黑齒常之依次封浮陽郡開國公及燕國公。② 此外，扶餘隆曾封百濟郡公，③ 福富順封嵎夷公，④ 扶餘文宣封樂浪郡公⑤等。封爵者多爲百濟王室貴冑及建立殊功將領，考慮到唐初"國公皆特封"，可見封爵遵化郡開國公的勿部珣在百濟移民中地位尊貴，功勛卓著。

入唐百濟貴族，特別是武將通常會除授禁軍侍衛、行軍總管及屯衛軍使，本文統稱爲"百濟蕃將"。據《功德記》所載，勿部珣時爲右金吾衛將軍，其岳父黑齒常之係右武威衛大將軍，皆屬禁軍系統。與之相對應，百濟移民沙吒忠義從右奉宸衛供奉，官至驍衛大將軍，祢寔進入唐後也授左威衛大將軍，均有禁軍大將軍任官經歷。拓展開來，入唐百濟將領習授禁軍侍衛之職。如祢軍右威衛將軍、祢素士左武衛將軍，⑥ 以及陳法子右衛龍亭府折衝都尉、⑦ 黑齒俊右金吾衛守朔府中郎將、難元慶左衛汾州清勝府折衝都尉、祢仁秀右驍衛郎將⑧等，均可與《功德記》所載相符。這些百濟移民除授禁衛將領，在考慮到個人軍事才能之外，也可視爲蕃夷質子宿衛政策的影響。⑨

在掌管禁軍之外，入唐百濟將領還會除授行軍總管，征討不庭，以及任地方軍使，屯衛邊疆。開元二年（714）二月二十八日，唐玄宗下《命姚崇等北伐制》，決定北伐，任命"左驍衛將軍論弓仁、右金吾衛大將軍勿部珣，……弓仁及珣并可前鋒總管"，這裏就出現了勿部珣的身影。與此相印證的是，勿部珣所在天兵軍就是唐廷在太原府專爲防備突厥而設置。實際上，萬歲通天元年（696）李盡忠、孫萬榮反叛時，右武衛將軍沙吒忠義曾以清邊中道前軍總管身份率兵討伐。及聖曆元年（698）沙吒忠義又以天兵西道總管、河北道前軍總管之職，將兵討伐突厥默啜，此爲天兵軍之前身。在這次征伐中，百濟將領嵎夷公福富順爲奇兵總管，扶餘文宣爲子總管，⑩ 均在軍中。天兵軍建立後，沙吒忠義又升遷爲驍衛大將軍、靈武軍大總管，駐守今寧夏靈武縣一帶。反觀勿部珣在景龍二年（708）爲天兵中軍副使，駐守太原，至開元二年（714）升任靈武道行軍前鋒總管，征伐突厥。其時，沙吒忠義雖因"鳴沙之役"慘敗免職，已不在靈武軍，但另一位百濟將領難元慶於開元四年（716）平叛突厥降戶之亂，授朔方軍總管，當時勿部珣應該也在朔方軍。到開元九年，難元慶又參加平定六胡州叛亂，因功"授宣威將軍，遷汾州清勝府折衝都尉"⑪，轉遷勿部珣曾經所在的河東地

① 董延壽、趙振華：《洛陽、魯山、西安出土的唐代百濟人墓誌探索》，《東北史地》2007 年第 2 期，第 2—12 頁。
② 周紹良：《唐代墓誌彙編》，第 941—943 頁。
③ 周紹良：《唐代墓誌彙編》，第 702 頁。
④ 歐陽修、宋祁：《新唐書》卷二一五上《突厥傳》，第 6046 頁。
⑤ 林寶撰，岑仲勉校記：《元和姓纂》卷二，北京：中華書局，1994 年，262 頁。
⑥ 張全民：《新出唐百濟移民祢氏家族墓誌考略》，《唐史論叢》第十四輯，西安：三秦出版社，2012 年，第 52—68 頁。
⑦ 拜根興：《入唐百濟移民陳法子墓誌關聯問題考釋》，《史學集刊》2014 年第 3 期，第 65—71 頁。
⑧ 張全民：《新出唐百濟移民祢氏家族墓誌考略》，第 52—68 頁。
⑨ 王連龍、叢思飛：《戰爭與命運：總章元年後高句麗人生存狀態考察——基於高句麗移民南單德墓誌的解讀》，《社會科學戰綫》2017 年第 5 期，第 121—131 頁。
⑩ 歐陽修、宋祁：《新唐書》卷二一五《突厥傳》，第 6046 頁。
⑪ 吳鋼：《全唐文補遺》第六輯，西安：三秦出版社，1999 年，第 420—421 頁。

區。除此之外，還有早年參與軍事征戰的黑齒常之、黑齒俊及祢素士等。可以看到，這些百濟將領在擔任行軍總管及屯衛軍使時，活動軌迹及升遷之路通常有所交織，進而形成一張緊密的關係網。

在百濟蕃將之外，當時還應該存在"百濟兵"。這是一個未見史籍記載的新名稱，在本書中指歸唐後由百濟蕃將統領的百濟部落兵。"百濟兵"問題的提出，主要基於《功德記》所載百濟將領勿部珣、祢義翁婿同在天兵軍的考慮。此外，前文提及聖曆元年（698）百濟將領沙吒忠義、福富順同軍討伐突厥，也可以提供輔證。從目前掌握的史料來看，唐代中前期應該存在"百濟兵"。首先，《功德記》中出現的勿部珣、黑齒常之等百濟首領均有部落兵，國滅後率部歸降。如曾任百濟達率兼郡將的黑齒常之和別部將沙吒相如率部"共保任存山，築栅以自固，旬日而歸附者三萬餘人。定方遣兵攻之，常之領敢死之士拒戰，官軍敗績"①，直到高宗遣使招諭，常之等才盡率其衆降。這些部落兵是"百濟兵"的主要來源。其次，在歸降部落兵之外，已經編户齊民的百濟移民也可以入募"百濟兵"。如《唐六典》記載："輕税諸州、高麗、百濟應差征鎮者，并令免課、役。"② 諸州高麗、百濟都是編户州縣者，在募兵中享受特殊政策。與此規定相符，唐代"秦、成、岷、渭、河、蘭六州有高麗、羌兵"等。③ 這些百濟籍募兵是"百濟兵"的重要補充。最後，藩兵軍事行動中存在"百濟兵"。《舊唐書·吐蕃傳》載，儀鳳三年（678）吐蕃寇邊，時"黑齒常之率敢死之士五百人，夜斫賊營，賊遂潰亂，自相蹂踐，死者三百餘人"④。其中，"敢死之士五百人"與黑齒常之在百濟抵禦唐軍的"敢死之士"相一致，皆是來自百濟的兵士。

百濟移民入唐，家族首領仕爲藩將，部民入爲兵士，也是唐代蕃夷移民身份轉變的基本規律和特徵。這些藩將兵士無論是在唐王朝國家建立中，還是在疆域維護中，都作出了突出貢獻。

三、族 内 聯 姻

在社會學、民族學等研究領域，婚姻通常被用作族群交流與融合的重要參考指標，進而成爲族際關係研究的切入點。移民唐王朝内地的勿部珣家族，多次與百濟移民聯姻，分別是黑齒氏、仲氏和祢氏。與之相應，《功德記》中也存在"奉爲先尊及見存姻族，敬造三世佛像"等内容，強調以"見存姻族"作爲造像祈福的主要對象。勿部珣家族重視聯姻，且遵循族内婚的傳統，對於探討百濟移民婚姻問題多有益處。

首先，勿部氏與黑齒氏聯姻。《功德記》載"内子樂浪郡夫人黑齒氏，即大將軍燕公之中女也"，言及勿部珣岳父黑齒常之及妻黑齒氏。按，黑齒常之及其長子黑齒俊事迹見載於兩

---

① 劉昫等：《舊唐書》卷一○九《黑齒常之傳》，1975 年，第 3294 頁。
② 李林甫等撰，陳仲夫點校：《唐六典》卷三《户部郎中》，第 77 頁。
③ 李林甫等撰，陳仲夫點校：《唐六典》卷五《兵部郎中》，第 157 頁。
④ 劉昫等：《舊唐書》卷一九六上《吐蕃傳》，第 5224 頁。

《唐書》及《資治通鑑》等，墓誌亦見出土。① 《功德記》言勿部珣妻黑齒氏爲黑齒常之中女，可補史闕。中女，即仲女、次女。今見《黑齒俊墓誌》載黑齒俊卒於神龍二年（706），享年三十歲。較之景龍元年（707）《功德記》刊刻時，黑齒氏三子皆授官，二女亦已婚嫁，是黑齒氏要遠長於黑齒俊。又，據《黑齒常之墓誌》及兩《唐書》本傳載，黑齒常之在龍朔三年（663）歸降唐廷後，次年即返回熊津城，協助唐廷治理百濟，屢有升遷。直到儀鳳三年（678），黑齒常之返回長安，隨李敬玄、劉審禮擊吐蕃。這説明，黑齒氏出生并一直生活在百濟。考慮到史志所謂"長子""中女"之稱，可知黑齒常之有子嗣若干，其中確知者爲一男二女。此外，黑齒氏所銜"樂浪郡夫人"屬外命婦。以唐外命婦之制，官"三品已上母、妻爲郡夫人"②。勿部珣官至從三品之右金吾衛將軍，爵封正二品之遵化郡開國公，其妻黑齒氏自然可授郡夫人。至於樂浪之名，應與其籍貫有關，義慈王之孫扶餘文宣曾爵封樂浪郡公，與此相類。

其次，勿部珣子嗣婚姻。根據《功德記》所載，勿部珣有子四人及女二人：長子吏部選宣德郎勿部昕，二子吏部選上柱國勿部陳，三子上柱國勿部旼，四子不知名諱；二女亦不知名諱，可確定女婿兵部選仲容及天兵西軍總管祢義。其中，四子年幼未婚，其餘二女婚姻可爲言説。婿仲容，兵部選。按，中原王朝有仲氏，代有名人，百濟亦有仲氏，值得注意。《三國史記·金庾信傳》載百濟有佐平仲常，滅國後爲新羅所獲，授位一吉湌，充職上州總管。事見《三國史記·新羅本紀》太宗武烈王七年、③ 八年條。④ 佐平，百濟一品官，爲最高級別之官爵，可證仲常出自百濟名門望族。考慮到唐滅百濟後，曾遷徙王室貴族萬餘人至内地，仲氏也應在百濟移民之列。仲容既爲百濟人勿部珣之婿，則應係百濟仲氏後裔。婿祢義，天兵西軍總管。祢氏，其先與華同祖，永嘉末，避亂遼東，故百濟亦有祢氏。近年來，陝西西安附近發現百濟移民祢氏家族墓地，已見祢軍、祢寔進、祢素士、祢仁秀等墓誌出土。⑤ 根據墓誌記載，祢氏先祖祢福、祢譽、祢善等皆百濟一品官，世襲佐平，執掌百濟軍政實權。在唐滅百濟戰争中，祢軍、祢寔進貢獻巨大，歸唐後除授高官厚禄，子嗣滋多，家族昌盛。所以，同仲容一樣，祢義也是來自百濟的貴族後裔。

綜合考察百濟移民婚姻情況，勿部珣家族與其他百濟移民既有相似，也存在區别。首先以百濟男性移民婚姻爲例，第一個例子是難元慶與甘氏聯姻。《難元慶墓誌》載元慶"以開元十八年六月廿八日終於汝州龍興縣之私第，春秋六十有一。夫人丹徒縣君甘氏，左玉鈐衛大將軍

① 張乃翥、張成昆：《跋洛陽出土的聖曆二年黑齒常之墓誌》，《唐史論叢》第 6 輯，西安：陝西人民出版社，1995 年，第 134—145 頁。束有春、焦正安：《唐代百濟黑齒常之、黑齒俊父子墓誌文解讀》，《東南文化》1996 年第 4 期，第 61—72 頁。
② 李林甫等撰，陳仲夫點校：《唐六典》卷二《尚書吏部》，第 39 頁。
③ 金富軾著，楊軍校勘：《三國史記》卷四一《金庾信傳》，第 72 頁。
④ 金富軾著，楊軍校勘：《三國史記》卷四一《金庾信傳》，第 73 頁。
⑤ 張全民：《新出唐百濟移民祢氏家族墓誌考略》，《唐史論叢》第 14 輯，西安：三秦出版社，2012 年，第 52—68 頁。

羅之長女也"①。以享年逆推，難元慶應該生於咸亨元年（670），是爲第一代百濟移民。難元慶娶丹徒縣君甘氏，唐左玉鈐衛大將軍甘羅之長女。前文已言，命婦之封多與籍貫相關，若《功德記》中黑齒氏所銜"樂浪郡夫人"之屬。據《通典》卷一八二"州郡"所載，丹徒縣謂丹陽郡所轄六縣之一。與之相符的是，今見唐代甘氏多自稱丹陽人。如《甘基墓誌》言甘氏爲"丹陽之著族"②，《甘元柬墓誌》亦謂"丹陽人"，且封"丹陽郡開國公"。③ 可知甘氏出自丹陽，非爲百濟人。如此，難元慶與甘氏婚姻屬於族際通婚。第二個例子是祢仁秀與若干氏聯姻。據《祢仁秀墓誌》所載，同樣爲第一代移民的祢仁秀娶河南若干氏，綏州刺史祁陁之女。以姓氏觀之，祁陁應爲鮮卑人。《北齊書·綦連猛傳》云："綦連猛，字武兒，代人也。其先姬姓，六國末，避亂出塞，保祁連山，因以山爲姓，北人語訛，故曰綦連氏。"④ 至於其女稱"若干氏"，當爲其先嫁鮮卑若干氏爲妻之故，此與下文所言唐嗣虢王李邕前妻馮氏相類。

相比百濟男性移民族際婚姻，已見史料反映出百濟女性移民在第二代出現族際聯姻。最著名的例子是扶餘氏與李邕。扶餘氏是百濟末代王扶餘義慈之曾孫，襲帶方郡王扶餘隆之孫，渭州刺史扶餘德璋之女，嫁唐嗣虢王李邕，歷封王妃、太妃，開元二十六年（738）薨於長安，享年四十九歲。⑤ 若以三十年爲一代來計算，生於武后載初二年（690）的扶餘氏係第二代百濟移民。李邕，唐高祖李淵之曾孫，虢王鳳之孫，曹州刺史、定襄公之子，爲宗室子弟，事迹見載於《舊唐書》之《李鳳傳》《李巨傳》，其本人墓誌亦見出土。⑥ 與扶餘氏相關聯的是，其還有一個姐姐曾嫁給唐宰相吉頊弟吉琚爲妻。《舊唐書·李巨傳》載"巨母扶余氏，吉溫嫡母之妹也"⑦。此外，《祢仁秀墓誌》載仁秀長女曾嫁幽州宜禄，也屬於第二代百濟女性移民族際通婚。

就一般情況而言，移民婚姻通常在移民初期以族內婚爲主要形態，隨着族際交流增多，到了第二代、第三代移民開始出現族際婚等情況。上舉百濟移民婚姻中，已經出現百濟移民與李唐宗室、朝廷權宦及地方豪族之間的聯姻，從而呈現出多角度、全方位的立體族際通婚格局。相比之下，勿部珣家族的婚姻關係略顯保守和傳統。很明顯，無論黑齒氏、仲氏，還是祢氏，勿部氏的通婚均在百濟人內部進行，屬於族內聯姻，進而與上舉其他百濟移民的婚姻情況存在明顯不同。至於原因所在，應該從百濟武將系統來考慮。根據史籍記載，勿部氏、黑齒氏、仲氏及祢氏都曾在百濟擔任軍事將領，屬於武將系統。其中，勿部氏、仲氏、祢氏前文已經有所論述，就此略過。同諸氏一樣，黑齒氏家世相承爲達率，達率之職猶唐之兵部尚書。入唐後，黑齒常之歷授左武衛將軍、左鷹揚衛大將軍、右武威衛大將軍等禁衛將軍，以及以河源道經略

---

① 吳鋼：《全唐文補遺》第六輯，西安：三秦出版社，1999 年，第 420—421 頁。
② 周紹良：《全唐文新編》第 21 册，長春：吉林文史出版社，2000 年，第 14811—14812 頁。
③ 吳鋼：《全唐文補遺》第五輯，西安：三秦出版社，1998 年，第 20 頁。
④ 李百藥：《北齊書》卷四一《綦連猛傳》，北京：中華書局，1972 年，第 539 頁。
⑤ 張蘊、汪幼軍：《唐〈故虢王妃扶餘氏墓誌〉考》，第 95—104 頁。
⑥ 陝西省考古研究所：《唐嗣虢王李邕墓發掘報告》，北京：科學出版社，2012 年。
⑦ 劉昫等：《舊唐書》卷一一二《李巨傳》，3346 頁。

大使、神武道經略大使南征北戰，係有唐名將。而且從時間上來看，勿部氏等百濟武將系統內的聯姻在其入唐之前已經出現。根據上文推測黑齒氏出生及生活在百濟來看，勿部珣與黑齒氏的婚姻應該發生在百濟。至於勿部珣二女，及仲容、祢義皆是入唐後所生，他們之間的聯姻屬於百濟武將系統內聯姻的繼續。宏觀地看，這種百濟武官系統內的聯姻也與前文所言百濟將領存在關係網的論說相一致。當然，百濟移民武將系統內出現的族內聯姻并不代表他們排斥族際通婚，衹是武將的特殊屬性使然。實際上，包括族際聯姻在內的諸種婚姻關係，都折射出入唐百濟移民在生存環境改善上付出的諸多努力。

四、佛教信仰

同婚姻一樣，在族群關係變化中，宗教也是一個重要的變數。不同的宗教，甚至同一宗教的不同流派，都會對族群關係的變化產生深遠的影響。這一點在移民族群中體現得更加明顯。目前，唐代移民族群宗教信仰的相關研究還略顯薄弱，主要原因在於傳世文獻相關記載的缺乏。在此背景下，《功德記》所載的勿部珣家族在天龍山開窟造三世佛像等信息彌足珍貴，可以藉此探討百濟移民的宗教信仰。

關於百濟的佛教傳入與傳播，史籍有着較爲統一的記叙。《三國史記·百濟本紀》載，枕流王元年（384）“秋七月，遣使入晉朝貢。九月，胡僧摩羅難陀自晉至，王迎之宮内，禮拜焉，佛法自此始”，次年，摩羅難陀“創佛寺於漢山，度僧十人”，[1] 佛教開始在百濟得到廣泛傳播。所以，作爲百濟貴族的勿部珣家族在移民中原之前，應該已經崇信佛法。這在百濟造像記類遺迹中也有所體現，今見《癸未銘》[2]《甲寅銘》[3]《鄭智遠銘》[4]《甲申銘》[5] 等佛像銘，以及洛陽龍門《一文郎將妻扶餘氏造像銘》，[6] 均是爲父母等家庭成員造像祈福，與勿部珣造像的《功德記》屬於同一類型。比較之下，與《功德記》更爲相近的是《癸酉銘全氏阿彌陀佛三尊石像》。[7] 此石像原在韓國忠清南道燕岐郡碑巖寺，現爲韓國國立清州博物館收藏，係歸順新羅的百濟全氏爲國王及父母建造。這與勿部珣家族的身份及祈福對象高度契合。而且在造像記內容上，“癸酉銘”提到“全氏□□述況□□二兮□木同心，敬造阿彌陀佛像、觀音、大世至像，大□道□□，上爲□□願敬造□佛像，□□此石佛像内外十方十六……癸酉年四月十五日兮，乃末首□□道□發願，敬□供爲□彌次乃□□□正乃末，全氏三□□等□五十人知識共國王大臣及七世父母，含靈發願，敬造寺知識名記”，[8] 與《大唐勿部將軍功德記》在內容、

---

① 金富軾著，楊軍校勘：《三國史記》卷二四《百濟本紀》，第294—295頁。
② 韓國古代社會研究所：《譯注韓國古代金石文Ⅰ》（高句麗·百濟·樂浪篇），漢城：五政印刷株式會社，1992年，第161頁。
③ 韓國古代社會研究所：《譯注韓國古代金石文Ⅰ》（高句麗·百濟·樂浪篇），第163頁。
④ 韓國古代社會研究所：《譯注韓國古代金石文Ⅰ》（高句麗·百濟·樂浪篇），第166頁。
⑤ 韓國古代社會研究所：《譯注韓國古代金石文Ⅰ》（高句麗·百濟·樂浪篇），第165頁。
⑥ 劉景龍、李玉昆：《龍門石窟碑刻題記彙録》，北京：中國大百科全書出版社，1998年，第304頁。
⑦ 金理那：《韓國古代佛教雕刻史研究》，漢城：一潮閣，1989年，第153頁。
⑧ 韓國國史編輯委員會：《韓國古代金石文資料集Ⅰ》（高句麗·百濟·樂浪篇），第233頁。

結構及文辭使用等方面均相一致。這說明百濟存在着普遍的佛教信仰和造像活動傳統，勿部珣造像於此多有繼承和發展。

在百濟佛教信仰淵源之外，也要看到勿部珣家族造像及功德記所反映出的百濟移民佛教信仰的變化。一個明顯的例證，上舉諸百濟造像多爲三尊佛，即阿彌陀佛像、觀音菩薩、大勢至菩薩的一佛二菩薩的組合，這與《大唐勿部將軍造像記》所言“三世佛”迥然有別。現有研究表明，“三世”的觀念在四、五世紀之交已經出現。《大乘大義章》引《大品般若》：“未來如即是過去現在如，過去現在如即是未來如。如是等際三世相。”在北朝早期佛教造像中，以釋迦佛、多寶佛或定光佛、彌勒佛爲主題的三世佛較爲流行，到了東魏、北齊時期，隨着華嚴思想的成熟及阿彌陀佛信仰的流行，造像主題逐漸改定爲盧舍那佛、阿彌陀佛、彌勒佛。[1] 從百濟人造像三尊佛到百濟移民造像三世佛的轉變來看，身處中原地區佛教流派及流變環境中，離開故土後的百濟移民在信仰上發生了調整和改變。

當然，以上的分析主要着眼於宗教信仰的解讀，勿部珣開鑿佛像、銘記功德存在的世俗因素也應該給予考慮和關注。這個問題可以從造像地——太原進行分析。首先，太原的地理位置。始自三晋重鎮的太原，經秦漢“四戰之地，攻守之場”[2]，歷爾朱榮、高歡“霸業所在，王命是基”[3]，終成盛唐“肇基王業”[4] 之地。隨着突厥南下，太原戰略地位更爲重要。勿部珣以天兵中軍副使之職鎮守太原，加之天龍山已有“龕室千萬”，存在造像傳統，其自然應該到天龍山開鑿佛窟。《功德記》所言“大搜之隙，且閱三乘”，即是明證。其次，太原的宗教氛圍。太原地區寺廟衆多，天龍寺、大佛寺等都建於北齊，佛教信仰廣泛。至武則天以太原爲故里，着力提升其政治地位，打造佛教重鎮，特別在唐滅百濟的顯慶五年（660）巡幸太原，於開化寺、童子寺禮佛，極大地促進了太原及周邊地區的佛教發展。這一時期彌勒信仰的興盛與彌勒佛像的激增，都與武則天爲“彌勒佛下生”的説法及改唐爲周的政治意圖相吻合。在此背景下，勿部珣順勢於天龍山造包括彌勒佛在內的三世佛也在情理之中。不過也要看到，勿部珣在武則天去世次年鑿三世佛像，僅爲先尊及見存姻族祈福，未出現造像記習見皇帝云云之語，這種觀望心態頗爲值得玩味。當然，石窟開鑿當年五月黑齒俊卒於洛陽，勿部珣造像原因也要考慮到爲姻親黑齒氏祈福的因素。

---

① 顔娟英：《鏡花水月：中國古代美術考古與佛教藝術的探討》，第 230 頁。
② 范曄：《後漢書》卷二八上《馮衍傳》，北京：中華書局，1965 年，第 968 頁。
③ 李百藥：《北齊書》卷四《文宣帝紀》，第 51 頁。
④ 劉昫等：《舊唐書》卷二六《禮儀志》，第 993 頁。

第十一章

新羅質子世家探析

起源於先秦時期的質子文化，經過漢魏南北朝的完善，至唐代形成制度，在穩定邊疆、民族融合、文化交流、經濟往來等國家政治生活中發揮出積極功用，并爲後世所藉鑒。21 世紀以來，這些質子相關之墓誌、碑銘、造像記等石刻文獻陸續發現及出土，在彌補傳世文獻記載不足的同時，也爲唐代質子問題研究提供了新思路和新視角。在唐代質子群體中，新羅質子最具代表性，以其時間長、人數多、影響大，爲學界所關注。① 略爲遺憾的是，居唐質子世家，因爲史料的缺乏，尚未受到學者的重視。2022 年，新羅質子金泳墓誌出土於陝西西安神禾原唐代墓葬。墓誌一合，誌蓋陰刻篆書“大唐故金府君墓誌銘”三行九字，誌石高寬 39 厘米，凡 25 行，滿行 25 字，共計 558 字，記叙了金泳家族世居大唐，承襲質子，爲維護唐新關係穩定發展作出了重要貢獻。

金泳家族中，最先成爲質子的是金義讓。金義讓，載籍未見其名，墓誌謂“新羅國故王堂兄，開元初以差入朝，宿衛於皇朝，授金紫光禄大夫、試太常卿”。堂兄，同祖之兄，義同從父兄，即父之兄弟之子大於己者。金義讓即爲新羅王堂兄，屬王室子弟無疑。以金義讓開元初入唐觀之，時值新羅聖德王金興光在位（702—737），故墓誌所謂“新羅國故王”應爲金興光。據《三國史記》所載，金興光父金政明以金法敏“長子”身份即位，法敏應有其他諸子，可爲義讓之父。故依金義讓、金興光堂兄弟關係向前溯源，義讓乃是神文王金政明弟之子，文武王金法敏之孫。若誌文“堂兄”非爲親堂兄，則金義讓又有可能是金法敏弟金仁問之孫。

---

① 代表性的研究論文有卞麟錫：《從宿衛制度看羅唐關係》，《史叢》1966 年第 11 期；嚴耕望：《新羅留唐學生與僧徒》，《唐史研究叢稿》，香港：香港新亞研究所，1968 年；章群：《論新羅入唐之宿衛與質子——兼論唐代宿衛與質子之性質》，《韓國學報》1986 年第 6 期；方鐵：《漢唐王朝的納質制度》，《思想戰綫》1991 年 2 期；劉希爲：《唐代新羅僑民在華活動的考述》，《中國史研究》1993 年第 3 期；姜清波：《新羅與唐納質宿衛述論》，《中國邊疆史地研究》2004 年第 1 期；魏郭輝、李强：《新羅質子侍唐芻議》，《北方文物》2006 年第 3 期；陳金生：《唐代質子在民族文化交流中的作用》，《甘肅聯合大學學報》2006 年第 4 期；陸宜玲：《唐代質子研究》，陝西師範大學 2008 年碩士學位論文；成琳：《唐代民族關係中的質子制度研究》，陝西師範大學 2008 年碩士學位論文；姜啓明：《渤海與新羅質子侍唐比較研究》，哈爾濱師範大學 2015 年碩士學位論文；宋心雨：《渤海、新羅與唐關係比較研究》，吉林大學 2018 年碩士學位論文；王慧：《八世紀上半葉唐與新羅的官方貿易研究》，延邊大學 2022 年碩士學位論文。此外，一些著作也有研究涉及，如章群：《唐代蕃將研究》，臺北：聯經出版事業公司，1986 年；章群：《唐代蕃將研究續編》，臺北：聯經出版事業公司，1990 年；馬馳：《唐代蕃將》，西安：三秦出版社，1990 年；卞麟錫：《唐長安的新羅史迹》，漢城：亞細亞文化社，2000 年；拜根興：《七世紀中葉唐與新羅關係研究》，北京：中國社會科學出版社，2003 年。

金義讓質子宿衛出身，長於外交，久居唐廷，成長經歷與金仁問頗爲相似。此事尚需更多史料支持，姑且存疑。

2016 年，陝西省考古研究院在唐定陵陵園的考古過程中，發現兩件蕃酋像殘塊。其中，軀幹部分殘塊背上題刻有"衛將""金義讓"五字，[①] 與墓誌"金義讓"存在關聯。蕃酋石像之設，始自太宗昭陵，時"令匠人琢石，寫諸蕃君長貞觀中擒伏歸化者形狀，而刻其官名"，立於陵後司馬門，"新羅樂浪郡王金貞德"[②] 位列其中，後遂成定制。以時間、族屬、身份等條件核之，蕃酋像題刻與墓誌所見之"金義讓"應爲一人。稽查這一時期新羅遣唐使，學者推測金義讓即是長安三年（703）出使唐朝的金思讓。[③] 按，《三國史記》載長安三年，聖德王金興光"遣阿餐金思讓朝唐。……（次年）三月，入唐金思讓回，獻《最勝王經》"[④]。從金思讓出使背景來看，唐新戰爭後，兩國交往停滯數年，自金興光執政，對唐朝貢逐漸增多，關係日益升溫。金興光即位第二年，即派遣金思讓入唐朝貢，無不反映出對此次出使目的和出使人選的重視。而且，就金思讓"阿餐"身份而言，其在新羅官制系統中，位在大輔、伊伐餐、伊尺餐、波珍餐之後第六官職，多爲王室子弟擔任的輔國重臣。這都説明金思讓出身高貴，係新羅重要王室成員。今得墓誌載金義讓（思讓）、金興光堂兄關係，是其身份之重要佐證。此外，金義讓（思讓）使唐後，中宗在位期間（705—710），新羅又多次遣使朝貢，雖無具體人名，推測金義讓（思讓）多有參與，其像因此出現在中宗定陵蕃酋像之列。至於定陵金義讓像後"衛將"殘字，推測係"武衛將軍"類職官，爲義讓使唐後所賜。相類授官多見，如貞觀二十二年（648），新羅真德王遣金春秋及其子文王朝唐，太宗詔除文王左武衛將軍。[⑤] 永徽二年（651），金仁問入唐宿衛，高宗特授左領軍衛將軍。[⑥] 此外，乾封元年（666），泉男生爲其弟男建所逐，保於國內城，遣子獻誠詣闕乞師，高宗拜獻誠右武衛將軍。[⑦] 此皆蕃酋入唐賜武衛將軍之證。

金義讓在長安三年（703）使唐後，又於開元初以質子身份宿衛唐庭。統計開元年間新羅納質情況，開元二年（714），王子金守忠入唐宿衛，爲玄宗禮遇，三年後回國。[⑧] 據此判斷，金義讓應是接替金守忠，入唐約在開元五年之後，時間大致符合墓誌所謂"開元初"。金義讓宿衛多年，官至金紫光禄大夫、試太常卿。前者正三品文散官，後者雖係試官，未爲正命，但太常寺正卿秩正三品，"掌邦國禮樂、郊廟、社稷之事"[⑨]，亦位高權重。綜觀唐代新羅王室子

---

① 田有前：《唐定陵發現新羅人石像研究》，《北方文物》2019 年第 1 期，第 69—73 頁。
② 王溥：《唐會要》卷二〇《陵議》，北京：中華書局，1955 年，第 395 頁。
③ 田有前：《唐定陵發現新羅人石像研究》，第 69—73 頁。拜根興：《石刻碑誌所見唐與新羅關係研究的現狀及問題》，《山西大學學報》（哲學社會科學版）2023 年第 4 期，第 2—12 頁。
④ 金富軾著，楊軍校勘：《三國史記》卷八《新羅本紀》，長春：吉林大學出版社，2015 年，第 113 頁。
⑤ 劉昫等：《舊唐書》卷一九九上《東夷·新羅傳》，北京：中華書局，1975 年，第 5335 頁。
⑥ 金富軾著，楊軍校勘：《三國史記》卷四四《金仁問傳》，第 628 頁。
⑦ 金富軾著，楊軍校勘：《三國史記》卷四九《蓋蘇文傳》，第 684 頁。
⑧ 金富軾著，楊軍校勘：《三國史記》卷八《新羅本紀》，第 115 頁。
⑨ 劉昫等：《舊唐書》卷四四《職官志》，第 1872 頁。

弟入唐宿衛授官，多集中在九寺諸職，與新羅王室子弟宿衛觀禮所學大致相一致。① 墓誌載金義讓宿衛唐廷後，定居長安，生有三子，亦留中原。其中，長子未知名諱，官至中散大夫、光祿少卿，即金泳之父。其他二子不可詳考，只知有一子早金泳而卒，二者同葬畢原之北。

誌主金泳，相關事迹不見傳世文獻所載。根據墓誌記敘，金泳生於天寶六載（747），承襲質子，累授宣慰副使、將仕郎、試韓王府兵曹參軍、朝散大夫、試太子洗馬、吊祭册立副使、試衛尉少卿、蕃長等。綜而觀之，金泳履歷宦績大體可分質子、試官、副使、蕃長等四類，在質子群體中具有一定的代表性。

首先，質子。墓誌云金泳“以父之胤而襲其質者”，涉及唐代新羅質子身份獲得問題。根據傳世文獻記載，諸蕃國内王子等貴族子弟主要通過替換制獲得質子身份。如開元十年（722），玄宗詔令：“宜命所司勘會諸蕃充職宿衛子弟等放還歸國。契丹及奚斤通質子，并即停迫。前令還蕃首領等，至幽州且住，交替者即旋去。”② 與新羅質子相關者，開元二十二年，質子新羅王金興光從弟左領軍衛員外將軍忠信上表還國，原因是“本國王以臣久待天庭，遣從侄至廉代臣，今已到訖”③。以現有史料來看，替換者之間未見直系血緣關係。與之不同，《金泳墓誌》記錄了居唐蕃國家族内的質子替換，於唐代質子制度有重要補充：一是蕃國質子人選存在兩個來源，即國内王子等貴族子弟與居唐蕃國質子世家子弟；二是獲得納質資格的蕃國質子世家子弟，遵循嫡長子繼承制。至於質子世家子弟如何獲得質子資格，墓誌沒有明確記載，但後文講到金泳爲“本國王特奏官兼充蕃長”，推測本國王應有所參與。以制度淵源及時代背景觀之，金泳質子身份的承襲，與唐廷羈縻州職官“皆得世襲”④ 原則相一致，也可得到傳世文獻及出土資料的證明。⑤

其次，試官。作爲未爲正命之官，金泳曾授試韓王府兵曹參軍、試太子洗馬、試衛尉少卿等試官。其中，兵曹參軍、太子洗馬屬中下級職官，對於金泳而言，更多是試假其銜，重在官資。比較之下，衛尉少卿系衛尉卿之副，掌邦國器械文物之事，總武庫、武器、守宮三署之官屬，乃是金泳升授正員官之首選。上舉金泳諸試官，如果加之其祖金義讓試太常卿，本誌中出現四種試官，可謂密集。若再拓展至傳世文獻所見金獻忠試秘書監、⑥ 金沔試衛尉少卿、⑦ 金允夫試光祿卿⑧等試官除授，無不反映出蕃國質子，特別是新羅質子是試官主要群體之一。這其中又以金允夫與金泳履歷最爲相似：開成元年（836）十二月，金允夫進狀稱“本國王命臣入朝充質二十六年殞矣，三蒙改授試官，再當本國宣慰及册立等副使，准往例皆蒙特授正官，

① 王連龍、叢思飛：《唐代新羅人金日晟墓誌及相關問題研究》，《北方文物》2017 年第 3 期，第 70—74、97 頁。
② 王欽若等：《册府元龜》卷一七〇《帝王部·來遠》，北京：中華書局，1960 年，第 2054 頁。
③ 王欽若等：《册府元龜》卷九七三《外臣部·助國討伐》，第 11433 頁。
④ 歐陽修、宋祁：《新唐書》卷四三下《地理志》，北京：中華書局，1975 年，第 1119 頁。
⑤ 王連龍、叢思飛：《戰爭與命運：總章元年後高句麗人生存狀態考察——基於高句麗移民南單德墓誌的解讀》，《社會科學戰綫》2017 年第 5 期。
⑥ 劉昫等：《舊唐書》卷一九九上《東夷·新羅傳》，第 5338 頁。
⑦ 王欽若等：《册府元龜》卷九七六《外臣部·褒異三》，第 11463 頁。
⑧ 王欽若等：《册府元龜》卷九七六《外臣部·褒異三》，第 11466 頁。

遂授武成王廟"①。金允夫、金泳皆久居長安，三蒙改授試官，并充當本國宣慰及册立等副使。所異者，金泳未及依資授正員官，即壯年而卒。考慮到正員官流內銓選周期，以及質子宿衛時間長短不一，試官應更多出現於質子世家，并爲其職官除授特色之一。

再次，副使。據誌文所云，金泳先後兩次差爲宣慰副使及吊祭册立副使。第一次"大曆年恩命差爲宣慰副使"，應發生在大曆三年（768）。大曆二年，新羅景德王金憲英卒，國人立其子乾運爲王，是爲惠恭王，遣大臣金隱居奉表朝唐，貢方物，請加册命。次年，代宗"遣倉部郎中、兼御史中丞、賜紫金魚袋歸崇敬持節齎册書往吊册之，以乾運爲開府儀同三司、新羅王，仍册乾運母爲太妃"②。雖然沒有提及金泳參加使團，但與之相類的是，貞元十年（794），雲南王異牟尋遣其弟湊羅棟獻地圖、土貢及吐蕃所給金印，請復號南詔，德宗以祠部郎中袁滋兼御史中丞爲册南詔使，時"俱文珍爲宣慰使"③，同在使者之列。是册立使、宣慰使并出，時有其例。與第一次出任副使不同，金泳第二次任吊祭册立副使，時間要更爲明確："貞元元年本國王薨，又差爲吊祭册立副使。"核之新羅王世系，貞元元年，新羅宣德王金良相卒，同年元聖王金敬信即位。關於金敬信册立之事，傳世文獻載之不詳，概言"立上相敬信爲王，令襲其官爵"④。今以誌文觀之，金泳參與册封，并任吊祭册立副使。大唐皇帝及本國國王薨歿，質子充當外交副使，協助正使完成宣慰、吊祭、册立等使職，於新羅質子習見。除上文提到的金允夫外，金沔、⑤ 金士信⑥都曾擔任本國副使。而且從史籍記載情況來看，宣慰、吊祭、册立等使職，事涉官資和榮耀，尤爲質子所重，競爭激烈。

最後，蕃長。金泳在承襲質子後，三除試官，兩次擔任副使，最後官至蕃長，達其人生巔峰。墓誌載，"本國王特奏官兼充蕃長"。蕃長，唐代典籍多見，涵指有所不同。第一類"蕃長"，義同"酋長"，是爲少數民族部落首領及政權的君長。如《舊唐書》卷一九九下《北狄·契丹傳》載，貞觀十九年（645），太宗伐高句麗，至營州，會契丹君長及老人等，賜物各有差，"授其蕃長窟哥爲左武衛將軍"⑦。《唐會要》卷九六《契丹》作"酋長"⑧。這類"蕃長"，還可作爲"諸蕃君長"之簡稱。比如上文提到昭陵前十四尊"諸蕃君長"石像，即代指突厥、吐蕃、新羅、吐谷渾、龜兹、于闐、高昌等十四國君長。第二類"蕃長"，與第一類蕃長相關，但又有所不同，多是内遷或出使少數民族部落及蕃國貴族的賜官，金泳"蕃長"即屬此類。蕃長之賜，武周時期已經出現。延載元年（694），武三思帥四夷酋長請鑄銅鐵爲天樞，次年天樞成，"武三思爲文，刻百官及四夷酋長名，太后自書其榜曰'大周萬國頌德天

① 王欽若等：《册府元龜》卷九七六《外臣部·襃異三》，第 11466 頁。
② 劉昫等：《舊唐書》卷一九九上《東夷·新羅傳》，第 5337 頁。
③ 歐陽修、宋祁：《新唐書》卷二二二《南蠻·南詔傳》，第 6274 頁。
④ 劉昫等：《舊唐書》卷一九九上《東夷·新羅傳》，第 5338 頁。
⑤ 王欽若等：《册府元龜》卷九七六《外臣部·襃異三》，第 11463 頁。
⑥ 劉昫等：《舊唐書》卷一九九上《東夷·新羅傳》，第 5339 頁。
⑦ 劉昫等：《舊唐書》卷一九九下《北狄·契丹傳》，第 5350 頁。
⑧ 王溥：《唐會要》卷九六《契丹》，第 1717 頁。

樞’”①。時內遷高句麗貴族高足酉即以建天樞之功，獲“封高麗蕃長、漁陽郡開國公”②。與金泳“蕃長”相類，貞元十四年（798），德宗封渤海王大嵩璘“侄大能信爲左驍衛中郎將、虞候、婁蕃長，都督茹富仇爲右武衛將軍，放還”③。以“放還”觀之，獲封“蕃長”的大能信應該也是質子。這些蕃長身份尊貴，經常陪同大唐皇帝出席重要活動，既可視爲本國首領及君長之代表，又是家族勢力和地位的象徵，這種地位往往成爲內遷或出使的少數民族部落及蕃國貴族追逐的目標。④ 第三類“蕃長”，是指唐宋時期在沿海、海外諸國人聚居蕃坊中，管理外國僑民的官員，⑤ 與金泳“蕃長”無涉，故不贅述。

　　榮拜蕃長的金泳，正欲開啓人生新篇章，不料英年早逝，貞元十年（794）病逝於長安太平里私第，享年四十八歲。太平里，即太平坊，長安朱雀門街西第二街，街西從北第一坊，緊鄰皇城，位置優越，係達官顯貴所居。貞元中，國醫王彦伯亦宅太平坊，金泳痼疾曾於彦伯處問診亦未可知。金泳卒後，德宗詔賜使持節、都督登州諸軍事、登州刺史。登州爲海東諸國入唐登陸之港，中轉之地，聚居有大量新羅僑民，故有此贈官。同年八月十四日，金泳葬於畢原家族墓地其叔父之次。葬日所需，悉皆官給，仍令長安縣令專知葬事，是爲蕃酋之寵。金泳夫人王氏，偃師縣令王千齡之女，貞元四年先泳而卒。王氏族出太原，非新羅人，是金泳婚娶之漢族女子，屬族外聯姻。根據墓誌所云金義讓“因宿衛而有三男，留於闕下”，似義讓時已出現族外婚。此外，王千齡及其先妻東陽郡主（廢太子李瑛之女）墓已經發現，二人育有一子，⑥ 金泳妻應爲王千齡與後妻楊氏所生。誌文後載，金泳與王氏有子士素、士弘、士烈等九人，女三人，子嗣興旺，墓誌撰文者金良説係泳之從侄，均不見傳記，可補史闕。

　　金氏家族自金義讓開元初入質，世居大唐，三代承襲質子，歷玄宗、肅宗、代宗、德宗數朝，成爲新羅質子世家。在唐代諸蕃納質大背景下，金氏家族世襲質子現象并非個例。在以往研究中，學者們已經注意到久居及卒於唐廷的質子群體。⑦ 如金仁問自高宗永徽二年（651）起，七入大唐，質子宿衛，凡二十二年，延載元年（694）卒於長安，葬歸新羅，是爲久居質子之代表。同仁問一樣，上文提及“充質二十六年”的金允夫也屬同類。不過需要説明的是，以質子承襲爲標準，質子世家與久居質子群體存在明顯區别。在金泳以“父之胤而襲其質者”之外，米國王室貴族米突騎施“遠慕皇化，來于王庭，邀質京師，永通國好”，其子米繼芬“承襲質子，身處禁軍”，⑧ 後累授左神策軍故散副將、游騎將軍，守左武衛大將軍同正，兼試太常卿、上柱國。此外，于闐尉遲跋質那、尉遲乙僧父子同封郡公，并授宿衛，“父子同爲質

① 司馬光：《資治通鑑》卷二〇五《唐紀》“天册萬歲元年（695）”條，北京：中華書局，1956年，第6503頁。
② 周紹良、趙超：《唐代墓誌彙編續集》，上海：上海古籍出版社，2001年，第348—349頁。
③ 劉昫等：《舊唐書》卷一九九下《北狄·渤海靺鞨傳》，第5362頁。
④ 王連龍、叢思飛：《唐代百濟太子扶余豐女夫妻合葬墓誌考論》，《古典文獻研究（第二十四輯下）》，南京：鳳凰出版社，2021年。
⑤ 廖大珂：《蕃坊與蕃長制度初探》，《南洋問題研究》1991年第4期。
⑥ 龐樂：《陝西“洪瀆原”發掘三千餘座古墓葬》，《西安日報》2021年12月10日第5版。
⑦ 陸宜玲：《唐代質子研究》。成琳：《唐代民族關係中的質子制度研究》。
⑧ 周紹良、趙超：《唐代墓誌彙編續集》，第796頁。

子而久居長安"①。雖然目前還無法證明這些在唐蕃國質子世家的唯一性，但以現有史料來看，質子世家獲得大唐皇帝和本國國王的共同認可，地位尊崇，成員仕宦順遂，家族勢力强大，在唐蕃關係中發揮出積極功用，即如墓誌所云"風俗廣通於海隅，禮義大興於東國"。

《金泳墓誌》的發現，爲學界提供了一個較爲完整的新羅質子世家在唐生活仕宦的情况，也爲學者研究唐代質子制度提供了新思路和新視角，彌足珍貴。唐代質子數量衆多，意義重大，近年來新材料不斷涌現，期待相關研究不斷深入。

---

① 向達：《唐代長安與西域文明》，北京：商務印書館，2015 年，第 12 頁。

第十二章

宦游兩京：奔波於長安、洛陽之間的移民

在移民學研究中，構成移民概念的因素很多，就空間角度而言，可歸結爲三個維度，即移出地、移民路綫及移入地。特別是移入地，作爲移民聚居區域和生活環境所在，一直是移民問題研究的重要內容。有唐一代，隨着百濟、高句麗相繼滅亡，數以十萬計的高句麗、百濟及新羅移民以各種方式進入唐王朝遼東、山東、河南、關中、隴西、江淮等地區定居。其中，王室貴族成員集中聚居於長安、洛陽兩地。不過，遷入長安、洛陽的海東移民及其後裔并未完全定居，而是隨着唐王朝政治中心的轉換，於西京與東都之間往復遷徙，形成唐初海東移民活動的一個奇特現象。關於兩京地區移民安置情況，學界已有所關注，[1] 不過在研究深度及廣度等方面，還存在進一步拓展的必要。本章擬在前賢研究基礎上，結合傳世文獻與碑誌材料，對長安、洛陽地區百濟、高句麗、新羅移民遷居情況進行全面分析和論證。

近年來，長安、洛陽地區出土海東移民碑誌衆多，爲系統研究移民活動軌迹提供了可靠資料。爲便於分析比較，下列表格從時間、國別角度，對海東移民葬年、葬地情況進行統計。

時　間	人　物	國　別	葬　年	葬　地
高宗時期	祢寔進	百濟	咸亨三年（672）	長安
	高鐃苗	高句麗	咸亨四年（673）	長安
	高提昔	高句麗	上元元年（674）	長安
	李他仁	高句麗	儀鳳二年（677）	長安
	祢軍	百濟	儀鳳三年（678）	長安
	泉男生	高句麗	調露元年（679）	洛陽
	扶餘隆	百濟	永淳元年（682）	洛陽

---

[1] 苗威：《高句麗移民研究》，長春：吉林大學出版社，2011 年，第 203 頁。拜根興：《唐代高麗百濟移民研究：以西安洛陽出土墓誌爲中心》，北京：中國社會科學出版社，2012 年，第 36—38 頁。范恩實：《入居唐朝內地高句麗遺民的遷徙與安置》，《社會科學戰綫》2017 年第 5 期，第 132—145 頁。

時　間	人　物	國　別	葬　年	葬　地
武后時期	陳法子	百濟	天授二年（691）	洛陽
	高　玄	高句麗	長壽二年（693）	洛陽
	高足酉	高句麗	萬歲通天二年（697）	洛陽
	高　牟	高句麗	聖曆二年（699）	洛陽
	黑齒常之	百濟	聖曆二年（699）	洛陽
	高　質	高句麗	聖曆三年（700）	洛陽
	高　慈	高句麗	聖曆三年（700）	洛陽
	泉獻誠	高句麗	大足元年（701）	洛陽
	高乙德	高句麗	大足元年（701）	洛陽
	泉男産	高句麗	長安二年（702）	長安
中宗時期	黑齒俊	百濟	神龍二年（706）	洛陽
	祢素士	百濟	景龍二年（708）	長安
玄宗及此後時期	高延福	高句麗	開元十二年（724）	長安
	扶餘氏	百濟	開元十七年（729）	長安
	李仁晦	高句麗	開元十八年（730）	洛陽
	高木盧	高句麗	開元十八年（730）	長安
	李仁德	高句麗	開元二十一年（733）	長安
	泉　毖	高句麗	開元二十一年（733）	洛陽
	王景曜	高句麗	開元二十三年（735）	洛陽
	李隱之	高句麗	開元二十七年（739）	洛陽
	豆善富	高句麗	開元二十九年（741）	洛陽
	高　德	高句麗	天寶元年（742）	洛陽
	劉元貞	高句麗	天寶三載（744）	洛陽
	李　懷	高句麗	天寶四載（745）	洛陽
	高遠望	高句麗	天寶四載（745）	洛陽
	高欽德	高句麗	天寶五載（746）	洛陽
	祢仁秀	百濟	天寶九載（750）	長安
	高　氏	高句麗	大曆七年（772）	洛陽
	金日晟	新羅	大曆九年（774）	長安

時　間	人　物	國　別	葬　年	葬　地
玄宗及此後時期	南單德	高句麗	大曆十一年（776）	長安
	高　德	高句麗	大曆十三年（778）	洛陽
	金　氏	新羅	建中元年（780）	長安
	泉　氏	高句麗	元和三年（808）	長安
	似先逸義	高句麗	大中四年（850）	長安

綜合分析高句麗、百濟、新羅移民卒年與葬地關係，大體可分爲高宗時期、武后時期、中宗時期、玄宗及此後時期等幾個時間段。具體而言，在高宗時期，高句麗、百濟移民多定居并葬於長安地區，但在後期，泉男生、扶餘隆等開始以洛陽爲墓地所在。進入武后時期，葬地情況發生明顯變化，高句麗、百濟移民葬地以洛陽爲主，祇見高乙德葬於長安，而且是在末期。到了中宗、玄宗時期，情況較爲混亂，一部分百濟、高句麗、新羅移民葬於長安，還有一部分葬於洛陽。其中，葬在洛陽的海東移民雖然數量占優，但整體趨勢是逐漸安葬於長安。

結合歷史背景來看，海東三國移民，特別是百濟、高句麗移民定居、葬地的變化，與唐早期政治形勢發展密切相關。

唐太宗連年征伐高句麗，然大業未成，中道崩殂。作爲太宗之子，唐高宗李治繼承了其父恢復海東統治秩序的遺志。顯慶五年（660）八月，唐高宗詔命左衛大將軍蘇定方爲熊津道大總管，聯合新羅，滅亡百濟，"以百濟王及王族臣寮九十三人，百姓一萬二千人，自泗沘乘船迴唐"[1]，俘於東都洛陽紫微城正南門。八年後的總章元年（668），唐廷又滅高句麗，"虜其王高藏及男建、男產，裂其諸城，并爲州縣，振旅而旋。令勣便道以高藏及男建獻於昭陵，禮畢，備軍容入京城，獻太廟"[2]。按照秦漢以來戰爭移民中貴族遷徙的慣例，唐高宗將大部分百濟、高句麗貴族移民安置於長安地區。與此相對應，百濟、高句麗第一代移民卒後基本安葬於長安。

武后時期，甚至早到高宗末期，海東移民定居地及葬地情況開始發生變化。麟德元年（664）十二月，武則天將企圖廢后的上官儀滅族，賜死李忠，外放郭廣敬，罷免劉祥道，"自是上每視事，則后垂簾於後，政無大小，皆與聞之。天下大權，悉歸中宮，黜陟、殺生，決於其口，天子拱手而已，中外謂之二聖"[3]。武則天掌握朝政後，着手革命，試圖擺脫關中政治本位，建立以洛陽爲中心的政治架構：先是在嗣聖元年（684）九月，"大易官號，改東都爲神都"[4]；然後在垂拱四年（688）二月，毀乾元殿，於其地築明堂；再於天册萬歲元年（695）

---

① 金富軾著，楊軍校勘：《三國史記》卷五《新羅本紀》，長春：吉林大學出版社，2015 年，第 72 頁。

② 劉昫等：《舊唐書》卷六七《李勣傳》，北京：中華書局，第 2488 頁。

③ 司馬光：《資治通鑒》卷二〇一《唐紀》 "麟德元年（664）十二月"條，北京：中華書局，1956 年，第6343 頁。

④ 歐陽修、宋祁：《新唐書》卷四《則天皇后紀》，北京：中華書局，第 83 頁。

四月，建大周萬國頌德天樞。武則天在改易都城，修建宮殿，建造明堂、天樞等一系列操作之外，還遷徙大量人口至洛陽。天授二年（691）七月，徙關外雍、同、秦等七州户數十萬以實洛陽。在此背景之下，作爲四夷酋長的百濟、高句麗勳貴們開始從長安遷居洛陽。與之相印證，在上舉洛陽政治中心建設過程中，多見百濟、高句麗移民的身影。如豆善富曾任右金吾衛郎將，監東都大和庫；① 泉獻誠在天授二年奉敕充檢校天樞子來使，兼於玄武北門押運大儀銅等事；② 及證聖元年（695）造天樞成，高足酉獲封高麗蕃長、漁陽郡開國公。③ 武周革命時，部分先亡的百濟、高句麗移民已經葬於長安，其餘健在的百濟、高句麗第一代移民則遷居洛陽，卒後即葬於洛陽北邙一帶，成爲部分洛陽移民祖塋所在。如此，作爲子嗣的第二代移民，即使卒於外地，也紛紛歸葬洛陽。神龍年間後，唐王朝政治中心回歸長安，部分海東移民又遷居長安，但仍然有一部分移民卒後歸葬於洛陽家族墓地。這也是中宗、玄宗時期海東移民葬地混亂的原因所在。

簡而言之，唐王朝先將大部分百濟、高句麗移民安置於長安，及武周定都洛陽後，這些移民又移居至洛陽，存在二次遷徙的過程。下面先結合百濟移民祢氏卒葬情況，略作補充説明。祢氏雖非百濟名門望族，但因祢氏子弟在滅亡百濟過程中作出了重要貢獻，故而受到唐廷的重視和封賞。從史志材料記載情況觀之，祢氏在移民之初即被置於長安。近年來，在西安地區也發現了規模較大的祢氏家族墓地，④ 并出土眾多祢氏子弟墓誌。其中，《祢寔進墓誌》云：

> 公諱寔進，百濟熊川人也。祖左平譽多，父左平思善，并蕃官正一品，雄毅爲姿，忠厚成性，馳聲滄海，效節青丘。公器宇深沉，幹略宏遠。……以咸亨三年五月廿五日因行薨於來州黃縣，春秋五十有八。恩加詔葬，禮洽飾終。以其年十一月廿一日葬於高陽原。⑤

根據墓誌記載，祢寔進在投誠後，移民到唐王朝內地，即墓誌所謂"占風異域，就日長安"。祢寔進來到長安後，一直在長安爲官，"式奉文棍，爰陪武帳，腰鞬珥鶡，紆紫懷黃。驅十影於香街，翊九旗於綺禁"。咸亨三年（672）五月，祢寔進因行薨於來州黃縣，同年十一月歸葬於高陽原。顯然，長安既是祢寔進的定居地，又是其墓葬所在地。

與祢寔進一同安置於長安的祢氏子弟，還有祢軍。按，《祢軍墓誌》云：

> 去咸亨三年十一月廿一日詔授右威衛將軍。局影彤闕，飾躬紫陛。巫蒙榮晉，驟歷便繁。方謂克壯清猷，永綏多祜，豈圖曦馳易往、霜凋馬陵之樹，川閱難留、風驚龍驤之

---

① 周紹良：《唐代墓誌彙編》，上海：上海古籍出版社，1992 年，第 1523—1524 頁。
② 周紹良：《唐代墓誌彙編》，第 1523—1524 頁。
③ 周紹良、趙超：《唐代墓誌彙編續集》，上海：上海古籍出版社，2001 年，第 348—349 頁。
④ 張全民：《新出唐百濟移民祢氏家族墓誌考略》，《唐史論叢》第 14 輯，西安：陝西師範大學出版社，2012 年，第 52—68 頁。
⑤ 張全民：《新出唐百濟移民祢氏家族墓誌考略》。

水。以儀鳳三年歲在戊寅二月朔戊子十九日景午遘疾，薨於雍州長安縣之延壽里第，春秋六十有六。……粵以其年十月甲申朔二日乙酉葬於雍州乾封縣之高陽里。①

相比禰寔進，禰軍入唐後的活動軌跡要複雜一些。禰軍因協助唐軍攻城，擒拿百濟王，受到唐廷的獎賞，授右威衛將軍。之後不久，禰軍便被唐廷派遣迴百濟，撫慰移民。這期間，禰軍還曾出使日本，後在前綫刺探軍情時，爲新羅所獲，并被送還長安。儀鳳三年（678）二月，禰軍病卒於雍州長安縣延壽里私第，後葬於長安家族墓地。因爲入唐後禰氏第一代禰寔進、禰軍葬於長安，是爲禰氏祖塋所在，故禰素士、禰仁秀等子嗣卒後也歸葬於長安。

下面再以黑齒常之等百濟移民事迹爲例，說明遷居洛陽的移民情況。黑齒常之墓誌，1929年出土於洛陽北郊邙山南麓。② 按，《黑齒常之墓誌》云：

> 唐顯慶中，遣邢國公蘇定方平其國，與其主扶餘隆俱入朝，隸爲萬年縣人也。麟德初，以人望授折衝都尉，鎮熊津城，大爲士衆所悅。咸亨三年，以功加忠武將軍，行帶方州長史，尋遷使持節、沙泮州諸軍事、沙泮州刺史，授上柱國。……既從下獄，爰隔上穹，義等絶頏，哀同仰藥，春秋六十。……粵以聖曆二年壹月廿二日敕日："燕國公男俊所請改葬父者，贈物一百段。其葬事幔幕手力一事，以上官供，仍令京官六品一人檢校。"即用其年二月十七日奉遷于邙山南官道北。

關於黑齒常之，學界多有研究，上舉史料也習爲學者所關注。比較而言，筆者更注意這段史料中幾個時間點。第一點，顯慶五年（660），黑齒常之隨百濟王扶餘義慈等獻俘京師，"隸爲萬年縣人"。這說明黑齒常之等人被安置於長安，編户齊民，隸爲萬年縣人。第二點，黑齒常之被周興誣陷，"既從下獄，爰隔上穹，義等絶頏，哀同仰藥"。相比墓誌事涉隱晦，《資治通鑒》載之詳悉："（永昌元年九月）周興等誣右武衛大將軍燕公黑齒常之謀反，徵下獄。冬十月戊午，常之縊死。"③ 是黑齒常之在長安入獄，并縊死，遂葬於長安。第三點，黑齒常之改葬，"其年二月十七日奉遷于邙山南官道北"。黑齒常之蒙冤而死，後經過其子黑齒俊奔走申述，最後沉冤得雪。聖曆二年（699），武則天下詔平反，并准許改葬，故黑齒常之從長安遷葬洛陽邙山。可以提供佐證的是，《黑齒俊墓誌》記載黑齒俊後來也遷居洛陽，"以神龍二年五月廿三日遘疾，終洛陽縣從善之第，春秋卅一。……即以神龍二年歲次景午八月壬寅朔十三日葬於北邙山原"④。在此背景下，再體味天授二年（691）葬於洛陽北邙的《陳法子墓誌》所言"官兵以顯慶五祀，吊人遼浿。府君因機一變，請吏明時。恩獎稠疊，仍加賞慰。從其所

---

① 王連龍：《百濟人〈禰軍墓誌〉考論》，《社會科學戰綫》2011 年第 7 期，第 123—129 頁。
② 張乃翥、張成昆：《跋洛陽出土的聖曆二年黑齒常之墓誌》，《唐史論叢》第 6 輯，西安：陝西人民出版社，1995年，第 134—145 頁。
③ 司馬光：《資治通鑒》卷二〇四《唐紀》"永昌元年（689）九月"條，第 6461 頁。
④ 束有春、焦正安：《唐代百濟黑齒常之、黑齒俊父子墓誌文解讀》，《東南文化》1996 年第 4 期，第 58—69 頁。

好，隸此神州，今爲洛陽人也"①。一個"今"字，使得陳法子從長安遷徙至洛陽的過程一目了然。

上文結合唐王朝早期政治中心的變化，分析了百濟、高句麗移民定居和入葬情况，基本趨勢是長安—洛陽—長安的過程。但這條往返的遷居路綫，很容易掩蓋一個事實，即洛陽早期也安置有部分海東移民，并最終葬於洛陽。例如高句麗移民高足酉的墓誌載：

> 公諱足酉，字足酉，遼東平壤人也。乃效款而往，遂家於洛州永昌縣焉。……大周天册萬歲元年遘疾，卒於荆州之官舍，春秋七十。……萬歲通天二年歲次丁酉正月朔己亥八日景午葬於洛州伊闕縣新城之原，禮也。②

高足酉墓誌，1990年出土於洛陽伊川縣平等鄉樓子溝村，與墓誌所載葬地相符。這説明高足酉確實遷入洛州永昌縣，并葬於洛州。

與高足酉相類似，還有高句麗移民豆善富。豆善富墓誌出土於洛陽城北半坡村，現藏河南開封博物館。墓誌云：

> 侍御史鄔元昌請監東都大和庫，我皇思帑藏任重，罕有克堪，以君衆推，帝曰俞往。積行累功，終始不替，特攝右金吾衛郎將，依前監庫。竊聞人與者德，天奪者年。嗚呼蒼旻，不吊厥理。以開元廿九年八月七日，侍太夫人之疾，不堪其痛，遂暴殂于洛都皇城右衛率府之官舍，時年五十八。……以開元廿九年八月十八日葬於洛都河南縣梓澤鄉邙山之原，禮也。③

根據墓誌記載，豆善富生前任右金吾衛郎將，監東都大和庫，職在洛陽，卒於洛都皇城右衛率府之官舍，最後葬於洛都河南縣梓澤鄉邙山，係完完全全的一名生活在洛陽的高句麗移民。相類的例子還有很多，都可以説明洛陽地區也是海東移民安置區域之一。

最後，海東移民卒葬洛陽，是否與生前任中央職官有關，也是一個值得探討的問題。從出土墓誌記載情况來看，確實有一部分移民最初生活在長安，任職中央，後來遷居洛陽地區。但這不代表葬於洛陽的海東遺民生前都曾擔任中央官職。換言之，是否擔任中央官職并不是移民選擇葬地的決定因素。如泉男生在總章元年（668）"蒙授右衛大將軍，進封卞國公，食邑三千户，特進、勛官如故，兼檢校右羽林軍，仍令仗內供奉"，至"儀鳳二年，奉敕存撫遼東，改置州縣。……以儀鳳四年正月廿九日遘疾，薨於安東府之官舍"，④ 後以調露元年（679）十二月二十六日窆於洛陽邙山之原。核之泉男生仕途，卒前任職遼東，非是中央官職，後葬於洛

① 金榮官：《百濟移民陳法子墓誌研究》，《百濟文化》第50輯，2014年，第175—215頁。
② 拜根興：《高句麗遺民高足酉墓誌銘考釋》，《碑林集刊》第9輯，西安：三秦出版社，2003年，第27—35頁。
③ 周紹良：《唐代墓誌彙編》，第1523—1524頁。
④ 周紹良：《唐代墓誌彙編》，第667—669頁。

陽。推測其由，當是麟德元年（664）後，武則天漸掌朝政，久居洛陽，泉氏子弟已遷往洛陽。後泉男産以"大足元年叁月廿七日遘疾，薨于私第。以其年四月廿三日葬於洛陽縣平陰鄉其所"①，也應該是葬於洛陽泉氏祖塋。同樣的例證還有高質、高慈父子，前者以瀘河道討擊大使、清邊東軍總管，後者以壯武將軍、左豹韜衛翊府郎將，陣亡於磨米城，後歸葬洛陽。此外，高欽德、高遠望父子也是任職地方，卒後安葬洛陽。高欽德生前任建安州都督、右武衛將軍、幽州副節度知平盧軍事，開元二十一年（733）九月十九日卒於柳城郡公舍；高遠望任安東大都護府副都護兼松漠使，開元二十八年（740）五月二十八日終於燕郡公舍。高氏父子没有在長安或洛陽任中央職官的經歷，一直作爲地方職官，戍守邊地，卒後都葬於洛陽。由此可見，海東移民卒葬洛陽與其是否爲中央職官没有必然聯繫，更多地要歸因於唐王朝政治中心變遷引起的移民故宅及祖塋變化。

---

① 周紹良：《唐代墓誌彙編》，第 995—996 頁。

第十三章

選擇性記憶與選擇性忘記：移民石刻如是觀

　　歷史文獻的形成，一般可視爲作者根據自己的理解將歷史記憶碎片進行選擇整合的過程。就此而言，文獻記載内容是一個層面，内容背後的作者意圖是另外一個層面。兩個層面并非截然對立，而是相互作用，即作者通過特定内容的選擇，以實現自己的意圖。在這點上，移民石刻文獻體現得要更加明顯。來自海東的高句麗、百濟、新羅移民各自聚居生活在唐王朝内地，由於世系、血統、體質等淵源，以及語言、宗教、習俗等文化，進而形成三支移民族群。作爲移民族群文化重要組成部分的族源記憶，屬於族群意識範疇，即識別所屬族群與其他族群異同的意識之一，也是族群關係發展的風向標。在移民族群形成初期，族源記憶起到了維護移民族群成員關係的作用。隨着族群交流加强及演變融合，族群記憶也會隨之發生選擇性變化——記憶或忘記，直至完全改變。本章擬以海東移民石刻文獻中具有代表性的高句麗移民墓誌作爲研究對象，來分析高句麗移民族源記憶發展狀況，及其反映出的族群成員自我認同等問題。

　　筆者注意到，在以往的高句麗移民研究中，學者們已經有意識地凸顯碑誌文獻在族群認同研究中的作用。[①] 略爲遺憾的是，這些研究多基於個案及部分例證，未能在全局上進行宏觀把握，而且研究時間較早，未將近些年的考古新發現納入研究體系。有鑒於此，下文將在前賢研究基礎上，對已見高句麗移民碑誌進行全面數據分析。爲行文方便，現將已見高句麗移民墓誌中的族源記憶統計如下表：

---

① 馬一虹：《從唐墓誌看入唐高句麗遺民歸屬意識的變化——以高句麗末代王孫高震一族及權勢貴族爲中心》，《北方文物》2006 年第 1 期。崔珍烈：《唐朝人所認同的高句麗人的身份》，《東北亞歷史論叢》第 24 輯，2009 年。李文基：《墓誌所體現的在唐高句麗遺民祖先意識的變化》，《大丘史學》第 100 輯，2010 年。拜根興、侯振兵：《唐人對高句麗及高句麗遺民的認識》，《唐史論叢》第 13 輯，西安：三秦出版社，2011 年。姜清波：《高句麗末代王族在唐漢化過程考述》，《東北史地》2012 年第 6 期。安承俊：《李他仁墓誌銘所體現的李他仁的生涯和族源》，《木簡與文字》第 11 輯，2013 年。李成制：《高句麗、百濟遺民墓誌中的出身記載及意義》，《韓國古代史研究》第 75 輯，2014 年。李東勛：《高句麗、百濟遺民墓誌文構成及撰書者》，《韓國古代史研究》第 76 輯，2014 年。李基範：《高句麗遺民墓誌中的祖先意識變化及意義》，漢城大學 2016 年碩士學位論文。金守鎮：《唐京高句麗遺民研究》，首爾大學 2017 年博士學位論文。鄭好燮：《高句麗歷史上的移居和移民社群》，韓國古代史學會編：《先史與古代》第 53 輯，2017 年。

	姓　名	時　間	籍　貫	世　系	代　別
1	高鐃苗	咸亨四年（673）	遼東	族高辰卞，價重珣琪，背滄海而來王，御玄風而入仕，有日磾之聰敏，叶駒支之詞令。	第一代
2	高提昔	上元元年（674）	國内城	原夫蟬冕摛華，疊清暉於往躅；潢漪湛態，挺芳烈於蘭闈。	第一代
3	李他仁	儀鳳二年（677）	栅州	渤海浮天，丸都概日。發生受氣，地居仁愛之鄉；寅賓敬時，星開角氏之舍。狼河兔堞，建國盛於山川；五族九官，承家茂於鍾鼎。	第一代
4	泉男生	調露元年（679）	平壤城	原夫遠系，本出於泉，既托神以隤祉，遂因生以命族。	第一代
5	高　玄	長壽二年（693）	遼東三韓	三韓貴族，積代簪纓；九種名賢，蟬聯冠冕。	第一代
6	高英淑	延載元年（694）	昌黎孤竹	原夫五聖枝分，高辛以之纂頊；三邊草昧，高雲於是滅燕。	第Ｎ代
7	高足酉	萬歲通天二年（697）	遼東平壤	族本殷家，因生代秀。昔居玄兔，獨擅雄蕃。	第一代
8	高　牟	聖曆二年（699）	安東	族茂辰韓，雄門響偍；傳芳穢陌，聲高馬邑。	第一代
9	高　質	聖曆三年（700）	遼東朝鮮	青丘日域，聳曾構而凌霄；滄海谷王，廓長源而繞地。白狼餘祉，箕子之苗裔寔繁；玄鱉殊祥，河孫之派流彌遠。	第一代
10	高　慈	聖曆三年（700）	朝鮮	先祖隨朱蒙王平海東諸夷，建高麗國，已後代爲公侯宰相。至後漢末，高麗與燕慕容戰，大敗，國幾將滅。廿代祖密當提戈獨入，斬首尤多，因破燕軍，重存本國，賜封爲王，三讓不受，因賜姓高，食邑三千户。	第一代
11	泉獻誠	大足元年（701）	高勾驪國	夫其長瀾廣派，則河之孫；燭後光前，乃日之子。	第一代
12	高乙德	大足元年（701）	卞國東部	昔火政龍興，炎靈膚據，三韓競霸，四海騰波。白日降精，朱蒙誕孽，大治燕土，正統遼陽。自天而下，因命爲姓。公家氏族，即其後也。	第一代
13	泉男産	長安二年（702）	遼東朝鮮	昔者東明感氣，逾㴐川而啓國；朱蒙孕日，臨淏水而開都。威漸扶索之津，力制蟠桃之俗。雖星辰海嶽，莫繫於要荒；而俎豆詩書，有通於聲教。承家命氏，君其後也。	第一代
14	高延福	開元十二年（724）	渤海	啓土受氏，明諸典箭。	第一代
15	高木盧	開元十八年（730）	渤海蓨	昔太公輔周，肇開王業，天眷錫命，受封東齊。鍾鼎玉食，七百餘載。後遇田和篡奪，分居荒裔。君之遠祖，避難海隅。	第一代

	姓　名	時　間	籍　貫	世　系	代　別
16	李仁晦	開元十八年（730）	遼陽		第二代
17	李仁德	開元二十一年（733）	樂浪	自堯臣類馬，周史猶龍，真裔散於殊方，保姓傳於弈代。	第二代
18	泉　毖	開元二十一年（733）	京兆萬年		第三代
19	王景曜	開元二十三年（735）	太原	昔當晋末，鵝出于地，公之遠祖，避難海東。洎乎唐初，龍飛在天，公之父焉，投化歸本。	第二代
20	李隱之	開元二十七年（739）	遼東	晋尚書令胤，即其枝類。	第一代
21	豆善富	開元二十九年（741）	扶風平陵	十八世祖統，漢雁門太守，避族父武之難，亡于朔野，子孫世居焉。至後魏南遷，賜紀豆陵氏。六世祖步蕃，西魏將，鎮河曲，爲北齊神武所破，遂出奔遼海，後裔因家焉，爲豆氏。	第二代
22	高　德	天寶元年（742）	渤海	漸離之後。自五馬浮江，雙鵝出地，府君先代，避難遼陽，因爲遼陽世族。	第二代
23	劉元貞	天寶三載（744）		其先出自東平憲王後。八代祖軒，仕馮燕爲博士郎中，卒，子孫從燕遷于遼。	第三代
24	李　懷	天寶四載（745）		其先趙郡贊皇人也。昔晋氏乘乾，遼川塵起，帝欲親伐，實要□正。公十二葉祖敏爲河内太守，預其選也。剋滅之後，遂留拓鎮，俗賴其利，因爲遼東人。至孫胤舉孝廉，仕至河南尹，加特進，遷尚書令，晋之崇也。	第三代
25	高遠望	天寶四載（745）		先殷人也。時主荒湎，攻惟暴政，崇信奸回，賊虐諫輔。比干以忠諫而死，故其子去國，因家于遼東焉。貞耿冠乎曩時，遺烈光乎史籍，即君始祖也。	第三代
26	高欽德	天寶五載（746）	渤海		第二代
27	高　氏	大曆七年（772）	渤海	齊之諸裔也。著令族世傳，家諜詳矣，此無備焉。	第三代
28	南單德	大曆十一年（776）	平壤	昔魯大夫蒯之後，容之裔也。	第三代
29	高　震	大曆十三年（778）	渤海	扶餘貴種，辰韓令族，懷化啓土，繼代稱王，嗣爲國賓，食邑千室。	第二代
30	似先義逸	大中四年（850）		昔周孝王□□□有酷肖其先者，命爲似先氏。其後或居遼東，或遷中部。武德中，右驍衛將軍英，問□□命□□□人，昭文館學士湛，鴻臚外卿翰，亦其族也。	第四代

　　通過統計高句麗移民墓誌中的籍貫世系表述，可以發現：在開元中期之前，第一代移民墓誌將籍貫定位於高句麗故地，基本選擇三韓故土、朱蒙建國的起源記憶。如咸亨四年（673），

第一代高句麗移民高鐃苗的墓誌："族高辰卞，價重珣琪，背滄海而來王，御玄風而入仕，有日磾之聰敏，叶駒支之詞令。"將先祖所出，追溯至先秦兩漢時期朝鮮半島南端的辰國三韓，即馬韓、辰韓、弁韓。長壽二年（693）的《高玄墓誌》也定位籍貫爲遼東三韓，將祖先起源歸結於"三韓貴族，積代簪纓；九種名賢，蟬聯冠冕"。同樣，大足元年（701）第一代高句麗移民高乙德的墓誌自名卞國東部人，追述先祖事時，提到"白日降精，朱蒙誕孽，大治燕土，正統遼陽"，與《泉獻誠墓誌》所謂"長瀾廣派，則河之孫；燭後光前，乃日之子"相一致，上溯朱蒙建國。

但是，情況在開元中期後開始發生變化。如高句麗移民高延福的墓誌中，明確提出其籍貫爲"渤海"，與前面提到的第一代移民墓誌籍貫定位海東，存在明顯區別。① 但在族源追溯上，《高延福墓誌》提到"啓土受氏，明諸典籍"，將出身溯源至高句麗先祖朱蒙建國命氏。此類表述於傳世文獻習見，如《魏書·高句麗傳》云："朱蒙至紇升骨城，遂居焉，號曰高句麗，因以爲氏焉。"《北史》《隋書》《周書》等載同。與之相符，其他碑誌文獻亦有近似表述。東晋義熙十年（414）的《好太王碑》即謂朱蒙"于沸流谷忽本西，城山上而建都焉"②。可見，《高延福墓誌》將籍貫定位於渤海，攀附上渤海高氏的同時，還保留着對祖先朱蒙建國命氏的追憶。這種過渡性的選擇搭配表述方式，在隨後開元十八年（730）高句麗移民高木盧的墓誌中得到了徹底改變。《高木盧墓誌》不僅自命"渤海蓨人"，還自帶佐證："昔太公輔周，肇開王業。天眷錫命，受封東齊。鍾鼎玉食，七百餘載。後遇田和篡奪，分居荒裔。君之遠祖，避難海隅。"這種證明邏輯是否成立姑且不談，其選擇性記憶史實，及選擇性地忘記族出，即是移民自我認同傾向的真實寫照。當然，既謂過渡時期，情況總會有所反復，但大體趨勢是向中原王朝文化因素靠近。如同一時期的第二代高句麗移民李仁晖的墓誌就自稱"遼陽人"。按，秦始皇二十五年（前222）滅燕，置遼東郡，遼陽爲屬縣之一，西漢因之，東漢改屬玄菟郡，故址在今遼寧省遼陽市老城區。遼陽歷史文化悠久，《史記》《漢書》之《朝鮮（列）傳》言其地係真番、朝鮮所在，後爲燕國侵占，朝鮮遷入今朝鮮半島，是爲樂浪朝鮮。③ 換言之，墓誌謂李仁晖祖先來自遼陽所遷之樂浪，及樂浪被高句麗吞并後，李氏進入高句麗。比較之下，開元二十一年第二代高句麗移民李仁德的墓誌徑直稱"樂浪人"。至於緣何成爲樂浪人，墓誌給出的解釋是"自堯臣類馬，周史猶龍，真裔散於殊方，保姓傳於弈代"，即將先祖溯源至三代，在保全濃厚的中原文化色彩同時，對高句麗族源出身隻字不提，選擇避諱。

開元後期及進入天寶年間，在第二代及第三代高句麗移民墓誌中，籍貫已經定位在唐王朝內地區域，如《泉毖墓誌》"京兆萬年"、《豆善富墓誌》"扶風平陵"等。除了籍貫內地化之外，相比第一代高句麗移民，其子嗣墓誌在族源追溯上更加細化，具體表現爲向中原王朝世家大族的攀附和冒襲。需要指出的是，這與第二、第三代高句麗移民的出生地沒有必然關係，對中原王朝大姓家族世系的挂靠，在開元年間的過渡時期就已經存在，如上舉《高延福墓誌》

① 王連龍、叢思飛：《唐〈高延福墓誌〉考略》，《中國書法》2019 年第 9 期，第 34—40 頁。
② 耿鐵華：《好太王碑新考》，長春：吉林人民出版社，1994 年，第 161 頁。
③ 張博泉：《箕子與朝鮮研究的問題》，《吉林大學學報》2000 年第 3 期，第 1—8、95 頁。

《高木盧墓誌》等出現高句麗高氏攀附渤海高氏等。在高氏之外，其他高句麗移民也紛紛與中原望族建立精準聯繫。如《王景曜墓誌》將家族挂靠到太原王氏，并謂"昔當晋末，鵝出于地，公之遠祖，避難海東"，意圖將高句麗王氏歸因於永嘉之亂後的移民。《豆善富墓誌》將家族聯繫上雁門竇氏，解釋爲"十八世祖統，漢雁門太守，避族父武之難，亡于朔野，子孫世居焉。至後魏南遷，賜紇豆陵氏。六世祖步蕃，西魏將，鎮河曲，爲北齊神武所破，遂出奔遼海，後裔因家焉，爲豆氏"，進而與《周書·竇熾傳》《新唐書·宰相世系表》暗合，繼承關係明顯。同樣，《劉元貞墓誌》將家族冒襲至兩漢劉氏，主張"其先出自東平憲王後。八代祖軒，仕馮燕爲博士郎中，卒，子孫從燕遷于遼"。還有李懷的墓誌，在祖先事迹編撰上更加明顯。其父李隱之的墓誌云："其先遼東人也。晋尚書令胤，即其枝類。祖敬，父直。或孝德動天，馳名於樂浪。"將家族出處溯源到李胤，并言直系三代來自樂浪。相比《李隱之墓誌》的謹慎，《李懷墓誌》進一步擴大爲"其先趙郡贊皇人也。昔晋氏乘乾，遼川塵起，帝欲親伐，實要□正。公十二葉祖敏爲河内太守，預其選也。剋滅之後，遂留拓鎮，俗賴其利，因爲遼東人。至孫胤舉孝廉，仕至河南尹，加特進，遷尚書令，晋之崇也"。更加明顯的是，《李懷墓誌》繼續洗白歸降入唐出身，提出所謂"曾祖敬，隨襄平郡從事。太宗東幸海關，訪晋尚書令李公之後，僉曰末孫猶在。帝許大用，盡室公行，爰至長安，未貴而没"云云，將高句麗滅亡後的移民，粉飾爲隋代即居遼東的大族。這種現象，一方面符合顧頡剛先生"層纍造成的古史"説——時代愈後，傳説的古史期愈長，傳説中的中心人物也愈放愈大；另一方面也與李懷仕途發達後，提升家族地位、偽造先祖事迹存在密切關係。

當然，上文所言是高句麗移民通過改變族源記憶，完成從高句麗人到漢人自我認同的普遍規律。其中也存在特例，以王族高氏和遼西高氏爲代表，較爲直觀地反映出認同過程的現實性和複雜性。

首先，王族高氏。在目前發現的高句麗王族移民石刻中，高延福和高震較具代表性。關於高延福的王室身份，墓誌并未直接説明，祇言其先祖"啓土受氏，明諸典籍"等，暗示出身不凡。相比之下，《唐故高内侍碑》則直言"亡王之族"，強調延福族源顯貴，出自高句麗王室。本書中編第三章已有考論，此不贅述。從年齡上看，高延福年幼入唐，屬於第一代高句麗移民，去世時已到開元中期，正處於高句麗移民自我認同的過渡時期。故《高延福墓誌》一方面自稱"渤海人"，向中原望族世系靠近；另一方面又言"啓土受氏，明諸典籍"，追述先祖朱蒙事迹。較之高延福，高震係高句麗末代王高藏之孫，高連之子，爲高句麗王族嫡系，王族身份更加明顯。與之相符，《高震墓誌》反映出的高句麗人認同也更加強烈。依墓誌所載，高震卒於大曆八年（773），距離高句麗滅亡已過百年。同《高延福墓誌》一樣，《高震墓誌》雖然也將籍貫攀附於渤海高氏，但不同的是，在族源記憶上，仍然特別強調"扶餘貴種，辰韓令族，懷化啓土，繼代稱王，嗣爲國賓，食邑千室"，從而在大曆年間其他高句麗移民自我認同弱化的氛圍中顯得格格不入。至於原因所在，推測有二：其一，就族群階層而言，相比其他貴族及百姓，高句麗王族子弟對本民族榮譽和王室地位要更爲珍惜和留戀，對政權滅亡的體會也要更加深刻，所以他們的墓誌表現出優越感和榮譽感是一種正常現象；其二，從外部環境來看，唐王朝也有意保持高句麗王族的自我認同。至於唐廷的用意，既有政治活動中四夷酋長朝貢的形象考慮，也存在利用高句麗王族安撫高句麗故地遺民的現實功用。正是基於此種原因，才出現儀鳳二年（677）唐廷授高藏開府儀同三司、遼東都督，封朝鮮王，居安東，協助唐廷建立有效的統治秩序；垂拱二年（686）後封高藏孫寶元爲朝鮮郡王，進授左鷹揚衛大將軍，封爲忠誠國王，統攝安東舊户；以及聖曆二年（699）授高藏男德武爲安東都督，使領本蕃。換言之，唐廷政策也在客觀上強化了高句麗王室的自我認同。

其次，遼西高氏。相比開元之前高句麗第一代移民墓誌將籍貫定位於高句麗故地，保持三韓故土、朱蒙建國起源記憶，遼西高氏已經出現新的身份認同。如延載元年（694）的《高英淑墓誌》云："原夫五聖枝分，高辛以之纂頊；三邊草昧，高雲於是滅燕。"五聖，即指五帝。五帝中，以帝嚳高辛最爲值得注意。據《世本》《史記》等所載五帝世系，帝嚳高辛爲黃帝之曾孫，顓頊高陽之族子。墓誌將高英淑族源追溯至高辛，顯然是以高句麗爲黃帝後裔。對比同時期其他高句麗移民石刻認同祖先朱蒙，《高英淑墓誌》在族源表述上明顯發生了改變。究其原因，可歸結爲其已經接受炎黃文化影響。研究表明，高英淑家族在三燕時期就從高句麗遷徙至遼西。① 英淑先祖高和移民前燕後，"自云高陽氏之苗裔，故以高爲氏"②，即將先祖追溯至高陽氏，乃至黃帝。居住於遼西地區的高句麗移民，與族群構成中處於核心位置的漢人族群發生交流及融合，逐漸接受了黃帝後裔的族源認同。此外，高英淑家族族源意識的改變還有一個特別因素，即統治階層意識形態的灌輸。曾經對高句麗移民進行遷徙、管理的十六國、北魏及隋唐政權，都自認爲黃帝後裔。③ 顯然，統治階層意識形態的變化對高句麗移民的影響要更爲直接一些。

上文較爲全面地梳理了唐代高句麗移民族源記憶發展情況，可以總結出：在與漢族等其他民族交流及融合過程中，高句麗移民開始有選擇地"記憶"高句麗人族源記憶，也有選擇地"忘記"高句麗人族源記憶，并逐漸攀附和冒襲中原漢人族群先祖世系，進行到第三代及第四代移民時，已經完成族源記憶的全新認定和書寫，形成統一的文化認同和身份認同。在民族學及社會學研究體系中，外在環境因素對於族群成員的自我認同具有重要影響。這種影響具有兩個維度：好的環境會促進族群交流，弱化族群認同，加速族群認同感消失，直至族群融合；不好的環境則恰恰相反，會增強族群成員的自我認同。宏觀地看，促成海東移民族群與漢民族迅速融合的主要原因是自唐太宗時期開始制定的開放、包容的民族政策。在唐太宗衆多豐功偉績中，民族政策是其本人最爲看重者之一。唐太宗晚年曾問侍臣："自古帝王雖平定中夏，不能服戎、狄。朕才不逮古人而成功過之，自不諭其故，諸公各率意以實言之。"群臣皆以"陛下功德如天地，萬物不得而名言"爲對，太宗并不滿意，自謂："自古皆貴中華，賤夷、狄，朕

① 王連龍、叢思飛：《唐代〈高英淑墓誌〉考釋——兼論遼西地區高句麗移民問題》，《古典文獻研究》第二十一輯下，南京：鳳凰出版社，2018 年，第 287—295 頁。
② 房玄齡等：《晋書》卷一二四《慕容雲傳》，北京：中華書局，1974 年，第 3108 頁。
③ 李憑：《黃帝歷史形象的塑造》，《中國社會科學》2012 年第 3 期，第 149—181、208 頁。

獨愛之如一，故其種落皆依朕如父母！"① 誠如其所言，唐太宗以寬厚仁和的政治家胸懷，視四海爲一家，强調民族平等，并將之貫徹實施於慎戰、和親、册封、會盟等民族關係處理中。更爲重要的是，唐太宗的民族政策也爲唐高宗、唐玄宗等後代帝王所繼承，形成唐代中前期開放包容的民族政策體系。有唐一代統治者對不同民族群體保持充分的尊重和平等，爲族群交流提供了良好的外部環境，促進了不同族群的交流與融合。

---

① 司馬光：《資治通鑒》卷一九八《唐紀》"貞觀二十一年（647）五月"條，北京：中華書局，1956 年，第 6246—6247 頁。

第十四章

傳世典籍與移民石刻整理：以"勿"字釋讀爲例

文字釋讀是出土文獻研究的基礎，也是石刻文獻整理的重要内容之一。文字考釋重在形音義相結合，即綜合字形、音韻、文義等各種因素，對文字作出正確釋讀。其中，文義，即傳世典籍輔證是一個必需環節，也是"二重證據法"在出土文獻整理研究中的廣泛應用。傳世典籍與石刻文獻整理的辯證關係雖然很容易理解，但是在具體實踐中，又通常會受到使用者的態度、能力、學識，以及典籍版本、内容、流傳等各種因素的影響，即所謂"非知之艱，行之惟艱"。本章擬以移民石刻《大唐勿部將軍功德記》中"勿"字釋讀爲例，對傳世典籍輔證與石刻文獻整理的關係略作探討。

《大唐勿部將軍功德記》，又稱《遵化郡公功德記》，[①] 唐中宗景龍元年（707）刊刻，記叙了唐天兵中軍副使、右金吾衛將軍、上柱國、遵化郡開國公百濟移民勿部珣與其妻樂浪郡夫人黑齒氏，即右武威衛大將軍、燕國公百濟移民黑齒常之中女，於神龍二年（706）在天龍山開窟造三世佛像等史事。《功德記》中多處出現百濟移民仕途履宦、婚姻關係、宗教信仰等信息，對於唐代海東移民及相關問題研究具有重要史料價值。記石原在山西省太原市西南 36 公里天龍山石窟第 15 窟右側龕槽，[②] 後亡佚，近年發現於天龍山盛壽寺東側溝渠，經天龍山文管所收藏，現存太原市晉祠博物館。惜記石已殘，僅存原石左上部，今以整拓觀之，原石容字十八行，行三十一字，隸書，"郭謙光文及書"一行篆書。記文開篇首題"大唐□部將軍功德記"，"部"前關鍵字泐損，不可釋讀。該字涉及造像主"□部將軍"的姓名、出身、身份等一系列問題，正確釋讀與否將直接影響到《功德記》的史料價值，不容忽視。

---

① 嵇璜、劉墉等：《欽定續通志》卷一七〇《金石略》，光緒十二年（1886）浙江書局刻本。

② 瑪麗琳·賴提出功德記在二十一窟，顏娟英主張在第六窟，李裕群等認爲在第十五窟。今以北圖藏拓本尺寸核對十五窟門右龕槽高廣，二者契合，功德記應在十五窟，以李裕群等學者所言爲是。（見瑪麗琳·賴撰，文明大譯：《天龍山第 21 窟唐代碑銘研究》，《佛教美術》第 5 輯，1980 年，第 79—109 頁。《中國天龍山 21 號石窟佛像：百濟遺將珣施主》，《自由》1981 年 6 月號，自由社，1981 年。顏娟英：《天龍山石窟的再省思》，《中國考古學與歷史學之整合研究》，"中研院"歷史語言研究所會議論文集《中國考古學與歷史學之整合研究》，1997 年，第 839—928 頁；後收入顏娟英《鏡花水月：中國古代美術考古與佛教藝術的探討》，臺北：石頭出版有限公司，2016 年。李裕群、李鋼：《天龍山石窟》，北京：科學出版社，2003 年。）

今見《大唐勿部將軍功德記》釋文，以王昶《金石萃編》① 及董誥《全唐文》② 爲最早，後世學者習爲傳抄，偶有增補，也因原石殘泐、文字漫漶，數量有限。在傳世典籍互證方面，學者使用最多的文獻是《命姚崇等北伐制》。開元二年（714）二月二十八日，唐玄宗下《命姚崇等北伐制》，決定北伐，制誥中出現"左驍衛將軍論弓仁、右金吾衛大將軍勿部珣，……弓仁及珣并可前鋒總管"等内容，可與《功德記》相印證。《北伐制》爲蘇頲所撰，流傳於世，今收錄於《唐大詔令集》《文苑英華》《全唐文》等。但作爲輔證文獻的《命姚崇等北伐制》，并不是第一時間就出現在《大唐勿部將軍功德記》釋文整理研究中。因爲"勿"字泐損，顧炎武、③ 葉奕苞、④ 錢大昕、⑤ 王昶、董誥等早期著目及錄文中一直對"勿"字闕而不錄，直到洪頤煊、吳式芬、羅振玉等始引證《北伐制》，釋作"勿"字，後世學者多從之。即便如此，來自《命姚崇等北伐制》的輔證也并非一帆風順。近來，章群先生就根據《四庫珍本》本《命姚崇等北伐制》，將"勿部珣"釋爲"兵部珣"，使"勿"字釋讀再生異議。

在《大唐勿部將軍功德記》研究歷程中，岑仲勉先生是一位重要學者，發揮着承上啓下的作用。岑先生研究領域廣泛，著述等身，特別對唐代朝鮮半島相關石刻多有精深考證。⑥ 岑先生對《功德記》的關注見於其名文《貞石證史》：⑦

　　《大唐□部將軍功德記》，景龍元年立，《萃編》六八著錄者部上缺一字，顧、錢、王、徐四家均未考出。余按《英華》四五九，開元二年三月，《命姚崇等北代（伐）制》有右金吾衛大將軍勿部珣，部珣二字相同；《記》稱右金吾衛將軍，則謂後來晉本衛大將軍，事實亦合；所泐之字，其必爲"勿"字矣。

在百餘字的考證中，岑先生總結前賢所論，輔證以《文苑英華》中《命姚崇等北伐制》所見"勿部珣"，推論出《功德記》闕字爲"勿"。不過，在後來的學術專集《金石論叢》⑧ 中，岑先生却刪除了這條關於《功德記》考證的文字。至於原因，岑先生在附記中有明確説明：

　　篇内唯《勿部珣功德記》一條，因前人已有説，別無新意，故從刪汰，餘均照原文刊出。⑨

---

① 王昶：《金石萃編》卷六八，清嘉慶十年（1805）經訓堂刻本。
② 董誥：《全唐文》，北京：中華書局，1983 年，第 2863—2864 頁。
③ 顧炎武：《金石文字記》卷三，清光緒十四年（1888）上海掃葉山房刻本。
④ 葉奕苞：《金石錄補》卷一二，清咸豐元年（1851）海昌蔣氏宜年堂刻本。
⑤ 錢大昕：《潛研堂金石文跋尾》卷五，清光緒十年（1884）長沙龍氏刻本。
⑥ 拜根興：《岑仲勉教授對石刻碑誌等史料的考釋——以唐與朝鮮半島關聯石刻等史料爲中心》，《史學集刊》2017 年第 5 期，第 22—29 頁。
⑦ 岑仲勉：《貞石證史》，《中央研究院歷史語言研究所集刊》第八本第四分，1939 年，第 526—596 頁。
⑧ 今見岑仲勉先生文集《金石論叢》世存兩個版本，分別是上海古籍出版社 1981 年版及中華書局 2004 年版。
⑨ 岑仲勉：《金石論叢》，上海：上海古籍出版社，1981 年，第 195 頁。

岑先生知識淵博，治學嚴謹，雖未指出"前人已有說"爲何人，遍查金石學前賢，"前人"恐非一人，至少包括上文所言洪頤煊、吳式芬、羅振玉等三人。

爲行文之便，下面先將洪頤煊《平津讀碑記》卷五相關內容抄錄如下：

> 勿部將軍功德記，景龍元年十月。右勿部將軍功德記，在太原府天龍寺，題郭謙光文及書，《寶刻類編》郭謙光所書六碑，不載此記，稱國子監丞、太學助教，此記無結銜，當是其後所歷官。文云勿部珣本枝東海，世食舊德，相虞不臘，之奇族行，太上懷邦，由余載格，珣之自東海歸唐，當在高宗時。《文苑英華》蘇頲《命姚崇等北伐制》有右金吾衛大將軍勿部珣。①

行文中，洪頤煊直接稱"勿部將軍功德記"，并將其與《命姚崇等北伐制》對讀，力證勿部珣於高宗時來自東海。在洪頤煊之後，吳式芬也提出"勿部將軍功德記"之名，其《金石匯目分編》卷十一"太原府"條云：

> 唐勿部將軍功德記，郭謙光撰并八分書，景龍元年十月，天龍寺。②

在洪、吳之後，羅振玉對《功德記》也有考述，《雪堂金石文字跋尾》卷四云：

> 勿部將軍功德記跋。内子樂浪郡夫人黑齒氏，《金石萃編》云撰文人稱人之妻曰内子創見，予按《春秋左傳》趙姬請以叔隗爲内子，《國語》卿之内子爲大帶，韋昭注卿之適妻爲内子，是内子爲卿妻通稱，後人誤以爲自稱其妻之詞，然觀此碑，可見唐人猶未誤稱，《萃編》以爲創見，蓋未考之古事也。③

同洪頤煊、吳式芬一樣，羅振玉也將《功德記》闕文讀爲"勿"。

比較而言，時間較早的洪頤煊明確使用《命姚崇等北伐制》來考證《功德記》史事。至於之後的吳式芬和羅振玉，是根據《功德記》原石及拓本來釋讀"勿"，還是根據《命姚崇等北伐制》來印證記文，已不可詳考。不過，從現存石刻泐損，以及先於二人的顧、錢、王等學者缺錄"勿"字的情況來看，後者的可能性要更大一些。當然，也不排除吳、羅二人承襲洪說而來。總之，清代學者對《大唐勿部將軍功德記》的釋讀，均與《命姚崇等北伐制》存在關聯。

在經歷洪、吳、羅、岑諸學者的研究後，石刻文獻《大唐勿部將軍功德記》與傳世典籍《命姚崇等北伐制》的互證問題似乎得到了圓滿解決，但實際情況卻非如此。1986年，章群先

---

① 洪頤煊：《平津讀碑記》卷五，清光緒十一年（1885）德化李氏木犀軒刻本。
② 吳式芬：《金石匯目分編》卷一一，海豐吳氏刊北京文禄堂印本。
③ 羅振玉：《雪堂金石文字跋尾》卷四，民國九年（1920）上虞羅氏貽安堂刻本。

生在其著作《唐代藩將研究》中，將功德記"□部珣"釋爲"兵部珣"。① 此後，姜清波先生在《入唐三韓人研究》一書中，再次稱引《唐大詔令集》《文苑英華》《全唐文》之《命姚崇等北伐制》，證明功德記"□部珣"爲"勿部珣"，并推測章説的根據是蘇頲《昆明池宴坐答王兵部珣三韻見示》。② 但事實上，章群先生的依據史料是《四庫珍本》本《唐大詔令集》之《命姚崇等北伐制》。如此，《命姚崇等北伐制》版本問題浮出水面，擺在學者面前。

根據上文所言，洪頤煊、岑仲勉等學者在考證《大唐勿部將軍功德記》時，稱引的是《文苑英華》所録《命姚崇等北伐制》。今見《文苑英華》諸版本中，以 1966 年中華書局影印宋刊殘本、明刊本《文苑英華》最爲通行。稽查此版本《文苑英華》，其中《命姚崇等北伐制》中作"勿部珣"。可提供佐證的是，吉林大學圖書館藏明隆慶元年（1567）胡維新等據傳抄本重刻本《文苑英華》，及文淵閣《四庫全書》本《文苑英華》之《命姚崇等北伐制》中均作"勿部珣"。此外，《全唐文》中亦收録《命姚崇等北伐制》，今見諸版本《全唐文》之《命姚崇等北伐制》也均作"勿部珣"，今一并説明。

與洪頤煊、岑仲勉等學者不同，章群先生引證的傳世典籍是《唐大詔令集》。按，《唐大詔令集》，宋綬纂輯，其子宋敏求整理，成書於北宋熙寧三年（1070）。今見較早版本均爲明抄本，其一爲鐵琴銅劍樓本，藏國家圖書館。按，《鐵琴銅劍樓藏書目録》卷九《史部二》"詔令奏議類"云："《唐大詔令集》一百三十卷，舊鈔本。宋宋敏求編并序。中有闕字。宋諱字減筆。每半葉十五行，行廿六字。世無刊本。此明人依宋刻抄出，闕第十四至廿四、第八十七至九十八，凡二十三卷。世亦無全本可補矣。……舊爲葉石君藏書。"③ 此明抄本依宋刻抄出，保留有宋刻原貌。今查鐵琴銅劍樓本《唐大詔令集》，其《命姚崇等北伐制》中作"勿部珣"。其二爲中山大學圖書館藏明抄本《唐大詔令集》，其《命姚崇等北伐制》中也作"勿部珣"。

在明抄本之外，《唐大詔令集》還見存顧廣圻校勘清抄本。《北京圖書館古籍善本書目》"詔令奏議類"云："《唐大詔令集》一百三十卷，宋宋敏求輯，清抄本，顧廣圻校，二十册，十五行二十六字無格。"④ 查此本《唐大詔令集》，其《命姚崇等北伐制》中同樣作"勿部珣"。1959 年，商務印書館以顧廣圻校舊抄本爲底本，用《適園叢書》本校勘，刊行了斷句繁體排印本，今稱商務本。⑤ 2008 年，中華書局又根據該本重印，是中華本。⑥ 商務本、中華本既承顧廣圻校本而來，《命姚崇等北伐制》中也均作"勿部珣"。

根據章群先生《唐代藩將研究》書後所列參考書目，其使用的《唐大詔令集》係臺北商務印書館影印《四庫珍本》本。⑦ 關於《四庫珍本》，可追溯到 1934 年至 1935 年間商務印書

① 章群：《唐代藩將研究》，臺北：聯經出版事業公司，1986 年，第 465 頁。
② 姜清波：《入唐三韓人研究》，廣州：暨南大學出版社，2010 年，第 125—127 頁。
③ 瞿鏞編纂，瞿果行標點，瞿鳳起覆校：《鐵琴銅劍樓藏書目録》，上海：上海古籍出版社，2000 年，第 247 頁。
④ 北京圖書館：《北京圖書館古籍善本書目》，北京：書目文獻出版社，1987 年，第 370—371 頁。
⑤ 宋敏求：《唐大詔令集》，北京：商務印書館，1959 年。
⑥ 宋敏求：《唐大詔令集》，北京：中華書局，2008 年。
⑦ 章群：《唐代藩將研究》，第 379 頁。

館影印的《四庫全書珍本初集》。1970 年，在王雲五先生主持下，臺北商務印書館出版《四庫全書珍本二集》，此後每年一集，至 1978 年出版《四庫全書珍本九集》。王先生去世後，商務印書館陸續出至 1982 年《四庫全書珍本十二集》，始據文淵閣《四庫全書》本影印《唐大詔令集》。細審《四庫全書珍本十二集》，即文淵閣《四庫全書》本《唐大詔令集》所錄《命姚崇等北伐制》，其文作"勿部珣"，而非"兵部珣"。此外，章群先生在引述"左驍衛將軍論弓仁、右金吾衛大將軍勿部珣……等，……弓仁及珣，并可前鋒總管"後，下注出自"《命呂休璟等北伐制》"。按，上述文字不見《命呂休璟等北伐制》，而是出現於次篇的《命姚崇等北伐制》，疑章群先生又混淆了兩篇制文。

不容忽視的是，章群先生"兵部珣"的釋讀並非空穴來風，今見個別版本《唐大詔令集》中《命姚崇等北伐制》確實有作"兵部珣"者，下面選擇有代表性的《適園叢書》本、翁同龢校注清抄本及彭元瑞校本底本爲例進行説明。

《適園叢書》本《唐大詔令集》所收《命姚崇等北伐制》中作"兵部珣"。按，《適園叢書》本跋語云："今得明人抄本三部，互相校讎。"① 似謂明人抄本中，《命姚崇等北伐制》即作"兵部珣"，然上舉中山大學藏明抄本《唐大詔令集》及明刊本《文苑英華》皆作"勿部珣"，證明《適園叢書》本之"兵部珣"并非來自明本，而是出自清人之手。可以提供佐證的是，《適園叢書》本錯誤和臆改之處較多，如屢見清人避諱，保存清代公牘用語，"夷狄""胡虜"等字樣，都代以"邊陲"等，明顯具有清人整理的痕迹。② 1992 年，學林出版社稱以明抄本爲底本，對照《四庫全書》文淵閣本點校，出版了簡體橫排本，今稱學林本。③ 至於具體以哪一個明抄本爲底本，學林本并未説明，推測即是《適園叢書》本。④ 與本文相關的是，同《適園叢書》本一樣，學林本《唐大詔令集》的《命姚崇等北伐制》中亦作"兵部珣"。

翁同龢校注清抄本，現藏國家圖書館。按，《中國古籍總目》"唐大詔令集"條著錄："清抄本：四庫底本，存卷七至十三、二十五至八十六、九十九至一百十八、一百二十一至一百三十，清翁同龢校注，國圖。"⑤ 據《總目》所云，此本應是四庫底本。然上舉兩個四庫本《命姚崇等北伐制》中并不作"兵部珣"，而是"勿部珣"，説明該本未得到四庫編撰的采用。究其原因，當是該抄本錯誤過多。即以《命姚崇等北伐制》篇爲例，傳抄之誤比比皆是，如"崇"作"寀"、"伯"作"迫"、"遵"作"導"、"軌"作"執"、"人"作"又"等訛字類，如"之外"倒爲"外之"、"遺賊"倒爲"賊遺"等倒文類，以及"偃"下衍"戈"等衍文類錯誤，均證此本并非良本。

彭元瑞校本底本，現藏上海圖書館。《中國古籍總目》"唐大詔令集"條著錄："清彭氏知聖道齋抄本，存卷七至於十三、二十五至八十六、九十九至一百三十，清彭元瑞校并

---

① 張鈞衡：《適園叢書》第四集，吳興張氏采輯善本彙刊。
② 韓理洲：《學林本〈唐大詔令集〉點校商兑》，《西北大學學報》1994 年第 2 期，第 68—72 頁。
③ 宋敏求編，洪丕謨、張伯元、沈敖大點校：《唐大詔令集》，上海：學林出版社，1992 年。
④ 韓理洲：《學林本〈唐大詔令集〉點校商兑》，第 68—72 頁。
⑤ 中國古籍總目編纂委員會：《中國古籍總目》，北京：中華書局，上海：上海古籍出版社，2009 年，第 3537—3538 頁。

跋，上海。"① 該本底本寫作"兵部珣"，彭元瑞校改爲"勿部珣"。今按，彭元瑞校本底本抄自四庫底本，② 與翁同龢校注清抄本屬一系，故二本《命姚崇等北伐制》中皆作"兵部珣"。與上述兩個版本一樣，彭元瑞校本底本傳抄訛誤不勝枚舉，訛、闕、衍、倒文習見。

綜合分析各版本《命姚崇等北伐制》情況：鐵琴銅劍樓本、中山大學明抄本、顧廣圻校舊抄本、商務本、中華本、《四庫全書》本、《文苑英華》本、《全唐文》本等均作"勿部珣"。前文已經從《唐大詔令集》《文苑英華》《全唐文》相關記載，輔證功德記主是"勿部珣"，而非"兵部珣"。至於《適園叢書》本、翁同龢校注清抄本及彭元瑞校本底本緣何作"兵部珣"，從上述三本一系傳承情況來看，一個共同點即是訛誤較多，所以"兵"當係"勿"字傳抄之誤。至於錯誤産生的原因，應與唐代官名、人名結合稱謂有關。"兵部珣"這種官名與人名并列式結構稱謂在史籍中較爲常見，如韓愈《哭楊兵部凝陸歙州參》中楊凝被稱爲"楊兵部凝"③，《因話録》卷四《角部》中穆贊被稱爲"穆兵部贊"④ 等。最明顯的例子當屬《文苑英華》《全唐詩》等所録蘇頲《昆明池晏坐答王兵部珣三韻見示》詩中的"王兵部珣"⑤。"王兵部珣"，即是官名"兵部"與人名"王珣"的結合稱謂。王珣，唐玄宗開元年間人，係權臣王鉷之叔父，歷仕兵部侍郎、秘書少監、秘書監、禮部尚書，事迹見載於《舊唐書》之《韋述傳》《王鉷傳》及《唐會要》等。以生活年代及履歷仕途觀之，王珣與勿部珣顯然不是一個人。但由於《昆明池晏坐答王兵部珣三韻見示》《命姚崇等北伐制》同出蘇頲之手，又同見"兵部珣""勿部珣"相似稱謂，且《命姚崇等北伐制》要言用兵之事，就很容易誤導抄手將"勿部珣"寫成"兵部珣"。

①　中國古籍總目編纂委員會：《中國古籍總目》，第 3537 頁。
②　李豪：《〈唐大詔令集〉彭元瑞校本評議》，《山東圖書館學刊》2017 年第 2 期，第 95—98 頁。
③　曹寅等：《全唐詩》卷三三九，北京：中華書局，1999 年，第 3806 頁。
④　李肇等：《唐國史補·因話録》，上海：古典文學出版社，1957 年，第 95 頁。
⑤　李昉等：《文苑英華》卷一六四，北京：中華書局，1966 年，第 787 頁。曹寅等：《全唐詩》卷七三，第 797 頁。

第十五章

高句麗官制研究：以石刻文獻爲綫索

　　官制問題，是高句麗史研究的一個重要領域。近年來，國內外學者依據中國、朝鮮及日本史籍相關記載，在高句麗官制研究方面取得了較爲豐碩的成果。[①] 目前來看，因爲傳世文獻記載的非系統性，及人爲篡改、傳抄訛誤、語言翻譯等原因造成的史料誤讀，已經妨礙了高句麗官制問題的深入研究。相比之下，高句麗關聯石刻文獻中保存了大量的官制史料，可以和傳世文獻形成互證，在官制問題研究中逐漸發揮出重要作用。本章引證的唐代高句麗移民高乙德的墓誌就是一件重要石刻文獻。[②] 高乙德的墓誌近年發現於西安近郊，現藏洛陽龍門博物館。高乙德本係高句麗勳貴，於龍朔元年（661）唐麗戰爭中爲唐軍所俘，歸化唐廷，歷授諸官，武周聖曆二年（699）卒於長安。墓誌在敘述高乙德家族世系及宦績功業過程中，多次出現中央、地方官制信息，對於高句麗官制問題研究具有極高的史料價值。今擬據傳世文獻及其他石刻資料，對墓誌所見高句麗官制問題進行系統考證，以期於高句麗史及相關問題研究有所裨

① 中國代表性研究：耿鐵華：《中國高句麗史》，長春：吉林人民出版社，2002 年；劉炬等：《高句麗政治制度研究》，香港：亞洲出版社，2008 年；姜維東：《高句麗官制研究》，長春：東北師範大學出版社，2014 年；楊軍等：《高句麗官制研究》，長春：吉林大學出版社，2014 年；高福順：《高句麗中央官制研究》，長春：吉林大學出版社，2015 年。朝鮮代表性研究：林鐘相：《關於高句麗中央集權統治體制的成立過程》，《歷史科學》1979年第 1、2 期；黃炳宣：《高句麗武官的等級和任務》，《歷史科學》1983 年第 3 期；李承赫：《關於高句麗大加和小加問題》，《歷史科學》1986 年第 2 期；姜世權：《高句麗褥薩考》，《歷史科學》1998 年第 4 期，《高句麗地方統治體制研究》，《高句麗史研究論文集》1，平壤：社會科學出版社，2005 年；崔仁哲：《古代國家高句麗的中央統治機構》，《歷史科學》2006 年第 4 期。韓國代表性研究：金哲埈：《高句麗、新羅的官階組織的成立過程》，《李丙燾博士華甲紀念論叢》，漢城：一潮閣，1956 年；李鐘旭：《高句麗早期的地方統治制度》，《歷史學報》第 94、95 合輯，1982 年；林起煥：《早期高句麗官階組織的成立與運用》，《慶熙史學》第 19 輯，1995 年；《高句麗的中央統治組織》，《韓國史》第 5 輯，1996 年；金賢淑：《高句麗中後期中央集權下的地方統治體制發展過程》，《韓國古代史研究》第 11 輯，1997 年；余昊奎：《高句麗初期諸加會議與國相》，《韓國古代史研究》第 13 輯，1998 年；金瑛沁：《6—7 世紀三國的官僚制運營與身份制》，《韓國古代史研究》第 54 輯，2009 年；趙榮光：《關於高句麗初期官等的起源及其性質》，《史學研究》第 119 輯，2015 年。日本代表性研究：今西龍：《高句麗五族五部考》，《史林》第 6 卷第 3 號，1921 年；池内宏：《高句麗五族及其五部》，《東洋學報》第 16卷第 1 號，1926 年；三上次男：《關於高句麗的官稱"古雛加"》，《史學雜誌》第 53 卷第 7 號，1942 年；宮崎市定：《關於三韓時代的位階制》，《朝鮮學報》第 10 輯，1959 年；武田幸男：《高句麗官位制及其發展》，《朝鮮學報》第 86 輯，1978 年；坂元義種：《古代朝鮮三國與日本的官位比較：以高句麗的官位爲中心》，《古代中世的社會和國家》，大阪：清文堂，1998 年；井上直樹：《對集安出土文字資料中所見高句麗支配體制的考察——安岳三號墓、德興里古墓被葬者職位再考察與府官制》，《朝鮮學報》第 203 輯，2007 年；有田穎右：《高句麗的國王與貴族》，《千里山文學論集》第 83 輯，2011 年。
② 王連龍：《唐代高麗移民高乙德墓誌及相關問題研究》，《吉林師範大學學報》2015 年第 4 期，第 32—35 頁。

益。同時，作爲一種嘗試，本章以個案考証作爲探討社會制度的一個切入點，希望在方法論上對相關問題研究也有所啓示。

一、"執坰事""司府大夫""評臺" 與高句麗中央職事官

根據《高乙德墓誌》記載，高氏家族成員曾任"執坰事""司府大夫""評臺"等職官。這些職官位在京畿，職事與"道史""都督"等地方職官有別，是爲高句麗中央職事官。

在衆多職官中，"執坰事"尤爲值得關注。高乙德祖岑、父孚都曾以中裏小兄，世襲"執坰事"。"執坰事"，或謂馬政之官，[①] 筆者認爲其職掌土地賦稅更爲合適。按，《爾雅·釋地》："邑外謂之郊，郊外謂之牧，牧外謂之野，野外謂之林，林外謂之坰。"是"坰"爲林外之地，最爲遠郊。依周制，遠郊之地，可爲受田，即《周禮·地官·載師》所云"以官田、牛田、賞田、牧田任遠郊之地"。鄭司農謂"賞田者，賞賜之田"。鄭玄補證："官田，庶人在官者其家所受田也。牛田、牧田，畜牧者之家所受田也。"[②] 二鄭所言甚是。《詩經·魯頌·駉》所謂"駉駉牡馬，在坰之野"，即因"坰"地有牧田，即牧人所受之田，非言"坰"爲牧場。《毛序》"務農重穀，牧于坰野"，《鄭箋》"必牧於坰野者，辟民居與良田也"，皆主受田，今人多誤讀。故此，"坰"又多與土地耕種相關，習指農事。如左思《三都賦》云："腜腜坰野，奕奕菑畝。甘荼伊蠚，芒種斯阜。"田一歲曰"菑"，"芒種"即稻麥，是"坰野"即耕種之地。至唐代頌揚農事詩歌中，亦多見"坰"者。顧非熊《題永福寺臨淮亭》"常來勸農事，賴此近郊坰"，以及唐文宗《暮春喜雨詩》"郊坰既沾足，黍稷有豐期"等，皆以"坰"代指田地農事。

墓誌記載高岑在執坰事後，因過"降黜外官，轉任經歷數政，遷受遼府都督。即奉教追受對盧官，依舊執坰事，任評臺之職"。按，"評臺"不見載籍，可略爲考證。依墓誌文例，以"評臺"爲"職"，可推知"評臺"爲官職，非爲機構。有學者將"評臺"等同於唐三省宰相合議政事機構，[③] 應爲誤解。高句麗早期官制有"評者"，可執國權柄。後來"評"官系統化，出現管理王畿及周邊和之外諸城行政事務的"内評""外

---

① 葛繼勇、李裕杓：《新出土入唐高句麗人〈高乙德墓誌〉與高句麗末期的内政和外交》，《韓國古代史研究》第79輯，2015年，第303—343頁；後收録於《洛陽學國際學術研討會論文彙編》，2015年，洛陽師範學院；又刊於《鄭州大學學報》（哲學社會科學版）2016年第1期，第143—148、160頁。李成制：《一位高句麗武將的家世和生平傳記——對新發現〈高乙德墓誌〉的譯注和分析》，《韓國古代史研究》第79輯，2015年，第303—343頁。余昊奎：《從新發見〈高乙德墓誌〉看高句麗末期的中裏制和中央官制》，《洛陽學國際學術研討會論文彙編》。鄭東俊：《高乙德墓誌銘》，《木簡與文字》第17輯，2016年，第255—274頁。
② 孫詒讓撰，王文錦、陳玉霞點校：《周禮正義》，北京：中華書局，2000年，第938頁。
③ 余昊奎：《從新發見〈高乙德墓誌〉看高句麗末期的中裏制和中央官制》。

評"。① 關於"評"官的具體職事，以今見史料觀之，管理司法事務是其重要工作內容。如
《三國志·高句麗傳》載高句麗"無牢獄，有罪諸加評議，便殺之，没入妻子爲奴婢"②。這種
由諸加參加的貴族會議，可視爲"評"官的最初組織形式。相類似的記載還見於《周書·高
麗傳》："刑法：……盜者，十餘倍徵贓；若貧不能備，及負公私債者，皆聽評其子女爲奴婢以
償之。"③ 顯然，"聽評"即是"評議"的延續和發展。就"評"官淵源有自的組織形式而言，
"評臺"可以理解爲貴族評議會成員的統稱。在名稱起源及具體執掌上，"評臺"與中原王朝
漢唐延續的"臺官"更爲相似。④ 此外，從上舉貴族評議會成員身份來看，均具一定的官階，
如"加""大對盧""太大兄"等。具體至高岑，也是因爲受"對盧"官，才有資格任"評
臺"之職，二者若符契合。

相比之下，高岑子高孚仕途更爲順利，任職地方"南蘇道史""海谷府都督"之後，又遷
受太相，升任中央"司府大夫"。按，高句麗早期中央官制有"中畏大夫"。《三國史記·高句
麗本紀》載："中畏大夫沛者於畀留、評者左可慮，皆以王后親戚執國權柄。"⑤ 此中畏大夫由
五部長出任，位高權重，非一般職官所能及。高句麗後期，東部順奴部勢力擴張，高孚出身東
部，故有"司府大夫"之任。核之中原王朝官制，《周官》有太府下士，掌財賦。秦、漢已
降，財賦屬司農少府。梁始置太府卿，掌帑藏。後周沿置，其長曰太府中大夫，隋稱太府卿，
品第三。及唐龍朔改爲外府，其長爲外府正卿，光宅改爲司府，其長爲司府卿，神龍復爲太府
寺。《舊唐書·職官志》載："太府寺，卿一員，從三品。……掌邦國財貨，總京師四市、平
准、左右藏、常平八署之官屬，舉其綱目，修其職務。"⑥ 比較之下，"司府大夫"應與"太府
卿""司府卿"相類，掌管財賦之政。此亦與高氏世襲"執坰事"相印證，衹是"司府大夫"
已掌全國貢賦錢物的收納與儲藏，不限於"執坰事"所涉土地賦税之事。

二、"道史""都督"與高句麗地方職事官

在"執坰事""司府大夫""評臺"等中央職事官之外，《高乙德墓誌》還記載高氏子弟
曾任"南蘇道史""貴端道史""遼府都督""海谷府都督"等地方職官，即墓誌所謂"外
官"，本文統一稱爲地方職事官。

① 白鳥庫吉：《朝鮮古代地名考》，《史學雜誌》第6編第10號，1895年，第730—741頁；第6編第11號，1895
年，第805—821頁；第7編第1號，1896年，第16—35頁。西今龍：《高句麗五族五部考》，《史林》第6卷第
3號，1921年，第36—62頁。武田幸男：《六世紀朝鮮三國的國家體制》，井上光貞等編《東亞世界·日本古代
史講座（4）朝鮮三國和倭》，東京：學生社，1980年，第23—71頁。金賢淑：《高句麗中後期中央集權下的地
方統治體制的發展過程》，《韓國古代史研究》第11輯，1997年，第11—69頁。劉炬、付百臣等：《高句麗政
治制度研究》，香港：亞洲出版社，2008年，第260頁。
② 陳壽：《三國志》卷三〇《東夷·高句麗傳》，北京：中華書局，1964年，第844頁。
③ 令狐德棻：《周書》卷四九《異域·高麗傳》，北京：中華書局，1971年，第885頁。
④ 沈約：《宋書》卷三九《百官志》，北京：中華書局，2018年，第1342頁。
⑤ 金富軾著，楊軍校勘：《三國史記》卷一六《高句麗本紀》，長春：吉林大學出版社，2015年，第202頁。
⑥ 劉昫等：《舊唐書》卷四四《職官志》，北京：中華書局，1975年，第1889頁。

誌云高孚在升遷中央職事官之前，一直在地方任職，最初"受寶藏王中裹小兄，任南蘇道史"。"道史"，係高句麗地方職官。按，陳大德《高麗記》言高句麗"諸城置處間，比刺史，亦謂之道使。道使治所名之曰備"①。"史""使"相通，是"道史"即"道使"。《中原高句麗碑》載"主簿道使"②，及高句麗移民高提昔之墓誌云"曾祖伏仁大相，水境城道使、遼東城大首領"③，亦可爲佐證。"道史"係高句麗"諸城"級城邑之行政長官，相當於唐朝的刺史。"南蘇"，東晉已見。《晉書·慕容皝載記》載永和元年（345）"慕容恪攻高句麗南蘇，剋之，置戍而還"④。關於"南蘇"具體位置，學界略有爭議。⑤按，《翰苑·藩夷部》"高麗"條載："南蘇表戍，驗客恪之先鳴。"雍公叡注："南蘇城在國西北。……《高麗記》云：'城在新城北七十里山上也。'"是《高麗記》明確記載"南蘇"城在新城北七十里。又按，《資治通鑒·晉紀》："皝擊高句麗，兵及新城。"胡三省注："新城，高句麗之西鄙，西南傍山，東北接南蘇、木底等城。"⑥加之，學術界已探明木底城即是新城東北方向上的遼寧省新賓縣木奇鎮高句麗山城。⑦以上皆證明陳大德《高麗記》所言南蘇城位置可信。時雍公叡去陳大德未遠，亦承認"（南蘇）城在新城北七十里山上"，又可爲佐證。今以新城所在的撫順高爾山向北延長七十唐里，符合條件者即是鐵嶺縣催陣堡鄉附近的催陣堡山城。考古發掘表明，該城規模宏大，地勢險要，⑧亦符合南蘇城的戰略位置。

與高孚升遷相似，高乙德受中裹小兄後，任"貴端道史"。貴端城，因貴端水即渾河得名。《舊唐書·薛仁貴傳》載："顯慶二年，詔仁貴副程名振於遼東經略，破高麗於貴端城，斬首三千級。"⑨及《程務挺傳》言"（程名振）率兵破高麗於貴端水，焚其新城，殺獲甚衆"⑩。《資治通鑒》胡三省注："按《舊書·程名振傳》，貴端水當在新城西南。"⑪今遼寧撫順市高爾山山城南發現有撫順勞動公園古城，應即貴端城所在，有學者指出該城係高爾山"新

① 張楚金撰，雍公叡注：《翰苑·蕃夷》"高麗"條，《遼海叢書》第4冊，沈陽：遼沈書社，第2518頁。
② 國史編纂委員會：《韓國古代金石文資料集Ⅰ》（高句麗·百濟·樂浪篇），漢城：時事文化社，1995年，第42頁。
③ 王連龍：《新見隋唐墓誌集釋》，沈陽：遼海出版社，2013年，第108頁。
④ 房玄齡等：《晉書》卷一〇九《慕容皝載記》，北京：中華書局，1974年，第2826頁。
⑤ 今有"山城子說"：白鳥庫吉、箭内亙：《滿洲歷史地理》第1卷，東京：丸善株式會社，1913年，第347—356頁；張博泉、蘇金源、董玉瑛：《東北歷代疆域史》，長春：吉林人民出版社，1981年，第115—116頁。"催陣堡山城說"：王綿厚：《高句麗古城研究》，北京：文物出版社，2002年，第209頁。"鐵背山或薩爾滸山上山城說"：今西春秋：《高句麗的南北道與南蘇、木底城》，《青丘學叢》第22號，1935年，第185頁。譚其驤：《〈中國歷史地理圖集〉釋文彙編·東北卷》，北京：中國民族學院出版社，1988年，第24—25頁。孫進己、馮永謙：《東北歷史地理》（上），哈爾濱：黑龍江人民出版社，2013年，第348—349頁。
⑥ 司馬光：《資治通鑒》卷九六《晉紀》"咸康五年十月"條，北京：中華書局，1956年，第3036頁。
⑦ 高橋匡四郎：《位於蘇子河流域的高句麗及女真之遺迹》，《建國大學研究院期報》第2輯，1941年，第48頁。譚其驤：《〈中國歷史地理圖集〉釋文彙編·東北卷》，第69頁。王綿厚、李健才：《東北古代交通》，沈陽：沈陽出版社，1990年，第102頁。
⑧ 周向永、王兆華：《遼寧鐵嶺市催陣堡山城調查》，《考古》1996年第7期，第60—90頁。
⑨ 劉昫等：《舊唐書》卷八三《薛仁貴傳》，第2781頁。
⑩ 劉昫等：《舊唐書》卷八三《程務挺傳》，第2784頁。
⑪ 司馬光：《資治通鑒》卷一九九《唐紀》"永徽六年五月"條，第6287—6288頁。

城"拱衛之平地城,① 當爲可信。

上言高岑因職事不力,降黜"外官",爲政地方,後累遷至"遼府都督"。都督之制,始於曹魏,南北朝及隋唐沿置。《新唐書·百官志》載:"都督掌督諸州兵馬、甲械、城隍、鎮戍、糧稟,總判府事。"② 稽查史誌文獻,已見高句麗除授"都督"多例,較爲集中地見於唐代高句麗移民墓誌。如《高質墓誌》:"父量,三品柵城都督,位頭大兄兼大相。"③ 其子《高慈墓誌》載同。④《高玄墓誌》:"曾祖寶,任本州都督。祖方,任平壤城刺史。父廉,唐朝贈泉州司馬。"⑤《李他仁墓誌》:"授公柵州都督兼總兵馬,管一十二州高麗,統卅七部靺鞨。"⑥還有《高欽德墓誌》:"曾祖瑗,建安州都督。祖懷,襲爵建安州都督。父千,唐左玉鈐衛中郎。"⑦ 需要指出的是,墓誌所載移民先祖事迹均係其子嗣入唐後追述,尚不能確定高句麗官制中存在"都督"一職。可以提供佐證的是,上舉陳大德《高麗記》記載高句麗地方官制:"其諸大城置傉薩,比都督;諸城置處閭,比刺史,亦謂之道使。道使治所名之曰備。諸小城置可邏達,比長史。又城置婁肖,比縣令。"既謂"比",則"比"之前的"都督"爲中原職官稱呼,與之對應的高句麗職官則爲"傉薩"。與此相關,高句麗是否存在"府"制,也需謹慎考慮。今存史籍所載高句麗後期地方行政制度,多有"部""城""郡""谷"等稱謂,唯不見"府"制,故《高乙德墓誌》之"府"應爲高句麗移民據唐制追述。

同高岑"遼府都督"一樣,高孚在"南蘇道史"後,遷陟大兄,任"海谷府都督"。"海谷",傳世文獻習見,或稱"東海谷""海谷"及"東海賈"等,均指同一行政區域。⑧關於"海谷"具體所在,有學者將其與"水谷"比定。⑨ 此觀點尚需斟酌。按,"海谷"亦見於東晉安帝義熙十年(414)《好太王碑》:"守墓人烟户:賣句余民國烟二看烟三。東海賈國烟三看烟五。敦城民四家盡爲看烟。"⑩《好太王碑》言"教取遠近舊民守墓灑掃",即按由遠及近的順序記錄守墓舊民來源地。如此,與"東海谷"臨近的"敦城"可視爲參照地標。"敦城"又名"新城",《三國史記·地理志》即云"新城州,本仇次忽,或云敦城"⑪。"新城"

---

① 王綿厚:《高句麗古城研究》,第 217 頁。
② 歐陽修、宋祁:《新唐書》卷四九下《百官志》,北京:中華書局,1975 年,第 1315 頁。
③ 吳鋼:《全唐文補遺》(千唐誌齋新藏專輯),西安:三秦出版社,2006 年,第 79—81 頁。
④ 周紹良:《唐代墓誌彙編》,上海:上海古籍出版社,1992 年,第 959—960 頁。
⑤ 周紹良、趙超:《唐代墓誌彙編續集》,上海:上海古籍出版社,2001 年,第 317 頁。
⑥ 孫鐵山:《唐李他仁墓誌銘考釋》,陝西省考古研究所編《遠望集:陝西省考古研究所華誕四十周年紀念文集》,西安:陝西人民美術出版社,1998 年,第 736—739 頁。
⑦ 周紹良:《唐代墓誌彙編》,第 1416 頁。
⑧ 三宅米吉:《高句麗古碑考》,《考古學會雜誌》第 2 卷第 3 期,1898 年,第 89 頁。朴時亨:《廣開土王陵碑》,平壤:社會科學院出版社,1966 年,第 217 頁。武田幸男:《從廣開土王碑看高句麗的領土管轄》,《東洋文化研究所紀要》第 78 輯,1979 年,第 61—154 頁。
⑨ 池内宏:《唐高宗殲滅高句麗之役及卑列道、多谷道、海谷道之名稱》,《東洋學報》第 17 卷第 1 號,1928 年;後收録於《滿鮮史研究(上世)》第 2 册,東京:吉川弘文館,1960 年。《關於唐軍討滅高句麗之役行動的探討》,《滿鮮地理歷史研究報告》16,1941 年,第 116 頁。
⑩ 王健群:《好太王碑研究》,長春:吉林人民出版社,1984 年,第 223 頁。
⑪ 金富軾著,楊軍校勘:《三國史記》卷三七《地理志》,第 532 頁。

之名，後世屢易。《高麗史·地理志》載谷州有屬縣曰"新恩縣"，別名"新城"，[①] 是高麗時"新城"又改爲"新恩縣"。據《新增東國輿地勝覽》，朝鮮世宗二十七年（1445）改"新恩縣"爲"新溪縣"，地在今朝鮮黃海北道新溪郡。[②] 又按，《三國史記·地理志》："永豐郡，本高句麗大谷郡，景德王改名，今平州。領縣二：檀溪縣，本高句麗水谷城縣，景德王改名，今俠溪縣；鎮湍縣，本高句麗十谷城縣，景德王改名，今谷州。"[③] 考慮到上舉《高麗史·地理志》所載"谷州"下有"新恩縣"（"新城""敦城"），及"海谷"太守於"新城"獻珠，則"海谷"即應是"大谷郡"，位於今朝鮮黃海北道平山郡一帶。大谷郡地處高句麗東南臨海，爲高句麗與新羅交通要道，與乾封二年（667）新羅金待問兵出海谷道相暗合。

三、"小兄""大兄""太相""對盧"與高句麗階官制

通過對《高乙德墓誌》所載高句麗中央、地方職事官的考察，可以發現墓誌在表述官制時，存在固定的格式，即"受"以"小兄""大兄""太相""對盧"等，然後"任"以"都督"等的職事官。這些與"任"職相互匹配的"受"官，用以標明職官等級，[④] 本文定義爲階官。

"兄"，本是高句麗官名，有"大兄""小兄"等之別。《魏書·高句麗傳》云："其官名有謁奢、太奢、大兄、小兄之號。"[⑤] "兄"官雖然出現較早，後來却逐漸向官品等級方向發展。《三國史記·高句麗本紀》載烽上王二年（293）"加高奴子爵爲大兄"[⑥]，同書《溫達傳》亦言溫達曾"賜爵爲大兄"[⑦]。既以"兄"爲爵，其等級意味明顯。至高句麗後期，"兄"最終演變爲階官。陳大德《高麗記》曾將高句麗官品與唐朝官品進行比對："其國建官有九等：其一曰吐捽，比一品，舊名大對盧"，後依次爲"太大兄"比二品、"鬱折"比從二品、"大夫使者"比正三品、"皂衣頭大兄"比從三品、"大使者"比正四品、"大兄加"比正五品、"拔位使者"比從五品、"上位使者"比正六品、"小兄"比正七品、"諸兄"比從七品、"過節"比正八品、"不節"比從八品及"先生"比正九品。[⑧] 其中，"兄"官羅列有序，品級有差。

---

① 鄭麟趾：《高麗史》卷五八《地理志》，東京：國書刊行會，1902年，第268頁。

② 朝鮮民主主義人民共和國科學院古典研究室：《新增東國輿地勝覽》卷四二"新溪縣"，東京：國書刊行會，1985年，第56頁。

③ 金富軾著，楊軍校勘：《三國史記》卷三五《地理志》，第482頁。

④ 關於高句麗官階，學界有不同命名，如"官階組織"：金哲埈：《高句麗、新羅的官階組織的形成過程》，第683頁。"位階制"：宮崎市定：《關於三韓時代的位階制》，第253—280頁。"官位制"：武田幸男：《高句麗官位制及其展開》，第1—54頁。"官等"：楊軍等：《高句麗官制研究》，第178—185頁。"官位等級制度"：姜維東：《高句麗官制研究》，第179—186頁；高福順：《高句麗中央官制研究》，第195—202頁。

⑤ 魏收：《魏書》卷一〇〇《高句麗傳》，北京：中華書局，2017年，第2399頁。

⑥ 金富軾著，楊軍校勘：《三國史記》卷一七《高句麗本紀》，第214頁。

⑦ 金富軾著，楊軍校勘：《三國史記》卷四五《溫達傳》，第649頁。

⑧ 張楚金撰，雍公叡注：《翰苑·蕃夷》"高麗"條，第2518頁。

這一點也可以得到出土碑誌材料的佐證，如《中原高句麗碑》"下部大兄"①，《平壤城刻字城石》"小兄"②，《泉男生墓誌》"中裏小兄""中裏大兄""中裏位頭大兄"③，《高慈墓誌》"頭大兄"等，皆屬此列。

　　與"兄"官性質相同，"相"原本爲官名。高句麗新大王二年（166）拜明臨答夫爲國相，"改左、右輔爲國相，始於此"④。後"相"官逐漸納入階官序列，有"大相""從大相""小相""狄相"之別，本誌之"太相"即"大相"。雖然《高麗記》所述高句麗"建官九等"中未見"太相"之名，但《三國史記·職官志》載新羅曾以本國官品比對高句麗官品："神文王六年，以高句麗人授京官，量本國官品授之。一吉飡本主簿，沙飡本大相，級飡本位頭大兄、從大相，奈麻本小相、狄相，大舍本小兄，舍知本諸兄，吉次本先人，烏知本自位。"⑤ 其中，"沙飡"比對"大相"，"級飡"比對"頭大兄"。相應地，"大相"應該排於"頭大兄"之前。核之《高麗記》中高句麗官品，"大相"品位等同於"大夫使者"，爲正三品。今見《高質墓誌》有"父量，三品栅城都督，位頭大兄兼大相"，《李他仁墓誌》亦載"父孟真，本朝大相"，所載"大相"皆可與本墓誌相對應。

　　"對盧"，係高岑所任，亦爲高句麗早期官名。《三國志·高句麗傳》載"其國有王，其官有相加、對盧、沛者、古雛加、主簿、優臺丞、使者、皂衣先人，尊卑各有等級。……其置官，有對盧則不置沛者，有沛者則不置對盧"⑥。是"對盧"與"沛者"級別一致，係排在"相加"之後的重要官位，爲五部部長所擔任。高句麗後期，"對盧"之"大"者，即"大對盧"，比一品，以強弱相凌奪而自爲之，不由王署置，總知國事。同"兄""相"一樣，"對盧"在高句麗後期也轉化爲階官。如《隋書·高麗傳》載高句麗職官十二等，"對盧"列第四位。⑦ 陳大德《高麗記》中未見"對盧"之名，并非説明其不在階官之列。實際上，在《隋書·高麗傳》記載之外，《舊唐書·高麗傳》載駐蹕之戰前有"年老習事"的"對盧"，⑧《三國史記·百濟本紀》出現高句麗長壽王"對盧齊于"⑨，均與《高乙德墓誌》相印證，説明高句麗後期存在"對盧"之階官。據《高麗記》"其一曰吐捽，比一品，舊名大對盧"，及"對盧"在"大對盧"之下，加之"太大兄"一名"莫何羅支"（莫離支），則"對盧"應該與"鬱折"相當，爲從二品。

① 國史編撰委員會：《韓國古代金石文資料集Ⅰ》（高句麗·百濟·樂浪篇），第 42 頁。
② 國史編撰委員會：《韓國古代金石文資料集Ⅰ》（高句麗·百濟·樂浪篇），第 108 頁。
③ 周紹良：《唐代墓誌彙編》，第 667—669 頁。
④ 金富軾著，楊軍校勘：《三國史記》卷一六《高句麗本紀》，第 200 頁。
⑤ 金富軾著，楊軍校勘：《三國史記》卷四〇《職官志》，第 596 頁。
⑥ 陳壽：《三國志》卷三〇《高句麗傳》，第 843 頁。
⑦ 魏徵：《隋書》卷八一《高麗傳》，北京：中華書局，2019 年，第 2040 頁。
⑧ 劉昫等：《舊唐書》卷一九九上《東夷·高麗傳》，第 5324 頁。
⑨ 金富軾著，楊軍校勘：《三國史記》卷二五《百濟本紀》，第 305 頁。

中編·研究編

四、職事官、階官與城邑

前文對《高乙德墓誌》所見高句麗後期中央、地方職事官及階官進行了全面的梳理。可以看到，不同等級的階官與職事官的固定匹配，反映出高句麗後期存在比較成熟的官制體系。如果進一步言之，墓誌中出現職事官、階官還可以和"南蘇""貴端""海谷府""遼府"等城邑相互比定，構成一個中央、地方并行的職事官、階官、城邑三位一體的比定系統。爲了更加形象具體，下面根據《高乙德墓誌》所載官制史料，結合傳世文獻及其他石刻資料，製成高句麗階官、職事官、城邑對照表：

	中　　央			地　　方			
官　品	正七品	正三品	從二品	正七品	正七品	正五品	正三品
階　官	中裏小兄	太相	對盧	中裏小兄	中裏小兄	大兄	太相①
職事官	執垧事	司府大夫	評臺	道史	道史	都督（傉薩）	都督（傉薩）
城　邑				南蘇	貴端	海谷府	遼府
城　級				諸城	諸城	大城	大城

此表將唐代官品、高句麗階官、職事官、城邑及城邑級別五者相互對應，較爲細緻地勾勒出了高句麗官制與城制的比定關係。就此而言，《高乙德墓誌》具有標準器意義。更爲重要的是，這套階官—職事官—城邑比定系統可以應用於今後的高句麗官制研究中，用以探討高句麗中央、地方職官的分類、等級等問題。試舉上文已述兩例：高句麗移民高質的墓誌載其"父量，三品柵城都督，位頭大兄兼大相"，按照上舉比定系統，"三品"乃官品，仿自唐制，"頭大兄兼大相"係高句麗階官，"柵城都督"爲地方職事官；同樣，高句麗移民高提昔的墓誌云其"曾祖伏仁大相，水境城道使、遼東城大首領"，其中，伏仁所受"大相"與"遼東城大首領"相比定，也與《高乙德墓誌》"遼府都督"比定標準相當，爲正三品級地方官。

推而廣之，這套階官—職事官—城邑比定系統同樣適用於高句麗城邑制研究。即以高句麗"諸大城""諸城""諸小城""城"等級與分類問題爲例，如《高乙德墓誌》中與"都督"相匹配的"海谷"屬於"大城"級別，《三國史記·高句麗本紀》西川王十九年（288）言"海谷太守"，說明"都督"與"太守"職位相當。換言之，"太守"城也屬於"大城"一級。又如《三國史記·高句麗本紀》載太祖大王四十六年（98）"春三月，王東巡柵城。……賜柵城守、吏物段有差，遂紀功於山石，乃還"②。文中出現"柵城守"，是柵城長官爲太守，即可與

---

① 《高乙德墓誌》載高岑"遷受遼府都督。即奉教，追受對盧官，依舊執垧事，任評臺之職"，未言"遼府都督"對應階官，根據後來升遷"對盧"推斷，應是"太相"。

② 金富軾著，楊軍校勘：《三國史記》卷一五《高句麗本紀》，第 193 頁。

《高質墓誌》所載高量 "栅城都督" 相印證，確證栅城屬於 "大城"。以此類推，高奴子所任 "新城太守" 之新城、《中原高句麗碑》"古牟婁城守事下部大兄" 之古牟婁城、①《冉牟墓誌》所載 "冉牟教遣令北扶餘守事" 之北扶餘，② 及具備 "城守" 的安市城等，③ 均爲高句麗 "大城"。再加上設置有褥薩的烏骨城，④ 及上舉高句麗移民墓誌中的栅城、建安城等，大致可以勾勒出高句麗後期 "大城" 位置所在。同理，這套比對系統也可以解决高句麗 "諸城" "諸小城" "城" 的等級問題。如果藉此探討高句麗城邑等級及分類問題，進而再確定城邑位置及相互轄屬關係，將爲高句麗城邑制中的 "内評" "外評" "五部制" 等諸多問題的研究帶來相當大的幫助。當然，這套官制與城邑制比定系統僅僅基於《高乙德墓誌》個案而制定，尚需傳世文獻及其他碑誌材料的支撑和完善，在使用上還要考慮時空因素，但對於高句麗政治制度及相關問題的深入研究，無疑具有方法論上的積極意義。

---

① 國史編撰委員會：《韓國古代金石文資料集Ⅰ》（高句麗·百濟·樂浪篇），第 42 頁。
② 國史編撰委員會：《韓國古代金石文資料集Ⅰ》（高句麗·百濟·樂浪篇），第 74 頁。
③ 金富軾著，楊軍校勘：《三國史記》卷二一《高句麗紀》，第 260 頁。
④ 歐陽修、宋祁：《新唐書》卷二二〇《東夷·高麗傳》，第 6193 頁。

第十六章

"日本"國號出現考：基於石刻文獻的考察

　　"日本"國號問題一直是東亞學術界較爲關注的課題，但因相關史料有限，及使用角度差異等原因，還存在着較多爭論。值得注意的是，在傳世文獻記載之外，近年來發現的《李訓墓誌》《井真成墓誌》《杜嗣先墓誌》《祢軍墓誌》等石刻文獻中出現了"日本"字樣，爲解決"日本"國號問題提供了新物證和新角度。本章擬以石刻文獻所載爲出發點，引證中國、日本及朝鮮古代文獻記載，對"日本"國號問題略作考證，以期於中日關係史及相關問題研究有所裨益。

一、石刻文獻記載

　　在"日本"國號研究中，傳世文獻與石刻文獻兼重。較之傳世文獻，石刻文獻具有兩個優點：一是時效性，時人記時事，避免了文獻流傳過程中出現的傳抄訛誤、人爲篡改等問題；二是權威性，官方書寫刊刻，具有特定的製作流程和官方認同。當然，學術研究注重"二重證據法"，傳世文獻與出土文獻相輔相成，不可偏廢。下面依次介紹"日本"國號相關石刻情況。

　　首先，《李訓墓誌》。李訓墓誌，出土時地不詳，墓誌一合，誌石長 35 厘米，寬 36 厘米，厚 8.9 厘米，2013 年入藏深圳望野博物館。① 墓誌載：

> 大唐故鴻臚寺丞李君墓誌銘并序。公諱訓，字恒。出自隴西，爲天下著姓。……享年五十有二，開元廿二年六月廿日以疾終於河南聖善寺之別院。即以其月廿五日權殯于洛陽感德鄉之原。……秘書丞褚思光文，日本國朝臣備書。

　　以李訓入葬時間觀之，該墓誌刊刻於開元二十二年（734）。墓誌行文中"日本"後附"國"字，明確指日本國號。

---

① 閻焰：《日本國朝臣備書丹褚思光撰文鴻臚寺丞李訓墓誌考》，北京：文物出版社，2019 年，第 8—11 頁。宋婷《〈李訓墓誌〉辨僞——以家族墓誌爲主的考察》，《歷史文獻研究》2021 年第 2 期，第 221—232 頁。

其次，《井真成墓誌》。井真成墓誌，出土時地不詳，墓誌一合，誌石正方形，邊長 39.5 厘米，厚 10 厘米，2004 年入藏西北大學歷史博物館。[1] 墓誌載：

> 贈尚衣奉御井公墓誌文并序。公姓井，字真成。國號日本，才稱天縱。故能銜命遠邦，馳騁上國。……以開元廿二年正月□日乃終于官第，春秋卅六。皇上哀傷，追崇有典，詔贈尚衣奉御，葬令官給。即以其年二月四日窆于萬年縣滻水東原，禮也。

井真成墓誌發現後，受到學界關注，相關研究衆多。[2] 與李訓墓誌埋葬時期及行文格式一致，井真成墓誌中的"日本"與"國號"相連，代指日本國號，應無異議。值得注意的是，井真成身爲日本留學生，卒後"葬令官給"，墓誌行文中的"日本"國號得到唐廷認可，具有官方性質。

再次，《杜嗣先墓誌》。杜嗣先墓誌，出土時地不詳，1992 年初見臺北"寒舍"骨董店。[3] 墓誌載：

> 公諱嗣先，京兆人也。……又屬皇明遠被，日本來庭，有敕令公與李懷遠、豆盧欽望、祝欽明等賓於蕃使，共其語話。……粵以先天元年九月六日薨于列祖舊墟偃師之別第，春秋七十有九。以二年二月二日與夫人鄭氏祔葬于洛都故城東北首陽原當陽侯塋下，禮也。

墓誌文中出現"日本"字樣，雖未標明國號，但與"皇明"對文，可確定爲日本國號。聯繫史實，所謂"日本來庭"係指長安二年（702）日本遣唐使粟田真人來朝。因杜嗣先墓誌葬於先天二年（713），即爲墓誌刊刻之年，時"日本"國號已經出現。

最後，《祢軍墓誌》。祢軍墓誌，2011 年出土於陝西西安近郊，墓誌一合，誌石正方形，邊長 59 厘米，現藏西安博物院。[4] 墓誌載：

> 公諱軍，字温，熊津嵎夷人也。……去顯慶五年，官軍平本藩日，見機識變，杖劍知

① 賈麥明：《新發現的唐日本人井真成墓誌及初步研究》，《西北大學學報》（哲學社會科學版）2004 年第 6 期，第 12—14 頁。
② 賈梅：《唐井真成墓誌研究綜述》，《碑林集刊》第 12 輯，西安：陝西人民美術出版社，2006 年，第 167—172 頁。
③ 葉國良：《唐代墓誌考釋八則》，《臺大中文學報》1995 年第 7 期；後收入氏著《石學續探》，臺北：大安出版社，1999 年。《從二重證據法看"日本"國號在中國的出現》，《東亞世界史研究中心年報》第 2 號，專修大學社會知性開發研究中心，2009 年，第 50—67 頁。高橋繼男：《最古的"日本"——"杜嗣先墓誌"的紹介》，《遣唐使眼中的中國與日本》，東京：朝日新聞，2005 年，第 316—330 頁。高明士：《"日本"國號與"天皇"制的起源——以最近發現的墓誌、木簡爲據》，《唐史論叢》第 17 輯，西安：陝西師範大學出版社，2014 年，第 158—172 頁。
④ 王連龍：《百濟人〈祢軍墓誌〉考論》，《社會科學戰綫》2011 年第 7 期，第 123—129 頁。

歸，似由余之出戎，如金磾之入漢。聖上嘉嘆，擢以榮班，授右武衛滻川府折衝都尉。于時，日本餘噍，據扶桑以逋誅；風谷遺甿，負盤桃而阻固；萬騎亘野，與蓋馬以驚塵；千艘橫波，援原蛇而縱沴。以公格謨海左，龜鏡瀛東，特在簡帝，往尸招慰。公徇臣節而投命，歌皇華以載馳。飛泛海之蒼鷹，肅凌山之赤雀。決河貲而天吳靜，鑿風隧而雲路通。驚鳧失侶，濟不終夕，遂能説暢天威，喻以禍福。……以儀鳳三年歲在戊寅二月朔戊子十九日景午遘疾，薨於雍州長安縣之延壽里第，春秋六十有六。……粵以其年十月甲申朔二日乙酉葬於雍州乾封縣之高陽里，禮也。

與上舉三件石刻相同，《祢軍墓誌》中也出現了"日本"字樣。但相比之下，《祢軍墓誌》刊刻的時間要更早，提前至儀鳳三年（678）。換言之，如果確定《祢軍墓誌》中"日本"是國號稱呼，則證明儀鳳三年（678）已經出現"日本"國號。

《祢軍墓誌》中出現"日本"字樣，對"日本"國號出現問題研究意義重大。爲穩妥起見，避免簡單地對號入座和羌無故實地章句，下面將"日本"置於墓誌文語境中，進行具體的分析。

從篇章主旨來看，整個段落都在描述祢軍出使日本事件。這在誌文中幾處關鍵文辭上有明顯體現。"簡帝"，"簡在帝心"之省，語出《論語·堯曰》"帝臣不蔽，簡在帝心"，以喻爲君主所知。"招慰"，義指招撫，語例見《後漢書·班超傳》"烏孫大國，控弦十萬，故武帝妻以公主，至孝宣皇帝，卒得其用。今可遣使招慰，與共合力"。"臣節"，人臣節操。《漢書·路溫舒傳》有謂"詔書令公卿選可使匈奴者，溫舒上書，願給厮養，暴骨方外，以盡臣節"。"皇華"，《詩·小雅》篇名，《序》云："《皇皇者華》，君遣使臣也。"略加分析，即可看出這些詞均與使者有關。至於"説暢天威，喻以禍福"云云，更是歌頌使事功績。關於祢軍出使日本事，《日本書紀》①《海外國記》② 等有明確記錄，已爲學界所公認。相比之下，墓誌用近150字，即祢軍生平事迹三分之一的篇幅來記載出使日本事，顯然將其視爲祢軍重要功績之一。如果將時間追溯至麟德元年（664），這次出使日本確實意義非常。顯慶五年（660），唐王朝滅百濟後，遷其王室貴族於長安，析其國置熊津、馬韓、東明、金漣、德安五都督府，擢酋渠長治之，命郎將劉仁願守百濟城，左衛郎將王文度爲熊津都督。尋文度病卒，百濟僧道琛、舊將福信率衆據周留城以叛，遣使往日本，迎立扶餘義慈子扶餘豐爲王，掀起復國運動。後福信殺道琛，扶餘豐又誅福信，與高句麗、日本連合，反抗唐王朝統治。據《舊唐書·劉仁軌傳》所載，龍朔三年（663）八月，唐軍"遇倭兵於白江之口，四戰捷，焚其舟四百艘，烟焰漲天，海水皆赤，賊衆大潰"，史稱"白江口之戰"。後唐軍又破周留城，將百濟復國力量

① 《日本書紀》卷二七"天智天皇三年（664）"條："夏五月戊申朔甲子，百濟鎮將劉仁願遣朝散大夫郭務悰等進表函與獻物，……十二月甲戌朔乙酉，郭務悰等罷歸。"又，《日本書紀》卷二七"天智天皇四年（665）"條："九月庚午朔壬辰，唐國遣朝散大夫沂州司馬上柱國劉德高等……（十二月）是月，劉德高等罷歸。"
② 瑞溪周鳳《善鄰國寶記》引《海外國記》："天智天皇三年四月，大唐客來朝。大使朝散大夫上柱國郭務悰等卅人、百濟佐平祢軍等百餘人，到對馬島。"（茨城大學圖書館藏日本京都書肆出雲寺松柏堂刊本。）

消滅殆盡，扶餘豐隻身逃亡高句麗。作爲事件的主要參與者之一，日本在白江口之戰潰敗後，恐唐王朝追罰，於島内構建工事，嬰城自守。經此一役，海東政治格局發生徹底變化：百濟徹底滅國，唐王朝的兩大敵對勢力日本和高句麗都退守自保。恰在此時，袮軍等連續出使日本，使命之重，可想而知。

關於上述袮軍出使背景，《袮軍墓誌》也存在暗示和明喻，有助於探討"日本"含義所在。如墓誌"萬騎亘野，與蓋馬以驚塵；千艘橫波，援原蛇而縱涔"句中，"蓋馬"與高句麗相關，"千艘"義謂日本戰船，是可以確定的。換言之，二者分別喻指來自陸地高句麗和海上日本的對"原蛇"百濟的援助。那麼，與之相對應的是，作爲軍事援助的兩個來源，據扶桑以逋誅的"日本餘噍"，以及負盤桃而阻固的"風谷遺甿"，自然分別代指日本和高句麗。雖然墓誌文辭簡略，但也大體勾勒出了袮軍出使日本的前因後果：白江口之戰後，雖然日本和高句麗固守本土，但考慮到在二者曾經"萬騎""千艘"的軍事援助，具有"格謨海左，龜鏡瀛東"外交才能的袮軍，於日本"往尸招慰""說暢天威，喻以禍福"。這大體與上面傳世文獻所載相吻合。更爲重要的是，作爲點睛之筆的"往"字，恰到好處地連接了袮軍出使的前因和後果。如果，"日本""風谷"不是指日本和高句麗，而是百濟或者其他地方，姑且不説百濟已經消亡，在事件的邏輯關係上也很難説通。

當然，不可否認的是，"日本"還存在着其他含義。[①] 作爲曾經的方位名詞，不唯"日本"，"扶桑""風谷""盤桃"等詞也存在着泛指的情況。所以，脱離墓誌語境，單獨地去分析傳世文獻中這些名詞的含義，對於探討《袮軍墓誌》中的"日本"，作用有限。實際情況是，《袮軍墓誌》中不僅出現了與"日本"相關的詞，而且這些詞還存在着固定搭配。首先，"日本"與"扶桑"相互對應。衆所周知，"扶桑"見於《離騷》《山海經》《論衡》等文獻中，泛指東方，即盛產東方神木的東方假想國。據傳世文獻所載，自唐代中期開始，"扶桑"與"日本"在方位上逐漸趨同，進而互相代指。如許蘭《送最澄上人還日本國》："歸到扶桑國，迎人擁海堧。"唐時日本詩人也自稱"日本"爲"扶桑"，島田忠臣《夏夜於鴻臚館餞北客歸鄉》即言"行李禮成回節信，扶桑恩極出蓬壺"。這都是"扶桑"與"日本"相搭配的例證，兹不類舉。其次，"風谷"與"盤桃"形成關聯。"風谷"，風所生之谷。《老子》言："江海所以能爲百谷王，以其善下之，故能爲百谷王。""盤桃"，又作蟠桃，神話中之仙桃，食之可延年益壽，或謂秦徐福東渡滄海所求長生之果。此二者均與高句麗有關，這一點在與《袮軍墓誌》性質相同的高句麗移民墓誌中多有體現。如《泉男生墓誌》追溯世系："三岳神府，十洲仙庭。谷王產傑，山祇孕靈。"《高質墓誌》也提到高句麗先祖"滄海谷王，廓長源而繞地"。至於"盤桃"，也存在《泉男生墓誌》"遂使桃海之濱，隳八條於禮讓"，《泉男產墓誌》"力制蟠桃之俗"等文句。相比袮軍使日背景的外證，墓誌文中"日本"關聯詞語的固定搭配使用，爲"日本"代指倭國提供了内證。

---

① 如日本學者東野治之先生主張《袮軍墓誌》中的"日本"暗指被滅的百濟（見東野治之《百濟人袮軍墓誌中的"日本"》，《圖書》2012 年第 2 期，第 1—4 頁）。該觀點具有一定的代表性，後續學者多有盲從，兹不備舉。

上文基於敘事背景和文辭使用角度，對《祢軍墓誌》中“日本”代指倭國的情況進行了分析。如果輔證以前面列舉的開元二十二年（734）的《李訓墓誌》《井真成墓誌》及先天二年（713）的《杜嗣先墓誌》，可以確認儀鳳三年（678）的《祢軍墓誌》中的“日本”即是日本國號。

二、傳世文獻輔證

前文已言，歷史學研究注重傳世文獻與出土文獻相結合。就“日本”國號問題研究來説，相比形式單一的考證，出土石刻文獻縱橫比較與文辭使用背景分析雖然要更爲周全，但對於闡釋一個重要社會現象及政治變革，仍然需要進一步擴大研究視野。所以，下面再結合傳世文獻記載，來全面考察“日本”國號出現的相關情況。

綜合分析中國史書，兩《唐書》和《通典》《唐會要》《册府元龜》等均存在“日本”和倭國關係的記載。比較之下，《新唐書·日本傳》描述更爲詳悉：

> 明年，……
> 咸亨元年，遣使賀平高麗。後稍習夏音，惡倭名，更號日本。使者自言，國近日所出，以爲名。或云日本乃小國，爲倭所并，故冒其號。使者不以情，故疑焉。又妄誇其國都方數千里，南、西盡海，東、北限大山，其外即毛人云。
> 長安元年，……①

根據史書記載，咸亨元年（670），倭國遣使賀平高句麗，藉機奏改“日本”國號。分析該段史料所在之《日本傳》，有一個值得注意的現象，即其記載唐王朝與倭國交往史事多繫之明確紀年，如貞觀五年、永徽初、明年、咸亨元年、長安元年、開元初、天寶十二載、上元中、建中元年及貞元末等，每一年發生的事件，均繫之於各自紀年之下。這種紀年敘述體例説明“咸亨元年”後發生的“使賀平高麗”“使者自言”“使者不以情”等一系列事件都在同一年，即咸亨元年。也就是説，倭國更改“日本”國號發生在咸亨元年。

當然，這條貌似簡單的史料，在具體分析中也存在一些困惑。

首先，是這條史料内部記載的“混亂”。如文中出現“後稍習夏音”之文，既謂“後”，則有咸亨元年後之嫌。如果結合史料中倭國更改“日本”國號的説辭，以及各方反應，可以知道這個“後”代表着唐王朝對此事的直觀判斷，即倭國在學習中原王朝語言文化和風俗習慣之後，瞭解到“倭”字爲貶義，進而提出更換新國號。當然，倭國在外交活動中嘗試着擺脱歷史上“倭奴國”② 的藩國身份和形象，謀求國與國之間對等關係的真實意圖，也應該爲唐

---

① 歐陽修、宋祁：《新唐書》卷二二〇《東夷·日本傳》，北京：中華書局，1975 年，第 6208 頁。
② 《後漢書》卷八五《東夷·倭傳》：“建武中元二年，倭奴國奉貢朝賀，使人自稱大夫，倭國之極南界也。光武賜以印綬。安帝永初元年，倭國王帥升等獻生口百六十人，願請見。”

王朝所瞭解。同樣，在"後"代表的唐王朝判斷之後，"使者自言，國近日所出，以爲名"，是爲倭國提出更改國號的藉口和理由。再次之的"或云"，代表着時人對此事件的另外一種判斷。最後的"使者不以情，……又妄誇"，則是倭國使者在更改國號事件中的具體表現。至此，倭國更改國號的背景、過程，及各方面的反應都集中發生在咸亨元年（670），構成了"日本"國號的整個事件。

其次，來自其他史料的"不利證據"。如張守節《史記正義》所謂武則天改倭國爲日本國，《唐會要》也有類似提法。按，《史記·五帝本紀》"東長、鳥夷"句，張守節《正義》曰："注'鳥'或作'島'。《括地志》云：'百濟國西南海中，有大島十五所，皆置邑，有人居，屬百濟。又倭國西南大海中，島居凡百餘小國，在京南萬三千五百里。'按：武后改倭國爲日本國。"同書卷二《夏本紀》"島夷卉服"句，《正義》曰："又倭國，武皇后改曰日本國，在百濟南，隔海依島而居，凡百餘小國。此皆揚州之東島夷也。"這條史料記載明確，似具説服力。不過，看到張守節兩次提到武則天改定倭國爲日本國時使用的稱謂——"武后""武皇后"，是不是還存在另外一種可能呢？即武則天准奏改定"日本"國號發生在輔政時期。可以提供佐證的是，史載高宗"自顯慶已後，多苦風疾，百司表奏，皆委天后詳決。自此內輔國政數十年，威勢與帝無異，當時稱爲'二聖'"①。那麼，咸亨元年（670），河內直鯨來朝，奏改"日本"國號，爲臨朝聽政的武后"詳決"，也在情理之中。

相比中國傳世文獻，日本史籍情況要更爲複雜一些，因爲學界普遍認爲《日本書紀》等史籍中"東天皇""日本天皇"及"日本國天皇"等字句，經過了編撰者或後人的修改，不足以證明"日本"國號出現的時間。即便如此，日本史書中一處史料也引起了筆者的注意。瑞溪周鳳《善鄰國寶記》卷上"鳥羽院元永元年（1118）"條引菅原在良論隋唐以來國書體例云：

> 推古天皇十六年，……
> 天智天皇十年，唐客郭務悰等來聘，書曰"大唐帝敬問日本國天皇"云云。
> 天武天皇元年，郭務悰等來，安置大津館，客上書函題曰"大唐皇帝敬問倭王書"。
> 又，大唐皇帝敕日本國使衛尉寺少卿大分等書曰"皇帝敬致書於日本國王"。
> 承曆二年，……②

此段史料，亦見引於《大日本史》卷二四三，內容略同。之所以關注這一條史料，是因爲文中來自唐王朝的國書出現"日本"字樣。作爲兩國交往的正式文本，國書存在固定的格式和嚴謹的稱謂，可以較爲真實直觀地體現出國家間的外交關係。

從時間上來看，郭務悰這次出使日本發生在咸亨二年（671），恰好是咸亨元年河內直鯨

---

① 劉昫等：《舊唐書》卷六《則天皇后紀》，北京：中華書局，1975年，第115頁。
② 瑞溪周鳳：《善鄰國寶記》，茨城大學圖書館藏日本京都書肆出雲寺松柏堂刊本。

等遣唐使賀平高句麗，奏改"日本"國號的第二年。雖然史書没有説明郭務悰出使日本的背景，但按照使節互訪慣例，此次使日應該是前一年河内直鯨使唐的回訪。那麼，郭務悰所帶國書中出現"日本"國號，就與上文推論咸亨元年河内直鯨等奏改"日本"國號事相互契合。同樣是日本史書，《續日本紀》卷三"慶雲元年（704）秋七月甲申朔"條記載了一段粟田真人的使唐回憶："初至唐時，有人來問曰：'何處使人？'答曰：'日本國使。'……唐人謂我使曰：'亟聞海東有大倭國，謂之君子國。'"《善鄰國寶記》卷上"慶雲元年"條記載略同。時粟田真人等在楚州鹽城縣登陸，尚未奔赴長安呈述使命。日本使節自言"日本國使"，反映出當時日本已經更改"日本"國號，也與《新唐書·日本傳》所載咸亨元年倭使奏改國號相印證。

此外，菅原在良在論國書體例時，采用分年紀事，所以，即使郭務悰從天智天皇十年（671）十月至天武天皇元年（672）三月一直滯留日本，其訪日事迹也分書爲天智天皇、天武天皇兩個紀年，即一件國書存在於兩個紀年中。菅原在良在介紹唐王朝國書時也分別名爲"書曰"和"題曰"，前者指國書正文，後者爲國書函題。但也要看到，"日本國天皇"與"倭王"在字面上確實存在着明顯差别。考慮到"日本"國名出現後，"倭國"名號仍然得以繼續使用，這種情況也可以理解。當然，面對原本"蠻夷"① 身份的倭國提出的建立國與國之間平等外交關係的請求，唐王朝在保持一貫的威嚴之下，仍然稱呼日本國王爲"倭王"，也在情理之中。國書函題名"倭王"，正文則謂"日本國天皇"，二者稱謂上的反差及位置的玄妙關係，也是天朝心態的最好注脚。

最後，再看一下朝鮮史書對"日本"國號的記載。按，《三國史記》卷六《新羅本紀》"文武王十年（670）十二月"條載：

　　土星入月。京都地震。中侍智鏡退。倭國更號日本，自言近日所出，以爲名。②

可以看到，這條史料與上舉《新唐書·日本傳》《善鄰國寶記》記載相一致，均以"日本"國號確立於咸亨元年（670）。作爲學者熟知的朝鮮現存最早史書，《三國史記》編撰於南宋紹興十五年（1145），既取材於《古記》等朝鮮古史料，同時對中國史籍也多有參考。這樣的記載可信度有多高，需要認真考慮。辯證地看，《三國史記》關於咸亨元年"日本"更改國號的記載，是否出自中國史籍已不可詳考，即便有參考，也代表着編撰者對這一史實的認同。而就事件本身而言，倭國更改"日本"國號這樣的重大事件，一定會告知周邊國家和地區，以期望獲得如唐王朝這般中央王朝的承認和允許。那麼，考慮到國家關係和地理位置等因素，新羅應該比唐王朝更早知悉倭國更改"日本"國號的決定。所以，《三國史記》出現咸亨元年

---

① 《隋書》卷八一《東夷·倭國傳》："大業三年，其王多利思比孤遣使朝貢。使者曰：'聞海西菩薩天子重興佛法，故遣朝拜，兼沙門數十人來學佛法。'其國書曰'日出處天子致書日没處天子無恙'云云。帝覽之不悦，謂鴻臚卿曰：'蠻夷書有無禮者，勿復以聞。'"
② 金富軾著，楊軍校勘：《三國史記》卷六《新羅本紀》，長春：吉林大學出版社，2015 年，第 88—89 頁。

"倭國更號日本"的記載，不必拘泥於其與中國史籍的關係，而忽略了其史料價值。

結　　語

綜上所述，本文以近年來發現的《李訓墓誌》《井真成墓誌》《杜嗣先墓誌》《祢軍墓誌》等石刻文獻所見"日本"字樣爲綫索，輔證以中國、日本及朝鮮古代文獻相關記載，對"日本"國號問題進行了探討。可以得出以下這樣的結論。《李訓墓誌》《井真成墓誌》《杜嗣先墓誌》《祢軍墓誌》中出現的"日本"，均是指"日本"國號。其中，《祢軍墓誌》相關記載將"日本"國號出現時間提前到了儀鳳三年（678）。繼而證明咸亨元年（670）倭國藉祝賀唐王朝平定高句麗之機，提出更改"日本"國號的請求，得到武則天的批准。但是源於對東亞局勢的考慮及帝國心態的變化，特別是河內直鯨等使節在奏改國號時"不以情"，唐王朝對此事不滿，采取低調處理方式。一直至長安元年（701）之前，兩國三十年間無甚往來，"日本"國號之事也未被提起。長安二年，日使粟田真人來朝，武則天給予隆重接待，"日本"國號得到了再次强化和承認。

索引編

人名索引

五畫

四 田 由 弗 冉 石 平 左 甘 令 司

六畫

戎 朱 共 百 阮 邢 舟 次 仲 安 似 伏 江

七畫

李 扶餘 杜 伯 孝 豆 邵 汾 宋

李

290

九畫

泉扁姜姚契韋宮宣紇神祢
南侯骨荀

泉

泉子遊	4. 泉男生墓誌
泉氏	30. 馬君妻泉氏墓誌
泉太祚	4. 泉男生墓誌
	11. 泉獻誠墓誌
泉玄逸	11. 泉獻誠墓誌
泉玄靜	11. 泉獻誠墓誌
泉玄隱	11. 泉獻誠墓誌
	18. 泉毖墓
	30. 馬君妻泉氏墓誌
泉同濟	30. 馬君妻泉氏墓誌
泉光富	13. 泉男產墓誌
泉男生	4. 泉男生墓誌
	5. 高玄墓誌
	11. 泉獻誠墓誌
	18. 泉毖墓
泉男建	4. 泉男生墓誌
	11. 泉獻誠墓誌
泉男產	4. 泉男生墓誌
	11. 泉獻誠墓誌
	13. 泉男產墓誌
泉君	52. 泉景仙葬劍銘
泉府君	2. 高提昔墓誌
泉毖 * 孟堅	18. 泉毖墓
泉盖金	4. 泉男生墓誌
	11. 泉獻誠墓誌
泉景仙	52. 泉景仙葬劍銘
泉孺弘	30. 馬君妻泉氏墓誌
泉獻誠 * 獻誠	4. 泉男生墓誌
	11. 泉獻誠墓誌
	18. 泉毖墓
	30. 馬君妻泉氏墓誌

扁

扁鵲	25. 高遠望墓誌

姜

姜維	3. 李他仁墓誌

姚

姚處璟	9. 高質墓誌

契

契苾何力	4. 泉男生墓誌

韋

韋氏	17. 李仁德墓誌
	24. 李懷墓誌
韋承慶	9. 高質墓誌

宮

宮之奇	10. 高慈墓誌
	48. 勿部珣功德記

宣

宣帝	53. 金可記磨崖碑

紇

紇豆陵氏	21. 豆善富墓誌

神

神武	21. 豆善富墓誌
神堯皇帝	41. 虢王妃扶餘氏墓誌

祢

祢仁秀	38. 祢素士墓誌
	42. 祢仁秀墓誌
祢仁彥	38. 祢素士墓誌
祢仁俊	38. 祢素士墓誌
祢仁傑	38. 祢素士墓誌
祢仁徽	38. 祢素士墓誌
祢思善	32. 祢寔進墓誌
	33. 祢軍墓誌
祢軍 * 温	33. 祢軍墓誌
祢真	38. 祢素士墓誌
祢素士 * 素	38. 祢素士墓誌
	42. 祢仁秀墓誌
祢寔進	32. 祢寔進墓誌
	38. 祢素士墓誌
	42. 祢仁秀墓誌
祢善	38. 祢素士墓誌
	42. 祢仁秀墓誌
祢福	33. 祢軍墓誌
祢嵩	38. 祢素士墓誌
祢義	48. 勿部珣功德記
祢譽多	32. 祢寔進墓誌
	33. 祢軍墓誌

南

南于	28. 南單德墓誌
南狄	28. 南單德墓誌
南珍貢	28. 南單德墓誌
南容	28. 南單德墓誌

地名索引

九畫

城柳柵荊洛洪洮泉神幽美契南皇
陝陘郊思突宣胡政風既恒

十二畫

萬 渤 渭 黑 崛 嵐 朝 單 貴 道 雁 絳 開
順 博 尋 雲 彭 惠 敦 勝 琊 登

官名索引

五畫

平正玉左右仗仙司外令弘

十二畫

道 達 開 游 朝 雲 評 紫

參考文獻

一、圖　　版

1. 高欽德墓誌拓本圖版、黑齒俊墓誌拓本圖版，由南京博物院提供。

2. 大唐勿部將軍功德記拓本圖版，由"中研院"歷史語言研究所傅斯年圖書館提供。

3. 高延福墓誌拓本圖版，由寶玥齋提供。

4. 豆善富墓誌拓本圖版，引自陳長安先生主編《隋唐五代墓誌彙編》（洛陽卷），天津：天津古籍出版社，1991 年，第 10 册，第 204 頁。

5. 邵陝夫人高氏墓誌拓本圖版，引自李獻奇先生、郭引强先生主編《洛陽新獲墓誌》，北京：文物出版社，1996 年，第 81 頁。

6. 高震墓誌拓本圖版、清河縣君金氏墓誌拓本圖版，引自權惠永先生著《在唐韓人墓誌銘研究·資料篇》，首爾：韓國學中央研究院出版部，2021 年，第 180、558 頁。

7. 扶餘隆墓誌拓本圖版、黑齒常之墓誌拓本圖版，引自潘思源先生編《施蟄存北窗唐誌選萃》，上海：上海古籍出版社，2014 年，第 122、148 頁。

8. 李璆夫人金氏墓誌拓本圖版，引自高峽先生主編《西安碑林全集》，廣州：廣東經濟出版社、海天出版社，1999 年，第 91 册，第 4235 頁。

9. 扶餘氏造像記拓本圖版，引自吳元真先生主編《北京圖書館藏龍門石窟造像題記拓本全編》，桂林：廣西師範大學出版社，2000 年，第 7 册，第 1 頁。

10. 金可記磨崖碑拓本圖版，引自周偉洲先生撰《長安子午谷金可記摩崖碑研究》，《中華文史論叢》2006 年第 1 期，第 287—302 頁。周偉洲藏拓，吳正浩攝。

11. 高鐃苗墓誌拓本圖版、南單德墓誌拓本圖版、似先義逸墓誌拓本圖版、李他仁墓誌拓本圖版、馬君妻泉氏墓誌拓本圖版、泉男生墓誌拓本圖版、高英淑墓誌拓本圖版、高牟墓誌拓本圖版、高質墓誌拓本圖版、王景曜墓誌拓本圖版、劉元貞墓誌拓本圖版、李懷墓誌拓本圖版、高慈墓誌拓本圖版、難元慶墓誌拓本圖版、高遠望墓誌拓本圖版、陳法子墓誌拓本圖版、金日晟墓誌拓本圖版、祢寔進墓誌拓本圖版、祢素士墓誌拓本圖版、祢仁秀墓誌拓本圖版、新羅像龕造像記圖版、泉景仙葬劍銘拓本圖版等收集中，王慶衛先生、李明先生、牛愛紅先生、么乃亮先生、樓正豪先生、鄧盼先生、趙振華先生、趙君平先生、胡戟先生、榮新江先生、張全民先生、毛陽光先生、王慶昱先生等先后提供了幫助。

12. 高提昔墓誌拓本圖版、高玄墓誌拓本圖版、高足酉墓誌拓本圖版、高乙德墓誌拓本圖版、泉男産墓
誌拓本圖版、高德墓誌拓本圖版、李仁晦墓誌拓本圖版、高木盧墓誌拓本圖版、李仁德墓誌拓本圖
版、泉毖墓誌拓本圖版、李隱之墓誌拓本圖版、祢軍墓誌拓本圖版、扶餘豐女及婿合葬墓誌拓本圖
版、虢王妃扶餘氏墓誌拓本圖版等，係作者自藏。

二、專 著

1. 張説：《張燕公集》，清文淵閣《四庫全書》鈔兩淮馬裕家藏本。簡稱：張燕公集

2. 張説：《張説之文集》，《四部叢刊》影明嘉靖本。簡稱：張説文集

3. 李昉等：《文苑英華》，中華書局 1966 年影印本，簡稱：文苑英華

4. 賀復徵：《文章辨體彙選》，清文淵閣《四庫全書》本。簡稱：文章辨體

5. 顧炎武：《金石文字記》，清光緒十四年（1888）上海掃葉山房刻本。簡稱：金石文字

6. 葉奕苞：《金石録補》，清咸豐元年（1851）海昌蔣氏宜年堂刻本。簡稱：金石録補

7. 倪濤：《六藝之一録》，清文淵閣《四庫全書》本。簡稱：六藝録

8. 李光暎：《金石文考略》，清文淵閣《四庫全書》本。簡稱：金石文考

9. 王昶：《金石萃編》，清嘉慶十年（1805）經訓堂刻本。簡稱：金石萃編

10. 畢沅：《關中金石記》，清乾隆四十六年（1781）經訓堂刻本。簡稱：關中金石

11. 錢大昕：《潛研堂金石文跋尾》，清光緒十年（1884）長沙龍氏刻本。簡稱：潛研堂

12. 朱楓：《雍州金石記》，清道光二十年（1840）惜陰軒叢書本。簡稱：雍州金石

13. 趙紹祖：《金石文鈔》，清光緒十二年（1886）杭州朱氏抱經堂刻本。簡稱：金石文鈔

14. 孫星衍：《寰宇訪碑録》，清光緒九年（1883）江蘇書局刻本。簡稱：寰宇訪碑

15. 嚴可均：《平津館金石萃編》，嘉業堂抄本。簡稱：平津館

16. 洪頤煊：《平津讀碑記》，清光緒十一年（1885）德化李氏木犀軒刻本。簡稱：讀碑記

17. 夏寶晉：《山右金石録》，東海大學圖書館藏歸安石氏校刊本。簡稱：山右金石

18. 黄本驥：《古誌石華》，清道光二十七年（1847）三長物齋刻本。簡稱：古誌石華

19. 陸增祥：《八瓊室金石補正》，民國十四年（1925）吳興劉氏希古樓刻本。簡稱：八瓊室

20. 繆荃孫：《藝風堂金石文字目》，清光緒三十二年（1906）王先謙湖南刻本。簡稱：藝風堂目

21. 吳式芬：《金石匯目分編》，海豐吳氏刊北京文禄堂印本。簡稱：金石匯目

22. 端方：《匋齋藏石記》，清宣統元年（1909）商務印書館石印本。簡稱：匋齋藏石

23. 羅振玉：《淮陰金石僅存録補遺》，清光緒十八年（1892）鉛印本。簡稱：淮陰金石

24. 羅振玉：《唐代海東藩閥誌存》，清光緒三年（1877）刻本。簡稱：海東誌存

25. 羅振玉：《芒洛冢墓遺文四編》，民國間上虞羅氏刻本。簡稱：芒冢文四

26. 羅振玉：《芒洛冢墓遺文四編補遺》，民國間上虞羅氏刻本。簡稱：芒冢文四補

27. 羅振玉：《石交録·新獲三韓石刻》，《貞松老人遺稿》（甲），民國三十年（1941）上虞羅氏鉛印

本。簡稱：石交録

28. 羅振玉：《海東冢墓文存目録》，《貞松老人遺稿》（甲），民國三十年（1941）上虞羅氏鉛印本。簡
　　稱：海東冢墓

29. 羅振玉：《三韓冢墓遺文目録》，《貞松老人遺稿》（甲），民國三十年（1941）上虞羅氏鉛印本。簡
　　稱：三韓冢墓

30. 羅振玉：《蒿里遺文目録續編》，民國十五年（1926）東方學會排印本。簡稱：蒿文目録續

31. 羅振玉：《墓誌徵存目録》，《貞松老人遺稿》（甲），民國三十年（1941）上虞羅氏鉛印本。簡稱：
　　徵存目録

32. 羅振玉：《雪堂金石文字跋尾》，民國九年（1920）上虞羅氏貽安堂刻本。簡稱：雪堂金石

33. 魯燮光：《山右訪碑記》，顧氏金石輿地叢書本。簡稱：山右訪碑

34. 劉喜海：《海東金石苑》，民國十一年（1922）吳興劉氏希古樓刊本。簡稱：海東金石

35. 朝鮮總督府：《朝鮮金石總覽》，日韓印刷所印刷本，1919年。簡稱：金石總覽

36. 方若：《校碑隨筆》，民國十二年（1923）上海華璋書局石印本。簡稱：校碑隨筆

37. 稻葉君山：《朝鮮文化史研究》，東京：雄山閣，1925年。簡稱：朝鮮文化

38. 李根源：《河南圖書館藏石目》，民國十四年（1925）河南官印刷局鉛印本。簡稱：河圖藏目

39. 關百益：《河南金石圖志》正編·第一集，河南博物館，民國二十一年（1932）。簡稱：河南圖志

40. 葛城末治：《朝鮮金石考》，大阪：屋號書店，1935年。簡稱：朝鮮金石

41. 王福厂：《初拓歐陽通書泉男生墓誌》，上海：中華書局，民國二十五年（1936）。簡稱：初拓泉男生

42. 雷福祥、孫詒鼎：《洛陽縣志》，民國三十五年（1946）稿本。簡稱：洛陽縣志

43. 朝鮮史編修會：《朝鮮史料集真續解説》第1輯，1937年。簡稱：朝鮮史料

44. 岑仲勉：《貞石證史》，《"中央研究院"歷史語言研究所集刊》第八本第四分，民國二十八年
　　（1939）。簡稱：貞石證史

45. 楊殿珣：《石刻題跋索引》，上海：商務印書館，民國三十年（1941）初版，1957年增訂版，1990年
　　影印版。簡稱：題跋索引

46. 張鈁：《千石齋藏誌目録》，北京萬順德印刷局石印本，1953年。簡稱：千石目録

47. 李蘭暎：《韓國金石文追補》，漢城：亞細亞文化社，1968年。簡稱：韓石文補

48. 李俁：《大東金石書》，漢城：亞細亞文化社，1976年。簡稱：大東金石

49. 方若、王壯弘：《增補校碑隨筆》，上海：上海書畫出版社，1981年。簡稱：增補校碑

50. 饒宗頤：《唐宋墓誌：遼東學院藏拓片圖録》，香港：香港中文大學出版社，1981年。簡稱：遼東
　　圖録

51. 毛漢光：《唐代墓誌銘彙編附考》，"中研院"歷史語言研究所，1983—1995年。簡稱：唐誌編考

52. 董誥等：《全唐文》，北京：中華書局，1983年。簡稱：全唐文

53. 張彥生：《善本碑帖録》，北京：中華書局，1984年。簡稱：善本碑帖

54. 許興植：《韓國金石全文（古代）》，漢城：亞細亞文化社，1984年。簡稱：韓石全文

55. 河南省文物研究所、河南省洛陽地區文管處：《千唐誌齋藏誌》，北京：文物出版社，1984年。簡
　　稱：千唐誌齋

56. 李希泌：《曲石精廬藏唐墓誌》，濟南：齊魯書社，1986 年。簡稱：曲石精廬

57. 金文經：《唐高句麗遺民和新羅僑民》，漢城：韓國日新社，1986 年。簡稱：高新遺民

58. 章群：《唐代藩將研究》，臺北：聯經出版事業公司，1986 年。簡稱：唐代藩將

59. 延世大學：《高句麗史研究》（史料篇），延世大學研究院，1988 年。簡稱：高句麗史料

60. 北京圖書館金石組：《北京圖書館藏中國歷代石刻拓本匯編》，鄭州：中州古籍出版社，1989 年。簡稱：北圖拓本匯編

61. 渡邊隆男：《中國法書選 37：唐歐陽通道因法師碑・泉男生墓誌銘》，東京：二玄社，1989 年。簡稱：二玄社

62. 徐自强、王巽文、冀亞平：《北京圖書館藏墓誌拓片目錄》，北京：中華書局，1990 年。簡稱：北圖目錄

63. 孫進己等：《東北古史資料叢編》第三卷（唐），瀋陽：遼沈書社，1990 年。簡稱：東北叢編

64. 陳長安：《隋唐五代墓誌彙編》（洛陽卷），天津：天津古籍出版社，1991 年。簡稱：隋唐彙編（洛陽）

65. 王仁波：《隋唐五代墓誌彙編》（陝西卷），天津：天津古籍出版社，1991 年。簡稱：隋唐彙編（陝西）

66. 洛陽市文物工作隊：《洛陽出土歷代墓誌輯繩》，北京：中國社會科學出版社，1991 年。簡稱：墓誌輯繩

67. 陳子昂：《陳拾遺集》，上海：上海古籍出版社，1992 年。簡稱：陳拾遺集

68. 孫蘭風、胡海帆：《隋唐五代墓誌彙編》（北京大學卷），天津：天津古籍出版社，1992 年。簡稱：隋唐彙編（北大）

69. 韓國古代社會研究所：《譯注：韓國古代金石文》，駕洛國史迹開發研究院，1992 年。簡稱：譯注韓石

70. 周紹良：《唐代墓誌彙編》，上海：上海古籍出版社，1992 年。簡稱：唐誌彙編

71. 容麗華：《1949—1989 年四十年出土墓誌目錄》，北京：中華書局，1993 年。簡稱：四十年目

72. 馬子雲、施安昌：《碑帖鑒定》，桂林：廣西師範大學出版社，1993 年。簡稱：碑帖鑒定

73. 中國文物研究所、河南文物研究所：《新中國出土墓誌・河南（壹）》，北京：文物出版社，1994 年。簡稱：新中國誌河南壹

74. 黃壽永：《韓國金石文遺文》，漢城：一志社，1994 年。簡稱：金石遺文

75. 韓國國史編纂委員會：《韓國古代金石文資料集 I》，漢城：時事文化社，1995 年。簡稱：韓石資料 I

76. 吳鋼：《全唐文補遺》第一輯，西安：三秦出版社，1994 年。簡稱：唐文補遺（一）

77. 吳鋼：《全唐文補遺》第二輯，西安：三秦出版社，1995 年。簡稱：唐文補遺（二）

78. 吳鋼：《全唐文補遺》第三輯，西安：三秦出版社，1996 年。簡稱：唐文補遺（三）

79. 吳鋼：《全唐文補遺》第四輯，西安：三秦出版社，1997 年。簡稱：唐文補遺（四）

80. 吳鋼：《全唐文補遺》第五輯，西安：三秦出版社，1998 年。簡稱：唐文補遺（五）

81. 吳鋼：《全唐文補遺》第六輯，西安：三秦出版社，1999 年。簡稱：唐文補遺（六）

82. 吳鋼：《全唐文補遺》第七輯，西安：三秦出版社，2000 年。簡稱：唐文補遺（七）

83. 吳鋼：《全唐文補遺》第八輯，西安：三秦出版社，2005 年。簡稱：唐文補遺（八）

84. 吳鋼：《全唐文補遺》（千唐誌齋新藏專輯），西安：三秦出版社，2006 年。簡稱：唐文補遺（千唐誌）

85. 孫貫文：《北京大學圖書館藏歷代石刻拓本草目》，《考古學集刊》8，北京：科學出版社，1994 年；太原：三晉出版社，2020 年。簡稱：北大草目

86. 上海書畫出版社編：《隋唐墓誌百種》，上海：上海書畫出版社，1995 年。簡稱：隋唐百種

87. 朝陽市博物館：《朝陽歷史與文物》，沈陽：遼寧大學出版社，1996 年。簡稱：朝陽文物

88. 李獻奇、郭引强：《洛陽新獲墓誌》，北京：文物出版社，1996 年。簡稱：洛新誌

89. 劉宇恩：《歷代拓本精華·高福墓誌·思恒律師塔銘》，上海：上海辭書出版社，1997 年。簡稱：上辭高福

90. 胡海帆、湯燕：《北京大學圖書館藏歷代金石拓本菁華》，北京：文物出版社，1998 年。簡稱：北大菁華

91. 趙東元：《韓國金石文大系》，漢城：圓光大學出版部，1979—1998 年。簡稱：金石大系

92. 劉景龍、李玉昆：《龍門石窟碑刻題記彙錄》，北京：中國大百科全書出版社，1998 年。簡稱：龍門彙錄

93. 孫寶文：《中國著名碑帖選集 45：道因法師碑·泉男生墓誌》，長春：吉林文史出版社，1999 年。簡稱：吉文

94. 李計生：《天龍山》，太原：山西經濟出版社，1999 年。簡稱：天龍山

95. 高峽：《西安碑林全集》，廣州：廣東經濟出版社、海天出版社，1999 年。簡稱：碑林全集

96. 吳元真：《北京圖書館藏龍門石窟造像題記拓本全編》，桂林：廣西師範大學出版社，2000 年。簡稱：北圖藏龍

97. 卞麟錫：《唐長安的新羅史迹》，漢城：亞細亞文化出版社，2000 年。簡稱：新羅史迹

98. 周紹良：《全唐文新編》，長春：吉林文史出版社，2000 年。簡稱：唐文新編

99. 趙平：《中國西北地區歷代石刻彙編》，天津：天津古籍出版社，2000 年。簡稱：西北彙編

100. 洛陽市文物管理局、洛陽市文物工作隊：《洛陽出土墓誌目錄》，北京：朝華出版社，2001 年。簡稱：洛誌目録

101. 周紹良、趙超：《唐代墓誌彙編續集》，上海：上海古籍出版社，2001 年。簡稱：唐誌彙編續

102. 任继愈：《中國國家圖書館碑拓菁華》，北京：北京圖書館出版社，2002 年。簡稱：國圖菁華

103. 權惪永：《韓國古代金石文綜合索引》，漢城：學研文化社，2002 年。簡稱：金石索引

104. 王晶辰：《遼寧碑誌》，沈陽：遼寧人民出版社，2002 年。簡稱：遼寧碑誌

105. 中國文物研究所、陝西省古籍整理辦公室：《新中國出土墓誌·陝西（貳）》，北京：文物出版社，2003 年。簡稱：新中國誌陝西貳

106. 李裕群、李鋼：《天龍山石窟》，北京：科學出版社，2003 年。簡稱：天龍山石窟

107. 袁道俊：《唐代墓誌》，上海：上海人民美術出版社，2003 年。簡稱：唐代墓誌

108. 韓國高句麗研究財團：《中國所在高句麗關聯金石文資料集》，2004 年。簡稱：關聯金石

109. 鄧文華：《景州金石》，北京：中國文史出版社，2004 年。簡稱：景州金石

110. 郭培育、郭培智：《洛陽出土石刻時地記》，鄭州：大象出版社，2005 年。簡稱：時地記

111. 余華清、張延皓：《陝西碑石精華》，西安：三秦出版社，2006 年。簡稱：陝西精華

112. 趙君平、趙文成：《河洛墓刻拾零》，北京：北京圖書館出版社，2007 年。簡稱：墓刻拾零

113. 趙力光：《西安碑林博物館新藏墓誌彙編》，北京：綫裝書局，2007 年。簡稱：碑林彙編

114. 洛陽市第二文物工作隊：《洛陽新獲墓誌續編》，北京：科學出版社，2008 年。簡稱：洛新誌續

115. 薛海洋：《泉男生墓誌》，鄭州：河南美術出版社，2008 年。簡稱：河美

116. 洛陽博物館編：《洛陽博物館建館 50 周年論文集》，鄭州：大象出版社，2008 年。簡稱：洛博論文集

117. 劉典立：《洛陽大典》（上冊），濟南：黃河出版社，2008 年。簡稱：洛陽大典上

118. 劉典立：《洛陽大典》（下冊），濟南：黃河出版社，2008 年。簡稱：洛陽大典下

119. 温玉成：《佛教與考古》，北京：宗教文化出版社，2009 年。簡稱：佛考

120. 趙振華：《洛陽古代銘刻文獻研究》，西安：三秦出版社，2009 年。簡稱：洛銘

121. 魏文源：《中國古代名碑名帖·道因法師碑泉男生墓誌》，哈爾濱：黑龍江美術出版社，2009 年。簡稱：黑美

122. 魏文源：《中國古代名碑名帖·泉男生墓誌》，南京：江蘇美術出版社，2010 年。簡稱：江美

123. 姜清波：《入唐三韓人研究》，廣州：暨南大學出版社，2010 年。簡稱：三韓人研究

124. 李永强、余扶危：《洛陽出土少數民族墓誌彙編》，鄭州：河南美術出版社，2011 年。簡稱：民誌彙編

125. 西安市長安博物館：《長安新出墓誌》，北京：文物出版社，2011 年。簡稱：長安新誌

126. 拜根興：《唐代高麗百濟移民研究：以西安洛陽出土墓誌爲中心》，北京：中國社會科學出版社，2012 年。簡稱：移民研究

127. 連穎俊：《天龍山石窟藝術》，北京：外文出版社，2012 年。簡稱：天龍山窟藝

128. 胡戟、榮新江：《大唐西市博物館藏墓誌》，北京：北京大學出版社，2012 年。簡稱：西市墓誌

129. 陝西省考古研究所：《唐嗣虢王李邕墓發掘報告》，北京：科學出版社，2012 年。簡稱：李邕報告

130. 鄧文華：《歷史的星空——景縣古代墓誌釋讀》，北京：中央文獻出版社，2013 年。簡稱：景縣墓誌

131. 李宇泰等：《韓國金石文集成》，韓國國學振興院，2014 年。簡稱：韓石集成

132. 王連龍：《新見隋唐墓誌集釋》，沈陽：遼海出版社，2013 年。簡稱：集釋

133. 北京大學圖書館金石組：《北京大學圖書館藏歷代墓誌拓片目錄》，上海：上海古籍出版社，2013 年。簡稱：北大目錄

134. 吳敏霞：《長安碑刻》，西安：陝西人民出版社，2014 年。簡稱：長安碑刻

135. 趙力光：《西安碑林博物館新藏墓誌續編》，西安：陝西師範大學出版社，2014 年。簡稱：碑林續編

136. 潘思源：《施蟄存北窗唐誌選萃》，上海：上海古籍出版社，2014 年。簡稱：北窗唐誌

137. 拜根興：《石刻墓誌與唐代東亞交流研究》，北京：科學出版社，2015 年。簡稱：墓誌東亞

138. 譚淑琴：《琬琰流芳——河南省博物院藏碑誌集萃》，鄭州：中州古籍出版社，2015 年。簡稱：河博碑誌

139. 趙文成、趙君平：《秦晋豫新出墓誌蒐佚續集》，北京：國家圖書館出版社，2015 年。簡稱：墓誌蒐佚續

140. 趙欣：《中國東北考古與文物研究》第 3 卷《先秦漢唐》，長春：吉林文史出版社，2016 年。簡稱：東考

141. 忠清南道歷史文化研究院編：《百濟人墓誌集成》，加山辦公室，2016 年。簡稱：百濟集成

142. 西安市文物稽查大隊：《西安新獲墓誌集萃》，北京：文物出版社，2016 年。簡稱：西安新誌

143. 祝立業：《近十年高句麗碑誌研究新收穫》，北京：中國社會科學出版社，2016 年。簡稱：新收穫

144. 趙力光：《風雨滄桑九百年：圖説西安碑林》，西安：西北大學出版社，2017 年。簡稱：圖説碑林

145. 氣賀澤保規：《新編唐代墓誌所在總合目録》，明治大學東亞石刻文物研究所，2017 年。簡稱：總合目録

146. 吴在慶：《唐五代文編年史》，合肥：黄山書社，2018 年。簡稱：唐文編年

147. 中國國家畫院書法篆刻院：《傳世經典書法碑帖·歐陽通道因法師碑泉男生墓誌》，鄭州：河南教育出版社，2018 年。簡稱：河教

148. 寶玥齋：《臻萃·典藏〔四〕唐高延福、張希古墓誌銘》，上海：華東師範大學出版社，2018 年。簡稱：華東高延福

149. 權憙永：《在唐韓人墓誌銘研究·資料篇》，首爾：韓國學中央研究院出版部，2021 年。簡稱：韓人銘集

150. 權憙永：《在唐韓人墓誌銘研究·譯注篇》，首爾：韓國學中央研究院出版部，2021 年。簡稱：韓人銘注

三、論　文

1. 内藤湖南：《近獲二三史料——扶餘隆墓誌，扶餘隆新羅王盟文，泉男生、泉男産墓誌銘，高慈墓誌》，《藝文》11－3，1920 年。簡稱：藝文 11－3

2. 柳翼謀：《泉男生墓誌跋》，《史地學報》第三卷第 3 期，1924 年，第 307 頁。簡稱：史地學報 3－3

3. 趙惜時：《本藏廣藏之物品》（續），《河南博物館館刊》1936 年第 4 期，第 13 頁。簡稱：河博館刊 1936－4

4. 許平石：《唐泉男生墓誌跋》，《河南博物館館刊》1937 年第 10 期。簡稱：河博館刊 1937－10

5. 許平石：《唐扶餘隆墓誌跋》，《河南博物館館刊》1937 年第 11 期。簡稱：河博館刊 1937－11

6. 小野玄妙：《天龍山石窟造像考》，《學林雜誌》第二卷第 4 期，後收入《大乘佛教藝術史研究》，東京：金尾文淵堂，1944 年。簡稱：學林雜誌

7. 李丙燾：《高句麗移民的抽户政策》，《震檀學報》第 25—27 輯，1954 年。簡稱：震檀學報 25—27

8. 盧泰暾：《高句麗遺民史研究——以遼東、唐内地及突厥方面的集團爲中心》，《韓佑博士停年退任紀念論文集》，1981 年。簡稱：韓佑紀念

9. 瑪麗琳·賴：《中國天龍山 21 號石窟佛像：百濟遺將珦施主》，《自由》1981 年 6 月號，自由社，

1981 年。簡稱：自由 1981－6

10. 温玉成：《華嚴宗三祖法藏身世的新資料——兼述龍門石窟中的外國人造像》，《法音》1984 年第 2 期，第 35—36 頁。簡稱：法音 1984－2

11. 朱宗堯、張昕：《李白在安陸十年論略》，《華中師院學報》1985 年第 3 期，第 98—105 頁。簡稱：華中學報 1985－3

12. 鈴木潔：《天龍山唐朝洞窟編年試論》，町田甲一先生古稀紀念會《論叢佛教美術史》，東京：吉川弘文館，1986 年，第 187—218 頁。簡稱：論叢佛教

13. 李之勤：《再論子午道的路綫和改綫問題》，《西北歷史研究》1987 年，第 150—180 頁。簡稱：西北歷史 1987

14. 申瀅植：《統一新羅時代高句麗遺民的動向——以王建家族的由來和其南下時間爲中心》，《韓國史論》第 18 輯，1988 年。簡稱：韓國史論 18

15. 趙超：《中州唐誌跋尾六則》，《華夏考古》1988 年第 2 期，第 87—94 頁。簡稱：華夏考古 1988－2

16. 小野勝年：《右金吾衛將軍勿部珣功德記——天龍山的百濟歸化人》，《史林》第 71 卷第 3 號，1988 年，第 148—152 頁。簡稱：史林 71－3

17. 崔虎林：《三國統一新羅時代墓誌研究》，《韓國學論集》第 15 輯，1989 年，第 29—34 頁。簡稱：韓學論集 15

18. 岑仲勉：《郭元振之新羅尼姬》、《陳子昂及其文集之事迹》，收入《岑仲勉史學論文集》，上海：上海古籍出版社，1990 年，第 11—12 頁。簡稱：岑仲勉集

19. 李文基：《對百濟黑齒常之父子墓誌的探討》，《韓國學報》第 64 輯，1991 年，第 142—172 頁。簡稱：韓國學報 64

20. 李道學：《百濟黑齒常之墓誌銘檢討》，《我們的文化》第 8 輯，1991 年。簡稱：文化 8

21. 黃清連：《從〈扶餘隆墓誌〉看唐代的中韓關係》，《大陸雜誌》85 卷 6 期，1992 年。簡稱：大陸雜誌 85－6

22. 李鍾文：《對薛瑶"返俗謠"的考察》，《漢文學研究》，韓國啓明大學漢文學會，1994 年。簡稱：漢文研究

23. 金壽泰：《統一時期新羅對高句麗移民的支配》，《李基白先生古稀紀念韓國史學論叢（上）》，漢城：一潮閣，1994 年。簡稱：李基白紀念

24. 裴珍達：《龍門石窟新羅像龕試論》，《碩晤尹容鎮教授停年退任紀念論叢》，1994 年。簡稱：尹容鎮紀念

25. 張乃翥、張成昆：《跋洛陽出土的聖曆二年黑齒常之墓誌》，《唐史論叢》第 6 輯，西安：陝西人民出版社，1995 年，第 134—145 頁。簡稱：唐史論叢 6

26. 馬詠鐘、張安興：《唐〈似先義逸墓誌〉考釋》，《碑林集刊》第 3 輯，西安：陝西人民美術出版社，1995 年，第 98—101 頁。簡稱：集刊 3（馬詠鐘）

27. 張伯齡：《唐馮君衡暨妻麥氏墓誌考述》，《碑林集刊》第 3 輯，西安：陝西人民美術出版社，1995 年，第 83—86 頁。簡稱：集刊 3（張伯齡）

28. 梁起錫：《百濟扶餘隆墓誌銘檢討》，《國史館論叢》第 62 輯，1995 年。簡稱：國史館 62

29. 李獻奇：《洛陽新發現唐誌叢識》，《中原文物》1996 年第 2 期，第 102—112 頁。簡稱：中原文物 1996－2

30. 李之龍：《唐代黑齒常之墓誌文考釋》，《東南文化》1996 年第 3 期，第 102—109 頁。簡稱：東南文化 1996－3

31. 楊超傑：《龍門碑刻中古地名及相關問題》，《中原文物》1996 年第 3 期，第 84—90 頁。簡稱：中原文物 1996－3

32. 束有春、焦正安：《唐代百濟黑齒常之、黑齒俊父子墓誌文解讀》，《東南文化》1996 年第 4 期，第 58—69 頁。簡稱：東南文化 1996－4

33. 束有春：《唐代黑齒常之字號及生卒年新考》，《江海學刊》1996 年第 6 期，第 105—106 頁。簡稱：江海學刊 1996－6

34. 卞麟錫：《唐長安與韓國有關遺迹的考察（二）——新羅人真仙金可記與〈續仙傳〉文獻學考察》，《人文論叢》7，1996 年。簡稱：人文論叢 7

35. 卞麟錫：《唐長安與韓國有關遺迹的考察（三）——新羅人真仙金可記的終南山隱遁·升天地·摩崖刻文之考察》，《白山學報》第 48 號，1997 年。簡稱：白山學報 48

36. 梁起錫：《百濟扶餘隆墓誌銘“百濟辰朝人”》，《金顯吉教授定年紀念鄉土史學論叢》，1997 年。簡稱：鄉土史學

37. 馬馳：《黑齒常之事迹考辨》，《武則天與偃師》，天津：歷史教學社，1997 年。簡稱：則天偃師

38. 馬馳、李文基：《〈舊唐書·黑齒常之傳〉補闕與考辨》，《百濟研究論叢》第 5 輯，1997 年。簡稱：百濟研論 5

39. 溫玉成：《中國佛教史上十二問題補正》，《佛學研究》，1997 年，第 109—118 頁。簡稱：佛學研究 1997

40. 孫鐵山：《唐李他仁墓誌銘考釋》，陝西省考古研究所編《遠望集：陝西省考古研究所華誕四十周年紀念文集》，西安：陝西人民美術出版社，1998 年，第 736—739 頁。簡稱：遠望集

41. 宋基豪：《高句麗遺民高玄墓誌銘》，《漢城大學校博物館年報》第 10 輯，1998 年。簡稱：漢博年報 10

42. 陳忠凱：《唐三藩將墓誌銘文之研究》，《碑林集刊》第 5 輯，西安：三秦出版社，1998 年，第 73—78 頁。簡稱：集刊 5

43. 李之龍：《跋唐扶餘隆墓誌文》，《華夏考古》1999 年第 2 期，第 88—93、24 頁。簡稱：華夏考古 1999－2

44. 盧重國：《新羅時代姓氏的分枝化和食邑制的實施》，《韓國古代史研究》第 15 輯，1999 年，第 185—234 頁。簡稱：韓古研究 15

45. 連劭名：《唐代高麗泉氏墓誌史事考述》，《文獻》1999 年第 3 期，第 191—199 頁。簡稱：文獻 1999－3

46. 金憲鏞、李健超：《陝西新發現的高句麗人、新羅人遺迹》，《考古與文物》1999 年第 6 期，第 59—71 頁。簡稱：考文 1999－6

47. 俞元載：《百濟黑齒氏檢討》，《百濟文化》第 28 輯，1999 年。簡稱：百濟文化 28

48. 卞麟錫：《再論金可記傳摩崖刻文》，《白山學報》第 53 號，1999 年。簡稱：白山學報 53

49. 齋藤忠：《對龍門石窟"新羅像龕"銘的窟龕考察》，《日本歷史》第 620 號，2000 年，第 50—52 頁。簡稱：日本歷史 620

50. 李文基：《百濟遺民難元慶墓誌介紹》，《慶北史學》第 23 輯，2000 年，第 493—596 頁。簡稱：慶北史學 23

51. 李文基：《高句麗遺民高足酉墓誌探討》，《歷史教育論集》第 26 輯，2001 年。簡稱：歷史教育 26

52. 金賢淑：《中國境內高句麗遺民的動向》，《韓國古代史研究》第 23 輯，2001 年。簡稱：韓古研究 23

53. 拜根興：《高句麗遺民高足酉墓誌》，（韓國）《中國史研究》第 12 輯，2001 年，第 305—322 頁。簡稱：中國史研究 12

54. 陳瑉：《黑齒常之評述》，《中央民族大學學報》2001 年第 3 期，第 31—36 頁。簡稱：民大學報 2001－3

55. 任昉：《〈洛陽新獲墓誌〉釋文補正》，《故宮博物院院刊》2001 年第 5 期，第 38—46 頁。簡稱：故宮院刊 2001－5

56. 趙超：《唐代墓誌中所見的高句麗與百濟人士》，《揖芬集——張政烺先生九十華誕紀念文集》，北京：社會科學文獻出版社，2002 年。簡稱：揖芬集

57. 馬馳：《難元慶墓誌簡釋》，趙振華主編《洛陽出土墓誌研究文集》，北京：朝華出版社，2002 年，第 293—303 頁。簡稱：洛誌研究

58. 杜文玉：《唐代泉氏家族研究》，《渭南師範學院學報》2002 年第 3 期，第 34—40 頁。簡稱：渭南學報 2002－3

59. 朴現圭：《龍門石窟與新羅像龕》，《文獻與解釋》，2003 年冬號。簡稱：文獻解釋 2003 冬

60. 曾智安：《張說與盛唐文學的關係》，首都師範大學 2003 年碩士學位論文。簡稱：首師大 2003 碩論

61. 姜仲元：《百濟黑齒家的成立和黑齒常之》，《百濟研究》第 38 輯，2003 年，第 119—137 頁。簡稱：百濟研究 38

62. 尹龍九：《中國出土韓國古代移民資料數種》，《韓國古代史研究》第 32 輯，2003 年，第 293—395 頁。簡稱：韓古研究 32

63. 拜根興：《高句麗遺民高足酉墓誌銘考釋》，《碑林集刊》第 9 輯，西安：三秦出版社，2003 年，第 27—35 頁。簡稱：集刊 9

64. 拜根興：《論與韓半島古代史有關的金石文現狀》，《陝西歷史博物館館刊》第 10 輯，2003 年，第 381—388 頁。簡稱：陝博館刊 10

65. 張澤洪：《唐五代時期道教在東亞文化圈的傳播——以金可記、崔致遠爲中心》，《"東亞漢文化圈與中國關係"國際學術會議暨中國中外關係史學會 2004 年年會論文集》，第 168—184 頁。簡稱：關係史文集 2004

66. 朴現圭：《與白居易有關的新羅人物資料研究》，《中國江南與韓國文化交流》，2005 年。簡稱：中流 2005

67. 張福有、趙振華：《洛陽、西安出土北魏與唐高句麗人墓誌及泉氏墓地》，《東北史地》2005 年第 4 期，第 2—20 頁。簡稱：東北史地 2005－4

68. 王穎玉：《張説散文研究》，南京師範大學 2006 年碩士學位論文。簡稱：南師大 2006 碩論

69. 曲景毅：《張説詩文論稿》，安徽大學 2006 年碩士學位論文。簡稱：安大 2006 碩論

70. 王綿厚：《唐泉男生泉獻誠父子墓誌補釋》，《遼寧省博物館館刊》第 1 輯，2006 年，第 347—353 頁。簡稱：遼博館刊 1

71. 馬一虹：《從唐墓誌看入唐高句麗遺民歸屬意識的變化——以高句麗末代王孫高震一族及權勢貴族爲中心》，《北方文物》2006 年第 1 期，第 29—37 頁。簡稱：北方文物 2006－1

72. 周偉洲：《長安子午谷金可記摩崖碑研究》，《中華文史論叢》2006 年第 1 期，第 287—302 頁。簡稱：文史論叢 2006－1

73. 牛致功：《有關泉男生降唐的問題——讀〈泉男生墓誌銘〉和〈泉獻誠墓誌銘〉》，《碑林集刊》第 11 輯，西安：三秦出版社，2006 年，第 149—154 頁。簡稱：集刊 11

74. 張藴：《〈唐嗣虢王李邕墓誌〉考》，《唐研究》第十二卷，北京：北京大學出版社，2006 年，第 417—429 頁。簡稱：唐研究 12

75. 閔庚三：《中國〈鴛鴦七誌齋〉收藏的古韓人墓誌》，《中國學論叢》第 21 輯，2006 年。簡稱：中國論叢 21

76. 王賀：《張説碑銘文的風骨美研究》，《綏化學院學報》2007 年第 1 期，第 79—83 頁。簡稱：綏化學報 2007－1

77. 董延壽、趙振華：《洛陽、魯山、西安出土的唐代百濟人墓誌探索》，《東北史地》2007 年第 2 期，第 2—12 頁。簡稱：東北史地 2007－2

78. 王化昆：《〈武周高質墓誌〉考略》，《河洛春秋》2007 年第 3 期。簡稱：河洛春秋 2007－3

79. 王連龍：《〈高力士墓誌〉研究補證》，《古籍整理研究學刊》2007 年第 5 期，第 32—34 頁。簡稱：古籍整理 2007－5

80. 宋基豪：《高句麗遺民高氏夫人墓誌》，《韓國史論》第 53 輯，2007 年，第 485—492 頁。簡稱：韓國史論 53

81. 閔庚三：《新出土高句麗遺民高質墓誌》，《新羅史學報》第 9 輯，2007 年。簡稱：新羅學報 9

82. 金榮官：《百濟移民〈禰寔進墓誌〉介紹》，《新羅史學報》第 10 輯，2007 年，第 365—380 頁。簡稱：新羅學報 10

83. 尹龍九：《禰寔進墓誌銘與百濟禰氏家族》，《傳統文化論叢》第 5 輯，2007 年。簡稱：傳統論叢 5

84. 周睿：《張説研究》，四川大學 2007 年博士學位論文。簡稱：川大 2007 博論（周睿）

85. 胡燕：《盛唐散文研究》，四川大學 2007 年博士學位論文。簡稱：川大 2007 博論（胡燕）

86. 張藴、汪幼軍：《唐〈故虢王妃扶餘氏墓誌〉考》，《碑林集刊》第 13 輯，西安：陝西人民出版社，2008 年，第 106—115 頁。簡稱：集刊 13（扶餘氏）

87. 拜根興：《百濟遺民〈禰寔進墓誌銘〉關聯問題考釋》，《東北史地》2008 年第 2 期，第 28—32 頁。簡稱：東北史地 2008－2

88. 王連龍：《高力士宦績考實——讀〈高力士墓誌〉》，《文物世界》2008 年第 4 期，第 29—32 頁。簡稱：文物世界 2008－4

89. 權悳永：《新羅關聯唐金石文的基礎檢討》，《韓國史研究》第 142 輯，2008 年。簡稱：韓國史研

究 142

90. 鄭炳俊：《高句麗移民》，《中國學界關於北方民族國家研究》，韓國東北亞歷史財團，2008 年。簡
    稱：北方研究

91. 李東勛：《高句麗移民高德墓誌》，《韓國史學報》第 31 號，2008 年，第 9—44 頁。簡稱：韓國史學
    報 31

92. 金榮官撰，金憲鏞譯：《百濟移民〈祢寔進墓誌〉介紹》，《碑林集刊》第 13 輯，西安：陝西人民出
    版社，2008 年，第 38—45 頁。簡稱：集刊 13（祢寔進）

93. 徐麗麗：《論張説的仕宦經歷對其文學思想、文學創作及當時文壇的影響》，廈門大學 2008 年碩士學
    位論文。簡稱：廈大 2008 博論

94. 金榮官：《高句麗移民高鐃苗墓誌檢討》，《韓國古代史研究》第 56 輯，2009 年，第 367—397 頁。
    簡稱：韓古研究 56

95. 權惠永：《大唐故金氏夫人墓銘及其關聯的幾個問題》，《韓國古代史研究》第 54 輯，2009 年。簡
    稱：韓古研究 54

96. 朴現圭：《天龍山石窟第十五窟勿部將軍功德記——以前代學者研究動向爲中心》，《西江人文論叢》
    第 25 輯，2009 年，第 39—68 頁。簡稱：西江人文 25

97. 趙振華、閔庚三：《唐高質、高慈父子墓誌研究》，《東北史地》2009 年第 2 期，第 21—33 頁，93
    頁。簡稱：東北史地 2009－2

98. 閔庚三：《中國洛陽新出土古代韓人墓誌銘研究》，《新羅史學報》第 15 輯，2009 年，第 215—246
    頁。簡稱：新羅學報 15

99. 于賡哲：《“薛瑤”墓誌銘再討論》，《第三屆新羅學國際學術大會論文集》，韓國慶州市，2009 年。
    簡稱：新羅學集

100. 鄭淳一：《唐代金氏關聯墓誌的基礎檢討》，《新羅史學報》第 16 輯，2009 年。簡稱：新羅學報 16

101. 李泳鎬：《在唐新羅人金氏墓誌銘的檢討》，《新羅史學報》第 17 輯，2009 年。簡稱：新羅學報 17

102. 汪雪芹：《張説“三教觀”與詩文創作》，華僑大學 2009 年碩士學位論文。簡稱：華僑 2009 碩論

103. 拜根興：《唐李他仁墓誌研究中的幾個問題》，《陝西師範大學學報》（哲學社會科學版）2010 年第
    1 期，第 41—48 頁。簡稱：陝西師大 2010－1

104. 張彥：《唐高麗遺民〈高鐃苗墓誌〉考略》，《文博》2010 年第 5 期，第 46—49 頁。簡稱：文博
    2010－5

105. 毛陽光：《唐代洛陽的外來風情》，《文史知識》2010 年第 6 期，第 59—66 頁。簡稱：文史知識
    2010－6

106. 王連龍：《百濟人〈祢軍墓誌〉考論》，《社會科學戰綫》2011 年第 7 期，第 123—129 頁。簡稱：
    社科戰綫 2011－7

107. 趙力光：《西安碑林所藏與海東關聯墓誌概述》，《碑林集刊》第 17 輯，西安：三秦出版社，2011
    年，第 1—10 頁。簡稱：集刊 17

108. 葛繼勇：《關於〈祢軍墓誌〉的備忘録》，《東亞世界史研究年報》第 6 輯，2012 年。簡稱：東亞史
    年報

109. 古代東亞史研究會：《祢軍墓誌譯注》，《史滴》第 34 號，2012 年。簡稱：史滴 34

110. 東野治之：《百濟人祢軍墓誌中的“日本”》，《圖書》第 75 號，2012 年。簡稱：圖書 75

111. 荆木美行：《祢軍墓誌的出現及其意義》，《皇學館論集》45－1，2012 年，皇學館大學人文學會，第 15—27 頁。簡稱：皇學館論集 45－1

112. 田中勝：《日本國號的新史料：百濟人〈祢軍墓誌〉》，《古代史海》第 68 號，2012 年，第 2—12 頁。簡稱：古代史海 68

113. 李泳鎬：《新發現的百濟遺民祢素士、祢仁秀墓誌》，《韓國古代史雜誌》第 65 輯，2012 年，第 241—246 頁。簡稱：韓古雜誌 65

114. 田立坤：《朝陽的隋唐紀年墓葬》，遼寧省文物考古研究所、日本奈良文化財研究所編《朝陽隋唐墓葬發現與研究》，北京：科學出版社，2012 年。簡稱：朝陽墓葬

115. 張全民：《新出唐百濟移民祢氏家族墓誌考略》，《唐史論叢》第 14 輯，西安：三秦出版社，2012 年，第 52—68 頁。簡稱：唐史論叢 14

116. 拜根興：《唐代百濟移民祢氏家族墓誌相關問題研究》，《當代韓國》2012 年第 2 期，第 94—107 頁。簡稱：當代韓國 2012－2

117. 權惠永：《對百濟遺民祢氏一族墓誌銘的斷想》，《史學研究》第 105 號，2012 年，第 1—35 頁。簡稱：史學研究 105

118. 陝西省考古研究所：《唐嗣虢王墓發掘簡報》，《考古與文物》2012 年第 3 期，第 22—25、67 頁。簡稱：考文 2012－3

119. 神野志隆光：《關於“日本”的由來》，《文化繼承學論集》第 10 輯，2013 年，明治大學大學院文學研究科，第 1—11 頁。簡稱：文化論集 10

120. 金榮官：《在唐新羅人金日用墓誌銘檢討》，《新羅史學報》第 27 輯，2013 年。簡稱：新羅學報 27

121. 葛繼勇：《國號“日本”及相關問題：〈祢軍墓誌〉中的“日本”（1）》，《國史學》第 209 輯，2013 年，第 1—29 頁。簡稱：國史學 209

122. 葛繼勇：《關於“扶桑”：〈祢軍墓誌〉中的“日本”》，《早稻田大學日本古典籍研究所年報》第 6 輯，2013 年，第 18—32 頁。簡稱：早稻田年報 6

123. 葛繼勇：《“風谷”與“盤桃”，“海左”與“瀛東”：〈祢軍墓誌〉中的“日本”》，《東洋學報》95－2，2013 年，第 129—149 頁。簡稱：東洋學報 95－2

124. 西本昌弘：《祢軍墓誌的“日本”與“風谷”》，《日本歷史》第 779 輯，2013 年，第 88—94 頁。簡稱：日本歷史 779

125. 金子修一：《祢氏墓誌中唐朝治下百濟人的動向》，《日本史研究》第 615 輯，2013 年，第 103—120 頁。簡稱：日本史研究 615

126. 王其禕、周曉薇：《國內城高氏：最早入唐的高句麗移民——新發現唐上元元年〈泉府君夫人高提昔墓誌〉釋讀》，《陝西師範大學學報》2013 年第 3 期，第 54—64 頁。簡稱：陝西師大 2013－3

127. 樓正豪：《高句麗遺民高牟墓誌考察》，《韓國史學報》第 53 號，2013 年，第 389—412 頁。簡稱：韓國史學報 53

128. 金榮官：《高句麗遺民高提昔墓誌銘研究》，《白山學報》第 97 號，2013 年，第 159—161 頁。簡

稱：白山學報 97

129. 金榮官：《高句麗遺民高提昔墓誌銘研究》，《碑林集刊》第 19 輯，西安：三秦出版社，2013 年，第 85—94 頁。簡稱：集刊 19

130. 李成市：《〈祢軍墓誌〉研究——以祢軍外交事迹爲中心》，《木簡與文字》第 10 輯，2013 年，第 233—284 頁。簡稱：木簡與文字 10

131. 安定俊：《〈李他仁墓誌〉所載李他仁生涯與族源——以活動在高句麗柵城地區的靺鞨爲例》，《木簡與文字》第 11 輯，2013 年，第 195—220 頁。簡稱：木簡與文字 11

132. 李鎔賢：《祢軍墓誌中的“日本”》，《韓國古代史研究》第 75 輯，2014 年。簡稱：韓古研究 75

133. 葛繼勇：《祢軍倭國出使與高宗泰山封禪：〈祢軍墓誌〉中的“日本”》，《日本歷史》第 790 號，2014 年，第 1—17 頁。簡稱：日本歷史 790

134. 氣賀澤保規：《東亞“日本”的起源：關於新發現百濟人〈祢軍墓誌〉的理解》，《白山史學》第 50 輯，2014 年，第 1—22 頁。簡稱：白山史學 50

135. 井上亘：《祢軍墓誌“日本”考》，《東洋學報》95－4，2014 年，第 355—382 頁。簡稱：東洋學報 95－4

136. 崔尚基：《〈祢軍墓誌〉研究的動向與展望——以韓中日研究爲中心》，《木簡與文字》第 12 輯，2014 年，第 59—85 頁。簡稱：木簡與文字 12（祢）

137. 吳澤呍：《對勿部珣功德記的探討》，《木簡與文字》第 12 輯，2014 年，第 193—213 頁。簡稱：木簡與文字 12（勿）

138. 崔景善：《難元慶墓誌銘》，《木簡與文字》第 13 輯，2014 年，第 239—281 頁。簡稱：木簡與文字 13（難）

139. 金榮官：《百濟義慈王外孫李濟墓誌銘考察》，《百濟文化》第 49 輯，2013 年，第 163—180 頁。簡稱：百濟文化 49

140. 鄭東浚：《〈陳法子墓誌〉研究》，《木簡與文字》第 13 輯，2014 年，第 283—309 頁。簡稱：木簡與文字 13（陳）

141. 權恩洙：《高句麗移民高欽德、高遠望墓誌研究》，《大丘史學》第 116 輯，2014 年，第 43—77 頁。簡稱：大丘史學 116

142. 金榮官：《百濟移民陳法子墓誌研究》，《百濟文化》第 50 輯，2014 年，第 175—215 頁。簡稱：百濟文化 50

143. 李成制：《高句麗、百濟遺民墓誌的記述方式——家系、出生地的記載與其意義》，《韓國古代史研究》第 75 輯，2014 年。簡稱：韓古研究 75

144. 李東勛：《高句麗百濟遺民誌文構成與撰書者》，《韓國古代史研究》第 76 輯，2014 年。簡稱：韓古研究 76

145. 拜根興：《入唐百濟移民陳法子墓誌關聯問題考釋》，《史學集刊》2014 年第 3 期，第 65—71 頁。簡稱：史學集刊 2014－3

146. 拜根興：《新公布的在唐新羅人金日晟墓誌考析》，《唐史論叢》第 17 輯，西安：陝西師範大學出版社，2014 年，第 173—185 頁。簡稱：唐史論叢 17

147. 李鵬程：《唐代高麗士人研究》，曲阜師範大學 2014 年碩士學位論文。簡稱：曲阜師大 2014 碩論

148. 樓正豪：《新見唐高句麗遺民〈高牟墓誌銘〉考釋》，《唐史論叢》第 18 輯，西安：陝西師範大學出版社，2014 年，第 258—266 頁。簡稱：唐史論叢 18

149. 谷瓊莉：《漢唐碑文孝道思想研究》，湖南大學 2014 年碩士學位論文。簡稱：湖大 2014 碩論（谷瓊莉）

150. 樓正豪：《高句麗遺民李隱之家族的出自意識考察——以新發現〈李隱之墓誌銘〉爲中心》，《韓國古代史探究》第 21 輯，2015 年，第 87—119 頁。簡稱：韓古探究 21

151. 雷聞：《太清宮道士吳善經與中唐長安道教》，《世界宗教研究》2015 年第 1 期，第 66—81 頁。簡稱：世界宗教 2015‐1

152. 樓正豪：《新見唐高句麗遺民南單德墓誌銘考釋》，《西部考古》第 8 輯，北京：科學出版社，2015 年，第 185—193 頁。簡稱：西部考古 8

153. 張炳皓：《對新發現的高句麗遺民〈南單德墓誌〉的迴顧》，《高句麗渤海研究》第 52 輯，2015 年，第 273—296 頁。簡稱：高渤研究 52

154. 拜根興、宋麗：《新見高句麗百濟移民墓誌的新探索》，《陝西歷史博物館館刊》第 22 輯，2015 年，第 236—245 頁。簡稱：陝博館刊 22

155. 石雲：《勁健而不失渾穆的〈泉君墓誌銘〉》，《東方藝術》2015 年第 16 期，第 42—69 頁。簡稱：東方藝術 2015‐16

156. 安定俊：《新發現的高句麗人李他仁墓誌銘拓本》，《高句麗百濟研究》第 52 輯，2015 年，第 369—384 頁。簡稱：高百研究 52

157. 李成市：《天龍山勿部珣功德記所載東亞人類的移動》，《佛教文明與世俗秩序》，東京：勉誠出版社，2015 年，第 240—260 頁。簡稱：佛教文明

158. 王菁、王其褘：《平壤城南氏：入唐高句麗移民新史料——西安碑林新藏唐大曆十一年南單德墓誌》，《北方文物》2015 年第 1 期，第 80—85 頁。簡稱：北方文物 2015‐1

159. 王連龍：《唐代高麗移民高乙德墓誌及相關問題研究》，《吉林師範大學學報》（人文社會科學版）2015 年第 4 期，第 32—35 頁。簡稱：吉師學報 2015‐4

160. 馬雲超：《東亞視野下的百濟人祢軍墓誌——以“日本餘噍”和“僭帝稱臣”爲中心》，《唐史論叢》第 21 輯，西安：三秦出版社，2015 年，第 37—49 頁。簡稱：唐史論叢 21

161. 李成制：《一位高句麗武將的家世和生平傳記——對新發現〈高乙德墓誌〉的譯注和分析》，《中國古中世史研究》第 38 輯，2015 年，第 177—219 頁。後收錄於《洛陽學國際學術研討會論文彙編》，2015 年，洛陽師範學院。簡稱：中古研究 38

162. 余昊奎：《從新發見〈高乙德墓誌〉看高句麗末期的中裏制和中央官制》，《洛陽學國際學術研討會論文彙編》，2015 年，洛陽師範學院。簡稱：洛學文編

163. 余昊奎：《從新發見〈高乙德墓誌〉看高句麗末期的中裏制和中央官制》，《百濟文化》第 54 輯，2015 年。簡稱：百濟文化 54

164. 張秉珍：《泉男產墓誌的譯注和撰述典據考察》，《高句麗渤海研究》第 55 輯，2016 年。簡稱：高渤研究 55

165. 葛繼勇、李裕杓：《新出土入唐高句麗人〈高乙德墓誌〉與高句麗末期的內政和外交》，《韓國古代

史研究》第 79 輯，2015 年，第 303—343 頁。後收録於《洛陽學國際學術研討會論文彙編》，2015 年，洛陽師範學院。又刊於《鄭州大學學報》（哲學社會科學版）2016 年第 1 期，第 143—148、160 頁。簡稱：韓古研究 79

166. 顏娟英：《天龍山石窟的再省思》，《中國考古學與歷史學之整合研究》，"中研院"歷史語言研究所會議論文集《中國考古學與歷史學之整合研究》，1997 年，第 839—928 頁。後收入顏娟英《鏡花水月：中國古代美術考古與佛教藝術的探討》，臺北：石頭出版有限公司，2016 年。簡稱：鏡花水月

167. 金榮官、曹凡煥：《對高句麗泉男生墓誌銘的解讀和研究》，《韓國古代史探究》第 22 輯，2016 年。簡稱：韓古探究 22

168. 武慧民：《淺析天龍山第 15 窟開鑿背景》，《文物世界》2016 年第 3 期，第 65—74 頁。簡稱：文物世界 2016－3

169. 葛繼勇：《入唐高句麗人的出自考察：兼釋李隱之、李懷父子墓誌》，《古代東亞細亞石刻研究的新方向》，韓國東北亞歷史財團，2016 年，第 175—193 頁。簡稱：東石方向

170. 吕占偉：《魯山縣〈難元慶墓誌〉訴説百濟將軍傳奇》，《平頂山晚報》2016 年 9 月 5 日。簡稱：平頂晚報 2016－9－5

171. 劉夢娜：《從李懷家族墓誌看唐代高麗化漢人的地位》，《南都學刊》2016 年第 6 期，第 47—48 頁。簡稱：南都學刊 2016－6

172. 劉永强：《唐代前期宦官養子現象研究》，《河北師範大學學報》2016 年第 6 期，第 61—67 頁。簡稱：河師學報 2016－6

173. 王旭：《泉男生與唐麗雙方之淵源》，《學問》2016 年第 6 期，第 70—73 頁。簡稱：學問 2016－6

174. 辛時代：《唐高句麗移民〈劉元貞墓誌〉考釋》，《高句麗與東北民族研究》（七），長春：吉林大學出版社，2016 年，第 139—150 頁。簡稱：高句麗研究（七）

175. 鄭東俊：《高乙德墓誌銘》，《木簡與文字》第 17 輯，2016 年，第 255—274 頁。簡稱：木簡與文字 17

176. 雷聞：《石刻史料與唐代道教史研究漫談》，《隋唐遼宋金元史論叢》第 7 輯，2017 年，第 22—28 頁。簡稱：遼宋金元 2017

177. 陳瑋：《陳法子墓誌所見入唐百濟遺民史事研究》，《北方文物》2017 年第 1 期，第 61—68 頁。簡稱：北方文物 2017－1

178. 金晟煥、樊光春：《長安終南山金可記磨崖碑及其在道教史上的涵意》，《人文雜志》2017 年第 1 期，第 68—76 頁。簡稱：人文雜志 2017－1

179. 樓正豪：《新見高句麗移民李隱之墓誌銘考釋》，《延邊大學學報》（社會科學版）2017 年第 2 期，第 41—50 頁。簡稱：延大學報 2017－2

180. 王連龍、叢思飛：《唐代新羅人金日晟墓誌及相關問題研究》，《北方文物》2017 年第 3 期，第 70—74、97 頁。簡稱：北方文物 2017－3

181. 余昊奎、李明：《高句麗遺民〈李他仁墓誌銘〉及相關問題再研究》，《韓國古代史研究》第 85 輯，2017 年，第 365—413 頁。簡稱：韓古研究 85

182. 李玟洙：《高句麗遺民李他仁的族源與柵城褥薩授與背景考察》，《大丘史學》第 128 輯，2017 年，

第 143—178 頁。簡稱：大丘史學 128

183. 金榮官：《高句麗移民南單德墓誌研究》，《百濟文化》第 57 輯，2017 年，第 193—222 頁。簡稱：
百濟文化 57

184. 李成制：《高句麗移民在遼西地區世居和存在情況——〈高英淑墓誌〉的譯注和分析》，《中國古中
世史研究》第 46 輯，2017 年，第 343—386 頁。簡稱：中古研究 46

185. 林東民：《百濟祢氏家族的起源及在唐活動的背景研究》，《國際韓國史雜誌》第 22 輯，2017 年，
第 83—114 頁。簡稱：韓國史雜誌 22

186. 陳佳：《扶餘隆史事考》，東北師範大學 2017 年碩士學位論文。簡稱：東北師大 2017 碩論

187. 蔡民錫：《扶餘隆墓誌相關問題研究》，《韓國古代史探究》第 25 輯，2017 年，第 39—78 頁。簡
稱：韓古探究 25

188. 王連龍、叢思飛：《戰争與命運：總章元年後高句麗人生存狀態考察——基於高句麗移民南單德墓
誌的解讀》，《社會科學戰綫》2017 年第 5 期，第 121—131 頁。簡稱：社科戰綫 2017－5

189. 金秀鎮：《唐京高句麗遺民研究》，首爾大學 2017 年博士學位論文。簡稱：首爾大 2017 博論

190. 王連龍、叢思飛：《唐代〈高英淑墓誌〉考釋——兼論遼西地區高句麗移民問題》，《古典文獻研
究》第二十一輯下，南京：鳳凰出版社，2018 年，第 287—295 頁。簡稱：古典文獻 21 下

191. 馮立君：《高句麗泉氏與唐朝的政治關係》，《社會科學戰綫》2018 年第 8 期，137—150 頁。簡
稱：社科戰綫 2018－8

192. 李天宇：《從〈高欽德墓誌〉看唐代高句麗移民官職授予與升遷的背景》，《梨花史學研究》第 57
輯，2018 年。簡稱：梨花史學 57

193. 金榮官：《高句麗遺民李隱之墓誌銘再考》，《韓國古代史研究》第 181 輯，2018 年，第 39—70 頁。
簡稱：韓古研究 181

194. 袁占才：《唐〈難元慶墓誌〉的發現與研究》，《平頂山晚報》2019 年 7 月 3 日。簡稱：平頂晚報
2019－7－3

195. 金榮官：《高句麗遺民李隱之墓誌銘再考》，《唐史論叢》第 29 輯，西安：三秦出版社，2019 年，
第 298—310 頁。簡稱：唐史論叢 29

196. 趙亞楠：《〈李濟墓誌并蓋〉考略》，《大東方》2019 年第 4 期。簡稱：大東方 2019－4

197. 權氣賢：《八世紀中葉唐新關係研究——以在唐新羅人金日晟墓誌銘爲中心》，韓國西江大學校大
學院 2019 年碩士學位論文。簡稱：西江 2019 碩論

198. 王連龍：《〈大唐勿部將軍功德記〉研究》，《社會科學戰綫》2019 年第 10 期，第 120—136 頁。簡
稱：社科戰綫 2019－10

199. 百雙：《唐代洛陽佛教文學研究》，山東師範大學 2020 年碩士學位論文。簡稱：山東師大 2020
碩論

200. 王連龍、叢思飛：《唐代百濟太子扶餘豐女夫妻合葬墓誌考論》，《古典文獻研究》第二十四輯下，
南京：鳳凰出版社，2021 年，第 166—173 頁。簡稱：古典文獻 24 下

201. 王連龍、黄志明：《唐代高句麗移民〈李仁晦墓誌〉考論》，《文物季刊》2022 年第 2 期，第 116—
122 頁。簡稱：文物季刊 2022－2

202. 拜根興：《〈唐故餘杭郡太夫人泉氏墓誌〉考釋》，《文博》2022 年第 3 期，第 68—76 頁。簡稱：文博 2022－3

203. 郭天天：《龍門石窟供養人圖像考辯》，沈陽師範大學 2022 年碩士學位論文。簡稱：沈陽師大 2022 碩論

四、文獻名與簡稱對照表（著作類）

	編號	簡　稱	全　　稱
二畫	19	八瓊室	《八瓊室金石補正》
	61	二玄社	《中國法書選37：唐歐陽通道因法師碑・泉男生墓誌銘》
三畫	17	山右金石	《山右金石錄》
	33	山右訪碑	《山右訪碑記》
	29	三韓冢墓	《三韓冢墓遺文目錄》
	123	三韓人研究	《入唐三韓人研究》
	46	千石目錄	《千石齋藏誌目錄》
	55	千唐誌齋	《千唐誌齋藏誌》
	48	大東金石	《大東金石書》
	89	上辭高福	《歷代拓本精華・高福墓誌・思恒律師塔銘》
四畫	3	文苑英華	《文苑英華》
	4	文章辨體	《文章辨體彙選》
	7	六藝錄	《六藝之一錄》
	94	天龍山	《天龍山》
	106	天龍山石窟	《天龍山石窟》
	127	天龍山窟藝	《天龍山石窟藝術》
五畫	15	平津館	《平津館金石萃編》
	18	古誌石華	《古誌石華》
	27	石交錄	《石交錄・新獲三韓石刻》
	60	拓本匯編	《北京圖書館藏中國歷代石刻拓本匯編》
	62	北圖目錄	《北京圖書館藏墓誌拓片目錄》
	85	北大草目	《北京大學圖書館藏歷代石刻拓本草目》
	90	北大菁華	《北京大學圖書館藏歷代金石拓本菁華》
	96	北圖藏龍	《北京圖書館藏龍門石窟造像題記拓本全編》

	編號	簡 稱	全 稱
五畫	133	北大目録	《北京大學圖書館藏歷代墓誌拓片目録》
	136	北窗唐誌	《施蟄存北窗唐誌選萃》
	71	四十年目	《1949—1989 年四十年出土墓誌目録》
	124	民誌彙編	《洛陽出土少數民族墓誌彙編》
六畫	25	芒冢文四	《芒洛冢墓遺文四編》
	26	芒冢文四補	《芒洛冢墓遺文四編補遺》
	52	全唐文	《全唐文》
	56	曲石精廬	《曲石精廬藏唐墓誌》
	93	吉文	《中國著名碑帖選集 45：道因法師碑・泉男生墓誌》
	99	西北彙編	《中國西北地區歷代石刻彙編》
	128	西市墓誌	《大唐西市博物館藏墓誌》
	142	西安新誌	《西安新獲墓誌集萃》
	122	江美	《中國古代名碑名帖・泉男生墓誌》
	141	百濟集成	《百濟人墓誌集成》
七畫	41	初拓泉男生	《初拓歐陽通書泉男生墓誌》
	119	佛考	《佛教與考古》
	129	李邕報告	《唐嗣虢王李邕墓發掘報告》
八畫	5	金石文字	《金石文字記》
	6	金石録補	《金石録補》
	8	金石文考	《金石文考略》
	9	金石萃編	《金石萃編》
	13	金石文鈔	《金石文鈔》
	21	金石匯目	《金石匯目分編》
	35	金石總覽	《朝鮮金石總覽》
	74	金石遺文	《韓國金石文遺文》
	91	金石大系	《韓國金石文大系》

	編號	簡　稱	全　稱
八畫	103	金石索引	《韓國古代金石文綜合索引》
	22	匋齋藏石	《匋齋藏石記》
	38	河圖藏目	《河南圖書館藏石目》
	39	河南圖志	《河南金石圖志》
	63	東北叢編	《東北古史資料叢編》
	140	東考	《中國東北考古與文物研究》第 3 卷《先秦漢唐》
	115	河美	《泉男生墓誌》
	138	河博碑誌	《琬琰流芳——河南省博物院藏碑誌集萃》
	147	河教	《傳世經典書法碑帖·歐陽通道因法師碑泉男生墓誌》
	125	長安新誌	《長安新出墓誌》
	134	長安碑刻	《長安碑刻》
九畫	42	洛陽縣志	《洛陽縣志》
	44	貞石證史	《貞石證史》
	88	洛新誌	《洛陽新獲墓誌》
	100	洛誌目録	《洛陽出土墓誌目録》
	114	洛新誌續	《洛陽新獲墓誌續編》
	116	洛博論文集	《洛陽博物館建館 50 周年論文集》
	117	洛陽大典上	《洛陽大典（上册）》
	118	洛陽大典下	《洛陽大典（下册）》
	120	洛銘	《洛陽古代銘刻文獻研究》
	111	陝西精華	《陝西碑石精華》
十畫	24	海東誌存	《唐代海東藩閥誌存》
	28	海東冢墓	《海東冢墓文存目録》
	34	海東金石	《海東金石苑》
	36	校碑隨筆	《校碑隨筆》
	51	唐誌編考	《唐代墓誌銘彙編附考》

	編號	簡　稱	全　　稱
十畫	58	唐代藩將	《唐代藩將研究》
	70	唐誌彙編	《唐代墓誌彙編》
	76	唐文補遺（一）	《全唐文補遺》第一輯
	77	唐文補遺（二）	《全唐文補遺》第二輯
	78	唐文補遺（三）	《全唐文補遺》第三輯
	79	唐文補遺（四）	《全唐文補遺》第四輯
	80	唐文補遺（五）	《全唐文補遺》第五輯
	81	唐文補遺（六）	《全唐文補遺》第六輯
	82	唐文補遺（七）	《全唐文補遺》第七輯
	83	唐文補遺（八）	《全唐文補遺》第八輯
	84	唐文補遺（千唐誌）	《全唐文補遺》（千唐誌齋新藏專輯）
	98	唐文新編	《全唐文新編》
	101	唐誌彙編續	《唐代墓誌彙編續集》
	107	唐代墓誌	《唐代墓誌》
	146	唐文編年	《唐五代文編年史》
	57	高新遺民	《唐高句麗遺民和新羅僑民》
	59	高句麗史料	《高句麗史研究》（史料篇）
	67	陳拾遺集	《陳拾遺集》
	110	時地記	《洛陽出土石刻時地記》
	148	華東高延福	《臻萃·典藏〔四〕唐高延福、張希古墓誌銘》
十一畫	1	張燕公集	《張燕公集》
	2	張説文集	《張説之文集》
	23	淮陰金石	《淮陰金石僅存録補遺》
	32	雪堂金石	《雪堂金石文字跋尾》
	64	隋唐彙編（洛陽）	《隋唐五代墓誌彙編》（洛陽卷）
	65	隋唐彙編（陝西）	《隋唐五代墓誌彙編》（陝西卷）

	編號	簡　稱	全　　稱
十一畫	68	隋唐彙編（北大）	《隋唐五代墓誌彙編》（北京大學卷）
	86	隋唐百種	《隋唐墓誌百種》
	102	國圖菁華	《中國國家圖書館碑拓菁華》
	126	移民研究	《唐代高麗百濟移民研究：以西安洛陽出土墓誌爲中心》
十二畫	37	朝鮮文化	《朝鮮文化史研究》
	40	朝鮮金石	《朝鮮金石考》
	43	朝鮮史料	《朝鮮史料集真續解説》
	87	朝陽文物	《朝陽歷史與文物》
	53	善本碑帖	《善本碑帖録》
	109	景州金石	《景州金石》
	130	景縣墓誌	《歷史的星空——景縣古代墓誌釋讀》
	121	黑美	《中國古代名碑名帖·道因法師碑泉男生墓誌》
	132	集釋	《新見隋唐墓誌集釋》
十三畫	12	雍州金石	《雍州金石記十卷附記録》
	30	蒿文目録續	《蒿里遺文目録續編》
	66	墓誌輯繩	《洛陽出土歷代墓誌輯繩》
	112	墓刻拾零	《河洛墓刻拾零》
	137	墓誌東亞	《石刻墓誌與唐代東亞交流研究》
	139	墓誌蒐佚續	《秦晉豫新出墓誌蒐佚續集》
	72	碑帖鑒定	《碑帖鑒定》
	95	碑林全集	《西安碑林全集》
	113	碑林彙編	《西安碑林博物館新藏墓誌彙編》
	135	碑林續編	《西安碑林博物館新藏墓誌續編》
	73	新中國誌河南壹	《新中國出土墓誌·河南（壹）》
	97	新羅史迹	《唐長安的新羅史迹》
	105	新中國誌陝西貳	《新中國出土墓誌·陝西（貳）》
	143	新收穫	《近十年高句麗碑誌研究新收穫》

	編號	簡　稱	全　稱
十四畫	144	圖説碑林	《風雨滄桑九百年：圖説西安碑林》
十五畫	11	潛研堂	《潛研堂金石文跋尾》
	49	增補校碑	《增補校碑隨筆》
	31	徵存目録	《墓誌徵存目録》
	50	遼東圖録	《唐宋墓誌：遼東學院藏拓片圖録》
	104	遼寧碑誌	《遼寧碑誌》
十六畫	14	寰宇訪碑	《寰宇訪碑録》
	92	龍門彙録	《龍門石窟碑刻題記彙録》
十七畫	47	韓石文補	《韓國金石文追補》
	54	韓石全文	《韓國金石全文（古代）》
	75	韓石資料Ⅰ	《韓國古代金石文資料集Ⅰ》
	131	韓石集成	《韓國金石文集成》
	149	韓人銘集	《在唐韓人墓誌銘研究·資料篇》
	150	韓人銘注	《在唐韓人墓誌銘研究·譯注篇》
	145	總合目録	《新編唐代墓誌所在總合目録》
十八畫	20	藝風堂目	《藝風堂金石文字目》
	45	題跋索引	《石刻題跋索引》
十九畫	10	關中金石	《關中金石記》
	108	關聯金石	《中國所在高句麗關聯金石文資料集》
二十畫	69	譯注韓石	《譯注：韓國古代金石文》
二十二畫	16	讀碑記	《平津讀碑記》

五、文獻名與簡稱對照表（論文類）

	簡　　稱	全　　稱
三畫	大陸雜誌	《大陸雜誌》
	大丘史學	《大丘史學》
	大東方	《大東方》
	川大 2007 博論（周睿）	《張説研究》
	川大 2007 博論（胡燕）	《盛唐散文研究》
四畫	文化	《我們的文化》
	文博	《文博》
	文獻	《文獻》
	文獻解釋	《文獻與解釋》
	文化論集	《文化繼承學論集》
	文史知識	《文史知識》
	文史論叢	《中華文史論叢》
	文物世界	《文物世界》
	中流	《中國江南與韓國文化交流》
	中古研究	《中國古中世史研究》
	中原文物	《中原文物》
	中國史研究	《中國史研究》
	中國論叢	《中國學論叢》
	日本歷史	《日本歷史》
	日本史研究	《日本史研究》
	尹容鎮紀念	《碩唔尹容鎮教授停年退任紀念論叢》
	木簡與文字	《木簡與文字》
五畫	北方文物	《北方文物》
	北方研究	《中國學界關於北方民族國家研究》

	簡　稱	全　　稱
五畫	史地學報	《史地學報》
	史林	《史林》
	史滴	《史滴》
	史學研究	《史學研究》
	史學集刊	《史學集刊》
	古典文獻	《古典文獻研究》
	古代史海	《古代史海》
	古籍整理	《古籍整理研究學刊》
	民大學報	《中央民族大學學報》
	白山學報	《白山學報》
	白山史學	《白山史學》
	世界宗教	《世界宗教研究》
	平頂晚報	《平頂山晚報》
六畫	自由	《自由》
	考文	《考古與文物》
	江海學刊	《江海學刊》
	百濟研論	《百濟研究論叢》
	百濟文化	《百濟文化》
	百濟研究	《百濟研究》
	西江人文	《西江人文論叢》
	西北歷史	《西北歷史研究》
	西部考古	《西部考古》
	西江 2019 碩論	《八世紀中葉唐新關係研究——以在唐新羅人金日晟墓誌銘爲中心》
	早稻田年報	《早稻田大學日本古典籍研究所年報》
	吉師學報	《吉林師範大學學報》

	簡　稱	全　　稱
六畫	延大學報	《延邊大學學報》
	曲阜師大 2014 碩論	《唐代高麗士人研究》
七畫	岑仲勉集	《岑仲勉史學論文集》
	李基白紀念	《李基白先生古稀紀念韓國史學論叢（上）》
	社科戰綫	《社會科學戰綫》
	佛教文明	《佛教文明與世俗秩序》
	佛學研究	《佛學研究》
八畫	東南文化	《東南文化》
	東北史地	《東北史地》
	東亞史年報	《東亞世界史研究年報》
	東洋學報	《東洋學報》
	東方藝術	《東方藝術》
	東石方向	《古代東亞細亞石刻研究的新方向》
	東北師大 2017 碩論	《扶餘隆史事考》
	法音	《法音》
	河博館刊	《河南博物館館刊》
	河師學報	《河北師範大學學報》
	河洛春秋	《河洛春秋》
九畫	則天偃師	《武則天與偃師》
	故宮院刊	《故宮博物院院刊》
	洛誌研究	《洛陽出土墓誌研究文集》
	洛學文編	《洛陽學國際學術研討會論文彙編》
	陝博館刊	《陝西歷史博物館館刊》
	陝西師大	《陝西師範大學學報》
	皇學館論集	《皇學館論集》
	南都學刊	《南都學刊》
	首爾大 2017 博論	《唐京高句麗遺民研究》

	簡　稱	全　　稱
十畫	華夏考古	《華夏考古》
	華中學報	《華中師院學報》
	華僑 2009 碩論	《張説"三教觀"與詩文創作》
	唐史論叢	《唐史論叢》
	唐研究	《唐研究》
	高渤研究	《高句麗渤海研究》
	高百研究	《高句麗百濟研究》
	高句麗研究	《高句麗與東北民族研究》
十一畫	國史館	《國史館論叢》
	國史學	《國史學》
	梨花史學	《梨花史學研究》
	鄉土史學	《金顯吉教授定年紀念鄉土史學論叢》
十二畫	集刊	《碑林集刊》
	揖芬集	《揖芬集——張政烺先生九十華誕紀念文集》
	渭南學報	《渭南師範學院學報》
	湖大 2014 碩論	《漢唐碑文孝道思想研究》
	朝陽墓葬	《朝陽隋唐墓葬發現與研究》
十三畫	遠望集	《遠望集：陝西省考古研究所華誕四十周年紀念文集》
	新羅學報	《新羅史學報》
	新羅學集	《第三屆新羅學國際學術大會論文集》
	傳統論叢	《傳統文化論叢》
	綏化學報	《綏化師院學報》
	當代韓國	《當代韓國》
十四畫	漢文研究	《漢文學研究》
	漢博年報	《漢城大學校博物館年報》
	圖書	《圖書》

	簡　稱	全　　稱
十五畫	震檀學報	《震檀學報》
	論叢佛教	《論叢佛教美術史》
	慶北史學	《慶北史學》
	遼博館刊	《遼寧省博物館館刊》
十六畫	歷史教育	《歷史教育論集》
	學問	《學問》
	學林雜誌	《學林雜誌》
十七畫	韓佑紀念	《韓佑博士停年退任紀念論文集》
	韓國史論	《韓國史論》
	韓學論集	《韓國學論集》
	韓國學報	《韓國學報》
	韓古研究	《韓國古代史研究》
	韓國史研究	《韓國史研究》
	韓國史學報	《韓國史學報》
	韓古雜誌	《韓國古代史雜誌》
	韓古探究	《韓國古代史探究》
	韓國史雜誌	《國際韓國史雜誌》
十八畫	藝文	《藝文》
十九畫	鏡花水月	《鏡花水月：中國古代美術考古與佛教藝術的探討》

圖書在版編目(CIP)數據

唐代高句麗、百濟、新羅移民石刻整理與研究 / 王
連龍著. -- 上海 : 中西書局, 2025. -- ISBN 978-7
-5475-2186-1

Ⅰ. K883.127.4

中國國家版本館 CIP 數據核字第 2024QK2640 號

唐代高句麗、百濟、新羅移民石刻整理與研究

王連龍　著

封面題簽	叢文俊	
責任編輯	鄧益明	
裝幀設計	黃　駿	
責任印製	朱人傑	
出版發行	上海世紀出版集團	
	®中西書局(www.zxpress.com.cn)	
地　　址	上海市閔行區號景路 159 弄 B 座(郵政編碼: 201101)	
印　　刷	上海中華印刷有限公司	
開　　本	890 毫米×1240 毫米　1/16	
印　　張	22.75	
字　　數	523 000	
版　　次	2025 年 5 月第 1 版　2025 年 5 月第 1 次印刷	
書　　號	ISBN 978-7-5475-2186-1/K · 487	
定　　價	198.00 元	

本書如有質量問題,請與承印廠聯繫。電話: 021-69213456